新能源汽车概论

（第二版）

罗玉涛　编著

华南理工大学出版社
SOUTH CHINA UNIVERSITY OF TECHNOLOGY PRESS
·广州·

图书在版编目(CIP)数据

新能源汽车概论/罗玉涛编著. ——2版. ——广州：华南理工大学出版社，2025.1.
ISBN 978-7-5623-7791-7

Ⅰ. U469.7

中国国家版本馆 CIP 数据核字第 20242TR782 号

新能源汽车概论（第二版）
罗玉涛　编著

出 版 人：房俊东
出版发行：华南理工大学出版社
　　　　　（广州五山华南理工大学17号楼，邮编 510640）
　　　　　http://hg.cb.scut.edu.cn　E-mail：scutc13@scut.edu.cn
　　　　　营销部电话：020-87113487　87111048（传真）
策划编辑：骆　婷
责任编辑：骆　婷
责任校对：龙祈君
印 刷 者：广州市新怡印务股份有限公司
开　　本：787mm×1092mm　1/16　印张：17.5　字数：448千
版　　次：2025年1月第2版　印次：2025年1月第1次印刷
定　　价：69.00元

版权所有　盗版必究　　印装差错　负责调换

第二版前言

近年来，新能源汽车技术在国内外获得了高速发展。尤其在中国的新能源汽车领域，无论是参与的企业、开发的车型，还是电池、电机和控制技术等方面，都取得了长足的进步。

中国新能源汽车的发展离不开科学工作者的前赴后继，以及企业家和工程师们的共同努力，更离不开政府的政策支持和各级科技管理部门的大力扶持。

本次修订，主要完成了如下改动：第1章补充了思政内容，第3章增加了扁线电机的内容，第4章增加了电机控制算法，第5章增加了快速充电标准并更新了部分数据。

通过本次修订，希望能提高读者的民族自豪感和历史责任感；同时，为广大新能源汽车的爱好者和研究人员，尽可能提供完整的阐述和基本的理论知识。

当今社会是科技高速发展、技术日新月异的新时代，一本书籍无法包罗万象、尽善尽美，唯有敬畏科学、砥砺前行，持续学习，才能跟上时代的步伐，探知科学技术的美妙和精湛。

编 者

2024年10月

前　言

自汽车诞生近一个半世纪以来，随着科技的进步及人们对交通出行需求的变化，新能源汽车已然成为社会的热点。汽车的电动化、智能化、网联化和共享化，成为人们对未来汽车的憧憬和追求。

新能源汽车作为汽车"四化"的载体，是涉及机械、电子、化学、材料、自动化等多学科的高技术产品，零部件过万个，使用过程中需要人、车、路的协同，其智能化需要互联网、云计算、定位导航的支持。因此，新能源汽车的从业人员需要广泛的大数据、多学科的协同，技术和科研人员需要广泛的学科知识基础。

动力电池、驱动电机和控制系统是新能源汽车的三大核心技术部件。本书结合新能源汽车的基本原理，紧紧围绕新能源汽车的主要技术特征，从整车、驱动电机、电机控制器、动力电池、整车控制、燃料电池、整车热管理等方面进行论述，力图为不同学科的科技人员学习和研究新能源汽车提供较全面的入门知识。

在本书的成稿过程中，华南理工大学新能源汽车团队的研究生们在资料收集、排版等方面做了大量的工作，在此表示感谢。

由于作者水平有限，书中难免有错漏和不当之处，敬请批评指正。

编　者
2023 年 1 月

目录 CONTENTS

第1章 绪 论 ··· 1
 1.1 发展新能源汽车的背景与意义 ·· 1
  1.1.1 新能源汽车的发展背景 ·· 1
  1.1.2 发展新能源汽车的意义 ·· 3
 1.2 新能源汽车的发展历程 ·· 5
  1.2.1 电动汽车的早期发展 ··· 5
  1.2.2 电动汽车的中期发展 ··· 7
  1.2.3 电动汽车的现代产业化 ·· 8
  1.2.4 我国电动汽车发展历程 ·· 9
  1.2.5 我国电动汽车领域代表性科学家 ···································· 10
 1.3 新能源汽车发展现状及未来趋势 ··· 11
  1.3.1 新能源汽车发展现状 ·· 11
  1.3.2 新能源汽车的未来趋势 ··· 15
 1.4 本书主要内容 ··· 19

第2章 新能源汽车结构与原理 ··· 21
 2.1 电动汽车的分类 ·· 21
 2.2 纯电动汽车的构造与原理 ··· 22
  2.2.1 纯电动汽车的分类 ··· 22
  2.2.2 纯电动汽车的基本组成与原理 ······································· 25
  2.2.3 纯电动汽车的驱动系统 ··· 26
  2.2.4 电动汽车的再生制动 ·· 33
 2.3 混合动力电动汽车的构造与原理 ··· 34
  2.3.1 混合动力电动汽车的分类 ·· 34
  2.3.2 混合动力电动汽车驱动系统与工作原理 ··························· 37
  2.3.3 典型混合动力驱动系统 ··· 44
 2.4 其他类型的新能源汽车 ·· 55
  2.4.1 太阳能电动汽车 ·· 55
  2.4.2 氢内燃机汽车 ··· 55
  2.4.3 生物燃料汽车 ··· 55
  2.4.4 压缩空气动力汽车 ··· 56

第3章 电动汽车驱动电机 ··· 57
 3.1 驱动电机简介 ··· 57
  3.1.1 驱动电机概述 ··· 57

3.1.2 驱动电机的额定指标及一般要求 58
3.1.3 驱动电机的发展趋势 59
3.2 电动汽车驱动电机分类与结构 61
3.2.1 车用电机概述 61
3.2.2 直流电动机 63
3.2.3 异步电动机 65
3.2.4 永磁无刷直流电动机 67
3.2.5 永磁同步电动机 69
3.2.6 开关磁阻电动机 72
3.2.7 扁线电机 74
3.3 电机分析基础方法 75
3.3.1 铁磁材料概述 75
3.3.2 磁路的基本定律 76
3.3.3 电机中的能量关系 78
3.4 感应电机基本动态数学模型 79
3.4.1 电压方程 79
3.4.2 磁链方程 80
3.4.3 转矩方程 80
3.4.4 运动方程 80
3.5 永磁同步电动机（PMSM）基本动态数学模型 81
3.5.1 PMSM 的物理模型 81
3.5.2 三相静止坐标系的 PMSM 动态数学模型 82
3.5.3 坐标变换 89
3.5.4 转子坐标系的 PMSM 动态数学模型 95

第4章 新能源汽车电机控制方法 97
4.1 逆变器工作原理与控制技术 97
4.1.1 逆变器结构与原理 97
4.1.2 SPWM 技术 99
4.1.3 SVPWM 技术 101
4.1.4 CHBPWM 技术 103
4.2 感应电机控制方法 106
4.2.1 基于感应电机稳态模型的变压变频调速 106
4.2.2 交流感应电机矢量控制方法 108
4.2.3 交流感应电机的直接转矩控制方法 109
4.3 永磁同步电动机控制方法 110
4.3.1 永磁同步电动机矢量控制方法 110
4.3.2 永磁同步电动机直接转矩控制方法 119
4.3.3 永磁同步电动机其他控制算法 122
4.3.4 永磁同步电机的无位置传感器磁场定向控制应用 123

第5章 电动汽车动力电池系统 ... 127
5.1 动力电池的术语及分类 ... 128
5.1.1 动力电池的术语 ... 128
5.1.2 动力电池的分类 ... 130
5.2 锂离子电池的基本原理及构造 ... 131
5.2.1 锂离子电池的发展现状 ... 132
5.2.2 锂离子电池的结构 ... 132
5.2.3 锂离子电池的基本原理 ... 135
5.2.4 锂离子电池的失效机理 ... 136
5.2.5 锂离子电池的电性能 ... 137
5.2.6 磷酸铁锂动力电池的原理及特性 ... 139
5.2.7 三元材料锂离子动力电池的原理与特性 ... 141
5.3 动力电池管理系统 ... 142
5.3.1 电池管理系统概述 ... 142
5.3.2 锂离子电池的数学模型及应用 ... 147
5.3.3 SOC 估计 ... 151
5.3.4 SOH 估计 ... 153
5.4 动力电池系统的安全 ... 153
5.4.1 动力电池系统的安全问题 ... 153
5.4.2 锂离子电池的安全问题 ... 155
5.4.3 动力电池系统的安全防护措施 ... 156
5.5 新型动力电池 ... 158
5.5.1 锌-空气电池 ... 158
5.5.2 锂硫电池 ... 158
5.5.3 钠硫电池 ... 159
5.5.4 钠-金属氯化物电池 ... 160
5.5.5 固态电池 ... 160
5.6 大功率充电技术 ... 161
5.6.1 大功率充电技术标准 ... 162
5.6.2 大功率充电方法 ... 164
5.6.3 AC/DC 转换器 ... 167
5.6.4 隔离 DC/DC 转换器 ... 169
5.6.5 大功率充电站 ... 171
5.6.6 800 V 高压平台 ... 175

第6章 新能源汽车的整车控制 ... 177
6.1 整车控制系统及功能分析 ... 177
6.1.1 控制对象 ... 178
6.1.2 整车控制系统结构 ... 179
6.1.3 整车控制器功能 ... 181

6.2 新能源汽车整车动力学模型 … 182
6.2.1 侧向动力学 … 183
6.2.2 纵向动力学 … 187
6.2.3 电子稳定性控制 … 190
6.3 新能源汽车的能量控制方法 … 196
6.3.1 能量控制方法概述 … 196
6.3.2 基于最优控制理论的能量控制 … 197
6.3.3 能量回馈制动控制 … 203
6.4 整车控制器的开发 … 206
6.4.1 开发模式 … 206
6.4.2 硬件在环开发系统 … 208
6.5 整车通信系统 … 211
6.5.1 CAN 总线及应用 … 211
6.5.2 TTCAN 协议及通信实时性分析 … 214
6.5.3 FlexRay 总线及其应用 … 218
6.6 电动汽车的智能网联基本原理 … 220
6.6.1 智能网联技术概述 … 220
6.6.2 车辆状态感知 … 221
6.6.3 车辆位姿估计 … 224
6.6.4 车联网交叉口避撞控制 … 225

第7章 燃料电池电动汽车 … 228
7.1 燃料电池 … 228
7.1.1 燃料电池的工作原理 … 228
7.1.2 燃料电池的分类 … 229
7.2 质子交换膜燃料电池 … 231
7.2.1 质子交换膜燃料电池的工作原理 … 231
7.2.2 质子交换膜燃料电池的基本结构 … 232
7.2.3 质子交换膜燃料电池研究现状 … 235
7.3 燃料电池的相关计算 … 237
7.3.1 燃料电池单体的电压及效率的计算 … 237
7.3.2 空气流量计算 … 238
7.3.3 氢气流量计算 … 239
7.3.4 水的生成量计算 … 240
7.4 燃料电池系统 … 240
7.4.1 燃料电池电动汽车动力系统基本构成 … 240
7.4.2 燃料电池系统的组成及工作原理 … 241
7.5 燃料电池汽车与氢能 … 243
7.5.1 氢气的制备 … 244
7.5.2 氢气的储存 … 245

7.6 燃料电池电动汽车的构造与原理 247
　　7.6.1 燃料电池电动汽车的种类 247
　　7.6.2 燃料电池电动汽车基本组成 249
　　7.6.3 燃料电池的电控系统 251
7.7 燃料电池电动汽车关键技术 251
　　7.7.1 燃料电池系统 251
　　7.7.2 车载储氢系统 252
　　7.7.3 车载蓄电系统 252
　　7.7.4 电动机及其控制技术 252
　　7.7.5 整车布置 253
　　7.7.6 整车热管理 253
　　7.7.7 整车与动力系统的参数选择与优化设计 253
　　7.7.8 多能源动力系统的能量管理策略 254

第8章 新能源汽车热管理系统 255

8.1 热管理系统概述 255
　　8.1.1 动力电池热管理子系统 256
　　8.1.2 驱动电机及功率模块热管理子系统 256
　　8.1.3 空调子系统 257
8.2 PTC加热器 257
8.3 燃油加热器 258
8.4 热泵空调 259
　　8.4.1 热泵系统的工作原理 259
　　8.4.2 热泵空调目前存在的问题 261
8.5 典型应用 262
　　8.5.1 特斯拉（Tesla） 262
　　8.5.2 吉利 263
　　8.5.3 综合对比 264

参考文献 265

第 1 章 绪 论

本章要点

- 了解新能源汽车的发展背景、历程以及意义。
- 熟悉各地区新能源汽车产业路线规划。
- 了解新能源汽车的发展趋势。

1.1 发展新能源汽车的背景与意义

1.1.1 新能源汽车的发展背景

新能源汽车是指采用非常规车用燃料作为动力来源(或使用常规的车用燃料、采用新型车载动力装置),综合车辆的动力控制和驱动方面的先进技术,形成的技术原理先进、具有新技术和新结构的汽车。根据财税〔2018〕74号公告《关于节能新能源车船享受车船税优惠政策的通知》规定,新能源汽车的认定标准为获得许可在中国境内销售的纯电动汽车、插电式(含增程式)混合动力汽车、燃料电池汽车,而非插电式混合动力、双燃料和两用燃料汽车被看作节能汽车。因此本书参考国际惯例并依据上述条例,将新能源汽车划分为纯电动汽车、混合动力电动汽车、燃料电池电动汽车和其他类型的新能源汽车,除非特别说明,在本书大多数章节里新能源汽车和电动汽车为相同概念。

第二次工业革命以后,世界进入蒸汽时代,汽车的诞生极大地改变了人们的出行方式,汽车的发展与革新也成为推动国民经济发展的关键因素之一。然而汽车产业的飞速发展也带来了不可忽视的资源与环境问题:资源短缺、大气污染、环境变化等全球性问题使人类面临前所未有的严峻挑战。在此大背景下,采用非常规燃料或新型动力装置的新能源汽车的研发在全球范围内掀起热潮。

目前世界上主要的能源包括煤、石油、天然气等,传统汽车的燃料主要是由不可再生资源石油提炼出的柴油及汽油。据BP世界能源统计,2016年全球探明石油储量为1.707万亿桶,按照2016年的开采速度还可开采50.6年。此外,全球汽车的保有量也迅速增加,2017年全球新出售的汽车超过9000万辆,其中传统燃油车仍占据了多数份额,导致交通领域对石油的消费依赖逐年增长。据国际能源署统计,2016年主要的液体燃料有53.2%流向了车用汽柴油领域(图1-1)。美国能源部曾预测,2020年以后全球石油需求与常规石油供给之间将出现净缺口,2050年的供需缺口几乎相当于2000年世界石油总产量的两倍。我国的石油资源十分有限,2016年探明储量为257亿桶,占世界总量的

1.5%；同时我国又是一个能源消耗大国，石油消费量仅次于美国，自1993年我国就成为原油净进口国，日益增加的汽车保有量对我国的能源安全带来了巨大的压力。面对如此严峻的能源形势，我国汽车工业必须加大对新能源汽车的研发力度，以降低对石油的依赖。

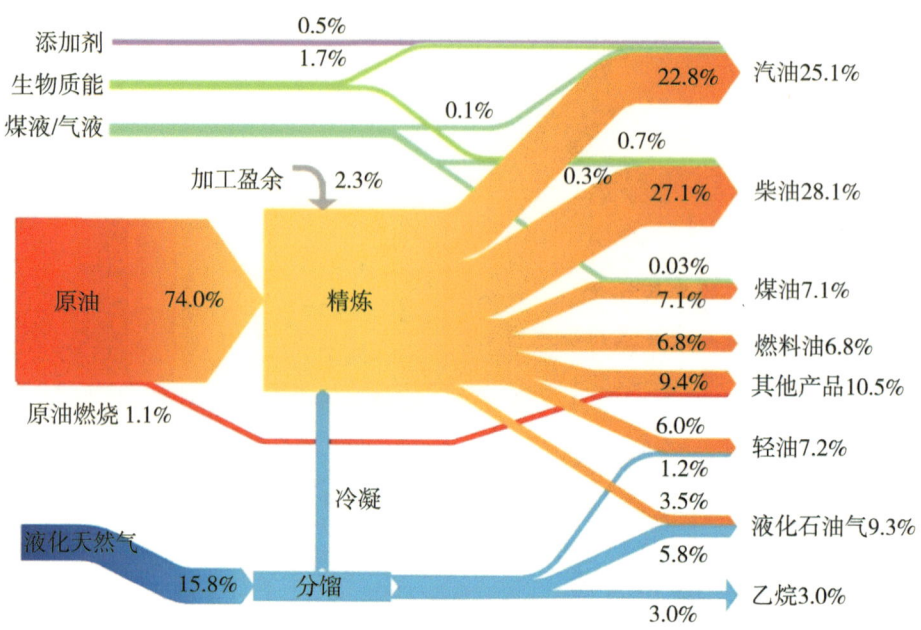

图1-1　2016年全球液体燃料产品供应体系

传统燃油汽车在行驶过程中会排放一氧化碳（CO）、碳氢化合物（HC）、氮氧化物（NO_x）和颗粒物（PM）等有害污染物，这些一次污染物还会通过大气化学反应生成光化学烟雾、酸沉淀等二次污染物，导致人类健康和生活环境的恶化。20世纪中叶，美国洛杉矶地区发生了光化学烟雾事件，彼时250万辆汽车每天排放1000多吨HC，300多吨NO_x，700多吨CO，这些化合物在高空中与大气作用产生包括臭氧、氮氧化物、醛等有毒气体，许多人出现红眼病、呼吸困难等症状，严重者甚至死亡，也导致了洛杉矶周边大片树林枯死，是世界影响最恶劣的大气公害事件之一。2013年北京地区持续出现雾霾天气，中国环境科学研究院对污染物中的PM 2.5来源进行了分析，汽车尾气排在第一位，产生的颗粒物占比为22.2%。因此大力推进汽车的节能减排，有效减少机动车尾气排放是治理雾霾等城市大气污染的重点措施，但可以预见的是，传统燃油汽车很难在未来达到日益严格的污染物排放标准，转向少排放甚至是零排放的新能源汽车是保护环境的必然选择。

此外，化石能源的大量消耗会带来温室气体CO_2的排放问题。2023年国际能源署发布的《2022年CO_2排放报告》显示，2022年全球能源燃烧和工业过程所产生的CO_2排放量增长了0.9%，增加了3.21亿吨，总量达到368亿吨，为历史最高的水平。在我国，能源供应、工业、建筑和交通运输是四大重点碳排放行业，其中，交通运输领域的碳排放量大约占我国碳排放总量的10%。不断增加的碳排放会导致全球气候变暖，造成海平面升高、气候异常、冰川退缩等问题。为了减少交通领域对全球气候变暖的影响，全球各地区都出台了CO_2排放法规来限制新车的碳排放量。2023年4月欧盟通过了汽车排放法规修正案：与2021年的水平相比，从2030年到2034年，新车的CO_2排放量减少55%，新货车的

CO_2 排放量减少 50%；从 2035 年起，新车和货车的 CO_2 排放量将减少 100%，即实现零排放。而我国作为世界上最大的碳排放国家，在汽车领域也出台了节能减排的法规与政策。2022 年 8 月，工业和信息化部、国家发展改革委、生态环境部印发了《工业领域碳达峰实施方案》。该方案明确对标国际领先标准来修订汽车节能减排标准，并指出到 2030 年，当年新增新能源、清洁能源动力的交通工具比例达到 40% 左右，乘用车和商用车新车 CO_2 排放强度分别比 2020 年下降 25% 和 20% 以上。

能源危机和大气环境保护是面对汽车保有量不断上升的首要挑战，机动车的不断增加也对公共生活环境造成了巨大影响，产生了如噪声污染、光污染以及道路拥挤等问题。虽然新能源汽车不能从根本上解决这些问题，但电气化程度更高的新能源汽车运行起来相对内燃机车噪声小，同时使得车辆智能网联成为可能，车辆通行效率更高，加之目前已出现电动汽车共享化的趋势，汽车电气化在减少对公共空间质量的影响方面潜力巨大。因此世界各国不约而同地将新能源产业与传统汽车业结合，试图摆脱汽车工业能源环境制约，加快了汽车行业转型，加大了对新能源汽车技术的研发力度，以抢占新兴市场的制高点。

1.1.2 发展新能源汽车的意义

发展新能源汽车技术和推广新能源汽车的应用，可以减少对石油等化石燃料的依赖，改善能源结构。电动汽车作为新能源汽车最主要的分支，其车载电能可以来自传统的化石能源，也可以由太阳能、风能、核能等清洁能源转化。此外，氢发动机、生物燃料等新能源汽车的车载能量以氢能、生物质能形式存在，大大增加了汽车直接或间接利用能源的种类，提高了可再生能源的利用比重。虽然 2017 年我国的电能来源中火力发电占 62.2%，但随着清洁能源发电比例的增加，在未来甚至可以建立以风能、氢能等为核心的清洁能源系统（图 1-2），进而减少对化石能源的依赖，并有效降低碳排放，这对于人口众多、能源紧缺、碳减排任务重大的我国而言相当重要。

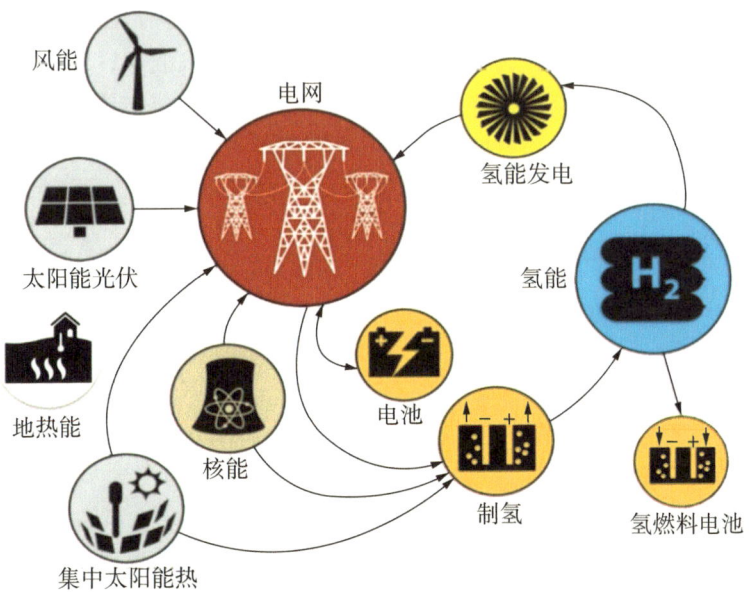

图 1-2 清洁能源系统在电动汽车中的应用

就当前而言，电能参与电动汽车车载能源系统对优化电网峰谷负荷平衡有一定的作用。目前，我国除了采用电价分时计费、鼓励使用"谷电"的方式外，解决峰谷不平衡的主要途径是建设抽水蓄能电站，将"谷电"转化为势能。但抽水蓄能电站的投入大，而且会导致电能的二次回收浪费。若将电动汽车与电池储能纳入电网规划，可以高效地利用"谷电"为电动汽车充电，有利于电网峰谷负荷平衡，也降低了为维持电网低负荷运行而产生的费用。但是，电动汽车渗透率的增加会对电网负荷造成较大的影响，电网结构需要重新调整以满足功率需求，此外还要推进多能源电网并入以提高电网容量。

另外，电动汽车的能源利用效率更高。如图1-3所示，将原油精炼为汽油、柴油并用于驱动传统燃油汽车时，其平均能量转换效率为12.4%；若电动汽车只利用燃烧进行热电转换产生的能量，再经过电力输配、电池电机损耗等环节，在动力输出轴仍可以得到19.5%的能量，若以其他发电效率更高的方式参与能量转换，电动汽车的能量利用率则会更高。

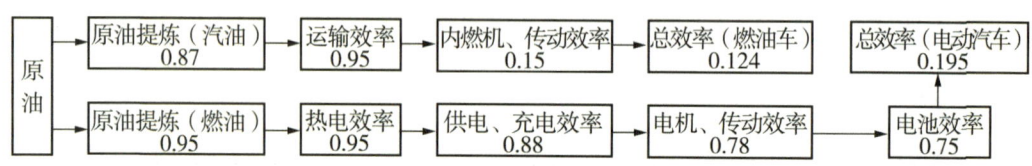

图1-3　电动汽车与燃油汽车能量转换效率对比

一般采取车用燃料生命周期法对新能源汽车和传统燃油汽车的环境效益进行评估，而"油井到车轮"（well to wheel，WTW）的分析法是生命周期分析法在交通领域的应用。这种分析方法主要侧重于汽车消耗燃料的循环，并不考虑车辆的制造、报废及回收过程。严格地讲，这种分析方法并不能完全反映汽车在生命周期的能耗及排放，但考虑到汽车在使用过程中的能耗及碳排放能占整个生命周期的70%以上，这样的测算仍有一定的意义。国内学者采用WTW法，针对不同技术路线的全过程碳排放进行对比（图1-4），发现当全部用煤发电时，纯电动汽车使用过程中碳排放高于传统的汽油车；但当煤电比例降低到70%时，纯电动汽车的碳排放为汽油车的75.3%。因此在能源结构调整的大背景下，特别是清洁能源参与电能转化的比重加大的情况下，电动汽车的碳减排效果显著。

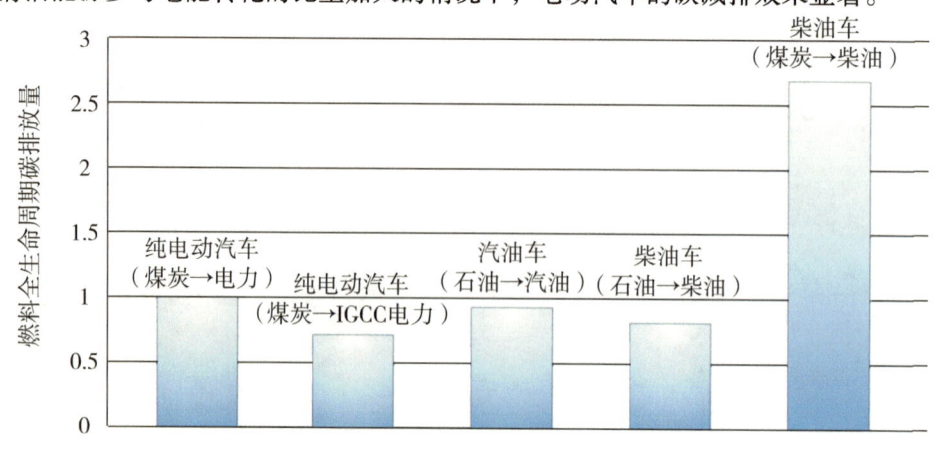

图1-4　不同技术路线燃料全生命周期碳排放对比

在现有的能源结构和技术工艺水平下，很难全面定量地对全生命周期内电动汽车和燃油汽车的污染物排放水平进行分析，但电动汽车的环保效益却是显而易见的。电动汽车在行驶过程中可以达到零温室气体和污染物排放，污染被转移到上游的发电环节与动力电池的生产与回收过程；但相较于尾气排放，能集中处理污染的电池生产、火力发电、电池回收等环节对环境的影响更小。在太阳能、氢能等清洁能源使用比例与生产、销售、报废处理水平不断提高的情况下，电动汽车的环境友好性将会逐渐凸显，对环境的影响将远小于传统燃油汽车。

此外，发展新能源汽车契合国家的绿色发展理念，其以环保为出发点，可以减少对环境的污染，创造出更美好的人类生活环境；发展新能源汽车符合国家创新驱动发展战略，因为该领域充满了挑战，需要不断创新发展才能满足人们对环保和节能的要求；新能源汽车领域还是培育工匠精神的主阵地，从业人员需要具备追求卓越、精益求精、严谨认真的职业精神。

1.2 新能源汽车的发展历程

新能源汽车的变革主要体现在电动汽车的发展历程中，电机、电池等技术的不断进步推动着电动汽车的发展，进一步推动新能源汽车的产业化。其他类型的新能源汽车如生物燃料汽车、氢内燃机汽车均是在传统汽车的基础上变更车载燃料，这些新能源汽车的发展一直伴随着传统内燃机技术的发展而进步。本节主要基于电动汽车技术革新与产业化情况来介绍新能源汽车的发展历程。

1.2.1 电动汽车的早期发展

1800年意大利科学家伏打(Alessandro Volta)发明了世界上第一个电化学电池——伏打电堆，由成对堆叠在彼此之上的铜和锌盘组成，用浸在盐水中的布或纸板层隔开(图1-5a)。英国化学家约翰·丹尼尔(John Frederic Daniell)于1836年发明了第一个实用电源，是在一个装有硫酸铜溶液的铜容器中，浸没了一个内部装有硫酸和锌电极的未上釉的陶瓷容器(图1-5b)。此外早期的电池装置还有格罗夫电池、重力电池(图1-5c)等。

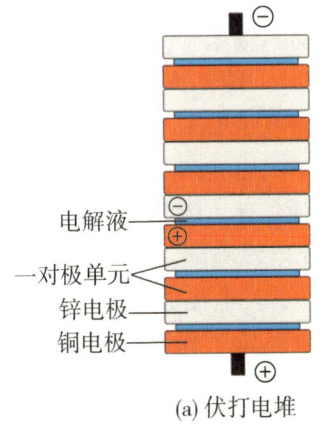
(a) 伏打电堆

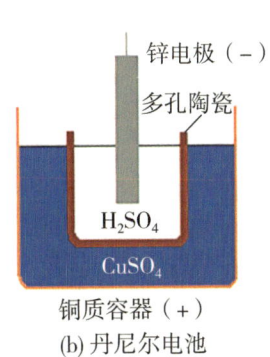
(b) 丹尼尔电池

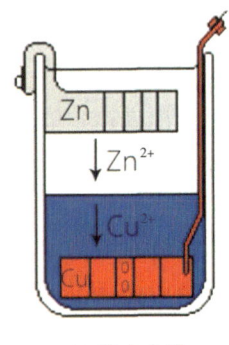
(c) 重力电池

图1-5 早期电池装置

早期的电能发生装置均是一次电池,化学能消耗完后无法再利用,且电解液容易泄露与溢出,因此多数需要玻璃容器封装,使得其更加不便于应用。1859年,法国化学家高斯顿·普朗特(Gaston Planté)发明了铅酸电池,这是历史上第一块可以通过反向电流充电的二次电池,目前仍在汽车工业有着广泛的应用,比如乘用车12 V的启动用蓄电池(启动电瓶)仍为铅酸电池。此后干电池、碱性电池相继被发明,到了20世纪,电池技术飞速发展,镍氢电池、锂离子电池、燃料电池都成功应用于电动汽车产业,镍氢、锂离子、燃料电池也被认为是车载动力电池系统的代际更迭。就目前而言,车载动力电池多为锂离子电池,其技术水平初步达到纯电动汽车的使用要求,但电池性能与成本仍是制约电动汽车广泛应用的瓶颈之一。

1821年迈克尔·法拉第(Michael Faraday)发现了电磁感应现象,并在1831年发明了弱电直流电机,1834年普鲁士人冯·雅各布(Moritz von Jacobi)制造了第一台真正意义上的电机,美国发明家托马斯·达文波特(Thomas Davenport)制造的换向器型直流电机于1837年获得美国电气行业第一个专利。由于同时期一次电池成本过高,直流电机的应用受到很大的制约。1856年德国人冯·西门子(Werner von Siemens)生产了一种双T型电枢绕组的电机(图1-6),目前几乎所有电机仍采用这种槽式绕组的形式。1885年意大利人伽利略·法拉里斯(Galileo Ferraris)发明了第一台无换向器两相交流电机,1886年尼古拉·特

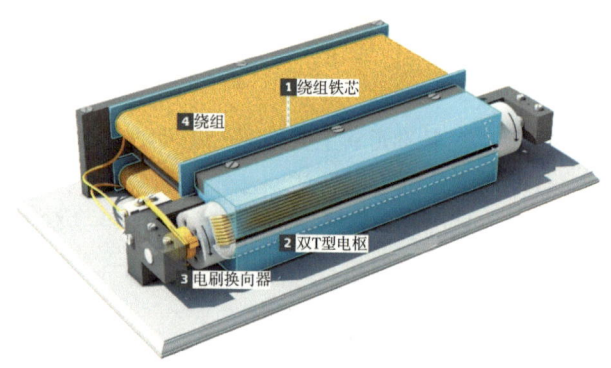

图1-6 西门子双T型电枢绕组电机模型

斯拉(Nikola Tesla)独立于法拉里斯的研究申请了三类两相四级电机的专利:非自启的开关磁阻电机、自启感应电机与直流励磁的同步电机。目前电动汽车仍广泛使用感应电机和同步电机,一些其他形式的电机如盘式电机、开关磁阻电机也因其特性被尝试应用在混合动力系统或新型纯电驱动系统。

从电动汽车的发展史来看,把电动汽车称作"新能源"是有些牵强的,电动汽车的雏形最早可以追溯到1834年,托马斯·达文波特(Thomas Davenport)演示了含有一次电池和直流电机的模型车辆在一段轨道上行驶。法国工程师古斯塔夫·特鲁夫(Gustave Pierre Trouvé)于1881年在巴黎街头测试了历史上第一辆可充电的三轮电动汽车,这比第一辆燃油汽车的出现还要早。19世纪末到20世纪初,电动汽车相较于汽油汽车而言,不需要手动启动,没有较大的振动、气味和噪声,比蒸汽汽车启动更方便快速,因此电动汽车的研发和生产都达到了高峰。为了缓解电动汽车续航里程短以及充电设施缺乏的问题,1896年哈特福德电力公司(Hartford Electric Light Company)提出了可更换电池的服务,车主通过支付里程使用费用和月费来维护和使用车辆。1901年费迪南德·保时捷(Ferdinand Porsche)研发了世界上第一台油电混合动力汽车,由于当时没有可靠的齿轮和动力耦合技术,故采用了内燃机驱动发电机,发电机为轮毂电机提供能量。爱迪生(Thomas Edison)在1901年成立了公司,致力于打造性能更好的动力电池,而后发明了镍铁电池。到了

1912年，许多家庭都接通了电力，使电动汽车的普及率大增，其销量在1910年代达到顶峰。

在20世纪初电动汽车的发展取得初步成就之后，一些因素促使燃油汽车迅速崛起，从而导致电动汽车的份额不断降低。这些原因包括：①美国建立了更完善的高速公路系统，电动汽车无法满足行驶里程增长的需求；②全球石油大发现使得石油价格降低，燃油汽车在远距离行驶方面更加经济；③查尔斯·凯特灵（Charles Kettering）于1921年发明起动机代替了手摇手柄，消声器及含铅汽油的应用也使燃油汽车实用性能不断增强；④福特汽车流水线生产的T型车引发了汽车生产革命，成本及售价不断降低，远远低于电动汽车的售价，续驶里程为电动汽车的2~3倍。因此到了1935年，美国几乎没有电动汽车行驶在路上，世界范围内仅有少数城市保留着少量有轨电车或无轨电车在运行。

1.2.2 电动汽车的中期发展

从1960年代起，电动汽车尝试进入概念车和量产车的阶段，如通用汽车概念车雪佛兰考威尔（Chevrolet Corvair）以及小批量生产的恩菲尔德8000（Enfield 8000）。1970年代起的能源危机推动了政府、研发部门和公众对电动汽车的关注，特别是汽车市场巨大的美国出台了各种法规政策，直接左右了汽车的变革轨迹。1976年美国国会通过电动和混合动力汽车研究、开发和示范法案，通用汽车公司也推出了两款电动版概念车型。1990年美国加州空气资源委员会（CARB）通过了ZEV（零排放车辆，zero emission vehicle）法案，要求在加州地区生产或销售的汽车中零排放汽车比例在1998年达到2%，因此通用、克莱斯勒、福特、丰田等汽车制造商均量产了电动汽车，以便继续被允许在利润丰厚的加利福尼亚市场销售汽车，主要的零排放车型有通用EV1、克莱斯勒TEVan、福特Ranger EV、丰田RAV4 EV等。但汽车巨头们普遍认为电动汽车市场无利可图，技术也不够成熟，因此大部分电动汽车均用来出租而不是出售。2002年通用和戴姆勒·克莱斯勒起诉加州空气资源委员会，最终使得ZEV法案失效，法案的失效导致几乎所有纯电动汽车都退出市场，甚至如通用EV1等电动汽车都被厂商回收集中销毁（图1-7）。

图1-7 集中销毁的通用EV1

尽管20世纪末的电动汽车市场远未成熟，最后甚至以回收销毁的结局收场，但能源危机确实推动了各大厂商对电动汽车技术的研发。1967年美国汽车公司（AMC）首次应用能量回收技术延长了续航里程，动力电池也由铅酸电池过渡到充电速度更快、能量密度更高的镍金属氢电池，1997年日产Altra EV首次搭载新一代锂离子电池。此外混合动力汽车作为另一种应对能源危机更加可行的技术路线取得了快速发展，维克·多沃克（Victor Wouk）设计了现代混合动力系统原型并布置在1972年款别克斯卡拉克（Skylark）混动车型，1993年美国政府联合国内三大汽车制造商推出新一代车辆合作计划（The Parternership for a

New Generation of Vehicle，PNGV)，目标是车辆燃油经济性达到 80 mi/gal(约为 34 km/L)，为此 PNGV 计划花费数十亿美元推出了三款混合动力原型车——通用 Precept、福特 Prodigy 及克莱斯勒 ESX-3。日本丰田提出了 G21 项目，即面向 21 世纪的全球汽车。第一辆丰田普锐斯(Prius)于 1997 年进入日本市场，本田也发布了第一款进入美国大众市场的混合动力汽车 Insight。欧洲厂商奥迪也相继推出了两代混合动力试验车，但彼时混合动力在欧洲市场并未取得成功，促使欧洲汽车制造商将研发投资集中在柴油汽车上。这一阶段，许多汽车制造商对燃料电池的应用开展研究，戴姆勒于 1994 至 1996 年开发的 NECAR1 和 NECAR2 是第一次燃料电池电动汽车商业化尝试，之后丰田、通用、福特等公司都陆续研发自己的燃料电池电动汽车并计划在 2003 年左右实现产业化，但都没有完成既定目标。2002 年丰田在美国和日本发售了世界上首种限量版燃料电池混动汽车 FCHV，包含 90 kW 功率的氢燃料电池和并联布置的镍氢辅助电池。总体而言，电动汽车在 20 世纪末重新进入技术研究领域，但由于本身技术的不成熟以及市场由强大的内燃机产业牢牢控制，没有实现规模产业化，但电动汽车技术重新进入了主流研究领域，在未来会凸显其重要的研究意义。

1.2.3 电动汽车的现代产业化

由于石油资源面临枯竭，传统汽车保有量增加导致环境恶化，电动汽车成为世界公认的有效解决能源与环境问题的技术路线，加上各国政府的政策引导，纯电动汽车、混合动力汽车、燃料电池电动汽车技术的研发迎来了大爆发，2017 年全球电动汽车销量首次超过 100 万，电动汽车市场份额不断增加。纯电动汽车发展的受限于续航里程以及基础充电设施，但 2008 年特斯拉 Roadster 的发售一定程度上激发了传统汽车厂商量产纯电动汽车的想法，2010 至 2013 年日产、比亚迪、大众、本田、丰田、通用等厂商都发布了纯电动汽车车型。但由于混合动力汽车的技术特点既能满足当前节能减排的要求，还在动力性、成本等方面有优势，因此传统厂商特别是美日整车制造商都致力于混合动力系统的开发，欧洲车企更关注 48V 轻度混合动力系统。到目前为止几乎所有主流车型均有混合动力的版本上市，截至 2017 年 1 月，全球混合动力汽车累计总销量超过 1200 万，日本的混合动力电动汽车市场份额和渗透率都是世界最高。此外燃料电池也由航空航天领域进入了车载能源的研究范畴，但由于氢燃料电池电动汽车研发成本高，多数开发氢动力汽车的汽车公司已将注意力转向电池电动汽车。目前仍在售(租赁或限量出售)的燃料电池车辆包括本田 FCX Clarity、丰田 Mirai、现代 ix35 FCEV 及现代 Nexo(图 1-8)，但由于加氢基础设施的昂贵成本，2017 年全球燃料电池电动汽车保有量仅超过 7200 辆，远低于纯电动汽车和混合动力电动汽车，半数燃料电池电动汽车在美国加州运行，此外日本、韩国也有相应的燃料电池电动汽车营运区域。

(a) 本田FCX Clarity　　(b) 丰田Mirai　　(c) 现代ix35 FCEV　　(d) 现代Nexo

图 1-8　在售的量产燃料电池电动汽车

1.2.4 我国电动汽车发展历程

我国在1991年将电动汽车研发列为"八五"重点科技攻关项目，到1996年科技部又将电动汽车列为"九五"及跨世纪国家重点科技产业工程，2001年科技部会议通过了"863计划"电动汽车重大科技专项的可行性研究报告，标志着我国第一次系统性支持电动汽车的研发。2007年《新能源汽车生产准入管理规则》正式实施，为我国电动汽车的上市铺平了道路，随着"863计划"取得的成果陆续产业化，一批具有整车产品开发能力的企业陆续开发混合动力电动汽车上市销售，比亚迪凭借其在电池领域的优势，首先实现电动汽车产业化，于2008年推出世界首款插电式混合动力汽车F3DM，纯电驱动模式续航里程超过100 km。从2000年至2015年的15年间，工信部、科技部、财政部等国家几大部委在新能源汽车领域已累计投资近200亿元，基本确立了电动汽车以燃料电池汽车、混合动力汽车和纯电动汽车为"三纵"，以动力电池、驱动电机和多能源总成控制为"三横"的"三纵三横"技术体系（图1-9）。

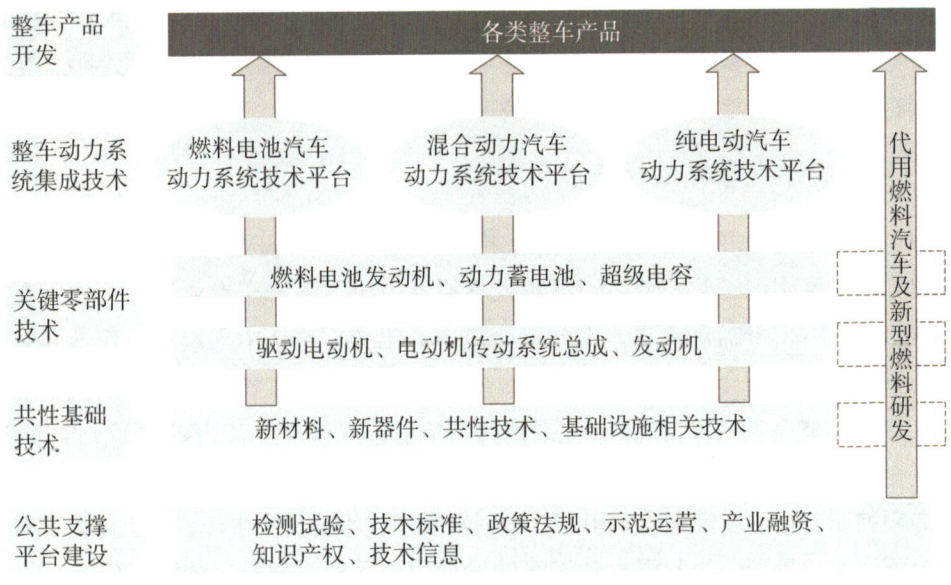

图1-9 "三纵三横"的研发布局

2016年我国发布了节能与新能源汽车技术路线图，从社会和产业两个维度确立了接下来几十年我国电动汽车的发展目标与技术方案（图1-10）。值得一提的是，以汽车电动化为基础的智能网联汽车也纳入了总规划，充分体现了汽车电动化不仅出于节能减排的考量，也是国家技术发展的重要战略点。电动汽车市场的发展依赖于技术突破和政策的大力驱动，2014年我国电动汽车产销急剧增加，2015年起我国连续三年成为最大的电动汽车销售市场，并且这样的态势会继续保持。

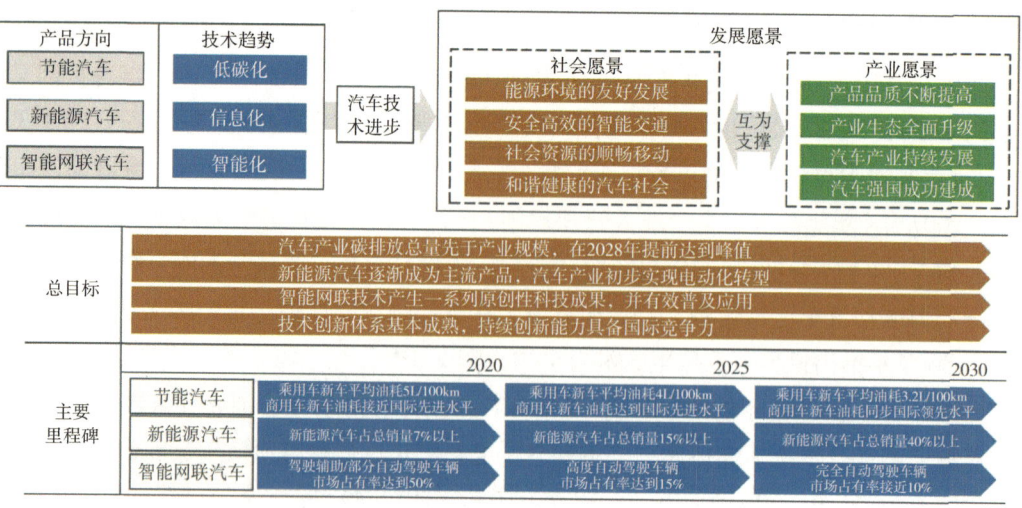

图 1-10　2016 年我国节能汽车、新能源汽车、智能网联汽车总规划

总之，我国电动汽车行业当前已建立了较为合理的行业创新体系，取得了技术开发、产品上市、示范运营等多方面的突破，已基本形成未来产业的雏形，未来几年我国电动汽车产业仍将飞速发展，电动汽车市场份额会持续增长。

1.2.5　我国电动汽车领域代表性科学家

我国电动汽车的发展、相应国家政策的推动和落地，离不开电动汽车领域科学家们的努力。比如，王秉刚（1938—2021），清华大学原动力机械系汽车专业毕业，先后在第一汽车制造厂（现中国一汽）和中国汽车技术研究中心工作，兼任中国汽车工程学会常务理事、电动汽车标准化分会主任委员等职务。1999 年退休后，又积极投身我国汽车清洁能源和新能源汽车事业 20 年，前 10 年主要研究清洁能源汽车，后 10 年主要研究电动汽车，同时担任全国清洁汽车行动协调领导小组专家组组长、国家科技部"863 计划"电动汽车重大科技专项特聘专家、国家电动乘用车技术创新联盟技术委员会主任、国家新能源汽车创新工程专家组组长等职，为我国电动汽车的发展做出了巨大贡献。陈清泉（1937—），中国工程院院士，电动汽车和电力驱动专家，《感动中国》2022 年度人物。他提出了电动汽车研究核心和总体指导思想，将汽车技术、电机技术、电力驱动技术、电力电子技术和现代控制理论有机地结合起来，为现代电动汽车学奠定了基础，使现代电动汽车学这一新兴交叉学科从理论到实践形成了一个完整的体系，为中国电动汽车产业的发展作出了重要贡献。万钢（1952—），中国科学技术协会主席，早年留学德国，在奥迪汽车公司从事技术工作长达十年，2000 年回国后在同济大学创建了新能源汽车工程中心，并向国务院提出开发新能源轿车，被科技部聘为国家"863 计划"电动汽车重大专项的首席科学家，推动了我国的新能源汽车产学研用的发展。

1.3 新能源汽车发展现状及未来趋势

1.3.1 新能源汽车发展现状

新能源汽车的发展经过数次起伏终于在21世纪被确立为交通领域缓解能源危机、减少碳排放的唯一可行技术路线，但新能源汽车的普及仍有较长的路要走。目前电动汽车承担了新能源汽车市场化的任务，2017年全球电动乘用车市场渗透率仅为1.62%，得益于政策的推动，挪威2017年电动汽车新车销量市场占比达到39%，但我国作为全球最大的电动汽车销量国这一数据仅为2.2%。尽管电动汽车仍不能挑战传统燃油车的市场地位，但电动汽车的显著特点决定了其必将成为汽车技术发展的重要方向。而其他类型的新能源汽车仍处于概念车或小范围应用阶段，如氢内燃机汽车是传统汽油内燃机车小量改动的版本，通过直接燃烧氢产生强大的推动力，但燃料过快消耗的特点使得氢内燃车辆处于概念阶段，德国宝马和中国长安分别推出过概念车型"宝马H2R"（图1-11a）及"长安氢程"（图1-11b）。至于生物燃料汽车，如乙醇汽车如果用乙醇单独做车载燃料，则存在热值不足、冷启动性能差等问题，所以一般用作辅助燃料掺入化石燃料中，可以有效降低排放，拓宽能量来源，也有一些生物燃料具有优异的特性，如二甲醚可以直接用作柴油的代替燃料（图1-11c）。但无论是氢内燃机汽车还是生物燃料汽车，其优点与电动汽车相比显得不够突出，因此各厂商对他们的研发热情远低于电动汽车，除电动汽车外的新能源汽车未能在当前市场找到合适的定位。

(a) 宝马H2R氢内燃车（2005）　　(b) 长安汽车"氢程"概念车（2008）　　(c) 二甲醚客车

图1-11　其他类型的新能源汽车

各国能源结构、资源保有水平、汽车技术储备情况不一样，因此以电动汽车发展为主的新能源技术路线也不尽相同。我国因在传统汽车技术滞后于欧美，在2012年选择了以发展纯电动汽车作为新能源汽车率先推进的突破口，分领域先导研究微型纯电动乘用车和大型商用车，随着技术累积向中间的乘用车领域靠拢。目前我国已发展出了具有全球竞争力的电池产业，借此以纯电动驱动为基础平台和突破口，带动混合动力电动汽车、燃料电池电动汽车全方位发展，形成新能源汽车总体竞争优势。目前我国政府导向与政策环境决定了纯电动汽车和混合动力电动汽车的市场规模不断增加，随着补贴政策逐渐退坡，双积分政策的实施，高续航里程、高电池包能量密度的纯电动汽车与插电式混合动力电动汽车将会得到优先级别的发展地位。由于目前燃料电池的成本和耐久性都达不到实用性的要求，因此我国燃料电池电动汽车的发展模式也是以电池产业为基础，优先发展跟动力电池深度混合的燃料电池客车以及燃料电池做辅助能量源的增程式燃料电池乘用车，最终过渡到功率混合型燃料电池驱动的车载能源构型。欧洲因电网并联、自然资源丰富而选择将纯电动汽车作为未来的发展方向。日韩因国土面积小，适宜建设高密度基础设施，因而在积极研发纯电动汽车技术的同时以极大的力度开发燃料电池电动汽车，甚至将燃料电池电动汽车视为未来汽车的基本构型。而美国由于地域辽阔，燃料电池配套设施太难普及，选择将纯电动汽车作为未来的发展方向。

近些年来，随着各国对纯电动汽车的研发投入不断增加，车用动力电池、电机及其控制系统取得了重大进展，电力电子、信息技术的广泛应用使得纯电动汽车的性能与成本逐渐达到了市场要求，纯电动汽车市场渗透率逐年增加，2017年全球新能源乘用车销量超过122万辆，其中纯电动汽车总销量为75万，是新能源车市的主力车型。2010年以来，全球知名汽车制造商均积极布局纯电动汽车市场，2010年日产发布了纯电动汽车Leaf，截至2018年1月，全球已售出30万辆，成为历史上最畅销的电动汽车。2012年上市的特斯拉Model S凭借其超长续航里程与创新性的外观设计，成为第一款进军豪华车领域的畅销电动汽车。在我国，由于政策的驱动，纯电动汽车的发展十分迅速，北汽新能源成为2017年全球电动汽车销量最好的企业，但主流销售车型均为微小型汽车，与欧美主流销售车型级别差别较大，可见当时我国的纯电动汽车市场并不能反映真实的研发水平，随着补助退坡、双积分政策的执行及市场竞争愈加激烈，纯电动汽车的研发会成为抢占市场的关键手段。

新能源汽车的研发方向主要包括以下几方面：面对混合动力大规模产业化需求，开发混合动力发动机+电机总成(integrated starter generator/belt－driven starter generator，ISG/BSG)和机电耦合传动总成(电机+变速器)，形成系列化产品和市场竞争力，为混合动力电动汽车大规模产业化提供技术支撑。面对纯电驱动大规模商业化示范需求，开发纯电动汽车驱动电动机及其传动系统系列，同步开发配套的发动机发电机组(auxiliary power unit，APU)系列，为实现纯电动汽车大规模商业示范提供技术支撑。面向下一代纯电驱动系统技术攻关，从新材料、新结构、自传感电机、ICBT芯片封装和驱动系统混合集成、新型传动结构等方面着手，开发高效率、高材料利用率、高密度和适应极限环境条件的电力电子、电动机与传动技术，探索下一代车用电动机驱动及其传动系统解决方案，满足电动汽车可持续发展需求。

重点开发混合动力专用发动机先进控制算法(满足国Ⅳ以上排放标准)、混合动力系统先进实时控制网络协议、多部件间的转矩耦合和动态协调控制算法，研制高性能的混合动力系统(整车)控制器，满足混合动力电动汽车大规模产业化技术需求。重点开发先进的纯电驱动汽车分布式、高容错和强实时控制系统，高效、智能和低噪声的电动化总成控制系统(电动空调、电动转向、制动能量回馈控制系统)，以及电动汽车的车载信息、智能充电及其远程监控技术，满足纯电动汽车大规模示范需要。重点开发基于新型电动机集成驱动的一体化底盘动力学控制、高性能的下一代整车控制器及其专用芯片、电动汽车智能交通系统(intelligent transportation system，ITS)与车网融合技术(V2X，包括：V2G——汽车到电网的链接，V2H——汽车到家庭的链接，V2V——汽车到汽车的链接等网络通信技术),为下一代纯电驱动汽车开发提供技术支撑。重点开发混合动力汽车智能化能量管理策略,集成深度学习、强化学习等技术开发新型能量管理策略,发展新能源汽车的智能化控制,促进新能源化和智能网联化的交叉研究。

目前纯电动汽车的主要技术瓶颈是动力电池与充电设施(electric vehicle supply equipment,EVSE),其中涉及成本、性能与电池管理系统等关键问题,动力电池的性能与成本会随着技术累积逐渐优化,充电设施在市场扩张、资金投入之后也会取得突破,因此我国也制定了动力电池的发展目标,对电池单体和电池包性能与成本作了目标规划(图1-12),力争在2030年电池系统能量密度达到500 Wh/kg,成本降至0.8元/kWh,充电桩数量超过8000万台。此外,动力电池的可靠性水平关系车辆的安全性,目前常见的纯电动汽车严重事故多为电池包自燃起火,因此电池管理系统也是纯电动汽车技术重要一环。除了动力电池,电机、电控技术甚至是动力系统都有很大的优化空间以提高纯电动汽车的综合性能。因此,各大厂商都在致力研究纯电动汽车技术,甚至是十分保守的欧洲厂商也都纷纷推出了全电动汽车的上市计划。

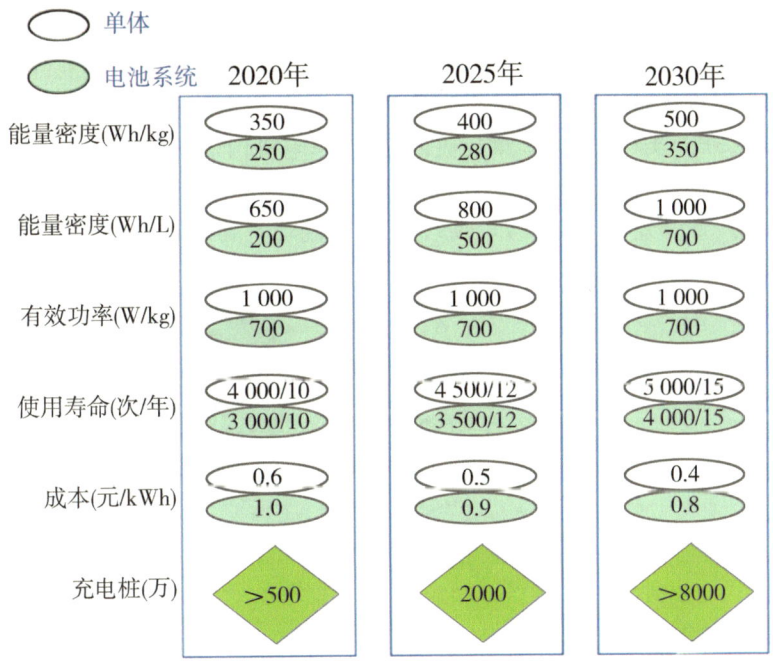

图1-12 我国关于动力电池目标规划(2016年)

混合动力电动汽车也受到了政策的支持,因此近些年市场表现十分优异,欧美各大厂商上市新车或改款车型时一定会推出混合动力版本。目前汽车制造商更青睐混合动力电动汽车,主要有三个原因:①提高一定程度的电气化,可以减少燃料消耗,进而减少碳排放;②减少有毒气体的排放;③通过增加总功率和扭矩提升车辆的动力学性能。此外,各国都以碳排放指标而不是零排放车辆(ZEV)比例作为新车销售要求,客观推动了节能汽车与混合动力电动汽车的研发,目前高压混合动力电动汽车可以达到较好的节油与减排效果,完全可以满足当前各地区碳减排法规限值(图1-13)。

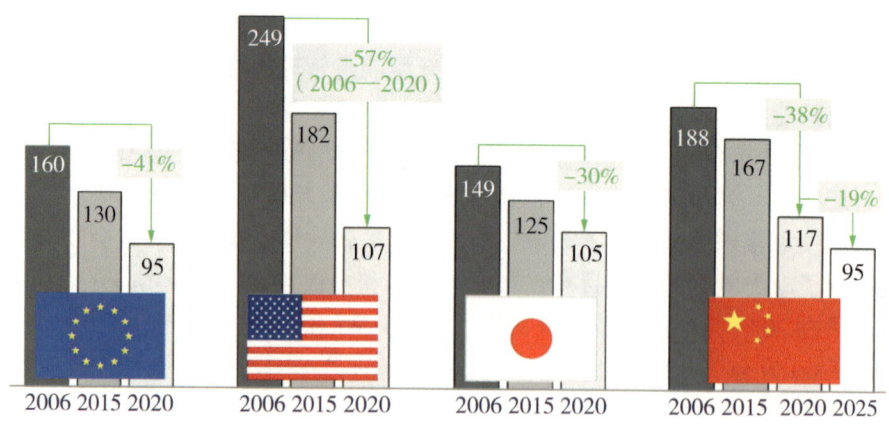

图 1-13 各地区碳减排法规限值

混合动力电动汽车的核心技术是混合动力驱动系统，主要技术方案包括低压 48 V 轻度混合动力系统与高压强混合两种模式。48 V 系统开发成本低，能满足一定时期内的减排任务，目前主要是欧洲和我国部分整车制造商在乘用车上配置 48 V 混合动力系统。高压强混合系统研发难度高，但节油减排效果好，主流厂商都在自主研发混合动力系统，商用高压混合动力方案按技术特点的不同，可以分为单电机 P2 构造、双电机串并联与功率分流(power split，PS)类(详见第 2 章相关内容)。单电机构造一般将电机布置在内燃机离合后，变速箱前，这一构型结构简单，成本低，技术难度小，可以与 48 V 系统共平台，目前欧洲和韩国厂商开发了单电机 P2 或 P3 构型的混动系统，如奥迪 e-tron 混合动力系统(图 1-14)、起亚混合动力系统等。

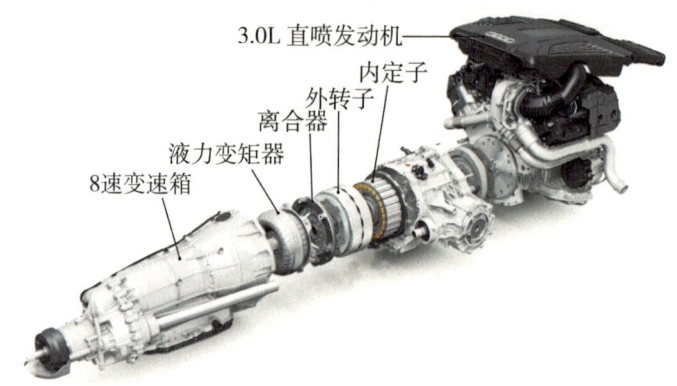

图 1-14 奥迪 e-tron 系列单电机 P2 混动

双电机串并联通过配置一个主电机与一个发电机可以实现混联式混合动力的功能，如本田开发的旗舰混动系统 i-MMD，但该系统不能实现电机、内燃机与车轮转速完全解耦。丰田的 THS 混合动力系统是功率分流类的代表，目前已开发到 THS 四代，搭载 2.5 L 排量内燃机与 THS 四代的凯美瑞(2018 款)综合油耗低至 4.1 L/100 km，节油效果十分优异。功率分流类混动的基本思路是通过一组或多组行星齿轮将内燃机和电机耦合在一起工作，以实现内燃机的转速和扭矩与输出轴解耦。

燃料电池电动汽车是氢能由航空航天领域进入车载能源的研究范畴后的产物，由于氢能是可再生清洁能源，燃料电池电动汽车是真正的零排放车辆，反应产物只有水和热，因此燃料电池电动汽车被认为是未来车辆的终极形态。当前燃料电池电动汽车市场远未成熟，燃料电池技术仍处于研究阶段，目前遇到的主要问题是燃料电池系统的成本与耐久度。据美国能源部（DOE）的统计，2006年以来，由于燃料电池催化剂中铂含量降低80%左右，且开发了耐用膜电极组件，大批量生产燃料电池的成本降低了60%，同时耐久度增加了4倍，实车实验表明燃料电池系统耐久度可以做到运行4100 h（里程约19万km），降解率仅为10%。不过后期市场化还需要考虑如何降低昂贵的基础设施建设费用。自从2008年本田发布Clarity以来，超过20多辆原型车或概念车发布，包括实现销售或租赁的现代ix35 FCEV、丰田Mirai及现代Nexo。除了最常见的氢气直接驱动的燃料电池电动汽车，2016年日产宣布开发乙醇驱动的燃料电池电动汽车，其原理是将水和乙醇共混，通过车载重整板块分解出氢气，然后将氢气输至固体氧化物燃料电池发生电化学反应产生电能驱动汽车。就当前而言，车载储氢罐式燃料电池电动汽车是主流的技术方案。

1.3.2 新能源汽车的未来趋势

时代在进步，科技在日益发展，汽车将会发生更多的变化。究竟未来的汽车会是什么样子，每个人心中都有一个答案。针对现在资源短缺、油价提升等国际形势的变化，网名为"精武门"的网友想象：未来汽车可以将动力能源由油转换成水。不少网友幻想汽车可以上天、入地、潜水，变得无所不能；有网友想到未来汽车可以自动行驶、智能声控，再也不用为堵车而烦恼了；还有网友说未来汽车是可以变形的"变形金刚"。其实，现在听似神奇的想法，相信在不久的将来都会实现。未来汽车应该能在空中行车，不再堵车，速度快但很安全，是太阳能的，很环保、很智能，未来汽车发展趋势如图1-15所示。

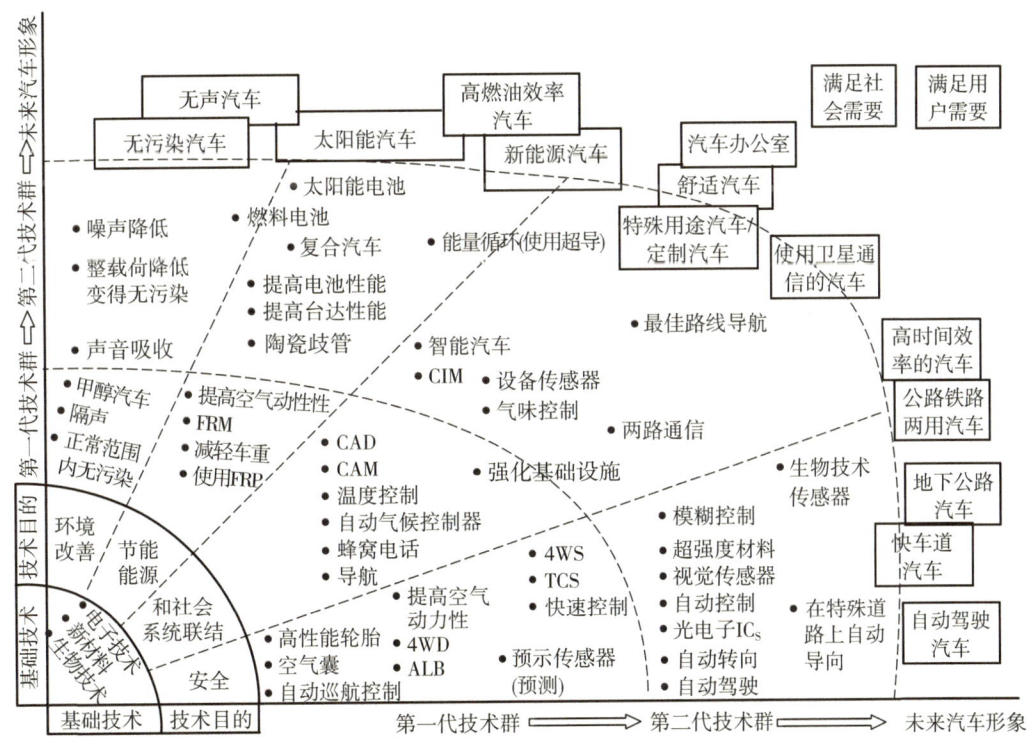

图1-15 未来汽车的发展趋势

今后汽车将步入车联网时代。车联网是指装载在车辆上的电子标签通过无线射频等识别技术，实现在信息网络平台上对所有车辆的属性信息和静态、动态信息进行提取和有效利用，并根据不同的功能需求对所有车辆的运行状态进行有效监管和提供综合服务。它是把互联网和以车为主体的物联网结合在一起的新网络。正如互联网能让人们实现"点对点"的信息交流，车联网也能让车与车"对话"。未来具备了"车联网DNA"的汽车不仅高效、环保、智能，更重要的是它还可以提供前所未有的交通安全保障。未来几十年内半自主或全自主操作汽车的出现将有助于解决人类面临的交通拥堵问题，而且将从根本上解决汽车的安全问题。

通过车联网，汽车具备了高度智能的车载信息系统，并且可以与城市交通信息网络、智能电网以及社区信息网络全部连接，从而可以随时随地获得即时资讯，并且作出与交通出行有关的明智决定。有了车联网，我们可以想象：繁忙的城市中，车辆在智能交通网络指挥下迅速而有序地穿梭移动，即便是盲人，也能自如地驾驶；汽车不再"喝"油，绿色充电站遍布城市的大街小巷，人们可以随时为爱车充电；加上高智能的车辆驾驶系统，车辆如深海中的鱼群快速地游动却永不相撞。

步入车联网时代，我们无疑看到了汽车电子在5G热潮来临之际与汽车产业的共舞。目前，整个汽车产业所面临的最大挑战是来自于原配套业务技术的革新，我们称之为"汽车电子革命"。毫无疑问，在车联网时代，汽车产业正在迎来一场全新的冲击与机遇，智能化、数字化和总线化将成为汽车产品的发展方向，安全、节能、舒适、娱乐成为未来汽车电子应用发展的主旋律。

"软件定义汽车"成为未来汽车发展的重要趋势。软件定义汽车的整车开发、整车物理结构、整车信息结构，在模块化和通用化硬件平台的支撑下，以人工智能为核心的软件技术将定义未来的汽车。汽车功能的增加与升级可以通过软件的远程部署和更新来实现，软件和先进的电子技术将赋能用户个性化的交互和体验。软件将带动汽车技术革新，引领产品差异化。

未来汽车主要采用高科技计算机控制，汽车在高速公路上行驶时，人类利用先进的无线电通信、机器视觉、磁性导航、卫星导航、数字地图、光纤传输以及先进的探测雷达、声呐、音波、图像等传感器进行汽车的自动无人控制，不用人踩刹车，车辆可以实现自动刹车、紧急停车，由计算机根据行驶路况控制超车时机、保持车距，实现与发动机有关的温度、气压、转速、排气等参数的优化控制和安全可靠的生物指纹防盗技术。而人们可以从枯燥乏味的驾驶中解脱出来，由汽车自动驾驶。车内豪华先进设备犹如一间移动的卧室，使人们消除旅途劳累并安全到达目的地。这一切变成现实还有待于公路系统、人机交互系统以及卫星通信与监测等系统的更加智能化。

汽车的"绿色"和"智能化"是相辅相成、共同发展的。绿色汽车以低排放和零排放为标志，部分或者全部以电机驱动，其结果是汽车电气化。汽车电气化已经进入汽车各个系统，这个发展趋势将进一步加快，并将带来汽车工业革命性的变化。而汽车电气化时代的到来为汽车智能化的发展奠定了必要的技术基础，从传统汽车向无人驾驶智能汽车的转变需要在许多技术上实现突破。无人驾驶智能汽车的实现以众多高端前沿技术为前提，譬如通过 GPS 对汽车定位并指出行驶路线，利用各种视觉和超声波传感器精确探测周围的行人或障碍物，利用无线通信判断车与其他交通设施的关系，最后还要通过人工智能作出判断并自动执行各种转向、加速、停车等命令。

随着能源结构的优化与汽车技术的进步，纯电动汽车和燃料电池电动汽车会成为未来汽车的最终构型。全电动化的智能网联汽车是未来汽车的形式，全电动化指的是执行机构如驱动、转向、制动等尽可能电气化，即实现线控（X-by wire）。智能网联能够实现与互联网技术深度融合的车联网、无人驾驶、人机交互等功能，未来的汽车不再是交通工具，而是一个舒适、安全、快捷、方便的移动平台。简而言之，未来汽车是结构上完全电气化，交互上实现智能网联化，功能上实现无人驾驶的智能汽车。

目前的电动汽车大多仅是驱动系统电气化，驾驶员的操作仍属于机械控制，即通过机械构件触发执行机构工作。主要的执行机构就是驱动、制动和转向，以制动系统为例，传统的液压制动器使用主缸和多个从动缸，当驾驶员踩下制动踏板时，主缸的压力通过真空或液压制动助力器放大，通过制动管路传递到制动轮。防抱死系统（antilock brake system, ABS）是线控制动技术的先驱，因为 ABS 允许极限工况下在没有驾驶员输入的情况下制动车轮，而线控制动技术能实现在任何时候按照驾驶需求对车辆施加制动力。对于电动液压线控制动系统，位于每个车轮中的制动器仍然是液压推动的，但不直接连接到通过踩下制动踏板而启动的主缸。控制单元依据制动踏板传感器或高级制动指令确定每个车轮需要多少制动力，并根据需要启动液压制动钳。而在机电制动系统中，制动功能靠位于每个车轮内的机电制动器完成。在配备线控转向技术的车辆中，方向盘和轮胎之间没有物理连接，当控制单元根据驾驶员方向盘输入或者高级转向命令来启动转向电机时，电机通过拉杆结构完成特定转向轮转角。为了保持驾驶员的路感，通常使用感觉仿真器来为驾驶员提供反馈，而随着无人驾驶技术的成熟，未来新能源车辆极有可能取消方向盘，完全由控制单元接管车辆动作。

通用在 2003 年提出了 Hy-wire（Hy 代表氢能，wire 代表线控）的概念，概念车使用氢燃料电池驱动系统，单电机驱动使得动力总成十分紧凑，整个底盘造型为扁平滑板状（图 1-16），由于所有驱动和储能系统都安装在滑板底盘中，底盘只是一个完全电气化控制的平台，因此设计人员可以自由安排车身空间。

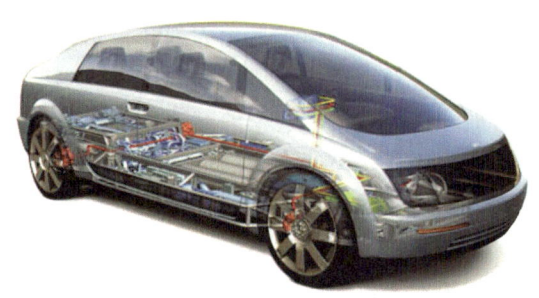

图 1-16　通用 Hy-wire 概念车

但目前由于安全问题减缓了线控技术的应用，机械系统仍然被认为比电子系统更可靠，且线控系统也比机械控制成本更高。

汽车的"绿色"与"智能化"是相辅相成的，汽车行业正逐渐进入车联网与智能驾驶的时代，车联网可以独立于车辆电气化而发展，因为它是通过装载在车辆上的电子标签利用无线射频等识别技术,实现在信息网络平台上对所有车辆的属性信息和静动态信息进行发布、提取和有效利用,并根据不同的功能需求对所有车辆的运行状态进行有效的监管和提供综合服务。未来具备车联网系统的汽车不仅能高效、智能、环保,更重要的是它还可以提供前所未有的交通安全保障。车联网时代的智能汽车具有以下特点:①车与车之间能保持相对固定的距离,实现零碰撞;②车与车之间的组队是随机进行的,根据各车主预定的出发点与目的地,通过 GPS 定位,实现车辆间的自动组队或离队,提高交通效率(图 1-17)。随着无人驾驶技术的成熟与应用,未来的汽车交通网络将更加规范、安全、高效。

图 1-17 车联网示意图

新能源汽车技术与大数据技术的融合,也展现出了良好的应用前景。将大数据技术与新能源汽车动力电池故障诊断与热失控预警、车辆运行状况监控、关键零部件检测等领域深度融合,构建基于大数据的新能源汽车,将是我国汽车行业转型升级的战略重点方向。

与信息技术的深度融合会促进汽车朝着无人驾驶的方向迈进。无人驾驶是指汽车利用先进的无线电通信、机器视觉、磁性导航、卫星导航、数字地图、光纤传输及先进的雷达、声波、图像传感器对汽车进行自动无人控制,车辆实现完全线控,无须驾驶员输入控制信号,完全由控制单元决定所有动作的执行(图 1-18)。无人驾驶是自动驾驶的终极阶段,美国国家公路交通安全管理局(NHTSA)制定的标准将汽车的自动程度分为五级:

图 1-18 未来的无人驾驶汽车

第一层次:无智能化(Level 0:No Intelligent)

由驾驶员时刻完全地控制汽车的原始底层结构,包括制动器、转向器、油门踏板以及起动机。

第二层次：具有特殊功能的智能化（Level 1：Intelligent with Special Function）

汽车具有一个或多个特殊自动控制功能，通过警告防范车祸于未然，可称之为"辅助驾驶阶段"。

第三层次：多数功能智能化（Level 2：Most Intelligent Function）

汽车具有将至少两个原始控制功能融合在一起实现的系统，完全不需要驾驶员对这些功能进行控制，可称之为"半自动驾驶阶段"。包括紧急自动刹车系统（autonomous emergency braking，AEB）和紧急车道辅助系统（emergency lane assist，ELA）。

第四层次：有条件无人驾驶（Level 3：with the Restrictions of Unmanned）

汽车能够在某个特定的驾驶交通环境下让驾驶员完全不用控制汽车，而且汽车可以自动检测环境的变化以判断是否返回驾驶员驾驶模式，可称之为"高度自动驾驶阶段"。

第五层次：全工况无人驾驶（Level 4：Completely Unmanned）

汽车完全自动控制车辆，全程检测交通环境，能够实现所有的驾驶目标，驾驶员只需提供目的地或者输入导航信息，在任何时候都不需要对车辆进行操控，可称之为"完全自动驾驶阶段"或"无人驾驶阶段"。

总之，未来的新能源汽车将会是一个智能化的移动平台，完全不需要人类操控，车辆的工作、车辆与人的交互、车辆与外部的联系全部通过自动控制与通信技术实现，真正地实现高科技、环保与安全稳定的完美融合。

1.4 本书主要内容

汽车全球保有量的不断增加使人类面临能源短缺、全球变暖、空气质量水平下降等诸多挑战，同时也客观推动了汽车技术的发展，特别是2010年后，新能源汽车技术与市场不断成熟，纯电动汽车与燃料电池电动汽车被公认为是未来汽车的终极形态。

本书第1章就新能源汽车发展历程、研究背景与意义进行简介，并介绍了新能源汽车产业现状以及在各国的技术发展规划，最后讨论了新能源汽车的主要发展趋势，即电动化、网联化、智能化，这也是目前电动汽车技术需要攻克的新兴领域。

第2章首先对新能源汽车进行了分类，主要对纯电动汽车、混合动力电动汽车以及燃料电池电动汽车的结构与原理进行了介绍；鉴于混合动力电动汽车的复杂性，该章用了大幅篇幅介绍混合动力结构形式与典型的混动系统工作原理，并简述了其他类型的新能源汽车。

第3章主要介绍电动汽车电驱动系统中的关键部件——电机，首先介绍了常见车用电机的分类、结构和特点，详细阐述了电机工作原理以及电机模型的建立方法。

第4章基于电机分析基础，来探讨适用于不同电机的控制方法和控制系统。

第5章简要介绍车用动力电池的构造与基本原理。

第6章从整车的控制需求出发，铺陈出目前整车控制系统的结构和网络，并以此为基础，简要分析各类主流控制理论的基本思想和实现过程，最后将单一车辆的控制推广到整个交通环境中多车辆的信息交流和协同处理，这也是汽车智能化和网联化的主要研究内容。

第7章首先介绍了燃料电池的类型，然后介绍了应用范围最广、具有广阔发展前景的质子交换膜燃料电池及其工作原理，接着介绍了燃料电池系统的组成及各组成部分的工作原理，氢气的制备、高压气态和液态储氢技术及其装置，最后介绍了燃料电池电动汽车及其关键技术。

最后，第8章介绍了新能源汽车一体化热管理技术。

第 2 章　新能源汽车结构与原理

本章要点

❋ 了解新能源汽车的专业分类以及行业分类标准，了解两者之间的区别。
❋ 了解纯电动汽车的分类，掌握纯电动汽车的结构与原理。
❋ 熟悉混合动力电动汽车的分类标准，掌握串联、并联、混联式电动汽车的动力系统结构与原理，熟悉常见混合动力系统的结构及工作模式。
❋ 了解其他类型的新能源汽车。

在讨论新能源汽车技术时，新能源汽车一般指的是纯电动汽车、混合动力电动汽车和燃料电池电动汽车，本章将以纯电动汽车和混合动力电动汽车为主体内容介绍其结构与原理，将燃料电池电动汽车放在第 7 章对其结构原理加以阐述。

2.1　电动汽车的分类

电动汽车是以动力电池为能量源、电动机参与全部或部分驱动的车辆，包括纯电动汽车（battery electric vehicle，BEV）、混合动力电动汽车（hybrid electric vehicle，HEV）、燃料电池电动汽车（fuel cell electric vehicle，FCEV）。纯电动汽车是指以车载电源为能量源，由电机驱动车轮行驶，符合道路交通安全法规各项要求的车辆；混合动力电动汽车是指汽车动力传动系统由两个或多个动力传动系统联合组成的电动汽车；燃料电池电动汽车是以燃料电池系统作为能量源驱动电机运转的车辆。

根据动力和能量来源的组合配置，进一步可以将目前在售的电动汽车分为纯电动汽车、混合动力电动汽车、插电式混合动力电动汽车（plug-in hybrid electric vehicle，PHEV）、增程式电动汽车（range extended electric vehicle，REEV）、燃料电池电动汽车，分类依据见表 2-1。

表 2-1　依据动力和能源的电动汽车类别

分类	定义	动力来源		直接能量来源	
		内燃机	驱动电机	化石燃料	电网电能	氢能
纯电动汽车	电机是唯一的动力源，以插电的方式为动力电池充电		√		√	

续表 2-1

分类	定义	动力来源			直接能量来源	
		内燃机	驱动电机	化石燃料	电网电能	氢能
油电混合动力电动汽车	内燃机和(或)驱动电机驱动车辆,以制动能量回收为动力电池充电	√	√	√		
插电式混合动力电动汽车	内燃机和(或)驱动电机驱动车辆,主要通过插电为动力电池充电	√	√	√	√	
增程式电动汽车	电机是唯一动力源,内燃机仅发电,电池电能可以从燃料和电网补充		√	√	√	
燃料电池电动汽车	电机是唯一动力源,燃料电池系统提供主要能源,一般配以辅助能源		√			√

值得注意的是,行业中一般认为能通过插电的方式为车载动力电池补充电能的车辆才被看作新能源汽车或电动汽车;而非插电式混合动力汽车由于动力电池容量较小且电能只能通过制动能量回收补充,更多地被看作节能汽车。例如油电混合动力的一汽丰田普锐斯(2012 款),搭载了不可通过电网充电的 1.3 kWh 的镍氢电池组,被看作是节能汽车;而尚未在国内上市的海外版插电混动版普锐斯搭载了 5.2 kWh 的锂离子电池,由于可以通过交流电网充电而被认为是新能源汽车。这种评判标准在我国的新能源汽车补贴政策上有所体现,非插电式混合动力汽车在国内不能享受新能源汽车补贴。事实上,非插电式混合动力汽车的节油和动力性能都十分优异,因此目前欧美主流厂商车型上市均会推出油电混动版本,且混合动力模式与插电版几无差异,所以本章在不考虑是否能外接充电的情况下,仍将非插电式混合动力汽车看作电动汽车介绍其结构与原理。

2.2 纯电动汽车的构造与原理

2.2.1 纯电动汽车的分类

纯电动汽车是以车载动力电池为能量源,一个或多个电机为动力源,符合各项道路交通安全法规的车辆,按照用途、驱动系统形式、车载能源类型可以将纯电动汽车进一步划分为不同的类型。

2.2.1.1 按用途分类

按照常见的纯电动汽车车型种类并参考传统汽车分类标准,纯电动汽车可以划分为运输用电动汽车和专业特种电动汽车。

运输用电动汽车又划分为纯电动乘用车(图 2-1a)和纯电动商用车(图 2-1b)。

①纯电动乘用车:车辆座位数不超过 9 座,用于载运乘客及行李物件。根据车型大小及级别可以细分为微型、紧凑型、中型、大型纯电动汽车等类别。

②纯电动商用车：又可分为电动客车和电动货车，电动客车车辆座位数大于 9 座，能运载较多成员，多用于公共交通服务；电动货车用于载运各种货物。

常见的专业特种电动汽车划分为电动专用汽车（图 2 – 1c）、电动娱乐汽车（图 2 – 1d）和电动竞赛汽车（图 2 – 1e）。

①电动专用汽车：是指装有专业工作装置，完成专项作业任务的电动汽车，如纯电动环卫车。

②电动娱乐汽车：是指诸如高尔夫球场电动车、观光电动汽车之类用于娱乐活动的场地电动汽车。

③电动竞赛汽车：专门为比赛设计的电动汽车。

图 2 – 1　不同用途的纯电动汽车

2.2.1.2　按驱动系统分类

纯电动汽车的电机驱动系统主要包括驱动电机、电机控制器、机械传动装置等。按照驱动电机的数量可以分为单电机纯电动汽车、多电机纯电动汽车，多电机系统可以布置为双桥驱动或全轮独立驱动。多电机纯电动汽车的动力性和操纵稳定性较好，一些中大型车会配备双桥双电机驱动系统以提高整车动力性。

按照驱动系统的结构可以分为集中式驱动电动汽车、分布式驱动电动汽车。集中式驱动的特点是通过一套复杂且精细的传动系统，包括但不限于离合器、变速器、传动轴、差速器等形成完整的驱动系统为车辆提供动力（图 2 – 2a～c）；而分布式驱动形式为多个驱动轮独立驱动，取消离合器、传动轴等多个部件，左右车轮间实现电子差速（图 2 – 2d～f）。图 2 – 2a 所示结构完全根据传统燃油车底盘改制，可以看作将内燃机换做驱动电机，保留了离合器与多挡变速箱等部件，这种结构可以增加汽车的起动力矩，低速时后备功率大，但结构复杂，效率低，不能充分发挥驱动电机的性能。图 2 – 2b～c 所示是目前最常见的纯电动汽车的驱动系统布置结构，驱动电机配固定速比的单级减速器。图 2 – 2d 所示是布置为轮边驱动的分布式驱动电动汽车，驱动电机经减速器与传动轴将动力传至车轮。图 2 – 2e～f 所示的传动系统更加精简，驱动电机与车轮集成为一体，被称为轮毂电机驱动，其中图 2 – 2f 所示的动力系统结构因省略了减速器又被称作轮毂电机直驱系统。

此外，按照变速机构的挡位可以分为固定速比纯电动汽车与多挡位纯电动汽车，配备固定速比减速器的纯电动汽车结构简单，多挡位变速箱相比固定挡位对动力输出的损耗更小，能提升驱动电机的动力输出效率。当前大部分电动汽车均搭载固定速比的减速器，但多挡位变速系统是电动汽车技术发展的趋势。

按照驱动电机的类型可以分为直流电机电动汽车、交流异步电机电动汽车、永磁同步电机电动汽车等类型，但目前市场上的纯电动汽车多搭载交流异步电机或永磁同步电机。

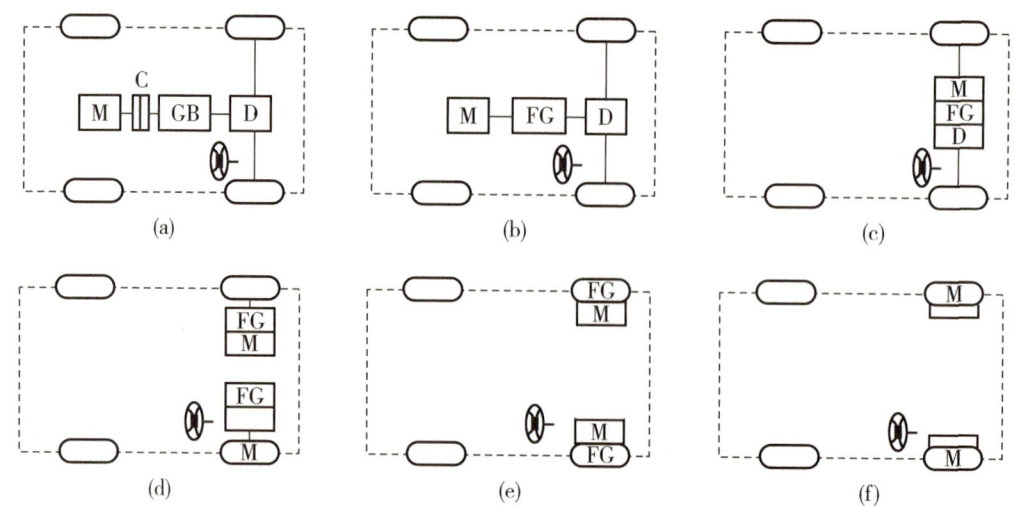

图2-2 纯电动汽车驱动系统结构形式

C—离合器；D—差继器；GB—变速箱；FG—固定速比减速器；M—驱动电机

2.2.1.3 按车载能源类型分类

纯电动汽车根据车载能源的不同可分为两类，即用纯蓄电池作为动力源的纯电动汽车和装有辅助动力源的纯电动汽车。用单一蓄电池作为动力源的纯电动汽车，只装置了蓄电池组，它的电力和动力传输系统如图2-3所示。某些纯电动汽车上增加了辅助动力源，如超级电容器、发电机组、太阳能等，由此改善纯电动汽车的启动性能和增加续驶里程，其电力和动力传输系统如图2-4所示。

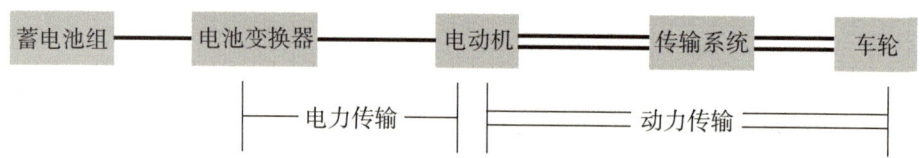

图2-3 用单一蓄电池作为动力源的纯电动汽车的电力和动力传输系统

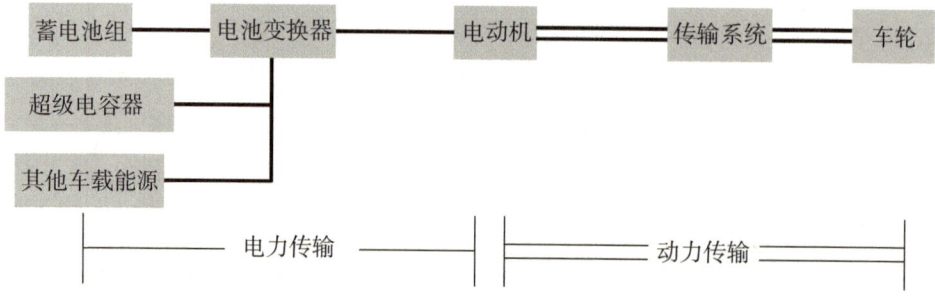

图2-4 装有辅助动力源的纯电动汽车的电力和动力传输系统

此外，按照使用的电池类型不同，纯电动汽车可以分为铅酸电池电动汽车、镍氢电池电动汽车、锂离子电池电动汽车等类型。锂离子电池是电池技术更新到第三代最新的成果，由于其具有较高的能量密度而成为当前大部分电动汽车搭载的能源装置。此外，还包括镍镉电池电动汽车、钠硫电池电动汽车、飞轮电池电动汽车。

2.2.2 纯电动汽车的基本组成与原理

典型的纯电动汽车结构如图 2-5 所示。动力蓄电池组输出电能驱动电动机，从而推动车辆行驶。在车辆行驶一定里程后，蓄电池的电能由充电系统进行补充。

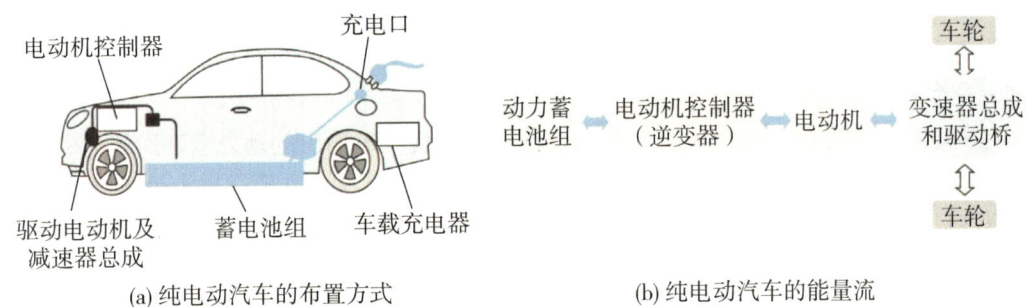

(a) 纯电动汽车的布置方式　　　　(b) 纯电动汽车的能量流

图 2-5　纯电动汽车结构

纯电动汽车的结构与燃油汽车相比，主要增加了电力驱动系统，而取消了发动机。纯电动汽车主要分为三个子系统：电力驱动系统、能源系统及辅助控制系统（图 2-6）。电力驱动系统是纯电动汽车的核心部分，其性能决定着整车的动力性、制动性和操纵稳定性。能源系统主要包括车载动力电池、电能转换单元及能量管理系统；其中，能量管理系统是实现车载能源状态监控、充放电协调控制的关键部件，同时与中央控制单元一起控制制动能量回收，与充电系统一同控制充电并监测电源的使用情况。辅助控制系统主要由电压变换器、辅助电源等组成，是利用电动汽车主电源或辅助电源实现动力转向、空气调节等辅助控制功能。

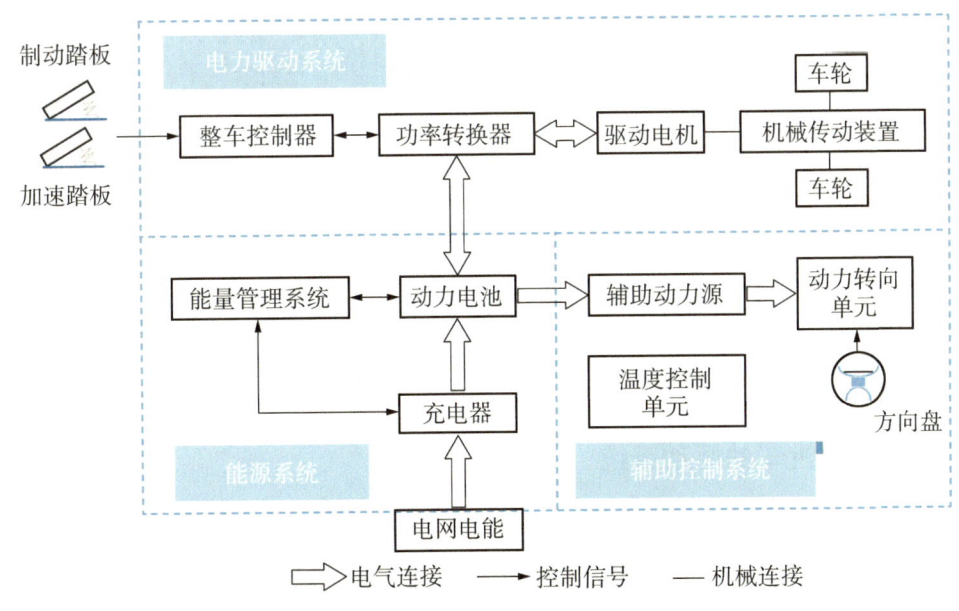

图 2-6　纯电动汽车组成示意图

纯电动汽车正常工作时有三种状态：

①行驶状态：储存在电池中的电能经电力驱动系统转化为车轮的动能；控制单元根据加速踏板和制动踏板的输入信号，向驱动控制器发出相应的控制指令，对电动机进行起动、加速、减速、制动控制；机械传动装置将电动机的驱动转矩传输给汽车的驱动轴，从而带动汽车车轮前进或后退。

②制动能量回收状态：在减速和下坡滑行时，电力驱动系统控制驱动电机作为发电机工作，将车轮的部分动能转化为电能，通过功率转换器向动力电池充电。

③充电状态：车辆静止时电网电能通过车载充电器向动力电池补充能量，或通过道路基础设施实现有线或无线充电。

与内燃机汽车相比，纯电动汽车结构灵活。内燃机汽车输出的动力全部通过机械部件传动，结构复杂，驱动部件众多；电动汽车驱动电机和动力电池是通过柔性的电线连接的，此外，整车实现由机械化向电气化的转变也更加容易，因此纯电动汽车各部件在整车上的布置有很大的灵活性。除了相对独特且重要的三大子系统——电力驱动系统、能源系统、辅助控制系统，与燃油汽车一样，纯电动汽车也有机械制动、冷却系统等对整车性能有重要影响的系统部件。对于中央驱动的纯电动汽车而言，其系统组成和结构布置与传统燃油车十分类似，主要区别在于动力源和能量源变为驱动电机和动力电池（图2-7）。结构的改变使得纯电动汽车具有污染低、噪声小、能源效率高、结构简单等优点，同时也存在着动力电池使用成本高、续航里程短等缺点。

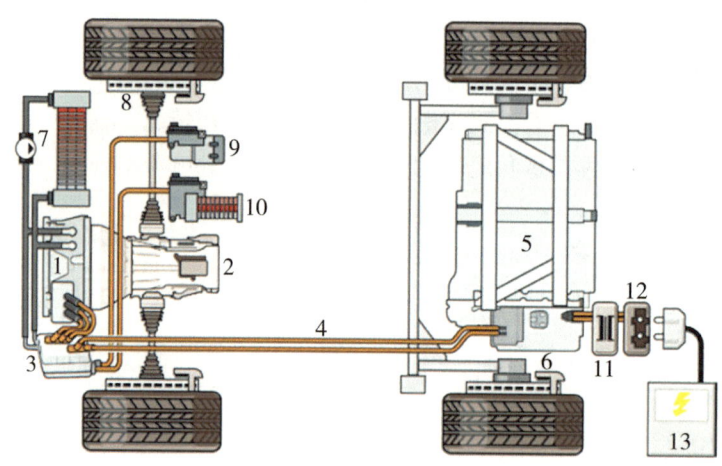

图2-7 中央驱动布置的纯电动车结构

1—电机/发电机；2—减速器及差速器；3—整车控制器；4—高压线束；
5—动力电池；6—电池管理系统；7—冷却系统；8—机械制动系统；9—空调压缩机；
10—辅助加热系统；11—充电系统；12—充电接口；13—外部电能

2.2.3 纯电动汽车的驱动系统

电力驱动系统是纯电动汽车的核心部分，驱动系统的结构应具有布置简单、电气化程度高、能量转换效率高等特点。纯电动汽车动力电池质量与体积较大，合理的驱动系统布置对整车性能有较大的影响。目前常见的结构有以下几种。

2.2.3.1 简化的传统驱动系统

简化的电力驱动系统与传统前置前驱燃油车相比,取消了传动部件中的离合器与多挡变速箱,替换为驱动电机结合固定速比减速器的传动系统,减小了机械传动系统的质量与体积,提高了机械传动系统的传动效率。但由于采用固定主减速比,这种布置方式对电机的性能要求较高,不仅要求电机具有较高的起动转矩,而且要求有较大的后备功率,以满足起动、加速、爬坡等工况的动力需求。简化的电力驱动系统可以通过电机—驱动桥组合形式来实现,如图2-8所示,驱动电机的动力输出轴线与半轴轴线平行,动力通过一套固定速比的差减组合传动。与传统汽车类似,可以将这种驱动系统布置为前置前驱、后置后驱、双电机双桥驱动等形式。

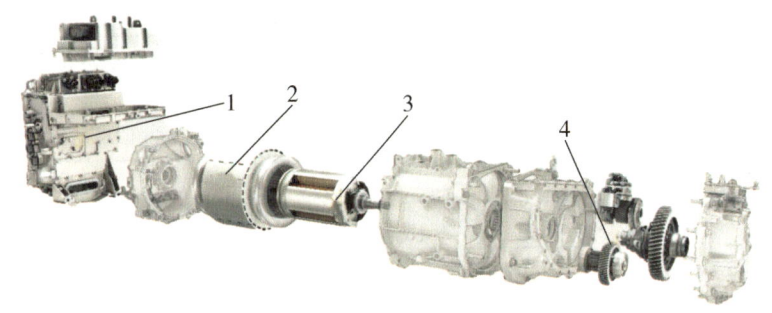

图2-8 电机-驱动桥组合式驱动系统(雷诺Zoe)
1—电机控制器;2—驱动电机定子;3—驱动电机转子;4—固定速比减速器(差速器)

电动汽车用的驱动电机具有低转速恒转矩、高转速恒功率的特性,能够满足汽车在起步或爬坡阶段即低速时需要大转矩,而在高速时需要足够的功率的需求,同时电机可实现倒转的功能,所以电机可以直接驱动汽车行驶。但是若要单个电机直接驱动车辆,为了满足车辆大的转矩和转速范围,电机功率势必会较大,而且电机长时间工作在低效率区,会使功率得不到充分利用。为了使驱动系统有大的转矩和转速范围适合车辆驱动,借鉴燃油汽车的设计与匹配经验,可以采用变速器配合的驱动方式。例如采用两挡变速器,两挡变速器的基速1为电机直接挡驱动的情况,基速2为减速挡驱动的情况,两挡变速器可以增大最大驱动转矩,也就是扩大了驱动系统的转矩范围。因此,在纯电动汽车上配备多挡位变速器是电驱动系统的发展趋势。其中,电控机械式变速器是科研机构和企业的研发重点。

电控机械式变速器(automated mechanical transmission,AMT)是在原机械变速器结构不变的情况下,通过加装由微处理器控制的自动操纵机构,实现换挡过程的自动化。AMT的基本控制原理是:电子控制单元(electric control unit,ECU)根据驾驶人的操纵(对加速踏板、制动踏板、转向盘、挡位选择器等的操纵)和汽车的运行状态(车速、电动机转速、踏板开度等)进行综合判断,选择合理的控制规律,发出控制指令,借助于相应的执行机构,对汽车的动力传动系统进行控制。相对于其他类型的自动变速器而言,AMT是由现有的机械变速器改造而成的,保留了原来绝大部分的总成部件,仅改变了其中的手动换挡操纵部分,加装自动换挡执行机构,生产继承性好,改造费用少,通用性好。

手动机械式变速器的特点是效率高,工作可靠,结构简单,制造和维修成本低。AMT

在此基础上改装，保留了干式离合器与手动变速器的绝大部分总成部件，只将其中的变速杆操纵部分、离合器操纵部分以及节气门操纵部分改为电子控制的自动变速操纵系统（automatic shift control system，ASCS）。配置电机驱动系统与AMT的纯电动汽车动力传动系统的工作原理如图2-9所示，AMT控制器根据操纵手柄位置、制动信号、电机转速和加速踏板位置计算合适的挡位，当需要进行换挡操作时，AMT控制器向驱动电机控制器发送换挡过程所需的电机工作模式，进而实现换挡操作。换挡过程对汽车的平顺性有很大影响，只有在换挡过程中对电动选位、换挡执行机构和整车驱动电机进行准确控制，才能保证整车的舒适性和平顺性。

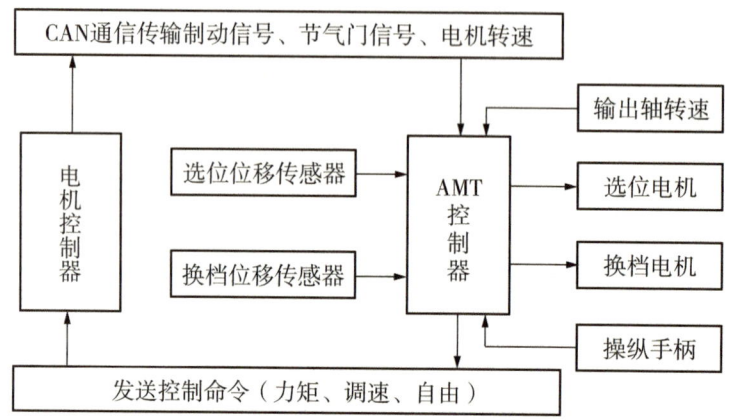

图2-9 纯电动汽车动力传动系统工作原理图

利用电机控制系统与传动控制系统一体化控制技术，AMT动力传动系统可以省去离合器，牵引驱动电机与变速器直接相连。动力传动系统简化模型如图2-10所示，J_1为换算至变速器输入轴(无离合器时等同于电机转子)上的转动惯量；J_2为换算至变速器输出轴上的转动惯量；ω_e、ω_1和ω_2分别为电机输出轴角速度、变速器输入轴角速度和输出轴角速度；M_e、M_1、M_2分别为电机输出轴转矩、变速器输入轴转矩及输出轴转矩；M_s为同步器在滑摩状态时传递的摩擦转矩，即同步力矩；M_d为地面阻力矩；i_g为变速器传动比；i_{go}为变速器原挡位传动比；i_{gn}为变速器目标挡位传动比；i_o为主减速器传动比。换挡过程分为下述几个阶段。

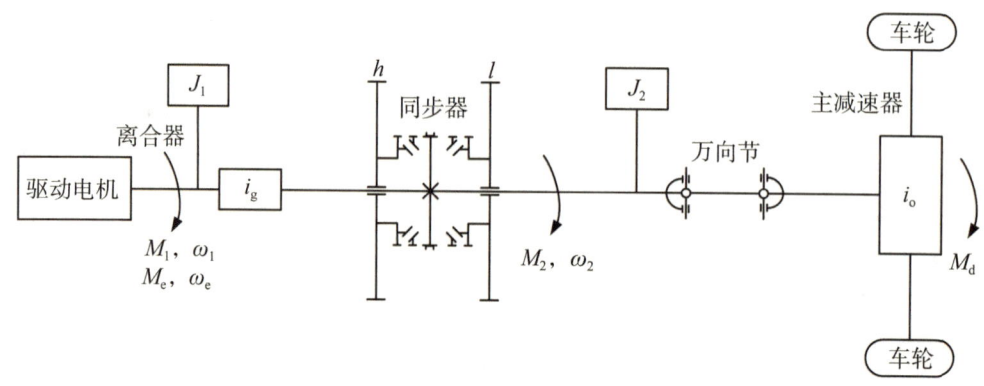

图2-10 动力传动系统简化模型

(1) 换挡前

此阶段电机动力输出端至车轮间的运动学和动力学关系是确定的，即

$$J_1\dot{\omega}_1 = M_1 - M_2/i_{go}$$
$$J_2\dot{\omega}_2 = M_2 - M_d/i_o \tag{2-1}$$

式中，$\dot{\omega}_1$、$\dot{\omega}_2$ 分别为电机输入轴和输出轴角加速度。

(2) 摘空挡

此阶段电机动力输出端至车轮间的运动学和动力学关系仍如式(2-1)所示，但通过主动控制，控制电机输出转矩减小至0，此时变速器的输入轴力矩较小，输入轴和输出轴齿轮间啮合力较小，可以实现摘空挡操作。

(3) 空挡

此阶段电机与汽车间的动力传递完全被切断，在此阶段对驱动电机进行调速，调速的目标是使同步器主动、从动部分的转速满足新挡位传动比的要求，这时才可以进行换挡。目标调速值 ω_{aim} 的计算值为

$$\omega_{aim} = \omega_2 i_{gn} \tag{2-2}$$

在空载状态下，驱动电机可实现转速的快速调整，通过电机控制器主动控制 ω_1 达到期望的 ω_{aim}，即通过电机控制器控制电机转速实现主动同步，摘空挡后还应同时进行选挡操作。在此阶段有

$$J_1\dot{\omega}_1 = M_1$$
$$J_2\dot{\omega}_2 = -M_d/i_o \tag{2-3}$$

(4) 换挡

当电机转速接近目标调速值后，再次控制电机输出转矩为0，进行换挡操作，换挡阶段可以分为同步器同步阶段和换入目标挡阶段。在同步阶段有

$$J_1\dot{\omega}_1 = \lambda M_s/i_{gn}$$
$$J_2\dot{\omega}_2 = -\lambda M_s - M_d/i_o \tag{2-4}$$

式中，λ 为符号函数的值；$\lambda = \mathrm{sgn}(i_{gn} - i_{go})$，$\mathrm{sgn}(x)$ 为符号函数；升挡时 $\lambda = -1$，降挡时 $\lambda = 1$。显然，如果 J_1 足够小，同步力矩 M_s 就可以实现快速同步；如果电机调速后达到的转速与目标转速越接近，同步力矩 M_s 也就越小。

当转速完全同步后，可顺利挂入目标挡位，此时有

$$J_1\dot{\omega}_1 = -M_2/i_{gn}$$
$$J_2\dot{\omega}_2 = M_2 - M_d/i_o \tag{2-5}$$

(5) 换挡后

此阶段与换挡前相同，汽车恢复正常行驶状态，通过 AMT 控制器和电机控制器的一体化控制，可以实现无离合器换挡，但这对电机控制器的控制提出了更高的要求，如要有短的调速时间和精准的调速转速，以保证换挡速度，减小换挡冲击和同步器滑摩等。其换挡控制流程如图 2-11 所示。

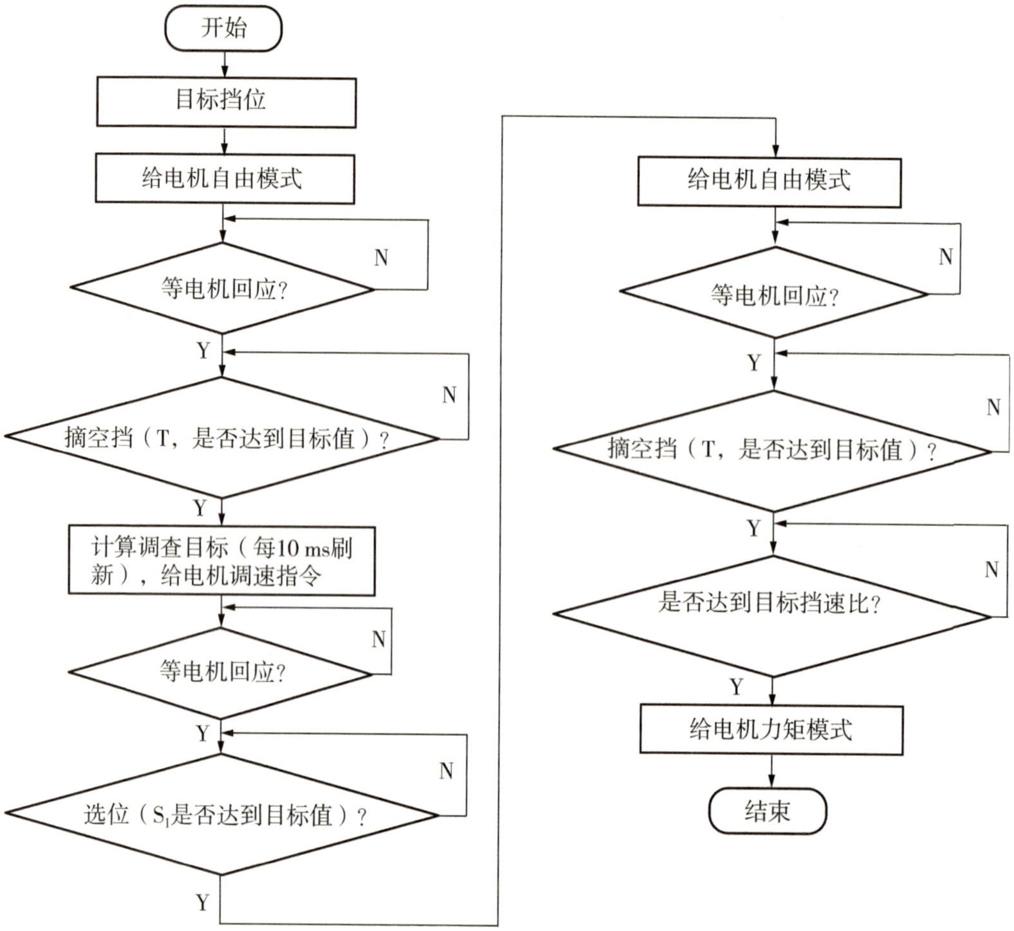

图 2 – 11 AMT 换挡控制流程

2.2.3.2 轮边驱动系统

轮边驱动系统是分布式驱动的一种结构形式，将双电机或多电机直接安装在驱动半轴上，电机通过固定速比减速器分别驱动车轮，目前纯电动商用车已逐步应用这种布置灵活的结构形式（图 2 – 12）。相对于集中驱动式纯电动汽车而言，轮边驱动系统具有以下特点：

① 各电机独立控制，原理上更易实现纵向力矩、横摆力矩的控制，更易实现电液复合制动与高效的制动能量回收，有利于车辆的动

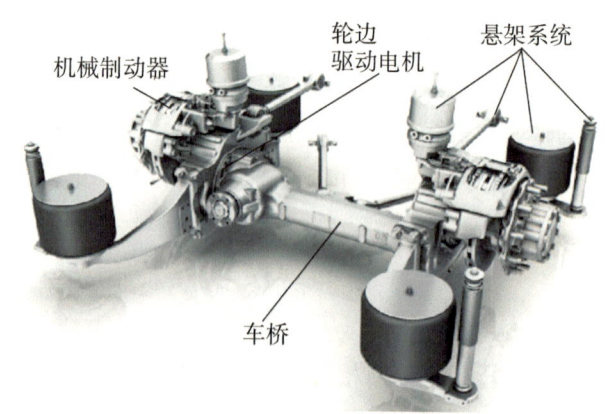

图 2 – 12 商用车轮边驱动系统

力性和操纵稳定性；且电机既是车辆的信息单元，又是快速反应的执行单元，使得车辆控制精准，响应快速。

② 机械传动系统精简，取消了变速箱、差速器等传统部件，使得整车质量变轻，同时动力传递路径短，效率高。

③ 占用车辆的底盘空间小，整车布置自由度大，简化了动力电池的布置难度。

但轮边驱动系统对电机的性能要求较高，要求具有较高的转矩密度和功率密度，且要求控制精度高、可靠性高，以保证车辆行驶的安全性。由于低速电机技术门槛稍低，我国一些商用车已开发出外转子轮边驱动的高效驱动桥总成。

2.2.3.3 轮毂电机驱动系统

轮毂电机驱动系统将驱动电机直接安装在驱动轮上，同时相较于轮边驱动系统，它的动力传递路线更短，传动系统结构更简单紧凑，具有最小的动力损失，有利于增加纯电动汽车的行驶里程。此外，轮毂电机驱动系统的布置将大大简化底盘结构，传动轴、车桥等零部件将不再存在，底盘的简化有利于整车的空气动力学性能的提升，减少气流阻碍，且低平的底盘造型有利于优化操纵稳定性。传统汽车与轮毂电机驱动汽车的底盘构型对比如图 2 – 13 所示。

图 2 – 13　传统燃油车与轮毂电机电动汽车底盘构型对比

永磁同步电机因具有效率高、体积小、功率密度大的特点，常用在轮毂电机驱动系统中，一般根据电机的结构将轮毂电机分为内转子式、外转子式及轴向磁通式电机三种构型（图 2 – 14）。其中轴向磁通式与传统径向磁场分布的永磁同步电机相比，需要较大的径向尺寸以满足起动转矩的要求，因此电机体积与永磁体消耗量会增加，此外轴向磁通式电机对嵌线工艺、装配精度都要求很高，工艺上不够成熟，因此现阶段很少应用于轮毂电机驱动系统。

内转子式轮毂电机一般极数少、转速大，需要配备固定传动比的行星齿轮减速机构，能获得较高的功率密度，减速器一般采用轴向尺寸紧凑的行星齿轮减速机构，包括行星轮、太阳轮和行星架，安装在电机与轮毂之间，电机输出的转矩通过行星齿轮减速机构驱动车轮。由于电机在高转速下运转，故具有较高的比功率和效率，而且体积小，质量轻，通过减速机构的增矩后，爬坡性能好，能保证汽车在低速运行时获得较大的平稳转矩。但内转子式轮毂电机难以实现润滑，会使行星齿轮减速机构的齿轮磨损较快，使用寿命变短，不易散热，噪声比较大。对比之下，外转子式轮毂电机低转速、高转矩，由于转子和轮辋是机械固连，故不需要匹配减速器，车轮转速与电机转速一致，故又称直驱式轮毂电机驱动系统，结构更加紧凑，轴向尺寸小，传递效率更高。但外转子式轮毂电机在起步、

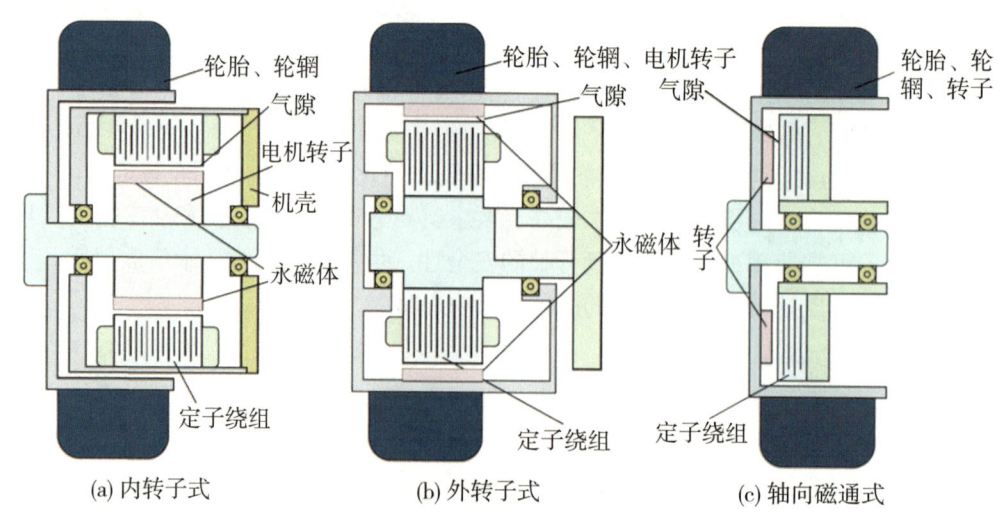

(a) 内转子式　　(b) 外转子式　　(c) 轴向磁通式

图 2-14　轮毂电机三种构型

迎风或爬坡等需要高转矩的情况时需要大电流，易损坏电池和永磁体，电机效率峰值区域小，负载电流超过一定值后效率下降很快。

轮毂电机驱动系统作为高度集成化的动力总成，除了具有前述分布式驱动控制、轮边驱动的优点，它对底盘空间的释放更加完全，使得空间利用率更高，造型设计多样化，降低了动力电池组的布置难度。此外，底盘的平顺造型可以减小气流阻碍，缩小气压差，从而减小气动升力，有利于提升动力性，降低空气阻力损耗，提高经济性和续航里程，而且低平的底盘造型有利于降低重心，优化整车的操纵稳定性。轮毂电机驱动形式更具有成为未来电动汽车通用底盘构型的潜力，因其集合了分布式驱动的电力控制、去复杂机械化、降低整车质量等多方面的优点。而电动汽车技术的发展必然会对效率有极致的追求，轮毂电机系统的布置为实现智能化、网联化提供了最合适的载体，所以轮毂电机驱动系统会成为最终的电动汽车的动力总成构型（图2-15）。不过目前轮毂电机驱动系统仍存在着集成化难度大、簧下质量过大等问题。随着电机性能的不断优化以

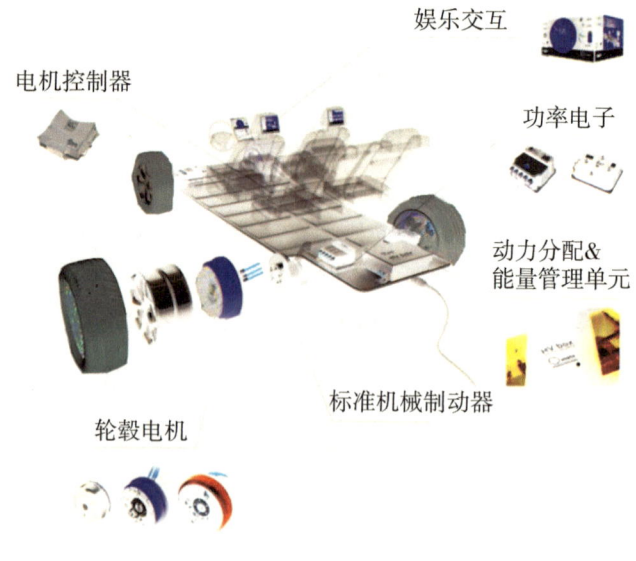

图 2-15　未来通用的电动汽车整体构型

及轴向磁通等新型电机的技术进步，驱动电机的功率密度会逐渐提升，可以解决集成化设计、散热冷却、垂向动力学负特性等一系列问题。

2.2.4 电动汽车的再生制动

电动汽车的再生制动系统属于电储能式,电动汽车上的电能储能装置和可四象限运行的驱动电机为再生制动提供了保证。

2.2.4.1 电动汽车再生制动原理

电动汽车再生制动原理如图 2-16 所示,可以表述为:在制动时,将汽车行驶的惯性能量通过车轮经由传动系统传递给电机,控制电机以发电方式工作,为动力电池充电,实现制动能量的再生利用。与此同时,发电过程中产生的电机制动力矩又可通过传动系统对驱动轮施加制动,产生制动力。对于采用感应电动机的电动汽车,再生制动系统工作时,制动过程中驱动电机转子的转动频率超过电机的电源频率,电机工作于发电状态,将机械能转化为电能。

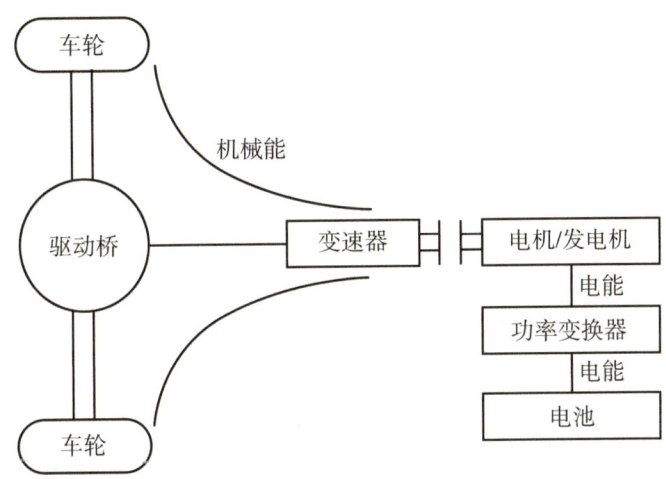

图 2-16 电动汽车的再生制动

2.2.4.2 电动汽车再生制动在行驶中的应用

在电动汽车的行驶中,制动情况及再生制动的应用大致可以分为以下三种:

①纯能量回收制动模式。这种模式目前主要应用在电动汽车缓慢下行的情形,因此可以采用再生制动来实现。此外,这种模式的充电电流较小,充电时间长,因此是电动汽车能量回收的最佳模式。此模式下限制能量回收的主要因素是电池的荷电状态(state of charge,SOC)与当时的电池充电能力。若需要的制动力比较大,再生制动无法满足制动要求时,则需要机械制动与再生制动同时使用,避免发生危险。

②紧急制动模式。这种模式一般是在驾驶员发现危险做出刹车动作时启动。此时再生制动不能满足要求,主要依靠机械制动。由于在这种模式下汽车的制动时间短,制动力矩大,因此汽车能回收的能量非常少;但这种情况发生的频率比较高,如果能在这种情况下尽可能多地应用再生制动,并且使电池能够接受较大的充电电流,能量回收将有很大的提升空间。

③一般制动模式。这种模式的使用工况是典型的城市驾驶。由于汽车在城市行驶的过程中,需要频繁地启停,并且制动力矩不大,因此这种模式是最适合进行能量回收的。采

用这种模式进行制动时，驾驶员一般是以比较小的力度踩下制动踏板，因此再生制动就能满足制动的要求，同时制动距离也比较长，可作为汽车能量回收的主要模式。

2.2.4.3 电动汽车再生制动能量回收的影响因素

影响电动汽车再生制动能量回收的因素有许多，主要包括制动安全性要求、行驶工况、电机类型、车载储能装置。下面对这些主要影响因素进行具体分析。

①制动安全性。制动安全性要求制动系统的首要任务是满足车辆制动时的制动效能、方向稳定性等车辆制动性能要求。采用再生制动系统进行制动动能回收的第一影响因素即为汽车制动性能的要求，在现有的再生制动技术中，当再生制动的制动强度达不到驾驶员的制动请求时，机械摩擦制动就会参与制动过程，这样影响着再生制动系统对制动能量的回收和利用。此外，对于非电力四驱车辆，再生制动仅作用于汽车的前轮或后轮，为使前后轮制动满足制动法规和防抱死系统的要求，即使有时再生制动有足够的制动能力，也需抑制其制动能力，以使前轮、后轮制动力满足要求。

②行驶工况。在不同的行驶工况中，电动汽车制动出现的频率不同。城市工况为制动频率高、制动强度需求低的行驶工况，再生制动系统可能回收的制动动能较多；相反，高速公路行驶等制动频率低的工况，可能回收的制动动能较少。

③驱动电机及其控制系统类型。在电动汽车驱控系统中，驱动电机的恒功率工作区越宽，电机在高效率区工作时间就越长，制动能回收效率就越高。也就是说，再生制动对电机的扭矩特性要求与驱动时对驱动电机的特性要求相同。若电动汽车的车载驱动电机有尽可能宽的恒功率工作区，在较宽的转速和转矩范围内都有较高的效率，不但可以降低对电机额定功率的需求，而且可增强回收制动能的能力。驱动电机控制策略也同样影响再生制动系统对制动能量的回收。

④车载储能装置。电动汽车的车载储能装置作为再生制动系统的蓄能器，按照电动汽车的装备，可能是动力蓄电池、超级电容器、飞轮电池及其组合。车载储能装置的特性和剩余容量是决定再生制动能回收的最重要因素。蓄电池SOC及蓄电池短时间内充电接受能力的强弱对电机再生制动能力的发挥起决定作用，SOC只有在适当范围内，蓄电池才具有较强的充电接受能力，当蓄能器被充满时，就不能接受充电。蓄电池比功率较小，不能接受瞬时大功率充电。超级电容器的比功率大得多，因而可接受瞬时大功率充电，但其比能量较蓄电池小，且价格较高。因此，回收制动能时，可先将电能充入超级电容器，再经升压泵入蓄电池，这种复合电源具有竞争力，是电动汽车蓄能系统发展的重要方向之一。

此外，车轮与路面间的附着条件、车辆质心位置、汽车的驱动形式、车辆变速器类型及传动比、传动零部件的惯量等也对再生制动系统对制动能量的回收产生影响。

2.3 混合动力电动汽车的构造与原理

2.3.1 混合动力电动汽车的分类

混合动力电动汽车依据不同的驱动系统结构和车载能源类型可以分为不同的类别。

2.3.1.1 按照动力系统结构形式分类

① 串联式混合动力电动汽车(series HEV,SHEV):车辆的驱动力只来自驱动电机,内燃机不能直接为车辆提供动力。其混合动力工作模式指的是内燃机带动发电机发电,电能通过电机控制器输送给电机,另外动力电池可以单独向电机提供电能驱动车辆行驶。

② 并联式混合动力电动汽车(parallel HEV,PHEV):车辆行驶系统的驱动力由电机及内燃机单独或同时提供,其典型的结构特点是车辆可以单独使用内燃机或电机驱动系统,也可以将内燃机和电机同时作为动力源驱动车辆行驶。

③ 混联式混合动力电动汽车(combined HEV,CHEV):具备串联式和并联式混合动力电动汽车的特点,车辆既可以在串联式混合动力模式下工作,也可以在并联式混合动力模式下工作。

驱动系统结构形式按结构与功能还可以细分,如图 2-17 所示,并联式构型一般为单电机,可以根据电机的位置分类;串联式一般搭载在增程式电动汽车(REEV);混联式混合动力汽车具有更好的节油效果和动力性,多布置双电机,按动力耦合方式又分为功率分流和双电机串并联两种。上述结构形式与工作原理会在本小节第三部分以案例的形式阐述。

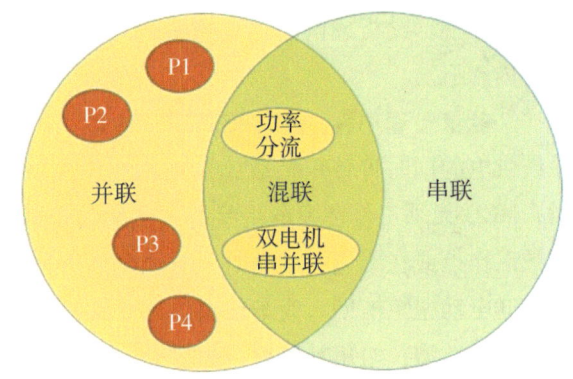

图 2-17 混动驱动系统结构形式

2.3.1.2 按照电机与传动系统的相对位置分类

依据驱动电机与传动系统的相对位置可以将混合动力系统分为 P0、P1、P2、P3 及 P4 构型(图 2-18)。P0 构型是启动(发电)一体电机放在传统燃油车起动机的位置,电机通过皮带与发电机连接;P1 构型电机与内燃机直接连接,电机与传动机构之间有离合器;P2 构型电机位于内燃机和变速器之间,且电机与二者间均有离合器;P3 构型电机置于变速箱的输出端,与内燃机动力同轴输出,P2 与 P3 构型是目前单电机混动系统的主流布置方案;P4 构型电机置于变速箱之后,与内燃机的输出轴分离。此外,还可见 P2.5 混合动力模块、P1P3 混动等说法。P2.5 指的是电机的动力输出与变速器的某根动力输出轴进行啮合,电机与变速箱结合在一起;P1P3 指的是双电机混联式构型的电机位置。

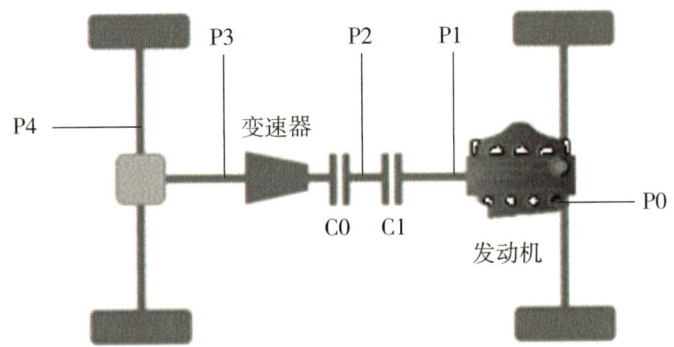

图 2-18 不同电机位置的混合动力方案

2.3.1.3 按照混合度分类

混合度定义为电机功率和驱动系统总功率之比,按照混合度的不同以及混合动力车辆具有的功能差异,混合动力电动汽车可以分为微混(micro)、轻混(mild)、全混(full)型以及插电式。微混及轻混型混合动力电动汽车的内燃机为主要动力源,电机作为辅助动力,电机的峰值功率和总功率比值小于0.3;全混型混合动力电动汽车电机峰值功率和总功率比值大于0.3,且电机可以独立驱动车辆行驶;插电式混合动力电动汽车电机功率更大,且可以从电网补充能量。由于混合度的大小与上述分类并未形成标准的对应关系,一般更倾向于用车辆具有的功能来描述,混合动力汽车能实现下述功能中的至少一个:

①内燃机怠速启停。当车速低于设定限制时,内燃机将自动熄火,当驾驶员重新踏下离合器、油门踏板或松抬刹车的瞬间,动能电机单元(motor generator unit,MGU)将快速启动内燃机。

②能量管理功能。在传统燃油车内燃机运转时,MGU 作为交流发电机,为车载低压系统供电的同时将转矩负载施加在内燃机主轴,具备能量管理功能。在内燃机运转的同时,MGU 无须工作在发电机状态,负载转矩几乎为零,降低了油耗;此外,当内燃机在高效工作点或在减速、制动时,电池会被再充电。

③电动扭矩辅助。为车轮提供额外的扭矩,从而改善动力系的整体扭矩响应。扭矩辅助有两种类型:扭矩补偿与扭矩提升。当踩下油门踏板时会从驱动系统请求更大的扭矩,但内燃机(尤其是柴油机)在输送所需扭矩方面具有一定的延迟,电动机可以辅助提供额外的扭矩,补偿内燃机扭矩响应延迟,此功能称为扭矩辅助。通过与电机扭矩耦合,驱动系统在需要的工况下可释放的总扭矩增加,此功能称为转矩提升。

④纯电动驱动。如果电机功率满足全工况驱动功率需求,则可以进入内燃机关闭、单电机或多电机驱动车辆的模式。

⑤动力电池充电。动力电池要保持高于最小的荷电状态以避免永久性损坏。根据电池的尺寸、功率和化学性质,最小 SOC 是不同的。表 2-2 列出了不同混合度的混合动力电动汽车搭载动力电池的一般性质。

表 2-2 不同混合度车辆对电池最小 SOC 要求

类型	电池电压/V	最小 SOC/%	电化学性质
微混型	12	80~90	铅酸
轻混性	48/160	40~60	锂离子/镍-金属氢化物
全混型	200~300	30~50	锂离子
插电式	300~400	10~20	锂离子

可以依据车辆在上述功能方面的表现情况对混合动力的混合程度进行分类(表 2-3)。

表2-3 不同混合度车辆的功能表现

功能	类型			
	微混型	轻混型	全混型	插电式
怠速启停	√	√	√	√
能量管理		√	√	√
电动转矩辅助		√	√	√
纯电动驱动			√	√
电网充电				√

2.3.1.4 按照外接充电能力分类

① 外接充电型混合动力电动汽车：车辆能够通过电网获取电能的混合动力电动汽车。

② 非外接充电型混合动力电动汽车：正常使用情况下车辆从车载燃料获取全部能量，车载动力电池的能量只能通过制动能量回收获得，动力电池的容量较小。

2.3.1.5 按照行驶模式的选择方式分类

① 有手动选择功能的混合动力电动汽车：具备行驶模式手动选择功能，可选的模式包括内燃机模式、纯电动模式、混合动力模式。

② 无手动选择功能的混合动力电动汽车：车辆的行驶模式根据车辆状态和行驶工况由控制器切换。

2.3.2 混合动力电动汽车驱动系统与工作原理

混合动力电动汽车的驱动系统十分复杂，一般包含传统燃油车动力系统的所有部件以及纯电动汽车驱动系统的大部分部件（大部分指的是存在某些例外，如非插电式混合动力汽车不包含纯电动的充电器系统）。或者，可以将混合动力电动汽车看作传统燃油车增加动力电池（目前常见的为200～400V高压或48V低压电池）、电力电子控制器（逆变器）、驱动电机、DC-DC转换器。混合动力驱动系统一般具有车载燃料和动力电池两类能量源，以及内燃机和驱动电机两套动力输出装置；根据能量流和动力传递路线的配置关系可以将混合动力电动汽车驱动系统分为串联式、并联式和混联式。

2.3.2.1 串联式混合动力驱动系统

串联式混合动力电动汽车驱动系统主要由内燃机、发电机、驱动电机和动力电池组等部件组成，内燃机仅用于驱动发电机发电，电能通过功率转换器驱动电机或向电池组充电，驱动电机是车辆的唯一动力源。串联式混合动力驱动系统中的内燃机-发电机组可以看作电能供应系统，区别于传统燃油车辆内燃机直接通过传动系统将动力传至车轮，串联系统可以使内燃机的转速和扭矩与车速完全解耦，使内燃机一直运行在最经济的区间内。但是由于电机的工作区间没办法与输出轴解耦，串联混动车辆的输出扭矩和输出功率都有一定的局限，多半用在小型车辆上。串联式混合动力驱动系统结构如图2-19所示。

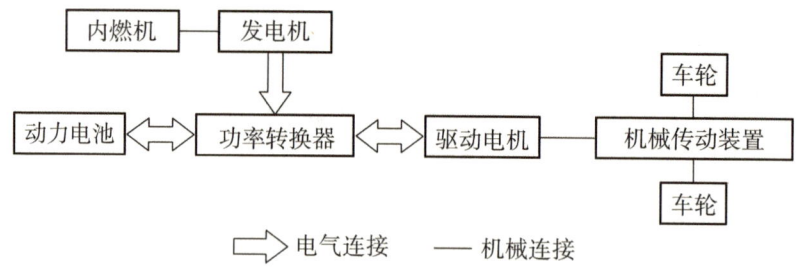

图 2-19 串联式混合动力驱动系统结构

串联式混合动力驱动系统主要有以下几种工作模式：当车辆在低速、小负荷工况行驶且电池组荷电状态满足要求时，仅由动力电池提供电能使电机产生驱动力矩，这是一种"零排放"的纯电动运行模式；当负荷较大时，内燃机在高效工作区间输出的机械能通过发电机转化为电能，转化后的电能由驱动电机和传动装置驱动车轮，若内燃机的输出功率大于电机的输入功率，多余的电能用于为电池组充电，而在加速、爬坡等发电机功率小于驱动电机所需要的输入功率时，则由电池组提供额外需要的功率。另外，当车辆制动减速时，驱动电机变为为电池组充电的发电机实现制动能量回收。对于插电式混合动力电动汽车，则可以由电网电能通过充电插口实现对电池组的能量补充。

为了实现串联式混合动力系统控制策略的主要目标，即使发电机在最佳效率区和排放区工作，使电池、电力驱动系统、内燃机-发电机的总体效率提高，串联式混合电力驱动系统的基本控制方式为恒温器式控制方式、功率跟踪式控制方式以及其他类型控制方式。

（1）恒温器式控制

恒温器式控制也称开关型控制，策略特征是内燃机始终在效率最高区间。该策略的控制逻辑如下：当电池组荷电状态低于设定的阈值时，内燃机工作，在最低油耗或低排放点恒功率输出机械能，一部分功率用于满足车轮驱动要求，另一部分功率向电池组充电；当动力电池组荷电状态高于设定的阈值时，内燃机关闭，由动力电池组提供电能驱动车轮行驶。

在这种控制策略中动力电池荷电状态一直有较好的维持，但同时也要一直满足瞬时功率的需求，因此存在电池组在大功率需求工况下出现过度循环的情况，引起的损失大大减少了内燃机优化带来的好处，换言之，这种控制策略对内燃机有利而不利于动力电池组。

（2）功率跟踪式控制

内燃机输出功率全程跟踪混合动力车辆功率需求，根据电池组荷电状态和车辆负荷确定内燃机的开关状态和输出功率大小。该策略的控制逻辑如下：当车辆需求功率大于内燃机-发电机组输出功率时，将内燃机的输出功率调整为最大值，动力电池组参与工作，向驱动电机提供电能，前提是电池组荷电状态高于设定的下门限值。当车辆需求功率小于内燃机-发电机最佳运行区输出功率时，此时混合电力驱动系统的运行状态由电池组荷电状态决定；当电池组荷电状态小于设定的上门限值，内燃机-发电机部分输出功率用于供给驱动电机驱动车辆行驶，另一部分功率用于给电池组充电；当电池组荷电状态高于设定的上门限值，内燃机-发电机的全部输出用于电机驱动车辆行驶。当电池组荷电状态大于设定的阈值，且动力电池组功率能满足车辆需求，发电机停机，车辆为纯电动行驶模式。

采用这种控制策略，动力电池组的工作循环将消失，充放电形成的电池组损失降为最低，但内燃机的运行范围变大，且需要动态地调整内燃机的输出功率，这会损害内燃机的效率和排放性能。

恒温器式控制和功率跟踪式这两种策略可以结合起来使用，以充分利用内燃机和电池组的高效率区，使其整体效率最高。

2.3.2.2 并联式混合动力驱动系统

并联式混合动力驱动系统保留了与传统内燃机汽车相同的发电机及其传动系统，主要由内燃机、发电机或电动机以及动力电池组等组成。由电池组-电动机所提供的动力在传动系统某一处与内燃机机械传动耦合，或者内燃机和电机驱动力完全分开驱动不同的车桥。并联式驱动系统可以单独地使用电动机或内燃机驱动车辆行驶，因此可以看作是传统的燃油车辆附加了一套电力传动系统，一般并联式混合动力电动汽车的驱动系统结构如图2-20所示。并联系统结构较为简单，可以在现有的内燃机变速箱技术上进行改进。目前多数方案为内燃机驱动电机同轴式的转矩耦合，可以实现内燃机与输出轴扭矩的解耦，但是内燃机转速还是受输出轴转速制约，无法一直工作在最优的区间，所以并联的系统还要配上传统的多速变速箱。并联系统能量使用效率并不高，这也是为什么并联系统多数设计为插电式混合动力系统。针对目前的法规，主流并联P2构型通过提升电池容量、增加插电补充车载能量的方式，用纯电里程稀释油耗，是一种简单易行的措施。但是如果未来实施能耗折算，将电耗和油耗折算在一起之后，并联式插电式混合动力电动汽车的节油效果会大打折扣。

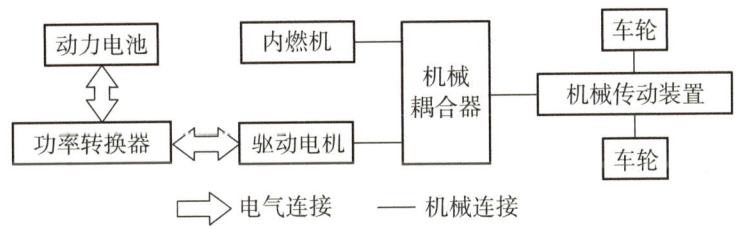

图2-20 一般并联式混合动力驱动系统结构

并联式混合动力驱动系统可以完成对内燃机和驱动电机的机械耦合，耦合的形式包括转矩耦合、转速耦合和转速-转矩耦合。

转矩耦合的并联式混合动力驱动系统内燃机和电动机的转矩可以根据需要分别独立控制，但是两者的转速需要互成比例，机械耦合器将内燃机和电动机的转矩按照一定的比例关系加在一起，然后把合成后的转矩传递给驱动轮。可以用一个三端口的机械配置图说明（图2-21），假设耦合效率为 η，端口2工作在驱动状况下，则端口3得到的驱动功率为

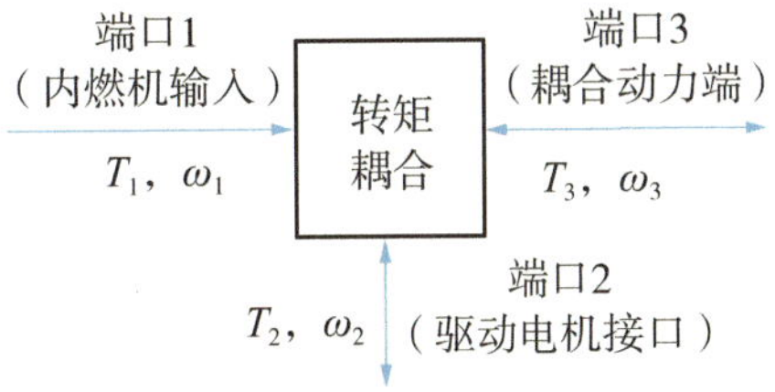

图2-21 转矩耦合混合动力示意

$$T_3\omega_3 = \eta(T_1\omega_1 + T_2\omega_2) \tag{2-6}$$

从而可得转矩耦合器端口 3 输出的转矩为

$$T_3 = \eta\left(T_1\frac{\omega_1}{\omega_3} + T_2\frac{\omega_2}{\omega_3}\right) = \eta(k_1 T_1 + k_2 T_2) \qquad (2-7)$$

式中，k_1，k_2 为转矩耦合参数，当该装置确定后，k_1，k_2 为由转速确定的值。同时从式（2-8）可以看到角速度 ω_1、ω_2、ω_3 需满足一定的关系，即内燃机转速和驱动电机转速不能独立控制。

$$\omega_3 = \frac{\omega_1}{k_1} = \frac{\omega_2}{k_2} \qquad (2-8)$$

两轴式转矩耦合可以通过齿轮或带传动实现，如图 2-22 所示。齿轮耦合是通过啮合齿轮将多个输入动力合成在一起，带（或链）传动耦合是通过链条或者皮带将两个动力源输出的动力进行合成，带（或链）耦合结构简单、冲击小，但耦合效率较低。

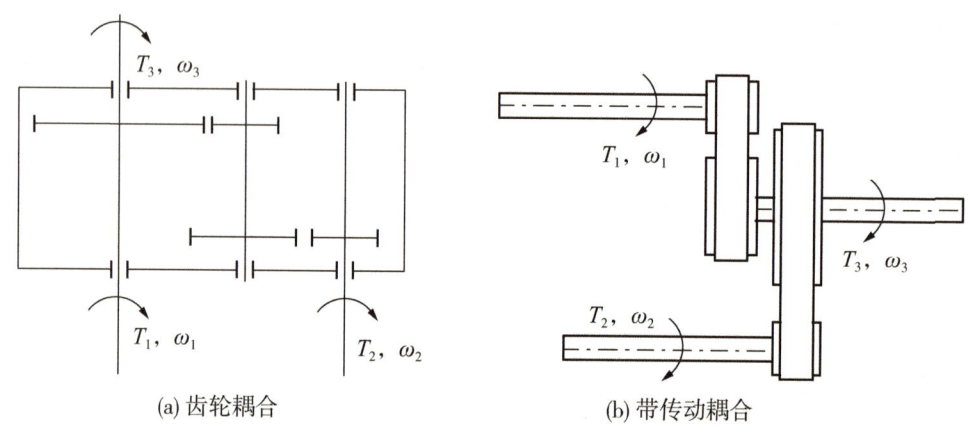

图 2-22 转矩耦合装置

单轴式转矩耦合可以看作电磁耦合系统，将电动机的转子与内燃机的输出轴做成一体，通过磁场作用力将电机输出动力与内燃机输出的动力直接或者间接地耦合在一起，如图 2-23 所示。

还有一种特殊的转矩耦合方式——分离轴式，也称牵引力耦合。在这种耦合方式下，内燃机驱动汽车的前轮（或后轮），而电动机驱动汽车的后轮（或前轮），通过前后车轮驱动力将两个动力源提供的动力耦合在一起，如图 2-24 所示。

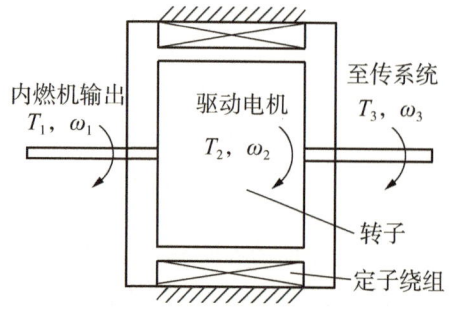

图 2-23 单轴式转矩耦合混合动力

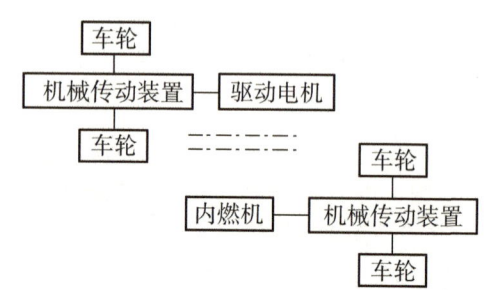

图 2-24 分离轴式转矩耦合混合动力

转速耦合是指在动力系统中两个动力源的输出动力在耦合过程中，两个动力源输出的转速相互独立，而转矩符合一定的比例关系，最终合成的转速是两个动力源输出转速的耦合叠加，合成转矩则不满足这个叠加关系，如图 2-25 所示，该三端口网络符合能量守恒

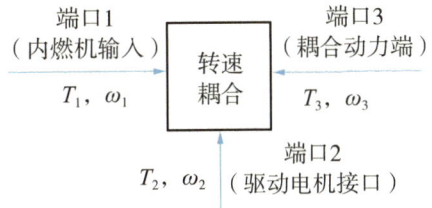

图 2-25 转速耦合混合动力示意

$$T_3 \omega_3 = \eta(T_1 \omega_1 + T_2 \omega_2) \tag{2-9}$$

转速耦合可以表示为

$$\omega_3 = \eta\left(\omega_1 \frac{T_1}{T_3} + \omega_2 \frac{T_2}{T_3}\right) = \eta(k_1 \omega_1 + k_2 \omega_2) \tag{2-10}$$

式中，k_1、k_2 为与结构相关的常数。由式(2-10)可以看出，内燃机和驱动电机转矩之间应该满足如下关系：

$$T_3 = \frac{T_1}{k_1} = \frac{T_2}{k_2} \tag{2-11}$$

依据驱动结构的不同，转速耦合又可以分为行星齿轮式和差速器式两种，如图 2-26 所示。

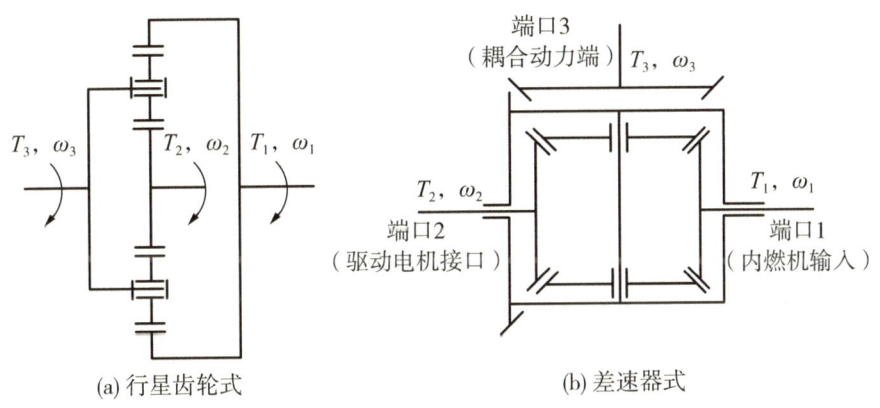

(a) 行星齿轮式　　　　　(b) 差速器式

图 2-26 转速耦合器结构形式

将转矩耦合与转速耦合相组合，可构造一种混合动力电驱动系，其中转矩耦合和转速耦合状态能交替地予以选择。图 2-27 所示装置为转矩-转速耦合混合动力电驱动系，当选择转矩耦合运行模式时，制动器 B2 将行星齿轮机构的齿圈锁定在车梁上，同时离合器 C2 啮合，而离合器 C1 脱开，于是内燃机和驱动电机的动力一起相加，此为典型的两轴式转矩耦合的并联式混合动力电驱动系。当选择转速耦合运行模式时，离合器 C1 啮合，而离合器 C2 脱开，同时，制动器 B1 和 B2 释放中心齿轮和齿圈，此时，连接到驱动车轮的行星齿轮支架的转速是内燃机转速和电动机转速的组合。随着动力耦合模式（转矩耦合或转速耦合）选择的取舍，动力装置将有更多的可供选择的运行方式和运行区域，以便优化其性能。例如，在低车速时，转矩组合运行模式将适合于有高加速性能和爬坡能力需求的工况；另一方面，在高车速时，则应采用转速组合运行模式，以保持内燃机转速处于最佳

运行区。

并联式混合动力驱动系统主要有以下几种工作模式：

① 内燃机单独驱动模式：电力驱动系统不工作，内燃机提供功率。

② 驱动电机单独驱动模式：功率需求仅由电力驱动系统提供。

③ 混合驱动模式：内燃机和电机同时输出动力。

④ 制动能量回收模式：车辆行驶动能传至驱动电机，驱动电机用作发电机向电池组充电。

⑤ 发电机充电模式：混合动力控制单元使 MGU 运转在发电机模式，内燃机为电池组充电。

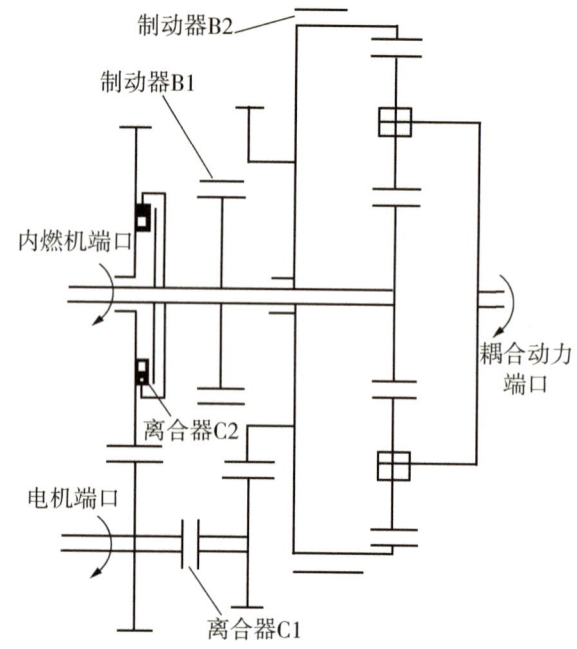

图 2-27 转矩-转速耦合装置

并联式混合动力驱动系统采取逻辑门限值控制、动态自适应控制、逻辑模糊控制等控制策略，其中逻辑门限值控制方法简单快速、实用性较强，以下从起步、驱动行驶、减速制动三种工况简要介绍一种常见的逻辑门限值控制策略。

（1）起步工况

在车辆起步时，内燃机转速低，输出转矩较小，而驱动电机一般在低转速下具有良好的转矩特性，故起步工况下整车进入纯电动驱动工况。若电池 SOC 低于设定下限值，则由启动电机带动内燃机及车辆起步。

（2）驱动行驶工况

汽车起步后，即进入驱动行驶工况。以下针对低速小负荷行驶工况、中速中负荷行驶工况、加速爬坡和高速行驶工况给出不同的控制策略：

① 在轻载或低速行驶工况下，若电池 SOC 低于设定下限值，内燃机启动工作，并恒定工作在设定的某一转矩，在驱动汽车行驶的同时，驱动电机给电池组充电直到 SOC 达到荷电状态的平均值；若 SOC 不低于设定下限值，内燃机处于关闭状态，电机单独工作驱动汽车行驶。

② 中速中负荷行驶工况及巡航工况是车辆行驶的主要工况，该工况下汽车的行驶功率全部由内燃机提供。若电池 SOC 低于设定下限值，内燃机在输出驱动功率的同时，为动力电池充电；若 SOC 不低于设定下限值，电机断开动力连接，内燃机单独驱动车辆行驶。

③ 加速和高速行驶时车辆需要动力系统提供较大功率，内燃机和驱动电机联合协调工作，当动力电池 SOC 小于设定下限值，内燃机功率仅用于驱动车辆；当动力电池 SOC 不小于设定下限值，电机和内燃机共同驱动车辆。

(3) 减速制动工况

在减速制动工况下，根据电池 SOC 和整车制动力矩要求，电机再生制动系统和机械制动系统可同时或单独工作。

2.3.2.3 混联式混合动力驱动系统

混联式混合动力驱动系统的布置方案是串联式和并联式的综合，其需要在瞬时状态同时具有驱动电机和发电机的功能。同串联式相比，混联式增加了机械动力的传递路径；同并联式相比，混联式系统增加了电能的传递路径。混联式混合动力驱动系统主要由内燃机、发电机、驱动电机、动力电池组、动力耦合装置等组成，通常布置为动力耦合器形式和驱动轮耦合形式。

动力耦合器形式的混联式混合动力驱动系统在内燃机的输出端装有一个电动机，内燃机动力和驱动电机的动力在动力耦合器上进行机械耦合，经过传动装置传至驱动轮，驱动车辆行驶，如图 2-28 所示。

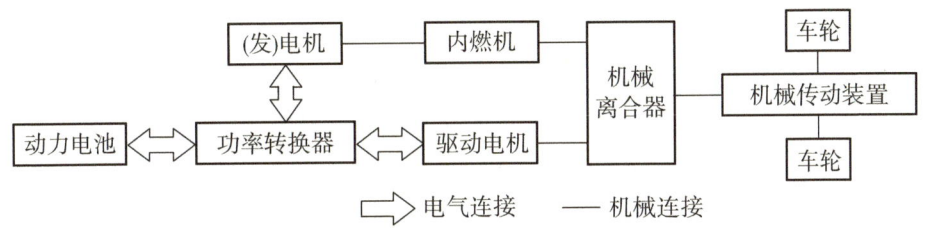

图 2-28 混联式混合动力系统结构

另一种驱动轮耦合形式的混合动力系统类似于前述分离轴式转矩耦合的并联混动，这种形式的混动系统不再需要动力耦合器，内燃机通过离合器、变速器和驱动桥独立驱动单桥，驱动电机独立地驱动另一车桥，共同组成四轮驱动形式，如图 2-29 所示。

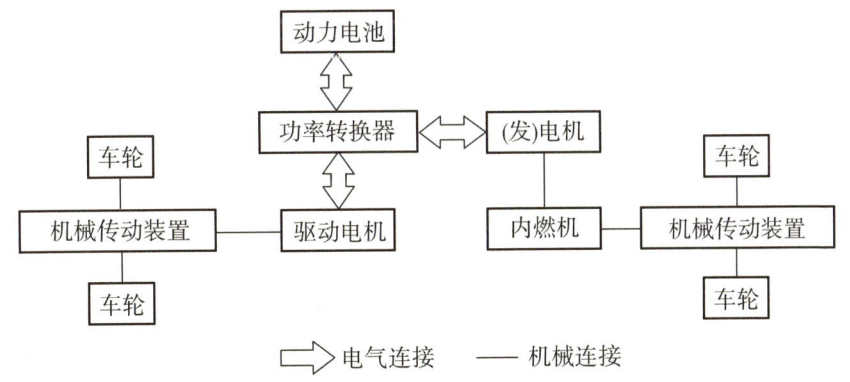

图 2-29 驱动轮耦合形式的混联式混合动力系统

混联式混合动力驱动系统综合了串联式和并联式两类混动系统的特点，可以更加灵活地根据工况对内燃机和驱动电机进行控制，有利于在复杂工况下实现系统的优化匹配，获得降低的油耗和排放，提高整体性能。而且该动力系统对电池依赖小，能量传递效率高，内燃机和驱动电机的功率均可较小，根据不同的工况选用不同的动力驱动方式，充分利用两套动力装置的优点。但是该系统机械结构较为复杂，对控制策略的制定和控制系统的设计也提出了很高的要求，控制系统技术难度大，增加了开发成本。

混联式混合动力系统可以按照以下几种运行模式工作：

① 动力电池组驱动模式：内燃机关闭，车辆仅由电池组提供电能至电机，驱动车辆行驶。

② 内燃机单独驱动模式：车辆的驱动功率仅来源于内燃机，电池组不被充电也不放电。

③ 混合驱动模式：驱动功率由内燃机和动力电池组两者共同提供，内燃机通过机械系统驱动车辆行驶，动力电池（可以包括发电机）供电至电机，驱动车辆行驶。

④ 发电机驱动和电池组充电模式：内燃机驱动机械系统驱动车辆行驶，内燃机一部分动力由发电机向电池组充电。

⑤ 制动能量回收模式：内燃机关闭，驱动电机作发电机，将车辆部分动能转化为电能向电池组充电。

⑥ 电池组充电模式：内燃机经过发电机向电池组充电。

混联式混合动力驱动系统的控制目标是尽可能提高燃油经济性和减少排放，因此要求避免内燃机频繁启动和怠速运转，尽可能降低污染物排放，同时使内燃机、驱动电机和动力电池组工作在高效率区。一般混联式混合动力驱动系统的控制策略包括：

① 内燃机恒定工作点工作：以内燃机为主要动力源，控制内燃机工作在最优工作点，提供恒定的转矩输出，依靠内燃机和电池提供电能得到附加转矩，进行内燃机功率调峰，既可以使电力驱动系统获得足够的瞬时功率，又可以避免内燃机在大负荷工况下工作；采用行星齿轮结构，可以实现动力的转速耦合，使内燃机转速可以不随车速变化，避免内燃机动态调节带来的效率损失和排放性能恶化。

② 内燃机最优曲线控制：与恒定工作点控制的主要区别在于，该策略控制内燃机工作在外有特性曲线的最佳油耗线上，在高于某个转矩或功率限值后内燃机才会启动工作；当发电机电流需求超过电池组的接受能力或者当驱动电机电流超过电机或电池允许电流，才调整内燃机的工作点。

③ 瞬时优化控制：在最优工作曲线控制思想的基础上，针对混合动力汽车的特定工作点下整个动力系统的某一优化目标进行优化，便可得到瞬时最优工作点；然后基于系统的瞬态最优工作点，对各个状态变量进行动态再分配。通常以整车油耗或总功率作为优化目标，在这种策略中，内燃机工作点不仅要根据油耗曲线（或功率曲线）来设定，还需要考虑电池组的荷电状态。

此外，针对混联式混合动力驱动系统还有全局优化的控制策略，但算法复杂，计算量大，较难实现。

2.3.3　典型混合动力驱动系统

目前有关混合动力的技术包括 48 V 轻混系统、增程式电动汽车、单电机 P2 或 P3 并联混动、双电机串并联、功率分流等,由于增程式电动汽车结构原理与串联式混合动力驱动系统一致,下文主要介绍几种典型的轻度混合动力电动汽车(mild hybrid electric vehicle,MHEV)与高压强混合动力电动汽车(full hybrid electric vehicle,FHEV)的驱动系统以及一种特殊结构的混合动力双机械端口电机系统。

2.3.3.1 48 V 轻混系统

目前欧洲汽车零部件供应商极力推动在乘用车上搭载 48 V 轻混系统,以做到较低的研发生产成本,同时满足欧盟越来越严格的排放法规。所谓 48 V 轻混系统是指增加电压等级为 48 V 的车载电气系统,并使启动电机参与多种工况下的动力输出或进行制动能量回收。典型的 48 V 轻混系统包括 48 V 的启动电机、用于储存回收能量的锂离子电池组、用于 48V 与 12 V 电压之间转化的电压控制器(DC/DC)。德尔福 48 V 方案如图 2 – 30 所示,可以看出 48 V 系统的主要特点包括:低于 60 V 的安全电压,不需要采取额外的电压防护,相对高压混动系统,成本更低;可以将传统内燃机上的高负载附件电动化,比如空调压缩机、冷却水泵、真空泵等,降低内燃机的负载,即使在内燃机关闭的情况下,这些设备也能工作,可以支持更大功率的车载设备。将车载电器工作电压提升到 48 V,可以进一步降低损耗,同时可以降低线束外径;BSG/ISG 点火时间更短,拥有更低噪声和更小震动。

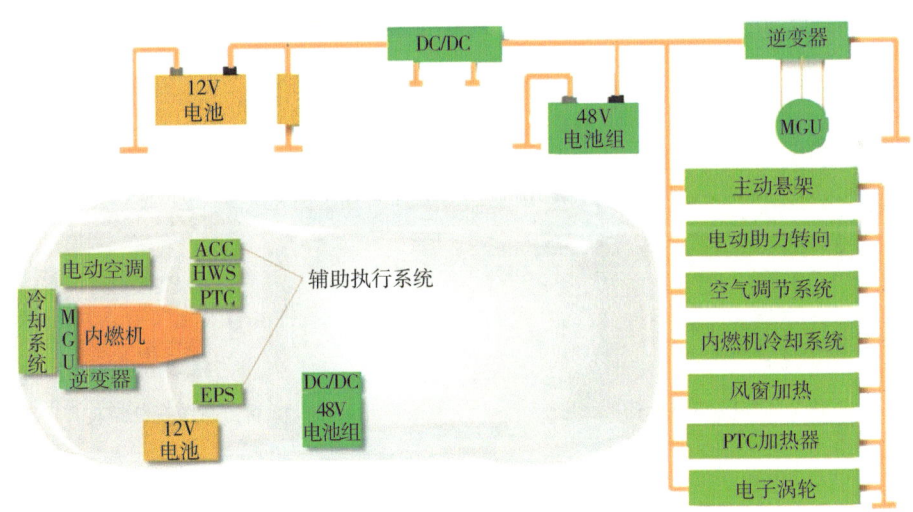

图 2 – 30 德尔福 48 V 轻混系统构造

根据功能和启动电机位置的不同,48 V 轻混系统方案主要有两种:P0 和 P2 构型。如图 2 – 31 所示,P0 构型与传统的 BSG 启动电机结构相同,仍保留 12 V 电气系统以避免对原有的体系做过大的改动,在此基础上增加了 48 V 电气系统(主要是电池组和动能电机单元 MGU 与 DC/DC 变换器)。48 V 轻混系统的 P0/BSG 构型改制容易,可以实现怠速启停、电动扭矩辅助、制动能量回收的功能,以实现节能及动力性提升,但制动能量回收时会因内燃机拖动而效率不高。

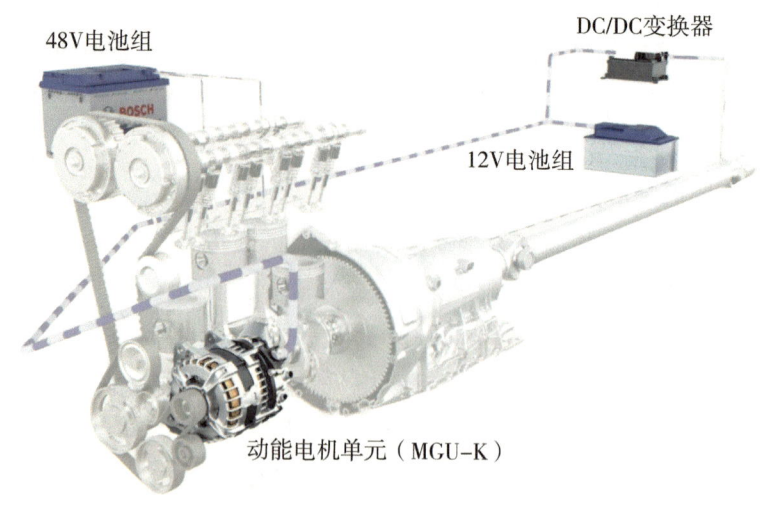

图 2-31 P0 构型 48 V 混合动力系统

P2 构型将动能电机单元放置在离合器与变速箱之间,即内燃机与电机之间可以完全断开机械连接,MGU 距离车轮更近,且无内燃机拖动,因此制动能量回收的效率和效果较 P0 构型好。48 V 的 P2 构型一般可以实现比传统意义上的轻混(电动扭矩辅助)更强大的动力特性,即实现纯电驱动模式,因此这样的 48 V 系统的功能是介于轻混与高压强混之间的,图 2-32 所示是舍弗勒 48 V P2 平行轴混合动力系统。

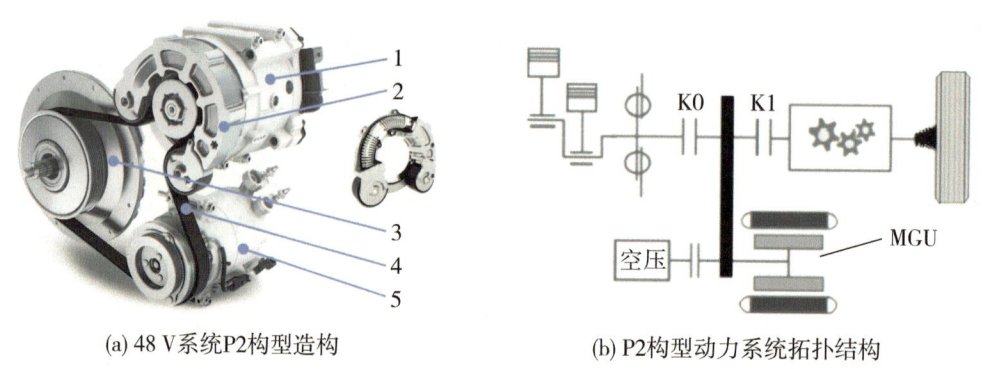

(a) 48 V 系统 P2 构型造构   (b) P2 构型动力系统拓扑结构

图 2-32 舍弗勒 48 V P2 构型驱动系统
1—48V 电机;2—张紧装置;3—主轴动力轮;4—皮带轮;5—空气压缩机

2.3.3.2 高压混动

第 1 章已提到目前主流的高压混动方案有三种:单电机并联、双电机串并联以及功率分流式。高压混动的目标是满足驾驶工况需求的情况下,尽可能使内燃机工作在最佳燃油经济区。

(1) 单电机并联

欧洲和韩国主机厂较多采用单电机 P2 并联构型,如奥迪 A3 e-tron、起亚 Niro 极睿,采用 P2 并联式混动系统的 HEV 结构如图 2-33 所示。

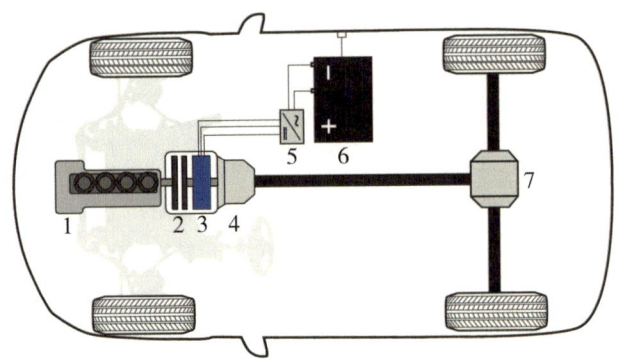

图 2-33 单电机 P2 并联 HEV 结构

1—内燃机；2—离合器 C0；3—驱动电机；4—自动变速箱；5—电控单元；6—高压动力电池；7—差速器

离合器 C0 的作用是在车辆纯电驱动、制动能量回收时断开内燃机与动力系统的连接。当车辆运行时，自动变速箱离合器 C1 接合，将驱动电机和内燃机连接到行星齿轮箱。将离合器、驱动电机完全集成在自动变速箱内（图 2-34），这可以确保车辆高效地运转在纯电驱动、电动扭矩辅助和制动能量回收模式，驱动电机的集成还意味着能省去液力变矩器以及制成更轻量的动力系统。

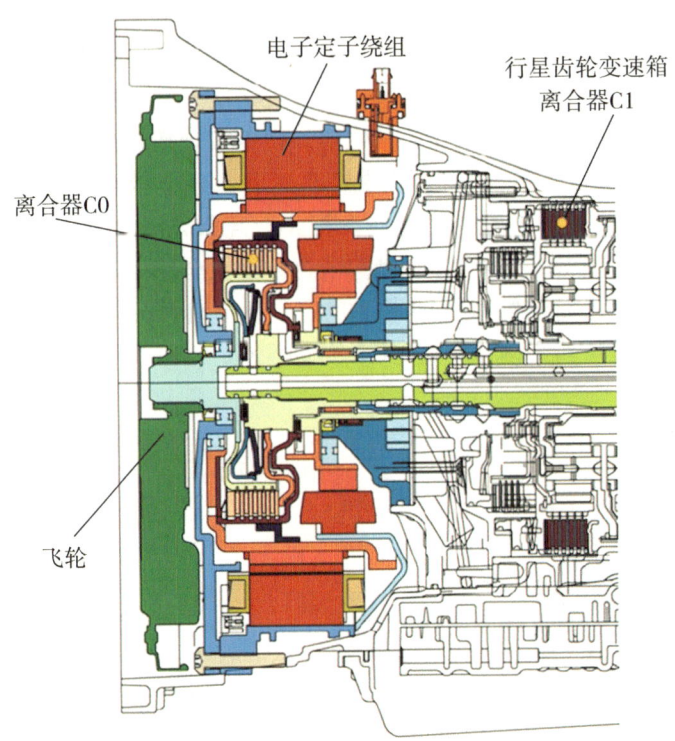

图 2-34 宝马 740e 混动系统电机变速箱集成化

P2 单电机混合动力系统存在五种工作模式，见表 2-4。

表2-4 P2单电机混合动力运行模式

动力总成运转模式	内燃机状态	动能电机单元	离合器C0	变速箱离合器C1
纯电驱动	关闭	电机模式（正转矩）	接合	接合
并联混合驱动	运转（正转矩）	电机模式（正转矩）	断开	接合
制动能量回收	关闭/运转（负转矩）	发电机模式（负转矩）	接合/断开	接合
巡航充电模式	运转（正转矩）	发电机模式（负转矩）	断开	接合
滑行	关闭	关闭	接合	接合/断开

如果动力电池SOC不低于最小设定限值时（对于PHEV而言一般为10%~20%），则从起步工况开始，车辆以纯电驱动模式驱动。在此模式下，离合器C0断开，内燃机关闭，此时环境温度、高压电池SOC等决定了纯电驱动模式下的最大车速。当车辆对动力传动系统有高扭矩需求时切换至并联混合驱动模式。内燃机和MGU都会产生扭矩共同驱动车辆。在车辆进行制动或减速阶段，车辆的一部分动能可以通过MGU进行制动能量回收。具体过程为：当驾驶员踩下制动踏板时，动能电机单元切换到发电机模式，并且利用车辆的惯性产生电流，通过控制器为动力电池组充电。如果制动踏板行程较小（即制动力需求不大，如10%行程），则可以通过电机和内燃机拖动制动执行车辆的制动需求，机械制动器不起作用。如果存在高制动力矩需求，则启动机械制动器以有效地减慢或停止车辆。当高压动力电池低于最小SOC限值时，车辆进入巡航充电模式。在该模式中，车辆驱动功能主要由内燃机执行。MGU通过部分内燃机扭矩来发电并将增加电池组SOC，同时也允许MGU进入电机模式，但仅在几秒内增加扭矩实现扭矩提升。当驾驶员缓缓将加速器踏板放松时，车辆进入滑行模式，在中高车速下，离合器C0断开并且内燃机关闭，离合器C1是否接合取决于SOC状态以及制动需求。当C1接合时，MGU可以回收能量并提供一定的电制动力；当C1断开，系统减速滑行，动能全部由摩擦作用耗散。

另外，本田等日本厂商也量产了P3构型的单电机混动系统。图2-35是本田的i-DCD系统结构与工作原理图，其结构和原理与P2构型类似。

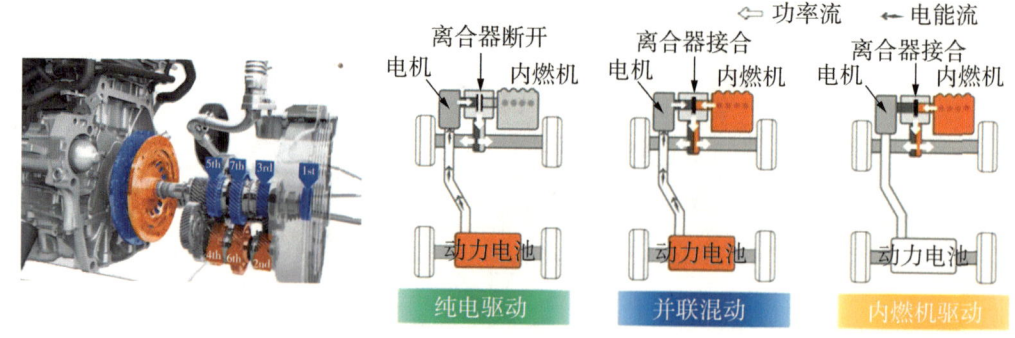

图2-35 本田的i-DCD系统结构与工作原理

（2）双电机串并联

另外一种高压混动的构型是双电机串并联，本田的i-MMD混动系统是双电机串并联的代表，双电机串并联混动系统一般由内燃机、两台电机以及若干离合器组成（图2-36），系统通过离合器切换不同的工作模式。i-MMD 双电机串并联有三种主要的工作模式：纯电驱动、混合动力驱动以及内燃机驱动（图 2-37）。

纯电驱动模式是指在动力电池 SOC 充足的情况下，由驱动电机带动车轮驱动车辆前进，此时内燃机、发电机都处于静止状态，i-MMD 系统纯电驱动模式的最高车速可达 100 km/h。i-MMD 系统混合动力驱动模式的本质是串联式，特点是发动机仅和发电机相连，发动机负责发电给电动机驱动车辆，在这个模式下，电池存在"充电"和"辅助"两种状态；另外，车轮并不会跟发动机相连，所以发动机可以一直工作在最佳燃

图 2-36 i-MMD 混动系统构造

油效率转速下而与车速无关。内燃机驱动模式是通过离合器将发动机与车轮直接相连，由发动机直接驱动车辆前进，同时电池存在"充电"和"辅助"两种状态，两种状态取决于电池组 SOC 与功率需求，且都通过电动机 PCU 来实现。当电池与 PCU 处于辅助动力状态时，内燃机与 PCU 转矩耦合，系统实际上处于并联式混动。这就是双电机串并联的名称来源。双电机串并联的优点如下：

① 不需要自动变速器，但在内燃机驱动模式下，内燃机与电机转速耦合，所以会牺牲一定的能量转换效率。

② 控制简单，以 i-MMD 为例，只需控制内燃机离合器、耦合齿轮制动器以及 MGU 与发电机状态即可，相较于 P2 配备多挡变速箱的复杂控制有很大的简化。

③ 因传动系简化，制动能量回收效率高。

但双电机串并联式混动也有缺点，相较于 P2 并联，其需要重新开发变速耦合机构，动力电池与电机功率需要变大以满足高功率需求工况。

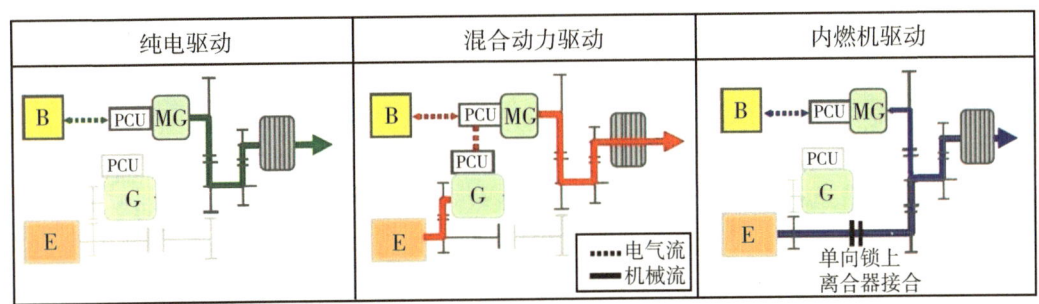

图 2-37 i-MMD 系统的主要工作模式
B—动力电池；PCU—功率控制器；MG—动能电机单元；G—发电机；E—内燃机

(3)功率分流式

功率分流式是混联式动力系统中结构最复杂、工况适应性最好的系统，主要思想是通过行星齿轮机构对内燃机功率进行分流，内燃机功率一部分通过机械路径传递输出，另一部分通过电功率路径传递到电动机输出。由于该系统可以实现扭矩与转速的解耦，能够同时实现调速、调扭矩，而扭矩与转速的乘积便是功率，所以称之为功率分流。下面以通用双电机功率分流式混动系统 Voltec 二代为例介绍该系统的工作原理（图 2-38）。

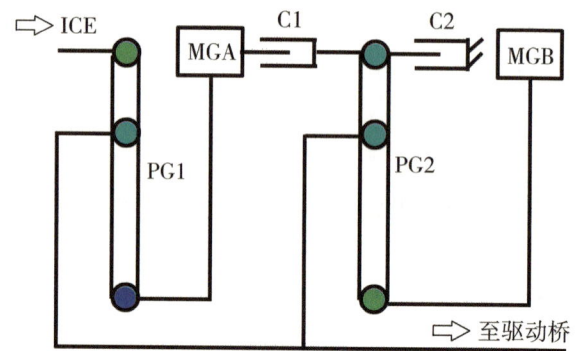

图 2-38 Voltec 二代混动系统结构与工作原理

ICE—内燃机；PG1—行星齿轮组 1；PG2—行星齿轮组 2；MGA—动能电机单元 A；MGB—动能电机单元 B

第二代 Voltec 混动系统结构中内燃机连接到第一个行星齿轮组（PG1）的齿圈，动能电机单元 MGA 连接到 PG1 太阳轮，MGB 连接第二个行星齿轮组（PG2）的太阳轮。两个行星齿轮组的行星架均连接到驱动轮。两个离合器 C1、C2 用于调节电力驱动系统的动力流。

当电池组 SOC 大于系统设定限值时（Voltec 二代设定为 20% 左右），车辆会进入纯电驱动模式。除了驱动，车辆在制动时动能电机单元 MGB 还要负责回收车辆部分动能，因为 MGB 的运行高效区被设计在低速区间。根据车辆对功率的不同需求，系统有以下两种纯电驱动模式：

① 单电机纯电驱动适用于低速、中低转矩需求的工况下，由于电机 MGB 在低速时效率较高，也被用在制动能量回收的工况。在低负载情况下，单电机 MGB 通过 PG2 将动力传至驱动桥，MGA 与 PG1 太阳轮空转，齿圈静止，所以 PG1 行星架有转速无扭矩输出，如图 2-39 所示。

② 当需要大扭矩时，C1 接合，PG1 太阳轮接入，齿圈静止，因此 MGA 动力通过行星架传递并与 MGB 动力耦合。由于单向离合器的单方向转动限制，内燃机并不会被倒拖，此时为双电机驱动模式（图 2-40）。

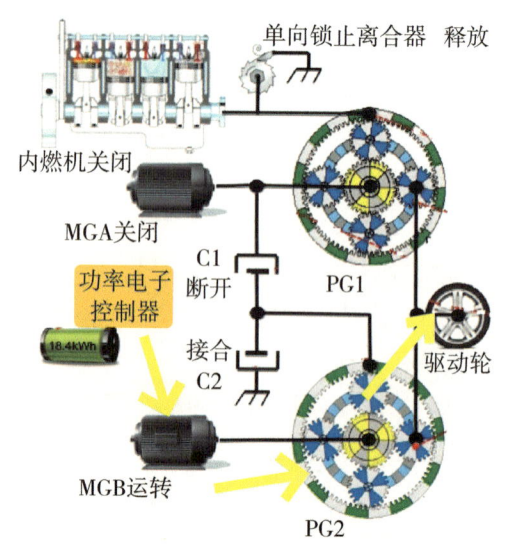

图 2-39 单电机纯电驱动

当电池 SOC 低于最低限值时（约 20%），功率分流式混动系统进入三种混动模式：

① 在起步阶段，在扭矩需求不超过电机输出时，且车速低于 20 km/h 时，车辆依然在短时间内采用纯电驱动，但此时的电流输出受到限制（因为 SOC 低于限值），最大扭矩输出会小于双电机的最大扭矩输出，又高于主电机的最大扭矩输出。这样设计的好处是可以让发动机规避低速启动时的高负荷运转，发动机保持在最佳工作区间，规避高能耗运转工况。当起步需要大扭矩时，车辆进入混联工作模式，通过调节负载让发动机维持在高效率区间运转，同时将多余的能量用来发电，以及让电机来弥补此时扭矩输出的不足。此时离合器 C2 接合，发动机启动运转，发动机动力一部分经过 PG1 齿圈传递给 PG1 行星架，驱动车辆；另外一部分动力则由行星齿轮带动 PG1 太阳轮让 MGA 电机发电，电能部分或全部给 MGB 电机，MGB 电机则同时驱动车辆。在此工况下的能量回收过程中，MGA 还要负责平衡发动机的负扭矩，MGB 则用来回收能量，此模式部件状态以及能量流动如图 2-41 所示。

② 在车辆处于中高速行驶时，Voltec 系统会采用一种固定速比的工作模式，此时发动机的能量几乎完全用于驱动车轮。这种工况下发动机负载小、

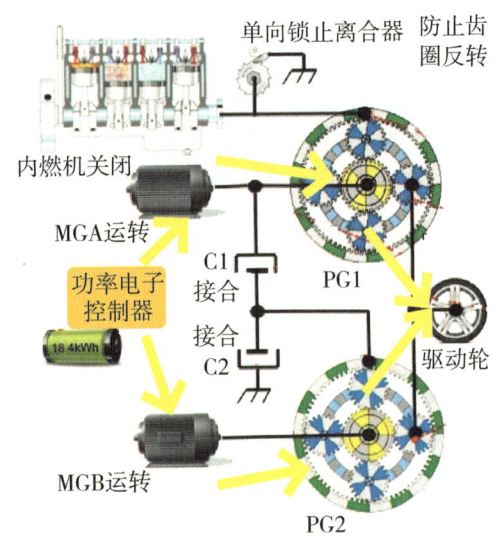

图 2-40 双电机纯电驱动

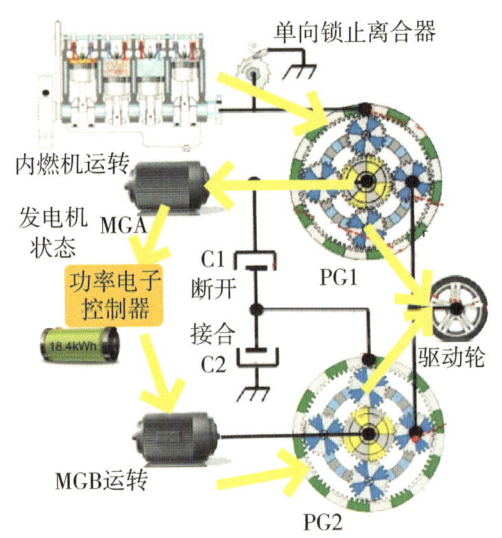

图 2-41 低速混动模式

能耗低，处于高效率区间运转，因此不需要去进行混合驱动。系统运转模式如下：行星齿轮组 PG1 的太阳轮被离合器 C1 锁止不转，内燃机带动 PG1 齿圈以固定的齿比驱动车辆，而 MGB 电机则通过 PG2 行星架向车轮提供动力或者吸收动力发电（车辆在制动或者减速过程中，MGB 电机成为发动机对电池充电），此时 PG2 齿圈也被锁止，动能电机单元 MGB 与车轮之间的转速也是固定齿比。此过程的能量回收依然由 MGB 执行，且 MGB 还需要参与平衡发动机的负扭矩，MGA 完全不参与工作，此模式部件状态以及能量流动如图 2-42 所示。

③在车辆处于高速巡航时，Voltec 电驱系统会采用一种高速增程模式来运转。此时离合器 C1 锁止，离合器 C2 断开。发动机一部分动力从 PG1 行星架直接驱动车辆，另外一部分动力则通过 PG1 太阳轮传送到 PG2 齿圈，再传给 PG2 行星架驱动车辆，PG2 行星齿轮还分出部分动力给 MGB 电机发电。而 MGB 电机则要么将发出的电给 MGA 电机，MGA 电机驱动 PG1 太阳轮，要么留出部分电给电池。这个和低速增程模式的区别主要是改变了发动机到车轮的齿比，以保证较高车速下发动机处于低负载的高效区间。类似于常规动力的发动机与变速箱在高低挡位的工作区别，能量回收的过程与低速增程模式一样，此模式部件状态以及能量流动如图 2-43 所示。

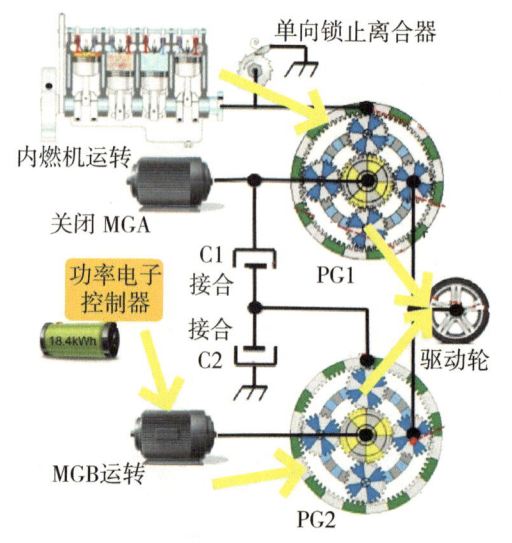

图 2-42 中速混动模式　　　　图 2-43 高速混动模式

不管是结构简单、便于改制的单电机 P2 混动，还是结构复杂、研发成本高的功率分流式混动，高压混合动力的目的都是尽可能使发动机工作在高效区间内，三种方案的模式调节与特点不同，详细对比见表 2-5。目前来看功率分流式混合动力系统对电机、电池功率要求低，是混合动力过渡技术路线下的最好选择。

表 2-5　三种主流高压混动技术方案对比

混动构型	调转速/转矩途径	优　点	缺　点
功率分流	发电机/驱动电机	转速解耦，内燃机调速更精确；扭矩解耦，驱动电机/发电机功率小	存在功率循环，部分工况效率低；结构复杂，成本高
双电机串并联	内燃机/发电机	转速解耦，内燃机调速更精确；无功率循环，各工况都可实现高效率	双电机功率大，匹配性不足；结构复杂，成本高
单电机	挡位/电机	带挡位、电机功率小；可匹配各级别车型	调速不精准；电机功率受电池能力限制

2.3.3.3 混合动力双机械端口电机系统

2002年,瑞典皇家理工学院的Sadarangani教授提出了"四象限能量转换器(four-quadrant energy transducer,4QT)"的新型电磁机构的概念。这种电磁机构是一种以永磁同心式双转子电机为核心的应用于混合动力电动汽车的机电能量转换器件,整个系统达到混联式混合动力汽车的运行指标模式。

2004年,荷兰代尔夫特工业大学的Martin J. Hoeij Makers教授提出了以感应电机为原型的双转子机电能量转换器(eletrical variable transmission,EVT)。该装置的设计思想是由分体式电机组合演变而来,这种结构的提出给双转子结构电机的分析带来了方便,因为在这种结构中,双转子电机可以看成两个简单电机的叠加。当这种电机是由感应-感应电机叠加而成的,那么它的控制方式就与单体感应电机没什么区别了,只是两个电机的控制条件有了一点的耦合,这种耦合仅仅是机械上的耦合;当这种电机是由永磁-永磁电机模式叠加构成,那么其分析方法同样可以借鉴单体永磁同步电机的控制模式。

2005年,美国俄亥俄州立大学的Longya Xu教授提出了双机械端口电机(dual mechanical port electric machines,DMP)的概念。此概念也是基于4QT、EVT技术而提出的。DMP的三个部件(定子、外转子、内转子)中只要有任意两个部件可旋转即可以归为DMP概念模型,把DMP推广为了一般化的概念。DMP样机有两个机械端口和两个电气端口,其中内转子与内燃机相连,外转子与输出轴相连,通过对电气端口进行控制可以完成行星齿轮混合动力总成的全部功能,并具有结构简单、紧凑的特点,很有希望成为先进深度混合动力系统的另一种形式。

新型电力无级变速系统由一套"背靠背"逆变器、一台内燃机和一台双机械端口电机构成。在混合动力汽车应用中,双机械端口电机的内转子与内燃机相连,外转子与输出轴相连。如图2-44所示,当内燃机工作在燃油高效区A点时,内燃机输出的一部分能量通过内外转子间电磁场耦合直接传递到输出轴,内燃机的另一部分能量通过内转子电机给电池充电;同时外转子电机从电池吸收电能(图中S_2区域)提供给定子,产生附加助力转矩$T_{m1} \sim T_{m2}$,从而完成了内燃机工作点不变(在高效区),而输出轴工作点可任意改变的电力无级变速功能。

假定外转子的输出转矩为T_1、转速为ω_1,内转子的输出转矩为T_2、转速为ω_2,分析永磁式双机械端口电机的工作模式其实就是分析$(T_1,\omega_1,T_2,\omega_2)$组合代表的能量流向及其在混合动力应用中的意义。内、外转子的转速和转矩的关系见表2-6中所述的9种工作模式,其中的5、6、8、9分别对应了这种基于双机械端口电机的新型电力变速系统的电力无级变速混合动力的不同工况,其中工作模式5对应了"电动助力"工况,工作模式9对应了"内、外电机发电"工况,工作模式6对应了"无级减速升矩"工况,工作模式8对应了"无级升速减矩"工况。

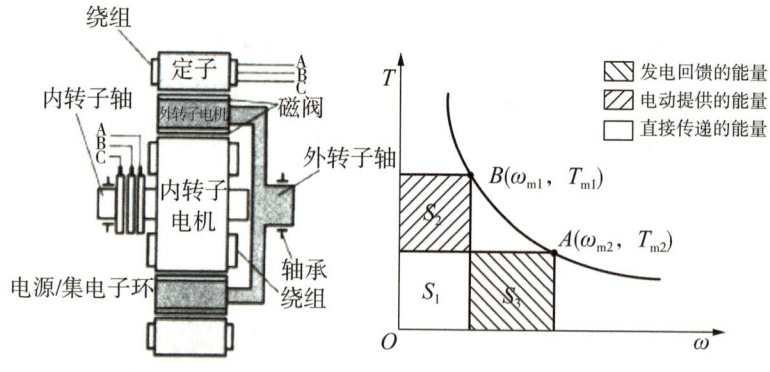

(a) 双机械接口电机基本结构   (b) 新型电力无级变速系统工作原理图

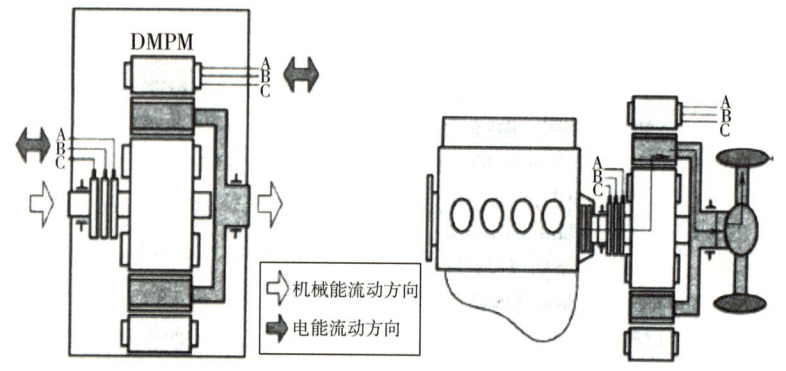

(c) 双机械端口电机的能量流动   (d) 双机械端口电机DMPM的系统连接

图 2-44 双机械端口电机

表 2-6 内、外转子的转速和转矩的关系

序号	转矩、转速关系	双机械端口工作关系图
1	$T_1 = T_2$,$\omega_1 = \omega_2$	
2	$T_1 = T_2$,$\omega_1 > \omega_2$	
3	$T_1 = T_2$,$\omega_1 < \omega_2$	
4	$T_1 > T_2$,$\omega_1 = \omega_2$	
5	$T_1 > T_2$,$\omega_1 > \omega_2$	
6	$T_1 > T_2$,$\omega_1 < \omega_2$	
7	$T_1 < T_2$,$\omega_1 = \omega_2$	
8	$T_1 < T_2$,$\omega_1 > \omega_2$	左半平面内电机发动,右半平面内电机电动运行;上半平面
9	$T_1 < T_2$,$\omega_1 < \omega_2$	外电机电动运行,下半平面外电机发电运行

2.4 其他类型的新能源汽车

目前电动汽车车载能源终端主要是化石资源、电能、氢能，积极拓展新型能源的电动汽车对降低化石资源的依赖性、优化能源结构有着重要的意义，目前新型能源电动汽车有太阳能电动汽车、氢内燃机汽车、生物燃料汽车和压缩空气动力汽车等。

2.4.1 太阳能电动汽车

利用太阳能为未来汽车提供能量是绿色能源利用的方向之一，能真正做到能量从来源到消解完全零排放。目前太阳能转化为电能的方法主要有光伏发电和太阳能热发电，适用于车辆的方式是利用车载太阳能光伏板，将太阳能转化为电能储存在电池组中，用来驱动汽车。目前太阳能作为车载辅助能源是可行的，丰田在普锐斯 HEV 车顶加装一块太阳能板，将一定的太阳能转化为电能，不仅能给车辆的通风系统供电，还可以为 8.8 kWh 的电池组充电。但完全利用太阳能而不是电网电能为纯电动汽车电池组充电仍不现实，因为① 能量转换效率太低，光伏发电平均效率为 12%~18%，且车载太阳能板面积有限，为实现高效利用太阳能，需设计可伸缩、折叠翼的活动太阳能光伏板；② 太阳能的利用受季节、地理、气候与时刻的影响，对车辆运行的稳定性有影响。

2.4.2 氢内燃机汽车

氢内燃机汽车和氢燃料电池电动汽车不同。氢内燃机汽车由传统汽油内燃机车改动而来，直接燃烧氢，不使用其他燃料。1807 年艾萨克·里弗斯（Isaac de Rivas）制造了首辆氢内燃机汽车。2005 年宝马的氢内燃机汽车 H2R 动力更强，以时速 300 km/h 创下了氢能汽车的最高速记录。马自达也在开发燃烧氢气的转子发动机，如何减少爆震是氢燃料发动机开发面临的主要问题。此外，氢内燃机汽车存在储氢密度低，载满氢气的"油箱"只能行驶数公里的问题。目前正在研究各种各样的方法以提高储氢密度，例如用液态氢或氢化物。

2.4.3 生物燃料汽车

生物燃料（biofuel）就是由生物原料生产的燃料，这些生物原料包括农林产品或其副产品、工业废弃物、生活垃圾等，农业和林业生产的碳水化合物是目前的主要生物原料。目前我们所说的生物燃料一般是指生物液体燃料，使用最广泛的是燃料甲醇（bio-methanol）、燃料乙醇（bio-ethanol）和生物柴油（biodiesel）。燃料甲醇和燃料乙醇可以替代由石油制取的汽油，而生物柴油则可替代由石油制取的柴油，因此，生物燃料是可再生能源开发利用的重要方向之一。

甲醇是一种易溶于水的无色透明液体，具有质量轻、微臭味、易燃、易挥发、含氧高、闪点高和辛烷值高的特点。燃料甲醇一般不会直接用作汽车燃料，而是与一定汽油混合，提高燃料辛烷值。甲醇含氧量高的特点也有利于提高发动机的热效率。但甲醇在生产过程中会产生酸性物质，储存过程中会产生少量有机酸，燃烧后会产生甲醛、甲酸等，因此内燃机相关部件和油箱需选用合适的防腐材料。此外，甲醇具有毒性，必须研究相应措施确保安全。乙醇俗称酒精,它以玉米、小麦、薯类、糖或植物等为原料,经发酵、蒸馏而制成。将乙醇进一步脱水再经过不同形式的变性处理后成为燃料乙醇。与燃料甲醇一样,生物燃料乙醇一般不会直接用来当汽车燃料,而是按一定的比例与汽油混合在一起使用,这有利于增加燃料的辛烷值。通用汽车在乙醇使用以及燃料乙醇汽车技术研发领域中,一直走在业界的最前列。通用汽车二十多年前就已经致力于燃料乙醇技术的研发,并通过和众多燃料乙醇生产商的合作,开发可以使用燃料乙醇的汽车产品。另外,通用汽车也是第一个在美国大规模应用 E10 燃料的汽车制造商。生物柴油是指以油料作物、野生油料植物和工程微藻等水生植物的油脂以及动物油脂、餐饮垃圾油等为原油,通过酯交换工艺制成的可替代石化柴油的再生性柴油燃料。生物柴油是一种可生物降解的燃料,适用于柴油发电机,通过有机提取的油和脂肪之间发生酯交换反应而产生。

2.4.4 压缩空气动力汽车

压缩空气动力汽车(air powered vehicle,APV)通常被称为气动汽车,它使用高压压缩空气为动力源,空气作为介质,汽车运行时将压缩空气储存的压力能转化为其他形式的机械能(汽车的动能)。压缩空气汽车与传统汽车的最大差别在于汽车动力来源不同。1997年,美国华盛顿大学研制了第一台以液氮作为动力的气动汽车。由法国环保汽车公司设计的"空气车"每加一次空气可行驶 10 h,适合城市的短途客运和货运。2007 年,印度塔塔汽车公司研制出一款 City Cat 空气动力汽车,其最高时速可达 109 km/h。2013 年,法国标致雪铁龙公司在日内瓦车展及上海车展推出一款名为 Hybrid Air 的压缩空气混合动力汽车。压缩空气汽车有着清洁、高效、成本较低、扭矩特性优异、可重复利用的显著优势,但同时也存在动力性较低、续航里程有限、安全性较低、漏气、相关基建设施仍未普及等一系列缺陷,这在一定程度上限制了压缩空气汽车的推广。

第3章　电动汽车驱动电机

本章要点

❀ 了解电动汽车驱动系统以车用电机为标准的分类。
❀ 掌握电动汽车驱动电机的分类，掌握不同电机构型的结构与原理，特别是永磁同步电机和交流异步电机。
❀ 了解其他类型的电机构型与原理。

目前，电动汽车是新能源汽车的主要技术方向。本章将介绍电动汽车驱动系统的主要部件——驱动电机。

3.1　驱动电机简介

3.1.1　驱动电机概述

电力驱动系统是电动汽车的心脏，该系统包括电动机驱动装置、机械传动装置和车轮。驱动电动机是电动汽车驱动系统的核心部件，其性能的好坏直接影响新能源汽车驱动系统的性能，特别是汽车的最高车速、加速性能及爬坡性能等。驱动电机的任务是在驾驶人的控制下，高效率地将蓄电池的电能转化为车轮的动能，或者将车轮的动能反馈到蓄电池中，图3-1所示即大众高尔夫 GTE 上搭载的电动机。驱动电动机的工作条件与一般工业电动机有明显不同，主要体现在以下方面：

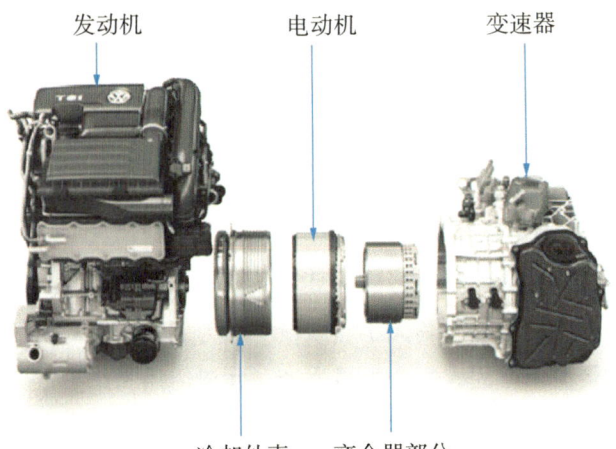

图3-1　高尔夫 GTE 上搭载的电动机

(1)驱动电动机的转速、转矩变化范围大

车辆行驶工况是频繁变化的,经常需要起步、加速、爬坡、制动,所需的驱动力矩和车速也相应变化,驱动电动机的运行需要适应车辆行驶工况的大范围变动。

(2)驱动电动机所处的使用环境恶劣

车辆上的驱动电动机所安置的空间有限,常处于高温、潮湿等恶劣的工作条件下;另外,车辆运行时的颠簸和振动使驱动电动机长期在振动、冲击的环境下工作。

(3)车载的能量有限

通用工业电动机的电能来自电网,而驱动电动机的电能来源于车载能量源,它们的供电、控制方式必然有所不同。

3.1.2 驱动电机的额定指标及一般要求

驱动电动机的额定指标是指根据国家标准及电动机的设计、试验数据而确定的额定运行数据,是电动机运行的基本依据。电动机的额定指标主要包括以下各项:

①额定功率。额定功率是指额定运行情况下轴端输出的机械功率(W 或 kW)。

②额定电压。额定电压是指外加于线端的电源线电压(V)。

③额定电流。额定电流是指电动机额定运行(额定电压、额定输出功率)情况下电枢绕组(或定子绕组)的线电流(A)。

④额定频率。额定频率是指电动机额定运行情况下电枢(或定子侧)的频率(Hz)。

⑤额定转速。额定转速是指电动机额定运行(额定电压、额定频率、额定输出功率)的情况下,电动机转子的转速(r/min)。

电动汽车在行驶过程中,经常频繁地启动或停车、加速或减速等,这就要求电动汽车中的电动机比一般工业用的电动机性能更高,基本要求如下:

①电动机的运行特性要满足电动汽车的行驶需求。在恒转矩区,要求低速运行时具有大转矩,以满足电动汽车启动和爬坡的需求;在恒功率区,要求低转矩时具有高的速度,以满足电动汽车在平坦的路面能够高速行驶的需求。

②电动机应具有瞬时功率大、带负载启动性能好、过载能力强、加速性能好、使用寿命长的性能。

③电动机应在整个运行时间内具备很高的效率,以增加一次充电的续航里程。

④电动机应能够在汽车减速时实现再生制动,将能量回收并反馈给蓄电池,使得电动汽车具有最佳的能量利用率。

⑤电动机应可靠性好,能够在较恶劣的环境下长期工作。

⑥电动机应体积小、质量轻,其大小和重量一般为工业用电动机的 1/3~1/2。

⑦电动机的结构要简单坚固,适合批量生产,便于使用和维护。

⑧价格应便宜,从而能够降低电动汽车的整体价格,提高性价比。

⑨运行时应噪声低,减少污染。

3.1.3 驱动电机的发展趋势

电动汽车电动机驱动系统具有以下发展趋势：

（1）电动机的功率密度不断提高，永磁电动机应用范围不断扩大

电动机作为电动汽车动力系统中一个重要的动力输出源，其自身的性能直接影响电动汽车的整体性能。一方面，汽车所需要的电动机输出和回收功率不断提高，以满足不同工况不同车型的需求；另一方面，这种新型机电一体的传动系统尺寸受到车内空间的限制。这就需要电动汽车用电动机向高性能和小尺寸发展，不断提高电动机本身的功率密度。如何用相对小巧的电动机输出大的功率成为各汽车及电动机厂商的研究方向。

（2）电动机的工作转速不断提高，再生制动的高效区不断拓宽

再生制动是混合动力机电一体化技术的一个基本特点。伴随着市场对混合度要求的提升，对再生制动范围的要求也越来越高。采用再生高效的电动机、适当的变速系统和控制策略，可以使再生制动起作用的时间适应更多工况，使整车更加节能。

（3）电动机驱动系统的集成化和一体化趋势更加明显

车用电动机及其控制系统的集成化主要体现在电动机与发动机、电动机与变速器、电动机与底盘系统的集成度不断提高。对于混合发动机与启动发电一体机（integrated starter generator，ISG），从结构集成到控制集成和系统集成，电动机与变速器一体化的发展趋势越来越明显，汽车动力的电气化程度越来越高，不同耦合深度的机电耦合动力总成系统使得电动机与变速器两者之间的联系变得越来越紧密。在高性能电动汽车领域，全新设计开发的底盘系统、制动系统、轮系将电动机和动力传动装置进行一体化集成，融合程度越来越高。

（4）电动机驱动系统的混合度与电功率比不断增加

对于混合动力汽车来说，虽然目前市场上分布了轻混、中混、强混等各种混合程度的混合动力车型，但从各种混合度车型的节能减排效果来看，混合程度越高，汽车的节能能力越强。电功率占整车功率的比例在混合动力汽车领域逐渐提高，电动机已不再单单作为发动机的附属设备。各车厂逐渐将小排量发动机和大功率电动机运用在汽车驱动上。

（5）车用电动机驱动控制系统的集成化和数字化程度不断加大

车用电动机驱动控制系统集成化程度也不断加大，将电动机控制器、低压 DC/DC 转换器以及发动机控制器、变速器控制器、整车控制器等进行不同方式的集成成为发展趋势。

（6）电动机驱动系统的功率密度和效率不断提高

随着材料科学以及新型半导体器件制造技术的发展，以新型宽禁带材料碳化硅为基体的半导体器件，凭借其性能的优势在电驱动系统中得到了广泛的应用。碳化硅材料具有更高的阻断电压、更高的工作温度、更小的导通内阻和更快的开关速率的特性，因此导通损耗和开关损耗更小，能提高系统的效率和功率密度。此外，碳化硅拥有更高的结温，能提高电驱动系统的安全性。

同时，高速高性能微处理器的发展使得电动机驱动控制系统进入一个全数字化时代。在高性能高速的数字控制芯片的基础上，高性能的控制算法、复杂的控制理论得以实践。同时，面向用户的可视化编程，通过代码转化和下载直接进入微处理器，可不断提高编程效率和可调试性。

根据应用的驱动电机不同，目前的电动汽车驱动系统主要有直流电动机驱动系统、感应电动机驱动系统、永磁电动机驱动系统、开关磁阻电动机驱动系统。

(1)直流电动机驱动系统

在电动汽车领域最早使用的就是直流电动机。直流电动机结构简单，易于控制，具有良好的电磁转矩控制特性；但是由于采用机械换向结构，维护困难，易产生火花，容易对无线电产生干扰，这对高度智能化的未来电动汽车而言是致命的弱点。另外，直流电动机驱动系统体积大、制造成本高、速度范围有限、能量密度较低，这些都限制了直流电动机在电动汽车中的进一步应用。

(2)感应电动机驱动系统

交流三相感应电动机是应用最广泛的电动机。其定子和转子采用硅钢片叠压，而且定子之间没有相互接触的滑环、换向器等部件，结构简单，运行可靠，经久耐用。应用于电动汽车的感应电动机现在普遍采用变频驱动方式，常见的变频控制技术有三种：V/F控制、转差频率控制、矢量控制。20世纪90年代以前主要以脉冲宽度调制(pulse width modulation，PWM)方式实现V/F控制和转差频率控制，但这两种控制技术转速控制范围小、转矩特性不理想，对于需频繁起动、加减速的电动汽车而言不太适用。近几年，电动汽车感应电动机主要采用矢量控制技术。

(3)永磁电动机驱动系统

永磁电动机既具有交流电动机的无电刷结构、运行可靠等特点，又具有直流电动机的调速性能好的优点，且无须励磁绕组，可以做到体积小、控制效率高，是当前电动汽车电动机研发与应用的热点。永磁电动机驱动系统可以分为无刷直流电动机(brushless direct current motor，BLDCM)系统和永磁同步电动机(permanent magnet synchronous motor，PMSM)系统。BLDCM系统具有转矩大、功率密度高、位置检测和控制方法简单的优点，但是由于换相电流很难达到理想状态，因此会造成转矩脉动、振动噪声等问题。对于车速要求不太高的电动汽车驱动领域，BLDCM系统具有一定的优势，得到了广泛的重视和普遍应用。PMSM系统具有高控制精度、高转矩密度、良好的转矩平稳性以及低噪声的特点，通过合理设计永磁磁路结构能获得较高的弱磁性能，提高电动机的调速范围，因此在电动汽车驱动方面具有较高的应用价值，已经受到国内外电动汽车界的高度重视，是一种比较理想的电动汽车驱动系统。

(4)开关磁阻电动机驱动系统

开关磁阻电动机是一种新型电动机，以开关磁阻电动机为代表的磁阻电动机系统是一种很有发展前景的电动机驱动系统。该系统具有很多明显的特点：它的结构比其他任何一种电动机驱动系统都要简单，在电动机的转子上没有滑环、绕组和永磁体等，只是在定子上有简单的集中绕组，绕组的端部较短，没有相间跨接线，维护修理容易。但开关磁阻电动机在振动、噪声、转矩脉动、控制方式等方面还有许多问题需要解决，目前应用还受到限制。

3.2 电动汽车驱动电机分类与结构

电动机是将电能转变为机械能的一种机器。电动机能提供的功率范围很大，可以从毫瓦级到万千瓦级；其使用和控制非常方便，能满足各种运行要求；而且工作效率较高，不产生烟尘、气味，不污染环境，噪声也较小。由于电动机具有一系列优点，因此在工农业生产、交通运输、国防、商业及家用电器、医疗电器设备等领域广泛应用。

从能量角度来看，电动机又是一个集电、磁、机械、力、热等能量于一体的复杂物理实体；从组成材料上来看，电动机包含导磁材料（硅钢片构成磁路）、导电材料（铜、铝）、绝缘材料（直流电动机换向片之间的云母、漆包线的外层漆、线圈与铁芯之间的环氧树脂）等；从运动形式上来看，有静止式的电动机——变压器，也有旋转运动和直线运动的运动式电动机。

3.2.1 车用电机概述

3.2.1.1 电动机的分类

电动机按工作电源的不同可分为直流电动机和交流电动机，具体分类如图3-2所示。电动机按工作原理及结构进行分类，可分为直流电动机、异步电动机、同步电动机，具体如图3-3所示。

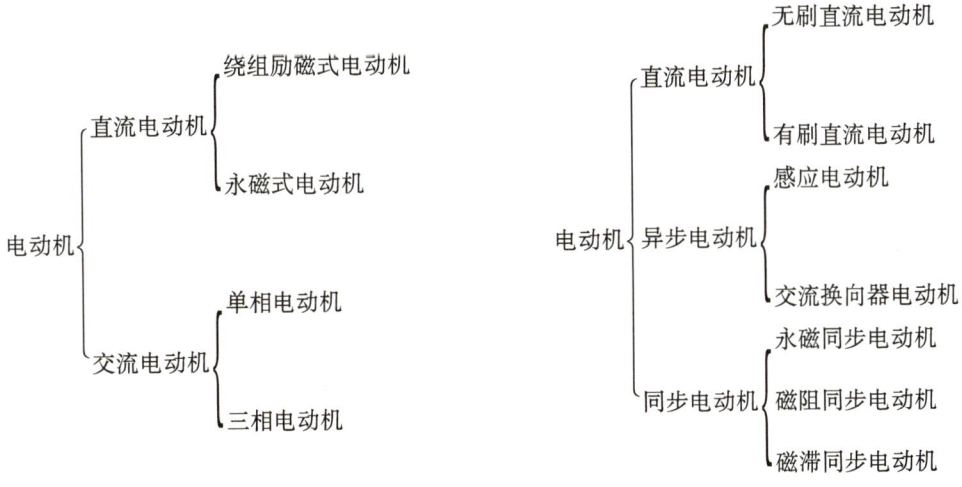

图3-2 电动机按工作电源分类　　图3-3 电动机按工作原理及结构分类

除了以上两种分类方式以外，电动机按转子的结构可分为笼型感应电动机和绕线转子感应电动机，按运转速度可分为高速电动机、低速电动机、恒速电动机、调速电动机，按用途可分为驱动用电动机和控制用电动机。

3.2.1.2 电动汽车驱动电机类型

当电动机作为驱动电机时，符合电动汽车应用要求的驱动电机类型如图 3-4 所示。

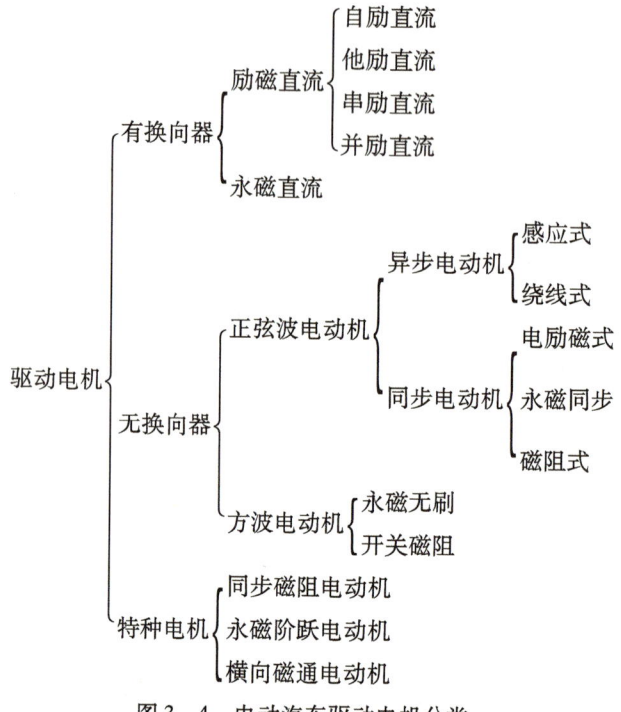

图 3-4 电动汽车驱动电机分类

电动汽车经常采用的驱动电机有直流电动机、交流异步电动机、永磁同步电动机和开关磁阻电动机。其中最早应用于电动汽车的是直流电动机，其特点是控制性能好、成本低。随着交流电动机和磁阻电动机的出现，直流电动机在电动汽车领域逐步被取代。表 3-1 是电动汽车常用的四种驱动电机的性能比较。

表 3-1 电动汽车常用驱动电机的性能比较

性能评价	电动机类型			
	直流电动机	交流异步电动机	永磁同步电动机	开关磁阻电动机
功率密度	低	中	高	较高
过载能力/%	200	300～500	300	300～500
峰值效率/%	85～89	94～95	95～97	90
功率因数/%	—	82～85	90～93	60～65
最高转速范围/(r/min)	4000～8000	12 000～20 000	4000～10 000	＞15 000
可靠性	一般	好	优	好
结构坚固性	差	好	一般	优
电动机外形尺寸	大	中	小	小
控制操作性能	最好	好	好	较差
控制器成本	低	高	高	一般

3.2.2 直流电动机

对于直流电动机,当给电枢绕组通入直流电流时,由电刷和换向器将直流电流转变为交变电流,使处于主极磁场中绕组的线圈始终受到相同方向电磁转矩的作用,保证电动机的连续转动,从而实现电能到机械能的转换。

在电动汽车发展的早期,大部分电动汽车都采用直流电动机作为驱动电机。这类电机技术较为成熟,具备控制方式容易、调速优良的特点,曾经在调速电动机领域内有着最为广泛的应用。但是直流电动机机械结构复杂,导致它的瞬时过载能力和电机转速的进一步提高受到限制,而且在长时间工作的情况下,电机的机械结构会产生损耗,增加维护成本。此外,电动机运转时电刷冒出的火花使转子发热,会造成高频电磁干扰,影响整车其他电器性能。由于直流电动机有着上述缺点,目前的新能源汽车产业正在逐渐淘汰直流电动机。

3.2.2.1 直流电动机的结构和工作原理

直流电动机主要由定子(固定不动)和转子(旋转)两大部分组成,其基本组成如图3-5所示。定子和转子之间有空隙,称为气隙。其中定子部分包括机座、主磁极(N极、S极)、换向极、端盖、电刷等,转子部分包括电枢铁芯、电枢绕组、换向器、转轴等。

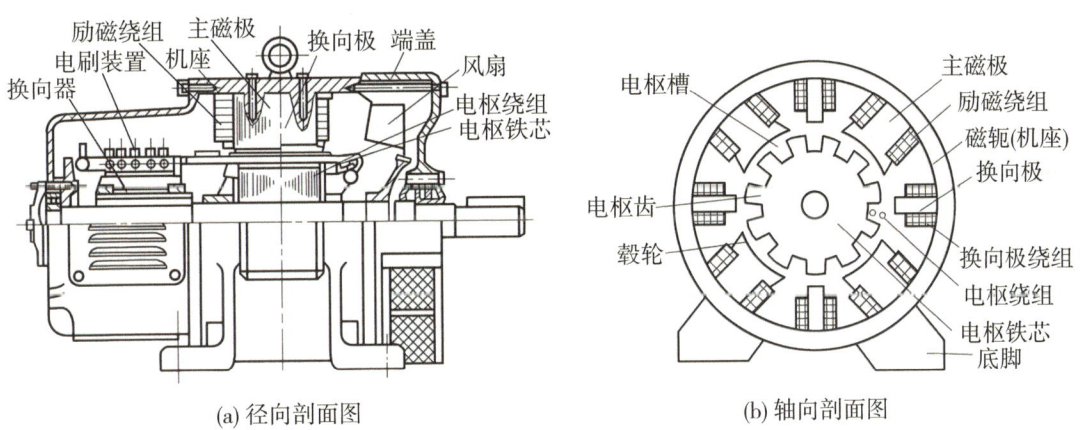

(a) 径向剖面图　　　　(b) 轴向剖面图

图3-5　直流电动机结构图

直流电动机的工作原理如图3-6所示。根据安培电磁力定律,当一载流导线放置在磁场中时,产生作用于导线上的磁场力,该力垂直于导线和磁场。当电枢接通电源时,会在电枢线圈中产生电磁力,使转子旋转。电刷和换向器使得电枢绕组中产生交变电流,因此保证了电磁力的方向不改变,转子可以连续地按一个方向旋转。

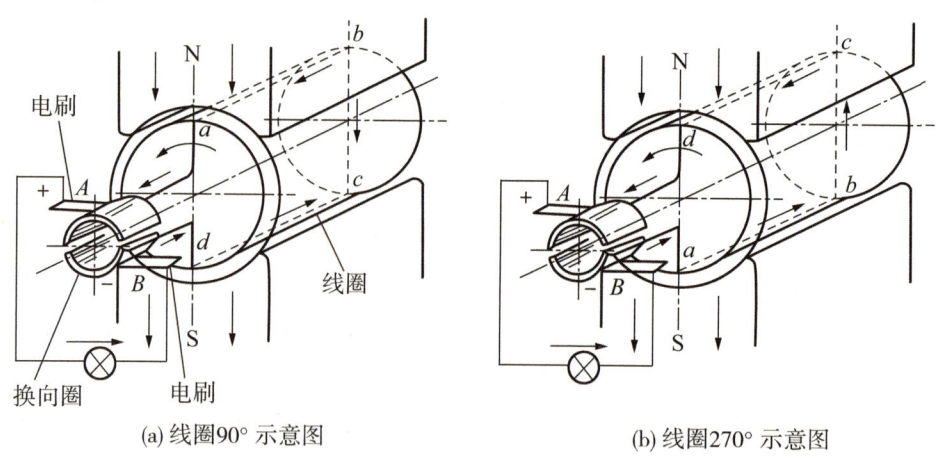

(a) 线圈90°示意图　　　　(b) 线圈270°示意图

图3-6　直流电动机的工作原理

3.2.2.2　直流电动机的分类和特点

在电动汽车所采用的直流电动机中，小功率（0.1～10 kW）电动机采用的是小型高效的永磁直流电动机，可以应用在小型、低速的搬运设备上；中等功率（10～100 kW）的电动机采用他励、复励或串励式直流电动机，可以用于结构简单、转矩要求较大的电动货车上；大功率（>100 kW）直流电动机采用串励式，可用在要求低速、高转矩的专用电动车上。绕组励磁式直流电动机根据励磁方式的不同，可分为他励式、并励式、串励式和复励式四种类型（图3-7）。

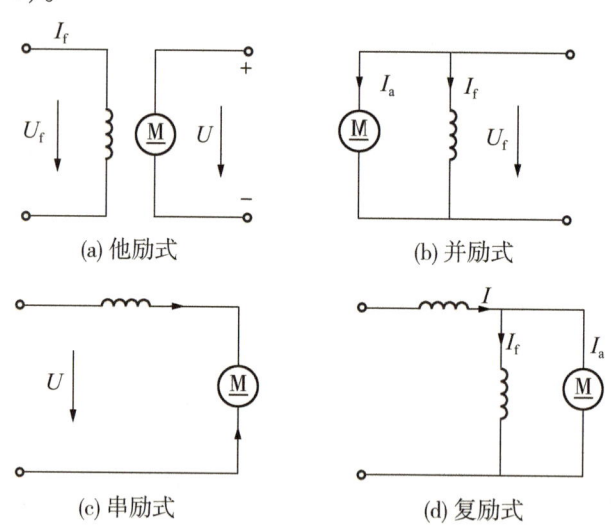

(a) 他励式　　　　(b) 并励式

(c) 串励式　　　　(d) 复励式

图3-7　直流电动机的分类

（1）他励式直流电动机

励磁绕组与电枢绕组无连接关系，而由其他直流电源对励磁绕组供电。在运行过程中励磁磁场稳定而且容易控制，容易实现电动汽车的再生制动要求。

（2）并励式直流电动机

励磁绕组与电枢绕组相并联，共用同一电源，性能与他励式直流电动机基本相同。这种直流电动机的励磁绕组两端电压就是电枢两端电压，但是励磁绕组用细导线绕成且匝数很多，因此具有较大的电阻，使得通过它的励磁电流较小。

(3) 串励式直流电动机

励磁绕组与电枢绕组串联后，再接于直流电源，这种直流电动机的励磁电流就是电枢电流，电动机内磁场随着电枢电流的改变有显著的变化。为了使励磁绕组中不产生大的损耗和电压降，励磁绕组的电阻越小越好，所以串励式直流电动机的励磁绕组通常用较粗的导线，它的匝数较少。

(4) 复励式直流电动机

有并励和串励两个励磁绕组，电动机的磁通由两个绕组内的励磁电流产生。若串励绕组产生的磁通势与并励绕组产生的磁通势方向相同，则称为积复励。若两个磁通势方向相反，则称为差复励。复励式直流电动机的永磁励磁部分采用高磁性材料钕铁硼，运行效率高。

与交流电动机、无刷直流电动机以及开关磁阻电动机等其他电动机相比，直流电动机的优点如下：

① 调速性能良好。直流电机具有良好的电磁转矩控制特性，可实现均匀平滑的无级调速，具有较宽的调速范围。

② 起动性能好。直流电动机具有较大的起动转矩。

③ 具有较宽的恒功率范围。直流电动机恒功率输出范围较宽，可确保电动汽车具有较好的低速起动性能和高速行驶能力。

④ 控制较为简单。直流电动机可采用斩波器实现调速控制，具有控制灵活且高效、质量轻、体积小、响应快等特点。

⑤ 价格便宜。直流电动机的制造技术和控制技术都比较成熟，其控制装置简单、价格较低，因而整个直流驱动系统的价格较便宜。

直流电动机的主要缺点如下：

① 效率低。比交流电动机的效率低。

② 维护工作量大。有刷直流电动机工作时电刷和换向器之间会产生换向火花，换向器容易烧蚀。

③ 转速低。转速越高，电刷和换向器产生的火花越大，这限制了直流电动机转速的提高。

④ 质量和体积大。直流电动机功率密度低，质量大，体积也大。

3.2.2.3 直流电动机在电动汽车上的应用

直流电动机的体积和质量都大，存在换向火花、电刷易磨损和电机本身结构复杂等问题。随着交流变频调速技术的发展，交流调速电动机在电动汽车上的应用发展迅速。但是直流电动机的控制方法和控制装置结构简单，起动和加速转矩大，电磁转矩控制特性良好，调速比较方便，无须检测磁极位置，技术成熟，成本低，现在仍在很多场合使用，如城市中的无轨电车和电动叉车较多地采用直流驱动系统，很多电动观光车和电动巡逻车上也使用直流电动机。

3.2.3 异步电动机

交流感应电动机又称异步电动机，是由气隙旋转磁场与转子绕组感应电流相互作用产生电磁转矩，从而实现将电能转换为机械能的一种交流电动机。异步电动机的定子绕组通入交流电产生旋转的磁场，转子绕组切割磁力线产生感应电流，并受到电磁转矩而旋转。异步电动机具有结构简单、坚固耐用、运行可靠、转矩平稳及转速高等优点。交流电动机矢量控制技术目前已比较成熟，逆变器成本也较以前大大下降，因此，异步电动机现在是高速电动车辆驱动电动机的主要类型之一。

3.2.3.1 异步电动机的结构和工作原理

以笼型异步电动机为例，其基本结构组成如图3-8所示。异步电动机主要由定子和转子组成，定子和转子之间存在气隙。定子产生旋转磁场，由机座、定子铁芯、定子绕组、铁芯外壳、支撑转子轴的轴承组成；转子由转子铁芯、转子绕组和转子轴组成。转子铁芯和定子铁芯由薄硅钢片叠加而成，以减少铁损。

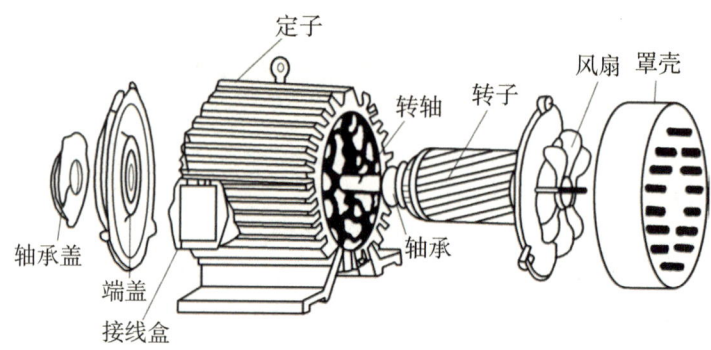

图3-8 笼型异步电动机的结构

异步电动机的工作原理如图3-9所示。异步电动机的转子转速与定子旋转磁场的同步转速之间存在转速差，它的大小决定着转子电动势及其频率的大小，直接影响异步电动机的工作状态。通常将转速差与同步转速的比值，用转差率表示，即

$$s = \frac{n_1 - n}{n_1} \quad (3-1)$$

式中，s为转差率；n_1为定子旋转磁场的同步转速；n为转子转速。s是反映异步电动机运动状态和负载情况的一个基本变量，当$0<s<1$时，电机处于电动机状态；当$s<0$时，电机处于发电机状态；当$s>1$时，电机处于电磁制动状态。

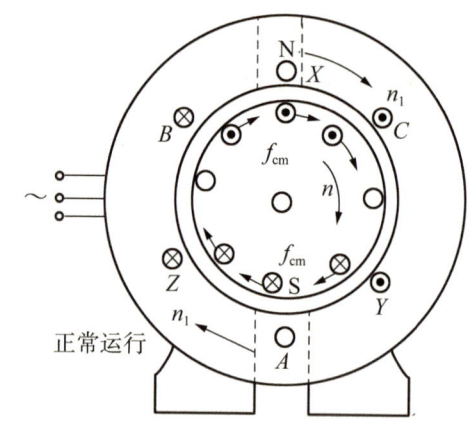

图3-9 异步电动机的工作原理示意图

3.2.3.2 异步电动机的分类和特点

异步电动机按定子绕组相数来分，有单相电动机、两相电动机和三相电动机；按转子结构来分，主要有鼠笼型电动机和绕线转子电动机两类。鼠笼型电动机结构简单，坚固耐用，工作可靠，价格低廉，维修方便；但调速困难，功率因数较低，启动性能较差。故在

要求机械特性较硬而无特殊调速要求的一般生产机械的拖动时，应尽可能采用鼠笼型电动机，在不方便使用鼠笼型时才采用绕线型电动机。

与有刷直流电动机相比，异步电动机具有以下优点：

①效率较高。异步电动机的效率高于直流电动机，这一特点对于车载能量有限的电动汽车来说格外重要。

②结构简单、体积较小、质量轻。相比于直流电动机，异步电动机转子的结构简单，结构尺寸小，质量轻。

③工作可靠、使用寿命长。异步电动机的无电刷和换向器不存在换向火花问题，因而工作可靠性较高，使用寿命也较长。

④免维护。不存在换向火花问题，无电刷磨损问题，因而在使用中无须维护。

异步电动机的缺点如下：

①调速性能相对较差。由于转子的转速与定子旋转磁场的旋转速度存在转差率，因而调速性能较差。

②配用的控制器成本较高。异步电动机的控制相对复杂，配用的控制器成本较高。

3.2.3.3 异步电动机在电动汽车中的应用

异步电动机是一种应用广泛的电机，它运行可靠，转速高，成本低。从技术水平看，异步电动机驱动系统是电动汽车用驱动系统的理想选择；但是，在高速运行时其转子容易发热，需要对电机进行冷却，且提速性能较差。因而，异步电动机适合大功率、低速车辆，尤其是驱动系统功率需求较大的大型电动客车，如国内主流客车企业生产的广汽GZ6120EV1、金龙XMQ6126YE、申沃SWB6121EV2等电动客车均采用异步电动机系统。

3.2.4 永磁无刷直流电动机

永磁无刷电动机具有高功率密度、高效率、易散热、高可靠性、较好的动态性能等特点，是当前驱动电机的研究热点。永磁无刷电动机可以分为两类，一类是永磁无刷直流电动机，另一类是永磁同步电动机。

区别于永磁同步电机，永磁无刷直流电动机由直流电动机发展而来，利用位置传感器和逆变器构成的电子换向器取代机械换向器，把输入的直流电流转换成交变的方波电流输入电枢绕组，其转矩产生方式、运行性能、控制方法等接近直流电动机。

3.2.4.1 永磁无刷直流电动机的结构和工作原理

永磁无刷直流电动机是在传统直流电动机基础上发展起来的，其电磁结构和传统直流电动机一样，但是无刷直流电动机的电枢绕组放在定子上，转子则是采用永磁材料制成的永磁体。永磁无刷直流电动机以电子换向器取代了机械电刷和换向器，消除了电动机的滑动接触机构。

永磁无刷直流电动机主要由电动机本体、电子换向器和转子位置传感器等零部件组成，如图3-10所示。

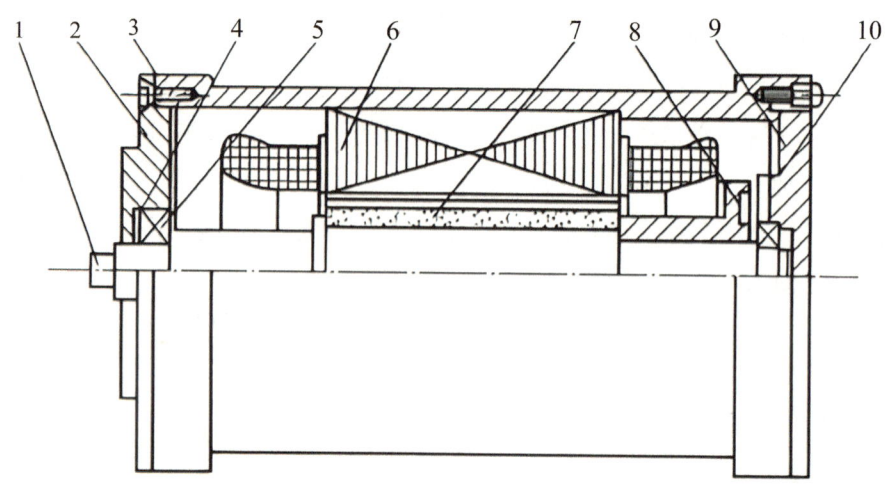

图3-10 永磁无刷直流电动机结构

1—转轴；2—前端盖；3—端盖安装螺钉；4—轴承调整垫片；5—轴承；
6—定子组件；7—永磁转子组件；8,10—位置传感器；9—后端盖

永磁无刷直流电动机的电动机本体由定子组件和转子组件两部分组成。定子主要由导磁的定子铁芯和导电的电枢绕组组成，定子的电枢绕组可以采用星形连接，也可以采用角形（或称封闭形）连接。当绕组为星形连接时，其逆变器可以采用桥式电路，也可以采用半桥电路；当绕组为角形连接时，逆变器只能采用桥式电路。

转子是永磁无刷直流电动机产生激磁磁场的部件，由永磁体、导磁体和支撑零部件组成。如图3-11所示，常用的三种转子形式有：转子铁芯外圆粘贴瓦片形永磁体、转子铁芯中嵌入矩形板状永磁体以及转子铁芯外套上一个整体黏结永磁体环。为得到平顶部分足够宽的梯形波感应电动势，转子常采用表面式、嵌入式结构，转子磁钢呈瓦形，并采用径向充磁方式。内置式转子很难产生梯形波感应电动势，无刷直流电动机中一般不采用。

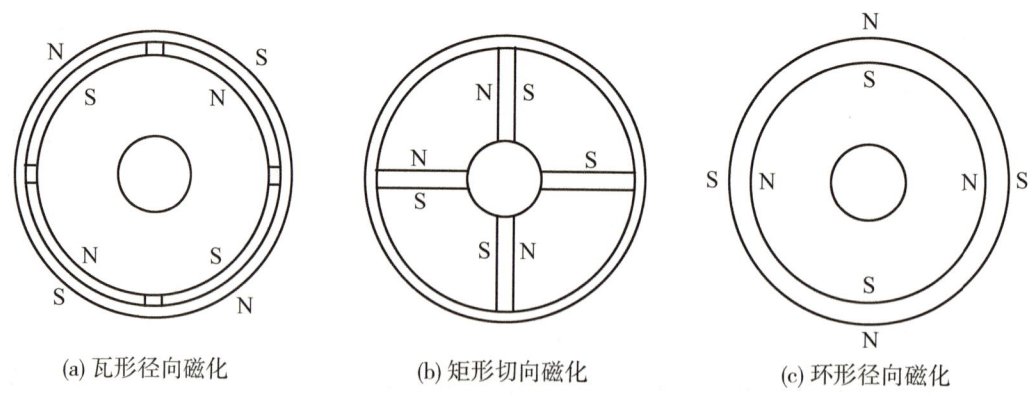

(a) 瓦形径向磁化　　　(b) 矩形切向磁化　　　(c) 环形径向磁化

图3-11 永磁无刷直流电动机转子形式

下面以星形三相六状态的永磁无刷直流电动机为例，介绍永磁无刷直流电动机的工作原理。为了去掉电刷和机械换向器，在无刷直流电动机中将电机反装，即将永磁体磁极放在转子上，电枢绕组为定子绕组；为使定子绕组中电流方向能随其线圈边所处的磁场极性

交替变化，需将定子绕组与逆变器连接，并安装转子位置检测器，检测转子磁极的空间位置；根据转子空间位置控制逆变器中功率开关器件的通断，从而控制电枢绕组的导通情况，位置检测器和逆变器起到"电子换向器"作用。永磁无刷直流电动机工作电路如图3-12所示。

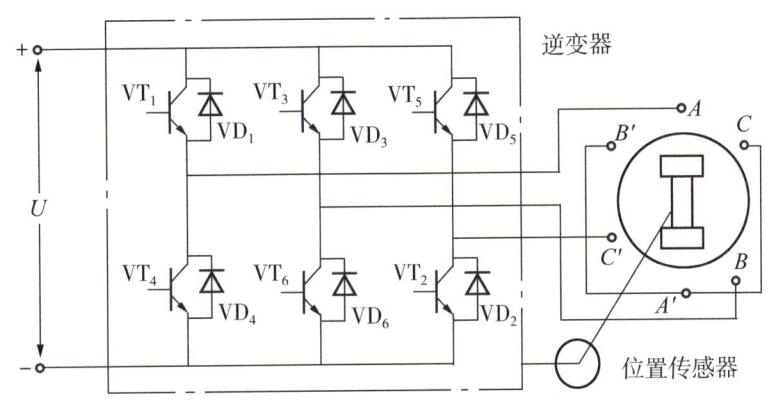

图3-12 永磁无刷直流电动机工作电路图

3.2.4.2 永磁无刷直流电动机的分类和特点

永磁无刷直流电动机按照工作特性，可以分为具有直流电动机特性的永磁无刷直流电动机和具有交流电动机特性的永磁无刷直流电动机。具有直流电动机特性的永磁无刷直流电动机，反电动势波形和供电电流波形都是矩形波，所以又称为矩形波同步电动机。具有交流电动机特性的永磁无刷直流电动机，反电动势波形和供电电流波形都是正弦波，所以又称为正弦波同步电动机。这类电动机也由直流电源供电，但通过逆变器将直流电变换成交流电，然后去驱动一般的同步电动机。因此，它们都具有同步电动机的各种运行特性。

永磁无刷直流电动机的优点主要有：外特性好，可以在低、中、高宽速度范围内运行；效率高，过载能力强，再生制动效果好；体积小、重量轻、比功率大；无机械换向器，全封闭式结构，可靠性高；控制系统比异步电动机简单。

但由于电动机本身比交流电动机复杂，控制器比有刷直流电动机复杂，而且受到永磁材料工艺的影响和限制，永磁无刷直流电动机的功率范围较小，最大功率仅几十千瓦。永磁材料在受到振动、高温和过载电流作用时，其导磁性能可能会下降或发生退磁现象，将降低永磁电动机的性能，严重时还会损坏电动机，因此在使用中必须严格控制，使其不发生过载。

3.2.5 永磁同步电动机

近些年，永磁同步电动机得到较快发展，在许多场合开始逐步取代最常用的交流异步电动机。永磁同步电动机输入的是交流正弦或近似正弦波，采用连续转子位置反馈信号来控制转向，具有高效、高控制精度、高转矩密度、良好的转矩平稳性及低振动噪声等特点。通过合理设计永磁磁路结构能获得较高的弱磁性能，它在电动汽车驱动方面具有很高的应用价值，受到国内外电动汽车界的高度重视，是具竞争力的电动汽车驱动电机系统之一。典型的永磁同步电动机如图3-13所示。

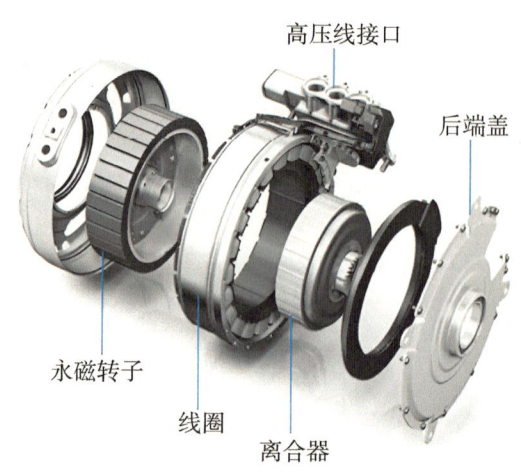

图 3-13 永磁同步电动机

3.2.5.1 永磁同步电动机的结构和工作原理

永磁同步电动机由定子三相绕组和转子铁芯构成,其定子与一般带电激磁的同步电动机基本相同,通常为星形连接的绕线式三相绕组。永磁同步电动机的转子由永磁材料构成,永磁体常采用瓦片式或薄片式贴在转子表面或嵌在转子的铁芯中,无须直流励磁。以永磁体代替绕线式同步电机转子中的励磁绕组,从而省去了励磁线圈、滞环和电子换向器,故实现了电机的无刷运行,如图 3-14 所示。永磁同步电机运转时,定子绕组的旋转磁场由绕组中的三相电流产生,同时转子通过永磁体产生另一磁场,在两个磁场共同作用下产生转矩。定子绕组产生的旋转磁场,可以看作是一对旋转磁极吸引转子的磁极一起旋转。当永磁同步电动机带负载时,气隙磁场是永磁体磁动势和电枢磁动势共同建立的,电枢磁动势对气隙磁场有影响,电枢磁动势的基波对气隙磁场的影响称为电枢反应。电枢反应不仅使气隙磁场波形发生畸变,而且还会产生去磁或增磁作用,因此,气隙磁场将影响永磁同步电动机的运行特性。与普通电动机相比,永磁同步电动机还必须装有转子永磁体位置检测器,用来检测磁极位置,并以此对电枢电流进行控制,达到对永磁同步电动机驱动控制的目的。

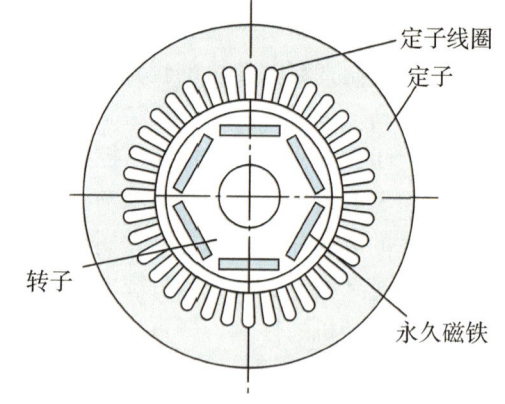

图 3-14 永磁同步电动机定子和转子结构示意图

3.2.5.2 永磁同步电动机的分类和特点

永磁同步电动机按照工作磁场方向的不同,分为径向磁场式电动机和轴向磁场式电动机;按照电枢绕组位置的不同,分为内转子电动机和外转子电动机;按照转子上有无启动绕组,分为无启动绕组电动机和启动绕组电动机;按照供电电流波形的不同,分为矩形波永磁同步电动机和正弦波永磁同步电动机;按照永磁体在转子上安装位置的不同而形成不同的转子磁路结构,可分为表面式电动机(图 3-15)和内置式电动机(图 3-16)。

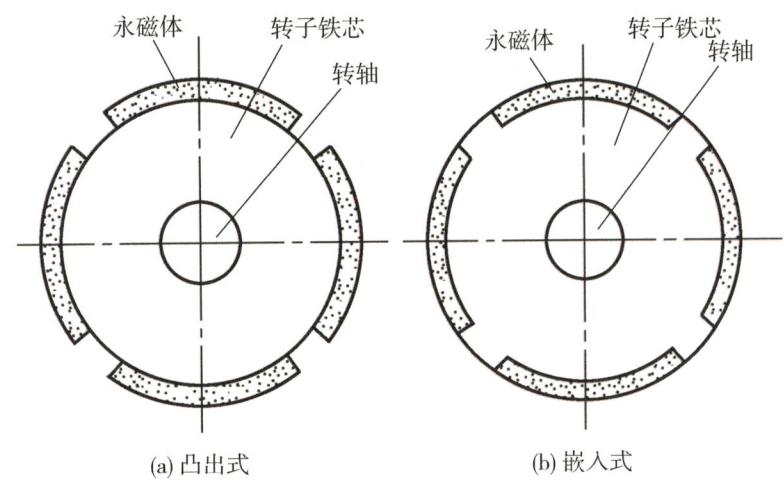

图 3-15 表面式转子结构

图 3-16 内置式转子结构

其中，表面式又分为凸出式和嵌入式。由于永磁材料的相对恢复磁导率接近于1，表面凸出转子结构属于隐极式结构，其纵、横轴电感相同，且与转子位置无关。该结构的永磁磁极易于实现最优设计，能使电机气隙磁密度波形趋近于正弦波。表面嵌入式转子的相邻永磁磁极间有着磁导率很高的铁磁材料，属于凸极转子结构。转子磁路结构上的不对称使电机产生磁阻转矩，其大小与电机纵横轴电感间的差值成正比。这种结构的电机功率密度高，动态性能较好。

永磁同步电动机驱动系统应用到电动汽车上，有以下几个独特的优点：

① 由于转子无须励磁，电机可在很低的转速下保持同步运行，调速的范围宽。

② 效率高、功率密度大。采用高磁能稀土材料，因此可以大大提高气隙磁通密度和能量转换的效率，另外，采用稀土永磁材料后，电机的体积可以大大缩小，重量可以相应减小，从而有效提高了功率密度。

③ 瞬态特性通常都比较好。由于采用了高性能的永磁材料，体积得以减小，从而有较低的转动惯量、更快的响应速度。

④ 具有良好的机械特性。对于负载变化而引起的电机转矩扰动，永磁同步电动机具有较强的承受能力。

⑤结构多样化。转子可以有多种结构，可以内置或外置，不同结构有不同性能特点和适用环境，因而其应用范围广。

总体上讲，永磁同步电动机具有结构简单、体积小、质量轻、损耗小、效率高等优点，但与异步电动机相比，它也有成本高、启动困难等缺点。

3.2.5.3 永磁同步电动机在电动汽车上的应用

与传统的电励磁电动机相比，永磁同步电动机特别是稀土永磁同步电动机具有结构简单、运行可靠、体积小、质量小、损耗少、效率高、电机的形状和尺寸可以灵活多变等显著优点，在电动汽车电驱动系统中有很高的应用价值。现在很多电动乘用车均使用永磁同步电动机，如日系车中的丰田 2010 普锐斯、本田 INSIGHT 和日产 LTIMA。在欧洲各国也大多采用永磁同步电动机，如大众奥迪 A8Hybrid、宝马 Active Hybrid7。我国现阶段推广应用的主要车型比亚迪 E6、北汽 C30 等也普遍采用永磁同步电动机。

我国永磁材料资源储备丰富，永磁同步电动机制造成本也将进一步降低，相对于其他种类的电机，其优势必将更加显著。

3.2.6 开关磁阻电动机

开关磁阻电动机，又称为可变磁阻电动机，是磁阻式电动机和开关电源组成的机电一体化的新型电动机。

3.2.6.1 开关磁阻电动机的结构和工作原理

开关磁阻电动机的结构和工作原理与传统的交流电动机、直流电动机有着很大的差别，在结构上，开关磁阻电动机的定子和转子均为凸极式，由硅钢片叠压而成，但定子和转子的极数不相等。如图 3－17 所示，定子为 8 个极，其上装有集中绕组，将径向相对极的绕组串联，组成 4 个独立的四相绕组。转子上有 6 个齿，其上不装绕组。工作时，由开关电源向四相绕组供电。

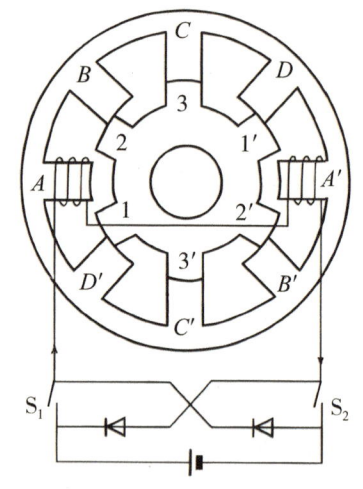

图 3－17 四相 8/6 极开关磁阻电动机

开关磁阻电动机依靠磁阻效应运行，其运行原理遵循"磁阻最小原理"，即磁通总要沿着磁阻最小的路径闭合，在磁场中，一定形状铁芯的主轴线有向与磁场轴线重合位置运动的趋势。利用这种趋势，开关磁阻电动机以定子凸极产生磁场，转子铁芯凸极形成均匀分布的多个主轴线，只要控制定子各相顺序产生磁场，转子就总有转向磁阻最小位置的趋势，从而产生维持电机运转的连续转矩。

3.2.6.2 开关磁阻电动机的分类与特点

径向相对的两个绕组串联构成一个两极磁体，称为"一相"。根据定转子极数的不同，开关磁阻电动机有多种电机结构，最常用的是三相 6/4 结构和四相 8/6 结构，如图 3－18 所示。开关磁阻电动机的气隙磁场分为：径向磁场、轴向磁场和混合磁场。

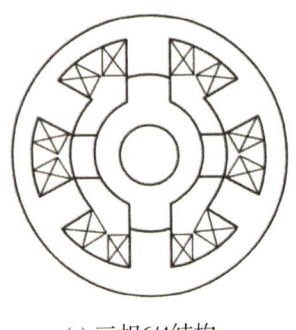 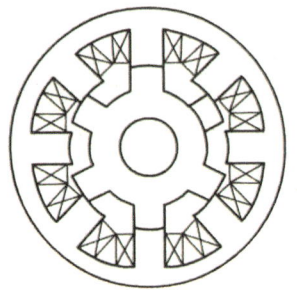 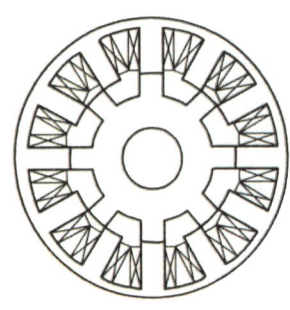

(a) 三相6/4结构　　　　　(b) 四相8/6结构　　　　　(c) 六相12/8结构

图 3-18　开关磁阻电动机的结构

开关磁阻电动机作为一种新型调速电机，在电动汽车领域应用的主要优势如下：

①通过适当的控制策略和系统设计，开关磁阻电动机能满足电动汽车四象限运行要求，具有较强的再生制动能力，并在高速运行区域内能保持较强的制动能力；

②开关磁阻电动机驱动系统有良好的散热性能，功率密度大，减少了电机的体积和重量，节省了电动汽车的有效空间；

③开关磁阻电动机能在很宽的功率和转速范围内保持高效率，能有效提高电动汽车一次充电的续驶里程；

④开关磁阻电动机可以达到良好的控制特性，而且容易智能化，从而能通过编程和替换电路元器件，满足不同类型电动汽车的运行要求；

⑤开关磁阻电动机结构简单，成本低，制造工艺简单；

⑥开关磁阻电动机可控参数多，调速性能好，适于频繁起动、停止以及正反转运行。

开关磁阻电动机的不足主要有：

①开关磁阻电动机虽然结构简单，但设计和控制较复杂，在这两方面要求非常精细，当电机的凸极数较多时，主接线数就多，电机的主电路较复杂；

②电磁转矩的脉动较大，在特定频率下会产生谐振，这些都使得开关磁阻电动机的噪声和振动较大。

3.2.6.3　开关磁阻电动机在电动汽车中的应用

开关磁阻电动机转子上没有绕组和永磁体，其结构是四种电机中最坚固的，而且这样的结构使得电机制造简单、成本低、散热特性较好。相对于直流电动机和交流电动机，开关磁阻电动机具有更高的效率，而且可以在较宽的功率和转速范围内高效率运行，这种特性十分符合电动汽车驱动的要求。但是，由于外加电压的阶跃性变化，定子电流、电机径向力变化率会突变，使得开关磁阻电动机工作时产生较大的脉动，再加上其结构和在工作时的不对称，均会导致开关磁阻电动机工作时产生较大的噪声和振动，这是开关磁阻电动机在电动汽车驱动系统应用中普遍存在和亟须解决的问题。目前，还没有产业化车型使用开关磁阻电动机。

开关磁阻电动机作为最新一代无级调速系统，尚处于深化研究开发、不断完善提高的阶段，其应用领域也在不断拓展之中。

3.2.7 扁线电机

以前各种类型的电机的绕组普遍采用圆形铜线。近年来，扁线绕组由于具有槽满率高、导热性能好和低振动噪声等优点，已逐渐成为电动汽车驱动电机主流绕组形式之一。

按结构不同，电机扁线绕组一般分为叠绕组、Hair-pin、I-pin、X-pin、连续波绕组等五种形式。不同形式扁线绕组的线圈形状、焊接结构以及定子嵌入方式见表3-2。几种绕组在装配工艺上有所区别，其中叠绕组通常用在大型发电机中，而 Hair-pin 是目前最为常见的扁线绕组形式，因形如"发卡"，又被称为"发卡绕组"，于2006年由蔡蔚博士提出，并首次应用于通用雪佛兰电动汽车中。目前其应用最为广泛，且制造工艺更加成熟，如丰田 Prius2017、Tesla Model Y、BMW i7 等车型都配备了这种绕组形式，现有成型和焊接设备满足其批量化制造需求。Hair-pin 绕组与其他形式扁线绕组在槽内的结构无异，仅因为端部焊接工艺的不同而造成端部长度存在差异。不同"pin 式"扁线绕组通常将一匝线圈沿轴向插入槽内，然后在端部进行换位和焊接，因此需要大量焊点保持线圈间的电气连接。I-pin 或 X-pin 绕组由于需要在两端进行焊接，焊点数量约是 Hair-pin 绕组的两倍。Hair-pin 和 I-pin 均采用表3-2中所示的直线延伸段焊接工艺，导致端部长度较长。I-pin 绕组由于不存在成型端的绕组应力回弹问题，因此槽内导体间隙更小，提升了槽满率。根据联合电子发布的数据，其研发的 Hair-pin 绕组槽满率为69%，I-pin 绕组的槽满率可达到74%，但是 I-pin 绕组的双端焊接结构导致其端部较长。X-pin 是 I-pin 绕组的升级方案，通过优化端部线型，缩短了端部长度，联合电子研发的 X-pin 相比于 I pin 绕组端部长度缩短了27mm，其端部焊接结构图见表3-2，目前已应用于广汽埃安的驱动电机中。连续波绕组在嵌入定子前就已成型，几乎消除了焊点，但需要沿径向嵌入槽内，定子铁芯需采用开口槽设计，齿槽转矩较大，且绕组自动化成型装置较为复杂，Lucid Air 驱动电机即采用该种绕组形式。

表3-2 不同结构扁线绕组优缺点对比

绕组类型	叠绕组	Hair-pin	I-pin	X-pin	连续波绕组
槽满率	低	较高	高	高	较高
焊点数	$2m*p$	$Q*L/2$	$Q*L$	$Q*L$	0
槽开口	不限	不限	不限	不限	全开口
焊接端长	长	长	中	短	短
线圈形状					
焊接结构					
嵌入方式	槽口径向压入	端部轴向插入	端部轴向插入	端部轴向插入	槽口径向压入
典型应用	本田 iMMd	丰田 Prius2017、Tesla Model Y、BMW i7	博世、联合电子	联合电子、广汽埃安	博格华纳、Lucid Air

注：p 为电机极对数，m 为电机相数，Q 为槽数，L 为导体层数。

总体而言，目前车用驱动电机多采用 Hair-pin 绕组，叠绕组和连续波绕组驱动电机应用案例相对较少。与上述三种扁线绕组相比，I-pin 和 X-pin 绕组具有更高的槽满率优势，但是仍面临着多焊点导致工艺复杂、自动化成型和焊接设备昂贵等问题，而且焊接过程容易导致绝缘碎屑进入冷却油（ATF 油）中，从而威胁齿轮箱可靠性。因此，"pin 式"扁线绕组依然存在较多工艺和技术难点，在这方面，无焊点连续波绕组形式无疑更具优势。

3.3 电机分析基础方法

3.3.1 铁磁材料概述

电动机的组成材料一般包括导电材料（提供电流的通路，要求导电性能良好、电阻小）、导磁材料（提供磁通的路径，要求导磁性能良好、损耗低）、绝缘材料（起到电气绝缘的作用，要求介电强度高、耐热性好）、冷却材料（将电机热量导出，要求热容量大、导热性能强）、结构材料（起到支撑、紧固的作用，要求一定的机械强度）。

3.3.1.1 铁磁材料

为了能够在一定的励磁磁动势作用下激励较强的磁场，电机的铁芯常用磁导率较高的铁磁材料制成，铁磁物质包括铁、镍、钴等以及它们的合金。铁磁材料在外磁场中呈现出很强的磁性，此现象称为铁磁物质的磁化，表示磁畴在外磁场作用下的磁化现象，如图 3-19 所示。

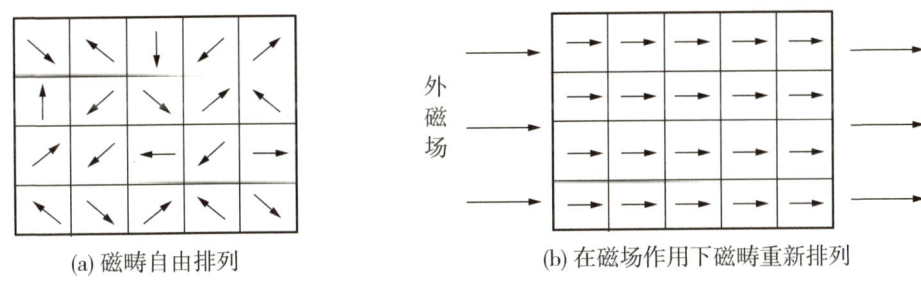

(a) 磁畴自由排列　　　　　　　(b) 在磁场作用下磁畴重新排列

图 3-19　铁磁物质的磁化

磁导率反映物质在外界磁场作用下被磁化的能力，是物质的自然属性。真空的磁导率为常数，$\mu_0 = 4\pi \times 10^{-7}$（H/m）。相对磁导率是指某一物质的磁导率与真空磁导率之比，$\mu_r = \mu/\mu_0$。

当相对磁导率稍大于或小于 1 时，称为非磁性物质；当相对磁导率远大于 1 时，称为磁性物质。

3.3.1.2 铁磁材料的基本特性

由于铁磁物质中天然磁化区（磁畴）的作用，铁磁材料的相对磁导率较大且不是常数。在非铁磁材料中，磁通密度 B 和磁场强度 H 之间呈直线关系，直线的斜率为 μ_0。将一块尚未磁化的铁磁材料进行磁化，当磁场强度 H 由零逐渐增大时，磁通密度 B 将随之增加，

$B-H$ 称为起始磁化曲线(图 3-20)。若对铁磁材料进行周期性磁化,会产生磁通密度 B 的变化滞后于磁场强度 H 变化的现象,即磁滞现象。呈现磁滞现象的 $B-H$ 闭合回线,称为磁滞回线(图 3-21)。

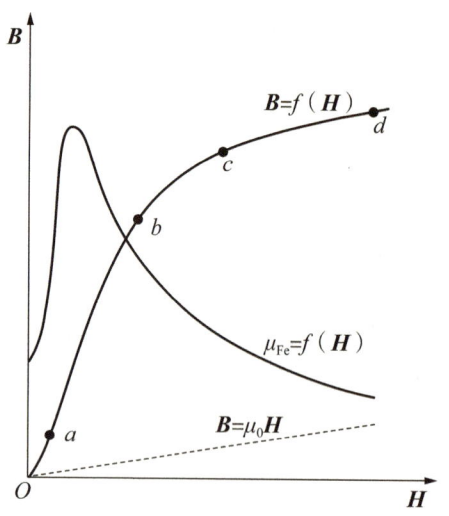

图 3-20 铁磁材料的磁化曲线

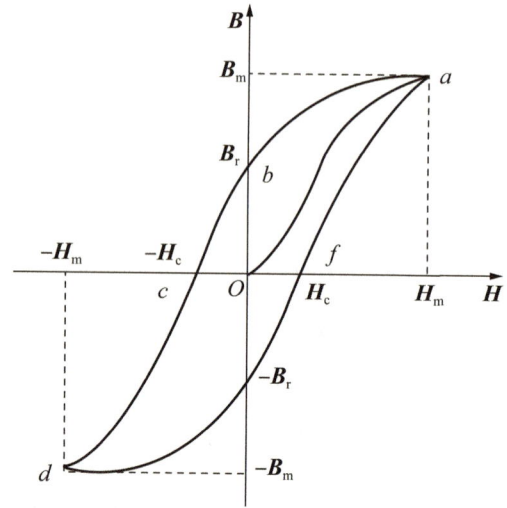

图 3-21 铁磁材料的磁滞回线

由于铁磁物质中的磁畴在经外界磁场的作用转向后,其位置不能恢复原状,产生了部分滞留,所以铁磁物质被外界磁场磁化后,即使取消外界磁场,其磁性仍会部分保留,称为剩磁。不同磁滞回线顶点的连线称为基本磁化曲线,也叫平均磁化曲线。

交变磁场中存在磁滞损耗和涡流损耗,磁滞损耗是指交变磁场中磁畴转向相互摩擦产生的损耗;涡流损耗是指交变磁场感应电动势形成的电流在铁磁物质电阻上产生的损耗。两者之和称为铁芯损耗,简称铁耗。

一般在电机学中用于定性分析时,可由式(3-2)确定单位重量的铁芯损耗:

$$p = p_{1/50}\left(\frac{f}{50}\right)^{\beta}B_m^2 \text{(W/kg)} \qquad (3-2)$$

式中,$p_{1/50}$ 为磁通密度为 1 T 且频率为 50 Hz 时的比损耗;f 为交变磁场的频率;B_m 为磁通密度的最大值;对于电机铁芯所采用的硅钢片,$\beta=1.2\sim1.6$。

3.3.2 磁路的基本定律

3.3.2.1 电路定律

电机中磁路与电路基本定律有类似之处,交流电路的欧姆定律用式(3-3)表示:

$$\dot{U} = \dot{I}Z = \dot{I}(R+jX) = \begin{cases} \dot{I}(r+jX_L) \\ \dot{I}(r-jX_C) \end{cases} \qquad (3-3)$$

式中,$\dot{U}$ 为电压,V;$\dot{I}$ 为电流,A;Z 为阻抗,Ω;R 为电阻,Ω;X 为电抗;X_L 为感抗;X_C 为容抗,Ω。电压与电流的相位差也称为功率因数角:$\varphi = \arctan\dfrac{x}{r}$。

基尔霍夫第一定律：所有进入某节点的电流的总和等于所有离开这节点的电流的总和。

$$\sum \dot{I} = 0 \tag{3-4}$$

基尔霍夫第二定律：沿着闭合回路所有元件两端的电势差（电压）的代数和等于零。

$$\sum \dot{E} = 0 \tag{3-5}$$

3.3.2.2 磁路定律

磁通连续性原理：在任意瞬间，磁路节点上磁通量的代数和为0。

$$\oiint_S \boldsymbol{B} \cdot \mathrm{d}\boldsymbol{S} = 0 \tag{3-6}$$

安培环路定律：作用在闭合磁路上的总的磁动势，等于各段磁路上磁压降之和。

$$\sum_{i=1}^{m} H_i \cdot L_i = \sum_{j=1}^{n} i_j \cdot w_j = F \tag{3-7}$$

磁路欧姆定律：某磁路上的磁压降，等于该段磁路中的磁通与磁阻的积。

$$H_i \cdot L_i = \Phi \cdot R_{mi} \tag{3-8}$$

其中，磁阻或磁导的值与磁路的几何尺寸以及材料的磁导率有关。

电路与磁路的对比见表3-3。

表3-3 电路与磁路的对比

电路	磁路
电流 I(A)	磁通 Φ(Wb)
电流密度 J(A/m^2)	磁通密度 B(Wb/m^2)
电动势 E(V)	磁动势 F(AT)
电阻 R(Ω)	磁阻 R_m(1/H)
电导 G(S)	磁导 $1/R_m$(H)
电压降 U(V)	磁压降 ΦR_m(A)
节点电流定律	磁通连续性原理
回路电压定律	安培环路定律
电路欧姆定律	磁路欧姆定律

电机的可逆性原理：发电机和电动机只是一种电机的两种不同的运行方式。某些电机在特定的场合被使用为电动机，说明该类电机在作为电动机使用时性能较好，而不能说明该类电机只能作为电动机使用。电机的可逆性是由电机中的机电能量转换关系所决定的。

3.3.2.3 电磁感应定律

电磁感应定律也叫法拉第电磁感应定律，电磁感应现象是指因磁通量变化产生感应电动势的现象。例如，闭合电路的一部分导体在磁场里做切割磁感线的运动时，导体中就会产生电流，产生的电流称为感应电流，产生的电动势（电压）称为感应电动势。

3.3.2.4 洛伦兹电磁力定律——磁场系统中的力和转矩

处于电磁场中的电荷（带电粒子）q 所受到的电磁力 $\boldsymbol{F}$ 的计算公式如下：

$$F = q(E + v \times B) \tag{3-9}$$

式中，F 为电磁力，N；q 为电荷，C；E 为电场强度，V/m；B 为磁通密度，T；v 为电荷相对于磁场的速度，m/s。

可见，在纯电场系统($B=0$)中，力可以简单地由粒子的带电量和电场强度来确定：

$$F = qE \tag{3-10}$$

力的作用方向和电场强度的方向一致，与电荷的运动无关。

在纯磁场($E=0$)系统中，情况要复杂一些。这时，力可以表示为

$$F = q(v \times B) \tag{3-11}$$

力由电荷的带电量、磁通密度以及电荷的速度决定。事实上，力的方向总是同时与电荷运动方向和磁感应强度方向正交，这在数学上可以表示成矢量叉积 $v \times B$ 的形式，见式(3-11)。这一叉积的幅值等于 v 和 B 的幅值的乘积再乘以其夹角的正弦值；方向用右手定则来判定：让右手拇指指向电荷运动的方向 v，食指指向磁感应强度 B 的方向，则力的方向为手掌所对的方向，它与 B 和 v 均垂直，如图3-22所示。

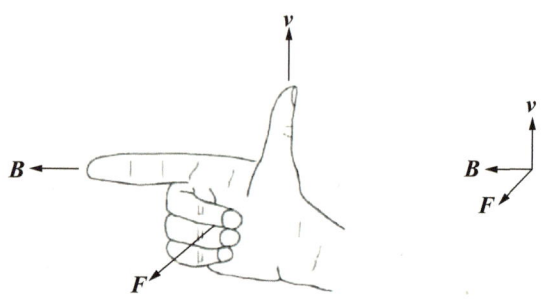

图3-22 用右手定则确定纯磁场洛伦兹磁力公式 $F=q(v \times B)$ 中各量的方向

对于具有大量运动电荷的情形，通常引入电荷密度 ρ（单位：C/m^3）的概念，这时，式(3-9)可方便地改写为

$$F_v = \rho(E + v \times B) \tag{3-12}$$

式中，下标 v 表示 F_v 是一个力密度（即单位体积的力）。力密度的单位为 N/m^3。乘积 ρv 称为电流密度（单位：A/m^2），即

$$J = \rho v \tag{3-13}$$

在磁场系统中，与式(3-11)相对应的力密度可以表示为

$$F_v = J \times B \tag{3-14}$$

对于电流流过导体的情况，式(3-14)可以用来确定作用于导体本身的力密度。应当注意，这个看似简单的表达式中隐含了许多物理机理，因为运动电荷所受的力要转变成导电介质的受力，其中的物理机理是很复杂的。

3.3.3 电机中的能量关系

电机由电系统、机械系统和联系两者的耦合磁场组成，由能量守恒原理可知：从电源输入的电能等于耦合磁场内储能的增加、电机内部能量的损耗以及输出的机械能三者之和。

对于电动机而言，电能和机械能始终为正值，对于发电机而言，两者均为负值。一般电机内部的能量损耗包括：电系统（绕组）内部的电阻损耗、机械部分的摩擦损耗、通风损耗等机械损耗以及耦合电磁场在介质中产生的磁滞和涡流损耗（铁芯损耗）。

图3-23所示为电机中主要的能量形式，电机在对称稳态运行时，磁场幅值恒定不

变，磁场储能也恒定不变。从电机学角度而言，因其主要研究电机的对称稳态运行，故认为磁场未参与能量转换，仅仅起到能量传递的媒介作用。

电机中的能量形式
- 磁场储能
- 电能 ⇔ 机械能
- 热能
  - 绕组通过电流在电阻上产生的损耗
  - 耦合磁场变化在铁芯上引起的铁芯损耗
  - 旋转电机轴承的摩托损耗以及通风损耗

图 3-23　电机中的主要能量形式

3.4　感应电机基本动态数学模型

感应电机和永磁同步电机是电动汽车提供机-电能量转换的主要动力装置，要设计车用电机控制系统和分析系统的动态、静态特性，必须建立合适的动态数学模型。所建立的模型应该尽量简单，可以不必包括设计和制造电机的所有参数，但应能充分有效地呈现电机的动态、静态运行特性。因此，想要控制好电机，就需要了解电机模型的电压方程、状态方程，它们是分析控制性能和推导控制输出的基础。

基本数学模型是推出其他非线性数学模型的基础。下面从电机系统的电压、磁链、转矩和运动方程出发，结合空间矢量技术，给出在三相静止 ABC 坐标系、两相静止 $\alpha\beta$ 坐标系、两相同步旋转 dq 坐标系中的电机基本动态数学模型。

在研究感应电机的多变量非线性数学模型时，先做如下假设：忽略空间谐波，三相绕组在空间上互差120°电角度，所产生的磁势沿气隙圆周按正弦规律分布；忽略磁路饱和效应，且三相绕组的自感、互感恒定不变；忽略电机铁芯损耗、铜耗等；温度和励磁电流、电压频率对绕组电阻值没有影响。

3.4.1　电压方程

根据感应电机的物理模型，三相定子绕组的电压平衡方程为

$$u_{A,B,C} = i_{A,B,C} R_\mathrm{s} + \psi_{A,B,C} \tag{3-15}$$

类似地，三相转子绕组折算到定子侧后的电压方程为

$$u_{a,b,c} = i_{a,b,c} R_\mathrm{r} + \psi_{a,b,c} \tag{3-16}$$

式中，u_A，u_B，u_C 和 u_a，u_b，u_c 分别为定子和转子三相电压的瞬时值；i_A，i_B，i_C 和 i_a，i_b，i_c 分别为定子和转子三相相电流的瞬时值；ψ_A，ψ_B，ψ_C 和 ψ_a，ψ_b，ψ_c 分别为定子、转子三相绕组的全磁链；R_s 和 R_r 分别为定子绕组电阻和转子绕组电阻。

将电压方程写成矢量的形式，有：

$$\boldsymbol{u} = \boldsymbol{R}\boldsymbol{i} + p\boldsymbol{\psi} \tag{3-17}$$

式中，$\boldsymbol{u} = [u_A,u_B,u_C,u_a,u_b,u_c]^\mathrm{T}$；$\boldsymbol{i} = [i_A,i_B,i_C,i_a,i_b,i_c]^\mathrm{T}$；$\boldsymbol{\psi} = [\psi_A,\psi_B,\psi_C,\psi_a,\psi_b,\psi_c]^\mathrm{T}$；$p$ 表示微分算子 $\mathrm{d}/\mathrm{d}t$；$\boldsymbol{R} = \begin{bmatrix} R_\mathrm{s}\boldsymbol{I} & 0 \\ 0 & R_\mathrm{r}\boldsymbol{I} \end{bmatrix}$。

3.4.2 磁链方程

每个绕组的磁链等于自感磁链和其他绕组的互感磁链之和，则定子绕组磁链 ψ_s 和转子绕组磁链 ψ_r 可表示为

$$\psi = \begin{bmatrix} \psi_s \\ \psi_r \end{bmatrix} = \begin{bmatrix} L_{ss} & L_{sr} \\ L_{rs} & L_{rr} \end{bmatrix} \cdot \begin{bmatrix} i_s \\ i_r \end{bmatrix} \quad (3-18)$$

其中

$$\psi_s = [\psi_A, \psi_B, \psi_C]^T, \psi_r = [\psi_a, \psi_b, \psi_c]^T, i_s = [i_A, i_B, i_C]^T, i_r = [i_a, i_b, i_c]^T$$

$$L_{rr} = \begin{bmatrix} L_m + L_{r\delta} & -\frac{1}{2}L_m & -\frac{1}{2}L_m \\ -\frac{1}{2}L_m & L_m + L_{r\delta} & -\frac{1}{2}L_m \\ -\frac{1}{2}L_m & -\frac{1}{2}L_m & L_m + L_{r\delta} \end{bmatrix}, L_{ss} = \begin{bmatrix} L_m + L_{s\delta} & -\frac{1}{2}L_m & -\frac{1}{2}L_m \\ -\frac{1}{2}L_m & L_m + L_{s\delta} & -\frac{1}{2}L_m \\ -\frac{1}{2}L_m & -\frac{1}{2}L_m & L_m + L_{s\delta} \end{bmatrix},$$

$$L_{sr} = L_{rs}^T = \begin{bmatrix} \cos\theta_r & \cos(\theta_r + 120°) & \cos(\theta_r - 120°) \\ \cos(\theta_r - 120°) & \cos\theta_r & \cos(\theta_r + 120°) \\ \cos(\theta_r + 120°) & \cos(\theta_r - 120°) & \cos\theta_r \end{bmatrix}$$

式中，L_{ss} 为定子每相绕组自感，L_{rr} 为转子每相绕组电感，且 $L_m = L_{ss} = L_{rr}$；$L_{s\delta}$ 为定子漏感；$L_{r\delta}$ 为转子漏感；θ_r 为转子 a 轴与定子 A 轴间的电角度。

将式(3-18)代入式(3-17)可得电压方程为

$$u = Ri + p(Li) = Ri + L\frac{di}{dt} + \frac{dL}{dt}i = Ri + L\frac{di}{dt} + \omega_r \frac{dL}{d\theta_r}i \quad (3-19)$$

式中，转子电角速度 $\omega_r = \frac{d\theta_r}{dt}$；$L\frac{di}{dt}$ 为感应电动势中的脉动分量；$\omega_r \frac{dL}{d\theta_r}i$ 为感应电动势中的旋转分量。

3.4.3 转矩方程

电磁转矩等于转子角位移变化时磁共能的变化率，于是有：

$$T_e = n_p L_m [(i_A i_a + i_B i_b + i_C i_c)\sin\theta_r + (i_A i_b + i_B i_c + i_C i_a)\sin(i_A i_c + i_B i_a + i_C i_b)\sin(\theta_r - 120°)]$$
$$= f(i) \quad (3-20)$$

3.4.4 运动方程

一般来讲，电机拖动系统的运动方程为

$$T_e = T_L + \frac{J}{n_p}\frac{d\omega_r}{dt} + \frac{B}{n_p}\omega_r + \frac{K}{n_p}\theta_r \quad (3-21)$$

式中，T_e 为电磁转矩；T_L 为负载转矩；J 为电机系统的转动惯量；B 为与转速成正比的阻转矩阻尼系数；K 为扭转弹性转矩系数；n_p 为电机极对数。

对于恒转矩负载，可忽略 B、K 对运动的影响，则：

$$T_e = T_L + \frac{J}{n_p}\frac{d\omega_r}{dt} \quad (3-22)$$

由式(3-19)~式(3-22)可得感应电机的多变量非线性动态数学模型：

$$\begin{cases} \boldsymbol{u} = \boldsymbol{R}\boldsymbol{i} + \boldsymbol{L}(\theta_r)\dfrac{\mathrm{d}\boldsymbol{i}}{\mathrm{d}t} + \omega_r\dfrac{\mathrm{d}\boldsymbol{L}(\theta_r)}{\mathrm{d}\theta_r}\boldsymbol{i} \\ T_e = \dfrac{1}{2}n_p\boldsymbol{i}^\mathrm{T}\dfrac{\partial \boldsymbol{L}(\theta_r)}{\partial \theta_r}\boldsymbol{i} = T_L + \dfrac{J}{n_p}\dfrac{\mathrm{d}\omega_r}{\mathrm{d}t} + \dfrac{B}{n_p}\omega_r \\ \omega_r = \dfrac{\mathrm{d}\theta_r}{\mathrm{d}t} \end{cases} \quad (3-23)$$

式中，$\boldsymbol{L}(\theta_r)$ 为电感矩阵。

由上式可知，感应电机系统的数学模型具有如下特点：

① 感应电机系统可视作两输入、三输出的 MIMO 系统，输入为定子电压 U_s 和负载转矩 T_L，输出变量为转子磁链 $\boldsymbol{\psi}_r$、定子电流 i_s 和转子角速度 ω_r。

② 感应电动势旋转分量 $E_r = \dfrac{\mathrm{d}\boldsymbol{L}(\theta_r)}{\mathrm{d}\theta_r}$、电磁转矩 T_e 和电感矩阵 $\boldsymbol{L}(\theta_r)$ 中存在无法消除的非线性因素，它们之间的关系相比较于直流电动机更加复杂。

3.5 永磁同步电动机（PMSM）基本动态数学模型

3.5.1 PMSM 的物理模型

首先对交流永磁同步电动机作如下假设：

① 定子绕组 Y 形接法，三相绕组对称分布，各绕组轴线在空间上互差 120°；转子上的永磁体在定转子气隙内产生主磁场（对于 PMSM，该磁场沿气隙圆周呈正弦分布；对于无刷直流电机 BLD-CM，该磁场沿气隙圆周呈梯形波分布），转子没有阻尼绕组。

② 忽略定子绕组的齿槽对气隙磁场分布的影响。

③ 假设铁芯的磁导率是无穷大，忽略定子铁芯与转子铁芯的涡流损耗和磁滞损耗。

④ 忽略电动机参数（绕组电阻与绕组电感等）的变化。

二相两极交流永磁同步电动机的定子结构如图 3-24 所示。

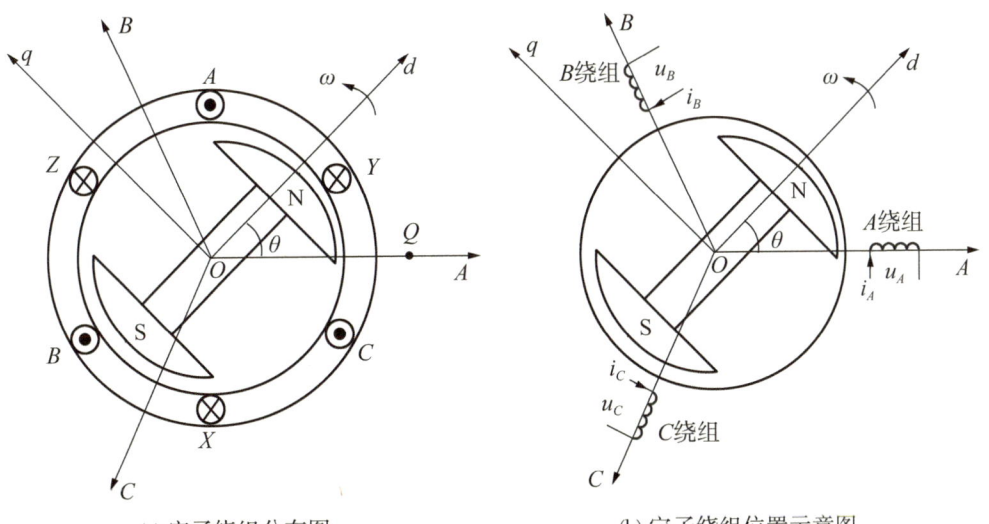

(a) 定子绕组分布图　　　　(b) 定子绕组位置示意图

图 3-24　交流永磁同步电动机定子结构示意图

图 3-24 中的定子三相绕组 AX、BY、CZ 沿圆周呈对称分布，A、B、C 为各绕组的首端，X、Y、Z 为各绕组的尾端。各绕组首端流出电流、尾端流入电流规定为该相电流的正方向。此时各绕组产生磁场(右手螺旋定则)方向规定为该绕组轴线的正方向，将这三个方向作为空间坐标轴的轴线，可以建立一个三相静止坐标系——ABC 坐标系（A 轴线超前 C 轴线 120°，B 轴线超前 A 轴线 120°），在本书中也称为 3s 坐标系（s 的含义是定子，stator）。如图 3-24b 所示的定子绕组位置示意图，可以简单地说，A 相绕组在 A 轴线上，B、C 相绕组类似。

转子的电角位置与电角速度的正方向选取为逆时针方向。根据转子永磁体磁极轴线 d 轴以及与其垂直的方向确定一个平面直角坐标系——dq 坐标系（固定在转子上，也称之为 2r 坐标系，r 的含义是转子，rotor），其中 d 轴正方向如图 3-24 所示（为磁极 N 的方向）；q 轴正方向超前 d 轴 90°。d 轴线超前 A 轴线角度为 θ，$\theta = 0°$ 意味着 d 轴与 A 轴重合。

下面简单分析定子 A 相绕组通电后与转子的作用力。如图 3-25 所示，A 相绕组放置于定子铁芯的槽中，A 端电流从纸面指向纸外，X 端电流从纸外指向纸面，那么 A 相绕组产生的磁场分布如图中所示。可以看出，S 极与 A 轴正方向重合。在理想空载（负载转矩为 0）的稳态情况下，图 3-25 中转子 d 轴线（即转子的 N 极）应该与 A 轴线重合，此时转子就会保持不动，电动机的电磁转矩与负载转矩相平衡，因而也为 0（假设 A 相绕组的电流值为 i_A，那么可以认为 i_A 全部都是 d 轴分量）。

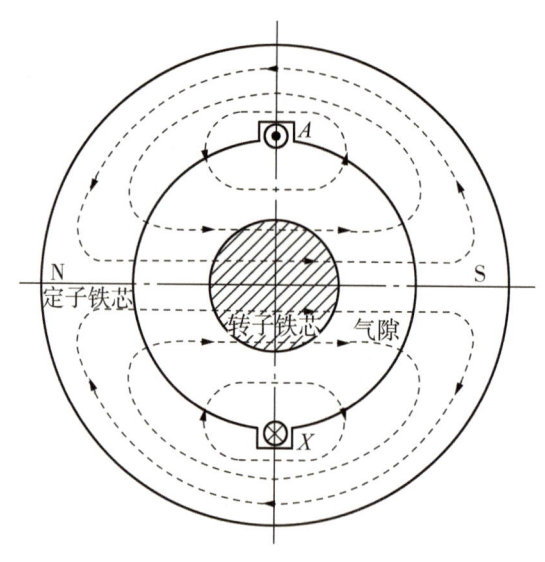

图 3-25 定子绕组 A 相电流产生的磁场分布

根据图 3-25 中永磁体在气隙中产生磁场的不同，可以将交流永磁电动机分为具有正弦波磁场分布的 PMSM 和具有梯形波分布的 BLD-CM。尽管气隙磁场不同，但是都适用下面推导的统一化动态数学模型。

3.5.2 三相静止坐标系的 PMSM 动态数学模型

下面从基本电磁关系出发，推导出交流永磁电动机统一化的动态数学模型，为不失一般性，假定电动机的转子具有凸极结构。电动机的数学模型包括四组方程：电压方程、磁链方程、转矩方程与运动方程。因为永磁同步电动机只有定子绕组，没有转子绕组，因此电压方程和磁链方程仅仅需要列写定子侧方程即可。

3.5.2.1 定子电压方程

在 ABC 坐标系中，可以列出三相定子电压方程矩阵形式为

$$u_1 = Ri_1 + p(\psi_1(\theta,i)) \tag{3-24}$$

式中，u_1 为定子绕组相电压矩阵，$u_1 = [u_A, u_B, u_C]^T$，u_A、u_B、u_C 分别为三相定子绕组相电压（V）；i_1 为定子绕组相电流矩阵，$i_1 = [i_A, i_B, i_C]^T$，i_A、i_B、i_C 分别为三相定子绕组相电流（A）；R 为定子绕组相电阻矩阵，$R = \begin{bmatrix} R_1 & 0 & 0 \\ 0 & R_1 & 0 \\ 0 & 0 & R_1 \end{bmatrix}$，$R_1$ 为三相对称定子绕组一相电阻（Ω）；$p = d/dt$ 为微分算子；$\psi_1(\theta,i) = \begin{bmatrix} \psi_A(\theta,i) \\ \psi_B(\theta,i) \\ \psi_C(\theta,i) \end{bmatrix}$ 为定子相绕组磁链矩阵，$\psi_A(\theta,i)$、$\psi_B(\theta,i)$、$\psi_C(\theta,i)$ 分别为三相定子绕组的全磁链（Wb）；θ 为图 3-24 中 d 轴与 A 轴夹角的空间电角度。

3.5.2.2 定子磁链方程

三相定子绕组的全磁链 $\psi_1(\theta, i)$ 可以表示为

$$\psi_1(\theta,i) = \psi_{11}(\theta,i) + \psi_{12}(\theta) \tag{3-25}$$

式中，矩阵 $\psi_{12}(\theta)$ 是永磁体磁场匝链到定子绕组的永磁磁链矩阵，可由下式求得：

$$\psi_{12}(\theta) = \begin{bmatrix} \psi_{fA}(\theta) \\ \psi_{fB}(\theta) \\ \psi_{fC}(\theta) \end{bmatrix} \tag{3-26}$$

式中，$\psi_{fA}(\theta)$、$\psi_{fB}(\theta)$、$\psi_{fC}(\theta)$ 分别为永磁体磁场交链 A、B、C 三相定子绕组的永磁磁链分量（Wb），与定子电流无关。对于一台确定的电动机，永磁磁链仅与转子位置 θ 有关。

式（3-25）中的 $\psi_{11}(\theta, i)$ 是定子绕组电流产生的磁场匝链到定子绕组自身的磁链分量，可由下式求得：

$$\psi_{11}(\theta,i) = \begin{bmatrix} \psi_{1A}(\theta,i) \\ \psi_{1B}(\theta,i) \\ \psi_{1C}(\theta,i) \end{bmatrix} = \begin{bmatrix} L_{AA}(\theta) & M_{AB}(\theta) & M_{AC}(\theta) \\ M_{BA}(\theta) & L_{BB}(\theta) & M_{BC}(\theta) \\ M_{CA}(\theta) & M_{CB}(\theta) & L_{CC}(\theta) \end{bmatrix} \cdot \begin{bmatrix} i_A \\ i_B \\ i_C \end{bmatrix} \tag{3-27}$$

式中，L_{AA}、L_{BB}、L_{CC} 为三相定子绕组的自感（H）；M_{AB}、M_{AC}、M_{BA}、M_{BC}、M_{CA}、M_{CB} 为三相定子绕组之间的互感（H）。

下面对式中的电感系数分别进行分析。

(1) 定子绕组的漏感和自感

永磁同步电动机定子绕组中通入三相电流后，由电流产生的磁通分为两部分：一部分为漏磁通，与漏磁通相对应的电感与转子位置无关，为一个恒定值；另一部分为主磁通，该磁通穿过气隙且与其他两相定子绕组交链，当电动机转子转动时，凸极效应会引起主磁通路径的磁阻变化，对应的电感系数也相应发生变化。在距离 d 轴角度为 θ 的点 Q 处，单

位面积的气隙磁导 $\lambda_\delta(\theta)$ 可以足够精确地表示为

$$\lambda_\delta(\theta) = \lambda_{\delta 0} - \lambda_{\delta 2}\cos 2\theta \qquad (3-28)$$

$$\lambda_{\delta d} = \lambda_{\delta 0} - \lambda_{\delta 2} \qquad (3-29)$$

$$\lambda_{\delta q} = \lambda_{\delta 0} + \lambda_{\delta 2} \qquad (3-30)$$

$$\lambda_{\delta 0} = \frac{1}{2}(\lambda_{\delta d} + \lambda_{\delta q}) \qquad (3-31)$$

$$\lambda_{\delta 2} = \frac{1}{2}(\lambda_{\delta q} - \lambda_{\delta d}) \qquad (3-32)$$

$$\lambda_\delta(\theta) = \frac{1}{2}(\lambda_{\delta d} + \lambda_{\delta q}) + \frac{1}{2}(\lambda_{\delta d} - \lambda_{\delta q})\cos 2\theta \qquad (3-33)$$

式中，$\lambda_{\delta 0}$ 为气隙磁导的平均值；$\lambda_{\delta 2}$ 为气隙磁导的二次谐波幅值；$\lambda_{\delta d}$ 为 d 轴气隙磁导；$\lambda_{\delta q}$ 为 q 轴气隙磁导。

另外，图 3-26 中所示的三相定子电流中仅含有励磁分量（d 轴分量），不含有转矩分量（q 轴分量）。若希望电动机能够输出非零转矩，那么图中的电流相位必须发生改变。

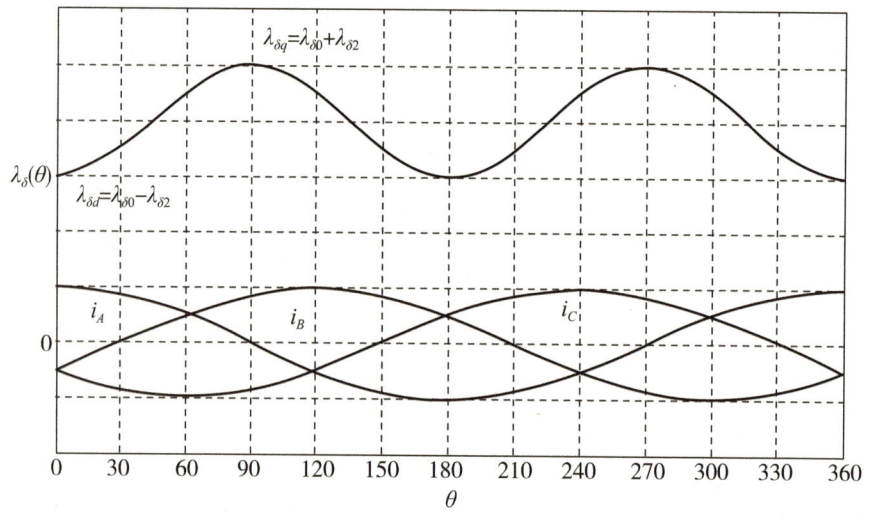

图 3-26 气隙磁导波形图

以 A 相定子绕组为例，当通入电流 i_A 时，在 A 相定子绕组轴线方向的磁动势 i_A 与 Q 点处单位面积的气隙磁导 $\lambda_\delta(\theta)$ 对应的 A 相定子绕组气隙磁链 $\psi_{A\delta}(\theta)$ 满足如下关系：

$$\begin{aligned}\psi_{A\delta}(\theta) &= K \cdot F_A \cdot \lambda_\delta(\theta) \\ &= K \cdot N_A i_A \cdot \left[\frac{1}{2}(\lambda_{\delta d} + \lambda_{\delta q}) + \frac{1}{2}(\lambda_{\delta d} - \lambda_{\delta q})\cos 2\theta\right] \\ &= i_A \cdot \left[\frac{1}{2}(L_{AAd} + L_{AAq}) + \frac{1}{2}(L_{AAd} - L_{AAq})\cos 2\theta\right]\end{aligned} \qquad (3-34)$$

式中，K 为气隙磁链和磁动势、气隙磁导的比例系数；N_A 为 A 相绕组的匝数；$L_{AAd} = K \cdot N_A \cdot \lambda_{\delta d}$，$L_{AAq} = K \cdot N_A \cdot \lambda_{\delta q}$。

根据漏感和自感的定义，A 相定子绕组的漏感 $L_{A\sigma}$ 和自感 L_{AA} 分别表示为

$$L_{A\sigma} = \frac{\psi_{A\sigma}}{i_A} = L_1 \qquad (3-35)$$

$$L_{AA} = \frac{\psi_{A\sigma} + \psi_{A\delta}(\theta)}{i_A} = L_1 + \frac{1}{2}(L_{AAd} + L_{AAq}) + \frac{1}{2}(L_{AAd} - L_{AAq})\cos2\theta = L_{\delta0} - L_{\delta2}\cos2\theta \qquad (3-36)$$

两式中，L_1 为漏感的平均值，与 A 相定子绕组漏磁链 $\psi_{A\sigma}$ 有关，与转子位置无关；$L_{\delta0}$ 为 A 相定子绕组自感的平均值，$L_{\delta2}$ 为 A 相定子绕组自感二次谐波的幅值。可以看出，有以下关系式成立

$$L_{\delta0} = L_1 + \frac{(L_{AAd} + L_{AAq})}{2}$$
$$L_{\delta2} = \frac{(L_{AAq} - L_{AAd})}{2} \qquad (3-37)$$

由于 B 相定子绕组和 C 相定子绕组与 A 相定子绕组在空间上互差 $120°$，可以认为 A、B、C 三相定子绕组各自的漏电感相等，即有

$$L_{A\sigma} = L_{B\sigma} = L_{C\sigma} = L_1 \qquad (3-38)$$

因而将式中 θ 分别用 $(\theta - 120°)$ 和 $(\theta + 120°)$ 替代，可以求得 A、B、C 三相定子绕组的自感为

$$L_{AA} = L_{\delta0} - L_{22}\cos2\theta$$
$$L_{BB} = L_{\delta0} - L_{\delta2}\cos2(\theta - 120°) \qquad (3-39)$$
$$L_{CC} = L_{\delta0} - L_{\delta2}\cos2(\theta + 120°)$$

(2) 定子绕组的互感

当 A 相定子绕组通入电流 i_A 时，在 A 相定子绕组轴线方向的磁动势 F_A 可以分解为 d 轴方向的直轴磁动势分量 F_{Ad} 和 q 轴方向的交轴磁动势分量 F_{Aq}：

$$F_{Ad} = N_A \cdot i_A \cos\theta$$
$$F_{Aq} = N_A \cdot i_A \sin\theta \qquad (3-40)$$

直轴磁动势分量 F_{Ad} 和交轴磁动势分量 F_{Aq} 分别产生各自的磁链分量 $\psi_{Ad}(\theta)$ 和 $\psi_{Aq}(\theta)$ 为

$$\psi_{Ad}(\theta) = K \cdot F_{Ad} \cdot \lambda_{\delta d} = K \cdot N_A \lambda_{\delta d} \cdot i_A \cos\theta$$
$$\psi_{Aq}(\theta) = K \cdot F_{Aq} \cdot \lambda_{\delta q} = K \cdot N_A \lambda_{\delta q} \cdot i_A \sin\theta \qquad (3-41)$$

由于 d 轴与 B 相定子绕组轴线相差 $(\theta - 120°)$，$\psi_{Ad}(\theta)$ 与 B 相定子绕组交链的部分为 $\psi_{Ad}(\theta)\cos(\theta - 120°)$；$\psi_{Aq}(\theta)$ 与 B 相定子绕组交链的部分为 $\psi_{Aq}(\theta)\sin(\theta - 120°)$；因此，$A$ 相定子绕组电流 i_A 经过气隙与 B 相定子绕组交链的磁链 $\psi_{BA\delta}(\theta)$ 表示为

$$\begin{aligned}\psi_{BA\delta}(\theta) &= \psi_{Ad}(\theta)\cos(\theta - 120°) + \psi_{Aq}(\theta)\sin(\theta - 120°)\\ &= L_{AAd}i_A\cos(\theta)\cos(\theta - 120°) + L_{AAq}i_A\sin(\theta)\sin(\theta - 120°)\\ &= -i_A\left[\frac{1}{4}(L_{AAd} + L_{AAq}) + \frac{1}{2}(L_{AAd} - L_{AAq})\cdot\cos2(\theta + 30°)\right]\end{aligned} \qquad (3-42)$$

A 相定子绕组与 B 相定子绕组的互感 M_{BA} 可以表示为

$$M_{BA} = \frac{\psi_{BA\delta}(\theta)}{i_A} = -M_{s0} + M_{s2}\cos2(\theta + 30°) \qquad (3-43)$$

式中，M_{s0} 为 A 相、B 相定子绕组互感平均值的绝对值；M_{s2} 为 A 相、B 相互感的二次谐波

的幅值。

它们满足

$$\begin{cases} M_{s0} = \dfrac{1}{4}(L_{AAd} + L_{AAq}) \\ M_{s2} = \dfrac{1}{2}(L_{AAq} - L_{AAd}) = L_{\delta 2} \end{cases} \quad (3-44)$$

由于空间的对称性，当 B 相定子绕组通入电流 i_B 时，B 相定子绕组与 A 相定子绕组的互感可表示为

$$M_{AB} = -M_{s0} + M_{s2}\cos 2(\theta + 30°) \quad (3-45)$$

因而将式中的 θ 分别用 $(\theta - 120°)$ 和 $(\theta + 120°)$ 替代，可以得到 A、B、C 三相定子绕组的互感为

$$\begin{cases} M_{AB} = M_{BA} = -M_{s0} + M_{s2}\cos 2(\theta + 30°) \\ M_{BC} = M_{CB} = -M_{s0} + M_{s2}\cos 2(\theta - 90°) \\ M_{AC} = M_{CA} = -M_{s0} + M_{s2}\cos 2(\theta + 150°) \end{cases} \quad (3-46)$$

可得定子磁链分量的矩阵方程：

$$\begin{bmatrix} \psi_{1A}(\theta,i) \\ \psi_{1B}(\theta,i) \\ \psi_{1C}(\theta,i) \end{bmatrix} = \begin{bmatrix} L_{s0} & -M_{s0} & -M_{s0} \\ -M_{s0} & L_{s0} & -M_{s0} \\ -M_{s0} & -M_{s0} & L_{s0} \end{bmatrix} \begin{bmatrix} i_A \\ i_B \\ i_C \end{bmatrix} +$$

$$\begin{bmatrix} -L_{s2}\cos 2\theta & M_{s2}\cos 2(\theta + 30°) & M_{s2}\cos 2(\theta + 150°) \\ M_{s2}\cos 2(\theta + 30°) & -L_{s2}\cos 2(\theta - 120°) & M_{s2}\cos 2(\theta - 90°) \\ M_{s2}\cos 2(\theta + 150°) & M_{s2}\cos 2(\theta - 90°) & -L_{s2}\cos 2(\theta + 120°) \end{bmatrix} \begin{bmatrix} i_A \\ i_B \\ i_C \end{bmatrix} \quad (3-47)$$

图 3-27 给出了 PMSM 各定子绕组的自感和互感与转子位置的关系示意图。

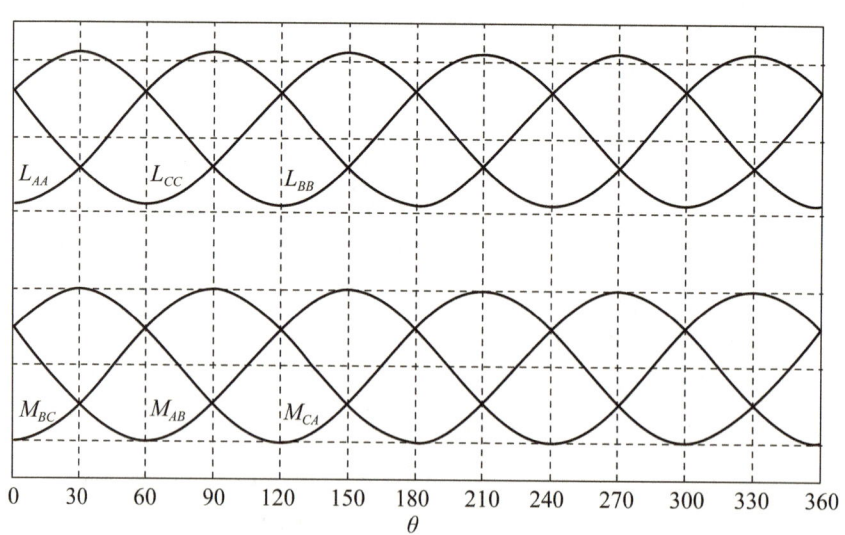

图 3-27 PMSM 定子绕组电感与转子位置关系示意图

（3）定子、转子绕组的互感计算

为了便于推导电动机的电磁转矩公式，我们将转子永磁体等效为具有电流 i_f 的转子

励磁绕组 f(对于正弦波磁场分布的 PMSM 来说，i_f 是一个恒定值)，仅在本部分推导转矩公式时使用。

转子绕组 f 与定子三相绕组之间的互感矩阵 $\boldsymbol{M}_{sf}$ 为

$$\boldsymbol{M}_{sf} = \begin{bmatrix} M_{Af}(\theta) \\ M_{Bf}(\theta) \\ M_{Cf}(\theta) \end{bmatrix} \quad (3-48)$$

$$\boldsymbol{M}_{fs} = (\boldsymbol{M}_{sf})^T \quad (3-49)$$

需要指出的是，不管永磁体产生的是何种分布的气隙磁场，都可以用来表示永磁磁链，即下式成立

$$\boldsymbol{\psi}_{12}(\theta) = \begin{bmatrix} M_{Af}(\theta) \\ M_{Bf}(\theta) \\ M_{Cf}(\theta) \end{bmatrix} i_f \quad (3-50)$$

(4) 转子绕组的自感

虽然存在转子的凸极效应，但是这并不影响到转子励磁绕组自感 L_{ff}，因为它不随转子位置而变化。这里引入 L_{ff} 仅为了方便推导电动机转矩。

3.5.2.3 电动机转矩方程

运用能量法得出交流永磁电动机运行时，电动机中的磁场储能为

$$W_m = \frac{1}{2} \sum_k i_k \boldsymbol{\Psi}_k \quad (k = A, B, C, f) \quad (3-51)$$

根据前面分析，有

$$\begin{aligned} W_m &= \frac{1}{2} \sum_k i_k \boldsymbol{\Psi}_k = \frac{1}{2} [\boldsymbol{i}_1^T \ i_f] \begin{bmatrix} \boldsymbol{L}(\theta) & \boldsymbol{M}_{sf} \\ \boldsymbol{M}_{fs} & L_{ff} \end{bmatrix} \begin{bmatrix} \boldsymbol{i}_1 \\ i_f \end{bmatrix} \\ &= \frac{1}{2} \boldsymbol{i}_1^T \boldsymbol{L}(\theta) \boldsymbol{i}_1 + \frac{1}{2} \boldsymbol{i}_1^T \boldsymbol{\psi}_{12}(\theta) + \frac{1}{2} i_f \boldsymbol{M}_{fs} \boldsymbol{i}_1 + \frac{1}{2} L_{ff} i_f^2 \\ &= \frac{1}{2} \boldsymbol{i}_1^T \boldsymbol{L}(\theta) \boldsymbol{i}_1 + \frac{1}{2} \boldsymbol{i}_1^T \boldsymbol{\psi}_{12}(\theta) + \frac{1}{2} \boldsymbol{\psi}_{12}(\theta)^T \boldsymbol{i}_1 + \frac{1}{2} L_{ff} i_f^2 \\ &= \frac{1}{2} \boldsymbol{i}_1^T \boldsymbol{L}(\theta) \boldsymbol{i}_1 + \boldsymbol{i}_1^T \boldsymbol{\psi}_{12}(\theta) + \frac{1}{2} L_{ff} i_f^2 \end{aligned} \quad (3-52)$$

式中，$\boldsymbol{L}(\theta)$ 为自感和互感矩阵；$\boldsymbol{\psi}_{12}(\theta)$ 为永磁磁链矩阵。

根据能量守恒定律，电动机运行时电源输送的净电能 ΔW_e 应等于电动机中磁场能量的增量 ΔW_m 加上电动机轴输出机械功率增量 ΔW_{mech}，即有

$$\Delta W_e = \Delta W_m + \Delta W_{mech} \quad (3-53)$$

另外，

$$\begin{cases} \Delta W_e = \sum_k i_k (\boldsymbol{u}_k - \boldsymbol{R}_k \boldsymbol{i}_k) dt = \sum_k i_k \Delta \boldsymbol{\Psi}_k \\ \Delta W_m \big|_{[i] = \text{const}} = \frac{1}{2} \sum_k i_k \Delta \boldsymbol{\Psi}_k = \frac{1}{2} \Delta W_e \end{cases} \quad (3-54)$$

所以有

$$\Delta W_{mech} = T_e \Delta \theta_m = \Delta W_e - \Delta W_m \big|_{[i] = \text{const}} = \frac{1}{2} \Delta W_e \quad (3-55)$$

式中，θ_m 为电动机的机械角位移，它表明：当外电源注入电动机的电流恒定时，电动机磁场能量的增量与电动机输出机械功率分别等于电动机输入净电能的一半。

由式(3-56)知道，电磁转矩等于电流不变时磁场储能对机械角位移 θ_m 的偏导数。

$$T_e = \frac{\Delta W_{mech}}{\Delta \theta_m} = \left.\frac{\partial W_m}{\partial \theta_m}\right|_{[i]=const} = \left.n_p \frac{\partial W_m}{\partial \theta}\right|_{[i]=const} \quad (3-56)$$

式中，n_p 为交流永磁电动机的极对数；θ 为电气角位移。

进一步推导转矩，有

$$\begin{aligned}T_e &= \left.n_p \frac{\partial W_m}{\partial \theta}\right|_{[i]=const} \\ &= \left.n_p \frac{\partial \left(\frac{1}{2}\boldsymbol{i}_1^T \boldsymbol{L}(\theta)\boldsymbol{i}_1 + \boldsymbol{i}_1^T \boldsymbol{\psi}_{12}(\theta) + \frac{1}{2}L_{ff}i_f^2\right)}{\partial \theta}\right|_{[i]=const} \\ &= n_p\left(\frac{1}{2}\boldsymbol{i}_1^T \frac{\partial(\boldsymbol{L})}{\partial \theta}\boldsymbol{i}_1 + \boldsymbol{i}_1^T \frac{d\boldsymbol{\psi}_{12}(\theta)}{d\theta}\right)\end{aligned} \quad (3-57)$$

综合上式，交流永磁电动机的电磁转矩可以表示为

$$T_e = -n_p[i_A \ i_B \ i_C]\begin{bmatrix} -L_{s2}\sin2\theta & M_{s2}\sin2(\theta+30°) & M_{s2}\sin2(\theta+150°) \\ M_{s2}\sin2(\theta+30°) & -L_{s2}\sin2(\theta-120°) & M_{s2}\sin2(\theta-90°) \\ M_{s2}\sin2(\theta+150°) & M_{s2}\sin2(\theta-90°) & -L_{s2}\sin2(\theta+120°) \end{bmatrix}\begin{bmatrix} i_A \\ i_B \\ i_C \end{bmatrix} +$$

$$\frac{n_p}{\omega}[i_A \ i_B \ i_C]\begin{bmatrix} e_{sA}(\theta) \\ e_{sB}(\theta) \\ e_{sC}(\theta) \end{bmatrix} \quad (3-58)$$

式中，ω 为电动机的电角频率(rad/s)；e_{sA}、e_{sB}、e_{sC} 分别是电动机旋转时，永磁体在定子绕组中产生的反电动势。上述公式中的第一部分转矩对应着磁阻转矩，第二部分转矩是永磁体与定子电流作用产生的永磁转矩，该转矩公式对 PMSM 和 BLD-CM 都适用。

对于正弦波磁场分布的 PMSM，永磁磁链可以表示为下式：

$$\boldsymbol{\psi}_{12}(\theta) = \begin{bmatrix} \psi_{fA}(\theta) \\ \psi_{fB}(\theta) \\ \psi_{fC}(\theta) \end{bmatrix} = \psi_f\begin{bmatrix} \cos(\theta) \\ \cos(\theta-120°) \\ \cos(\theta-240°) \end{bmatrix} \quad (3-59)$$

注意，式中的 ψ_f 指的是定子相绕组中永磁磁链的峰值。转矩公式就可以表示为

$$T_e = -n_p[i_A \ i_B \ i_C]\begin{bmatrix} -L_{s2}\sin2\theta & M_{s2}\sin2(\theta+30°) & M_{s2}\sin2(\theta+150°) \\ M_{s2}\sin2(\theta+30°) & -L_{s2}\sin2(\theta-120°) & M_{s2}\sin2(\theta-90°) \\ M_{s2}\sin2(\theta+150°) & M_{s2}\sin2(\theta-90°) & -L_{s2}\sin2(\theta+120°) \end{bmatrix}\begin{bmatrix} i_A \\ i_B \\ i_C \end{bmatrix} -$$

$$n_p\psi_f[i_A \ i_B \ i_C]\begin{bmatrix} \sin(\theta) \\ \sin(\theta-120°) \\ \sin(\theta-240°) \end{bmatrix} \quad (3-60)$$

3.5.2.4 运动方程

根据牛顿第二定律知道电动机运动平衡方程式为

$$T_e - T_1 = \frac{J}{n_p}\frac{d\omega}{dt} \quad (3-61)$$

式中，J 为整个机械负载系统折算到电动机轴端的转动惯量（$kg \cdot m^2$）；T_1 为折算到电动机轴端的负载转矩（$N \cdot m$）。

综上所述，交流永磁电动机的电压矩阵方程、磁链方程和转矩方程、运动方程共同组成了交流永磁电动机的一般化动态数学模型。从中可以看出，交流永磁电动机在 ABC 坐标系中的数学模型非常复杂，它具有非线性、时变、高阶、强耦合的特征。为了便于对电动机的运行过程进行深入分析，必须对其进行简化。

3.5.3 坐标变换

以交流永磁电动机为例，其定子磁场由定子的三相绕组的磁势（磁动势）产生，根据电动机旋转磁场理论可知，向对称的三相绕组中通以对称的三相正弦电流时，就会产生合成磁势，它是一个在空间以 ω 速度旋转的空间矢量。如果用磁势或电流空间矢量来描述等效的三相磁场、两相磁场和旋转直流磁场，并对它们进行坐标变换，就称为矢量坐标变换。

Clark 变换是三相平面坐标系（ABC 坐标系）向两相平面直角坐标系（$\alpha\beta$ 坐标系）的转换。

3.5.3.1 等幅值 Clark 变换

在复平面上的矢量 v 总能够用互差120°的 abc 三轴系中的分量 x_a、x_b、x_c 等效表示（a 轴与复平面的实轴重合），如下所示（x 和 x_0 将合成矢量 v）。

$$x = k(x_a + \rho x_b + \rho^2 x_c) \quad (3-62)$$
$$x_0 = k_0(x_a + x_b + x_c) \quad (3-63)$$

其中，$\rho = e^{j\frac{2}{3}\pi} = -\frac{1}{2} + j\frac{\sqrt{3}}{2}$，$\rho^2 = e^{j\frac{4}{3}\pi} = e^{-j\frac{2}{3}\pi} = -\frac{1}{2} - j\frac{\sqrt{3}}{2}$；$x_0$ 的方向与复平面的实轴方向一致，故式（3-63）可表示为

$$x_0 = k_0(x_a + x_b + x_c) \quad (3-64)$$

写出式（3-62）的实部与虚部如下：

$$\begin{cases} \text{Re}\{x\} = k\left(x_a - \frac{1}{2}x_b - \frac{1}{2}x_c\right) = k\left[x_a - \frac{1}{2}(x_b + x_c)\right] \\ \text{Im}\{x\} = k\frac{\sqrt{3}}{2}(x_b - x_c) \end{cases} \quad (3-65)$$

由式（3-64）可得：

$$x_b + x_c = \frac{x_0}{k_0} - x_a \quad (3-66)$$

式（3-66）代入到式（3-65）中可得：

$$\text{Re}\{x\} = k\left[x_a - \frac{1}{2}\left(\frac{x_0}{k_0} - x_a\right)\right] = \frac{3}{2}kx_a - \frac{1}{2}\frac{kx_0}{k_0} \quad (3-67)$$

等幅值变换时，规定：

$$\text{Re}\{x\} = x_a + x_0 \quad (3-68)$$

将式（3-68）代入到式（3-67）可得：

$$\frac{3}{2}kx_a - \frac{1}{2}\frac{kx_0}{k_0} = x_a + x_0 \quad (3-69)$$

对比式(3-69)两端的 x_a 和 x_0 的系数可解得：$k = \frac{2}{3}$、$k_0 = \frac{1}{3}$。

将实轴用 α 轴代替，虚轴用 β 轴代替，代入 k、k_0 到式(3-64)、式(3-65)得到 Clark 变换的等幅值变换形式：

$$\begin{cases} x_\alpha = \frac{2}{3}\left[x_a - \frac{1}{2}(x_b + x_c)\right] = \frac{2}{3}x_a - \frac{1}{3}x_b - \frac{1}{3}x_c \\ x_\beta = \frac{2}{3} \cdot \frac{\sqrt{3}}{2}(x_b - x_c) = \frac{\sqrt{3}}{3}(x_b - x_c) \\ x_0 = \frac{1}{3}x_a + \frac{1}{3}x_b + \frac{1}{3}x_c \end{cases} \quad (3-70)$$

写为矩阵形式为

$$\begin{bmatrix} x_\alpha \\ x_\beta \\ x_0 \end{bmatrix} = \frac{2}{3}\begin{bmatrix} 1 & -\frac{1}{2} & -\frac{1}{2} \\ 0 & \frac{\sqrt{3}}{2} & -\frac{\sqrt{3}}{2} \\ \frac{1}{2} & \frac{1}{2} & \frac{1}{2} \end{bmatrix}\begin{bmatrix} x_a \\ x_b \\ x_c \end{bmatrix} \quad (3-71)$$

即，等幅值的 Clark 变换矩阵为

$$C_{\text{Clark}} = \frac{2}{3}\begin{bmatrix} 1 & -\frac{1}{2} & -\frac{1}{2} \\ 0 & \frac{\sqrt{3}}{2} & -\frac{\sqrt{3}}{2} \\ \frac{1}{2} & \frac{1}{2} & \frac{1}{2} \end{bmatrix} \quad (3-72)$$

3.5.3.2 等功率 Clark 变换

等功率矢量坐标变换必须要遵循以下原则：变换前后电流所产生的旋转磁场等效，变换前后两系统的电动机功率不变。

将原来坐标下的电压 u 和电流 i 变换为新坐标下的电压 u' 和电流 i'，我们希望它们有相同的变换矩阵 C，因此有：

$$u = Cu' \quad (3-73)$$
$$i = Ci' \quad (3-74)$$

为了能实现逆变换，变换矩阵 C 必须存在逆矩阵 C^{-1}，因此变换矩阵 C 必须是方阵，而且其行列式的值必须不等于零。因为 $u = zi$，z 是阻抗矩阵，所以

$$u' = C^{-1}u = C^{-1}zi = C^{-1}zCi' = z'i' \quad (3-75)$$

式中，z' 是变换后的阻抗矩阵，而它为

$$z' = C^{-1}zC \quad (3-76)$$

为了满足功率不变的原则，在一个坐标下的电功率 $i^T u = u_1 i_1 + u_2 i_2 + \cdots + u_n i_n$ 应该等于另一坐标下的电功率 $i'^T u' = u_1' i_1' + u_2' i_2' + \cdots + u_n' i_n'$，即

$$i^T u = i'^T u' \tag{3-77}$$

而

$$i^T u = (Ci')^T Cu' = i'^T C^T Cu' \tag{3-78}$$

为了使式(3-77)与式(3-78)相同,必须有

$$C^T C = I \text{ 或 } C^T = C^{-1}$$

因此,变换矩阵 C 应该是一个正交矩阵。

在以上公式中,C^{-1} 为 C 的逆阵;i^T 为 i 的转置矩阵;i'^T 为 i' 的转置矩阵;C^T 为 C 的转置矩阵;I 为单位矩阵;z、z' 分别为阻抗矩阵;u、u'、i、i' 分别为电压列、电流列或行矩阵。同时,依矩阵运算法则有:$C^{-1}C = I$;$(Ci')^T = i'^T C^T$;$(kC)^T = kC^T$;$u = Cu'$,则有 $u' = C^{-1}u$。

图 3-28 为定子三相电动机绕组 A、B、C 的磁势矢量和两相电动机绕组 α、β 的磁势矢量的空间位置关系。其中选定 A 轴与 α 轴重合。根据矢量坐标变换原则,两者的磁场应该完全等效,即合成磁势矢量分别在两个坐标系坐标轴上的投影应该相等。

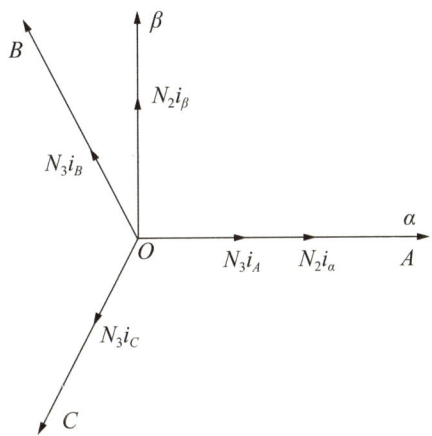

图 3-28 矢量坐标系

因此有:

$$N_2 i_\alpha = N_3 i_A + N_3 i_B \cos 120° + N_3 i_C \cos(-120°)$$
$$N_2 i_\beta = 0 + N_3 i_B \sin 120° + N_3 i_C \sin(-120°) \tag{3-79}$$

即

$$i_\alpha = \frac{N_3}{N_2}\left(i_A - \frac{1}{2}i_B - \frac{1}{2}i_C\right)$$
$$i_\beta = \frac{N_3}{N_2}\left(0 + \frac{\sqrt{3}}{2}i_B - \frac{\sqrt{3}}{2}i_C\right) \tag{3-80}$$

式中,N_2、N_3 分别表示三相电动机和两相电动机定子每相绕组的有效匝数。式(3-80)用矩阵表示,即

$$\begin{bmatrix} i_\alpha \\ i_\beta \end{bmatrix} = \frac{N_3}{N_2} \begin{bmatrix} 1 & -\frac{1}{2} & -\frac{1}{2} \\ 0 & \frac{\sqrt{3}}{2} & -\frac{\sqrt{3}}{2} \end{bmatrix} \begin{bmatrix} i_A \\ i_B \\ i_C \end{bmatrix} \tag{3-81}$$

转换矩阵 $\begin{bmatrix} 1 & -\frac{1}{2} & -\frac{1}{2} \\ 0 & \frac{\sqrt{3}}{2} & -\frac{\sqrt{3}}{2} \end{bmatrix}$ 不是方阵，因此不能求逆阵。所以需要引进一个独立于 i_α 和 i_β 的新变量 i_0，称它为零轴电流。零轴是同时垂直于 α 和 β 轴的轴，因此形成 $\alpha\beta 0$ 轴坐标系。定义：

$$N_2 i_0 = k(N_3 i_A + N_3 i_B + N_3 i_C) \tag{3-82}$$

$$i_0 = \frac{N_3}{N_2} k(i_A + i_B + i_C) \tag{3-83}$$

式(3-83)中，k 为待定系数。所以，式(3-81)改写成：

$$\begin{bmatrix} i_\alpha \\ i_\beta \\ i_0 \end{bmatrix} = \frac{N_3}{N_2} \begin{bmatrix} 1 & -\frac{1}{2} & -\frac{1}{2} \\ 0 & \frac{\sqrt{3}}{2} & -\frac{\sqrt{3}}{2} \\ k & k & k \end{bmatrix} \begin{bmatrix} i_A \\ i_B \\ i_C \end{bmatrix} \tag{3-84}$$

式中，定义矩阵 $\boldsymbol{C}$ 为

$$\boldsymbol{C} = \frac{N_3}{N_2} \begin{bmatrix} 1 & -\frac{1}{2} & -\frac{1}{2} \\ 0 & \frac{\sqrt{3}}{2} & -\frac{\sqrt{3}}{2} \\ k & k & k \end{bmatrix} \tag{3-85}$$

其转置矩阵 $\boldsymbol{C}^{\mathrm{T}}$ 为

$$\boldsymbol{C}^{\mathrm{T}} = \frac{N_3}{N_2} \begin{bmatrix} 1 & 0 & k \\ -\frac{1}{2} & \frac{\sqrt{3}}{2} & k \\ -\frac{1}{2} & -\frac{\sqrt{3}}{2} & k \end{bmatrix} \tag{3-86}$$

求其逆矩阵 $\boldsymbol{C}^{-1}$ 为

$$\boldsymbol{C}^{-1} = \frac{2N_2}{3N_3} \begin{bmatrix} 1 & 0 & \frac{1}{2k} \\ -\frac{1}{2} & \frac{\sqrt{3}}{2} & \frac{1}{2k} \\ -\frac{1}{2} & -\frac{\sqrt{3}}{2} & \frac{1}{2k} \end{bmatrix} \tag{3-87}$$

为了满足功率不变变换原则，有 $\boldsymbol{C}^{\mathrm{T}} = \boldsymbol{C}^{-1}$，则有：

$$\begin{cases} \dfrac{2N_2}{3N_3} = \dfrac{N_3}{N_2} \\ \dfrac{1}{2k} = k \end{cases} \tag{3-88}$$

可分别求得：

$$\frac{N_3}{N_2} = \sqrt{\frac{2}{3}}, \quad k = \sqrt{\frac{1}{2}}$$

将上式代入式(3-85)和式(3-87),则得:

$$C = \sqrt{\frac{2}{3}} \begin{bmatrix} 1 & -\frac{1}{2} & -\frac{1}{2} \\ 0 & \frac{\sqrt{3}}{2} & -\frac{\sqrt{3}}{2} \\ \frac{1}{\sqrt{2}} & \frac{1}{\sqrt{2}} & \frac{1}{\sqrt{2}} \end{bmatrix} \quad (3-89)$$

$$C^{-1} = \sqrt{\frac{2}{3}} \begin{bmatrix} 1 & 0 & \frac{1}{\sqrt{2}} \\ -\frac{1}{2} & \frac{\sqrt{3}}{2} & \frac{1}{\sqrt{2}} \\ -\frac{1}{2} & -\frac{\sqrt{3}}{2} & \frac{1}{\sqrt{2}} \end{bmatrix} \quad (3-90)$$

因此,Clark 变换(或 3/2 变换)式为

$$\begin{bmatrix} i_\alpha \\ i_\beta \\ i_0 \end{bmatrix} = C \begin{bmatrix} i_A \\ i_B \\ i_C \end{bmatrix} = \sqrt{\frac{2}{3}} \begin{bmatrix} 1 & -\frac{1}{2} & -\frac{1}{2} \\ 0 & \frac{\sqrt{3}}{2} & -\frac{\sqrt{3}}{2} \\ \frac{1}{\sqrt{2}} & \frac{1}{\sqrt{2}} & \frac{1}{\sqrt{2}} \end{bmatrix} \begin{bmatrix} i_A \\ i_B \\ i_C \end{bmatrix} \quad (3-91)$$

Clark 逆变换为

$$\begin{bmatrix} i_A \\ i_B \\ i_C \end{bmatrix} = C^{-1} C \begin{bmatrix} i_A \\ i_B \\ i_C \end{bmatrix} = C^{-1} \begin{bmatrix} i_\alpha \\ i_\beta \\ i_0 \end{bmatrix} = \sqrt{\frac{2}{3}} \begin{bmatrix} 1 & 0 & \frac{1}{\sqrt{2}} \\ -\frac{1}{2} & \frac{\sqrt{3}}{2} & \frac{1}{\sqrt{2}} \\ -\frac{1}{2} & -\frac{\sqrt{3}}{2} & \frac{1}{\sqrt{2}} \end{bmatrix} \begin{bmatrix} i_\alpha \\ i_\beta \\ i_0 \end{bmatrix} \quad (3-92)$$

3.5.3.3 Park 变换

Clark 变换之后,讨论的坐标是从定子角度来看的,也就是静止坐标。由于三相交流电动机是高耦合、非线性、多变量的系统,控制起来非常困难。Clark 变换是将三相变成两相,这时候坐标还是静止的,但相对转子是旋转的,要实现解耦控制,就要实现坐标相对转子静止,即通过 Park 变换将静止的两相坐标系($\alpha\beta$ 坐标系)转变为随转子旋转的两相坐标系(dq 坐标系)。

图 3-29 中,Id 和 Iq 分别对应输入的 α 轴和 β 轴,而 ID 和 IQ 分别对应 d 轴和 q 轴,输出的变量转变为相对转子静止的两个变量,ID 对应励磁电流,IQ 对应转矩电流(这两个变量不再是正弦信号,而是直流分量),可以利用类似于直流电机的控制方法进行控制,即通过改变这两个变量来分别控制电动机的励磁和转矩。由图 3-29 可以推导出 Park

变换公式如下：

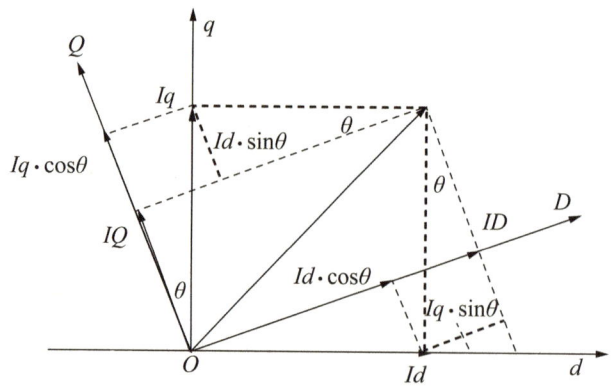

图 3-29　Park 变换坐标示意图

$$\begin{cases} ID = Id \times \cos\theta + Iq \times \sin\theta \\ IQ = -Id \times \sin\theta + Iq \times \cos\theta \end{cases} \quad (3-93)$$

同理，Park 逆变换为：

$$\begin{cases} Id = ID \times \cos\theta - IQ \times \sin\theta \\ Iq = ID \times \sin\theta + IQ \times \cos\theta \end{cases} \quad (3-94)$$

3.5.3.4　abc-αβ-dq 变换小结（包含 Clark 变换和 Park 变换）

(1) 恒幅值变换

$abc \rightarrow dq0$：

$$\boldsymbol{C} = \boldsymbol{C}_{abc \rightarrow dq0} = \frac{2}{3} \begin{bmatrix} \cos\theta & \cos\left(\theta - \frac{2\pi}{3}\right) & \cos\left(\theta + \frac{2\pi}{3}\right) \\ -\sin\theta & -\sin\left(\theta - \frac{2\pi}{3}\right) & -\sin\left(\theta + \frac{2\pi}{3}\right) \\ \frac{1}{2} & \frac{1}{2} & \frac{1}{2} \end{bmatrix} \quad (3-95)$$

$abc \rightarrow \alpha\beta 0$：

$$\boldsymbol{C}_{\text{Clark}} = \boldsymbol{C}_{abc \rightarrow \alpha\beta 0} = \frac{2}{3} \begin{bmatrix} \cos 0 & \cos\left(-\frac{2\pi}{3}\right) & \cos\frac{2\pi}{3} \\ -\sin 0 & -\sin\left(-\frac{2\pi}{3}\right) & -\sin\frac{2\pi}{3} \\ \frac{1}{2} & \frac{1}{2} & \frac{1}{2} \end{bmatrix} = \frac{2}{3} \begin{bmatrix} 1 & -\frac{1}{2} & -\frac{1}{2} \\ 0 & \frac{\sqrt{3}}{2} & -\frac{\sqrt{3}}{2} \\ \frac{1}{2} & \frac{1}{2} & \frac{1}{2} \end{bmatrix} \quad (3-96)$$

$\alpha\beta \rightarrow dq$：

$$\boldsymbol{C}_{\text{Park}} = \boldsymbol{C}_{\alpha\beta \rightarrow dq} = \begin{bmatrix} \cos\theta & \sin\theta \\ -\sin\theta & \cos\theta \end{bmatrix} \quad (3-97)$$

$$\boldsymbol{C}_{\text{Park}}^{-1} = \boldsymbol{C}_{dq \rightarrow \alpha\beta} = \begin{bmatrix} \cos\theta & -\sin\theta \\ \sin\theta & \cos\theta \end{bmatrix} \quad (3-98)$$

(2)恒功率变换

$abc \rightarrow dq0$:

$$C = C_{abc \rightarrow dq0} = \sqrt{\frac{2}{3}} \begin{bmatrix} \cos\theta & \cos\left(\theta - \frac{2\pi}{3}\right) & \cos\left(\theta + \frac{2\pi}{3}\right) \\ -\sin\theta & -\sin\left(\theta - \frac{2\pi}{3}\right) & -\sin\left(\theta + \frac{2\pi}{3}\right) \\ \frac{1}{\sqrt{2}} & \frac{1}{\sqrt{2}} & \frac{1}{\sqrt{2}} \end{bmatrix} \quad (3-99)$$

$$C_{dq0 \rightarrow abc} = (C_{abc \rightarrow dq0})^{-1} = (C_{abc \rightarrow dq0})^{T} \quad (3-100)$$

$abc \rightarrow \alpha\beta 0$:

$$C_{\text{Clark}} = C_{abc \rightarrow \alpha\beta 0} = \sqrt{\frac{2}{3}} \begin{bmatrix} \cos 0 & \cos\left(-\frac{2\pi}{3}\right) & \cos\frac{2\pi}{3} \\ -\sin 0 & -\sin\left(-\frac{2\pi}{3}\right) & -\sin\frac{2\pi}{3} \\ \frac{1}{\sqrt{2}} & \frac{1}{\sqrt{2}} & \frac{1}{\sqrt{2}} \end{bmatrix}$$

$$= \sqrt{\frac{2}{3}} \begin{bmatrix} 1 & -\frac{1}{2} & -\frac{1}{2} \\ 0 & \frac{\sqrt{3}}{2} & -\frac{\sqrt{3}}{2} \\ \frac{1}{\sqrt{2}} & \frac{1}{\sqrt{2}} & \frac{1}{\sqrt{2}} \end{bmatrix} \quad (3-101)$$

$\alpha\beta \rightarrow dq$:

$$C_{\text{Park}} = C_{\alpha\beta \rightarrow dq} = \begin{bmatrix} \cos\theta & \sin\theta \\ -\sin\theta & \cos\theta \end{bmatrix} \quad (3-102)$$

$$C_{\text{Park}}^{-1} = C_{dq \rightarrow \alpha\beta} = \begin{bmatrix} \cos\theta & -\sin\theta \\ \sin\theta & \cos\theta \end{bmatrix} \quad (3-103)$$

3.5.4 转子坐标系的 PMSM 动态数学模型

前文中分析的 PMSM 动态数学模型是建立在三相静止坐标系的,其中的电感矩阵非常复杂,这是因为三相定子绕组之间的耦合情况与转子的位置密切相关。采用坐标变换可以将该数学模型变换到任意一个两相坐标系中,这样,耦合情况有可能会得到简化。如果选取的两相坐标系是将 d 轴始终定位在转子磁极轴线上的转子坐标系的话,电感矩阵将会简化为常数,数学模型得到极大简化。

根据前述的推导,可以利用下述的变换矩阵将 ABC 坐标系中三相静止定子绕组的电流变量变换到 dq 转子坐标系中两相旋转绕组中的电流变量:

$$\begin{bmatrix} i_d \\ i_q \end{bmatrix} = C_{2s \rightarrow 2r} C_{3s \rightarrow 2s} \begin{bmatrix} i_A \\ i_B \\ i_C \end{bmatrix} \quad (3-104)$$

采用上述坐标变换原理,可以把交流电动机不同的绕组变换为同一个坐标系(dq 坐标

95

系)中的绕组。电动机的电压、磁链等物理量的变换矩阵与上述的电流变换矩阵相同。这样就可以将前述中复杂的数学模型进行简化,得到下面的永磁同步电动机的数学模型。

(1) 定子电压方程

$$u_d = R_1 i_d + p\psi_d - \omega\psi_q$$
$$u_q = R_1 i_q + p\psi_q + \omega\psi_d \tag{3-105}$$

式中,ω 为转子旋转电角速度;p 为微分算子。该式可以描述为下式的矢量形式:

$$\boldsymbol{u}_1^{2r} = \boldsymbol{R}_1 \boldsymbol{i}_1^{2r} + p\boldsymbol{\psi}_1^{2r} + j\omega\boldsymbol{\psi}_1^{2r} \tag{3-106}$$

以电压为例,如下式所示,矢量由其实部与虚部共同构成:

$$\boldsymbol{u}_1^{2r} = \boldsymbol{u}_d + j\boldsymbol{u}_q \tag{3-107}$$

(2) 定子磁链方程

$$\psi_d = \psi_f + L_d i_d$$
$$\psi_q = L_q i_q \tag{3-108}$$

由于 PMSM 转子永磁体产生的是正弦分布磁场,所以当该磁场变换到转子坐标系以后仅与定子绕组中的 d 绕组匝链(即上式中的 ψ_f 项——相定子绕组中永磁磁链的幅值),而与 q 绕组没有匝链(BLD-CM 则不同)。上式也可以表述为矩阵形式和下式的矢量形式:

$$\boldsymbol{\psi}_1^{2r} = [\boldsymbol{L}]^{2r} \cdot \boldsymbol{i}_1^{2r} + \boldsymbol{\psi}_f^{2r} \tag{3-109}$$

$$\boldsymbol{\psi}_1^{2r} = (L_d i_d + jL_q i_q) + (\psi_f + j0) \tag{3-110}$$

(3) 电磁转矩方程

$$T_e = 1.5 n_p (\psi_d i_q - \psi_q i_d) \tag{3-111}$$

(4) 运动平衡方程

$$T_e - T_1 = \frac{J}{n_p} \frac{d\omega}{dt} \tag{3-112}$$

第4章　新能源汽车电机控制方法

本章要点

❋ 了解新能源汽车驱动系统以车用电机为标准的分类。
❋ 掌握驱动电机的分类，掌握不同电机构型的结构与原理，特别是永磁同步电机和交流异步电机。
❋ 了解其他类型的电机构型与原理。

4.1 逆变器工作原理与控制技术

4.1.1 逆变器结构与原理

目前车用逆变器多为三相两电平电压型逆变器（voltage source inverter，VSI），其结构如图 4-1 所示，每一相有上下两个桥臂，每一个桥臂均采用一只主管 V 和一只续流二极管 VD 反并联构成。

4.1.1.1 三种能量传递方式

假定逆变器的三相电流方向如图 4-1 箭头所示，则：

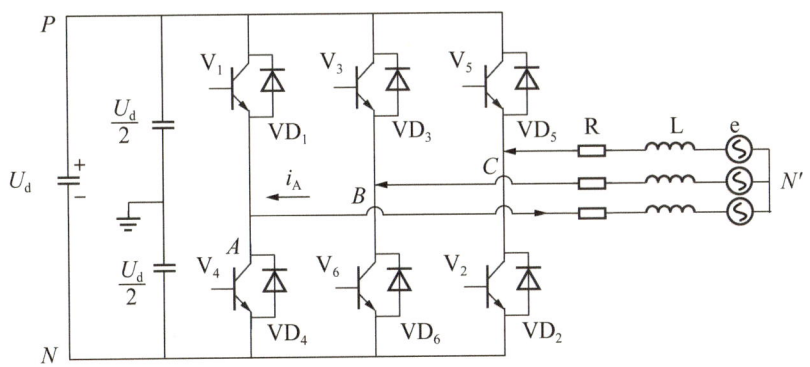

图 4-1　三相两电平电压型逆变器

① 若 A 相电流流经两主管，例如 A 相电流从电源正端流经 V_1、A 相负载、N'、B 相负载、V_6、电源负端，那么能量从直流电源流向负载；

② 若 A 相电流流经一个主管和一个续流二极管，例如 A 相电流流经 V_1、A 相负载、

N'、B 相负载、VD_3,此时能量通过续流二极管进行续流;

③ 若 A 相电流流经两续流二极管,例如 A 相电流从电源负端流经 VD_4、A 相负载、N'、B 相负载、VD_3、电源正端,那么能量从负载反馈到直流电源。

4.1.1.2 两种导通模式

图 4-1 所示的电压型逆变器有两种工作方式。一种是 120°导通方式,在任何时刻都只有不同相的两只主管导通。同相的两只主管在一个周期内各导通 120°,它们之间切换时分别有 60°的间隙。当某相没有主管导通时,该相的感性电流经由该相的续流二极管流通。

一个周期内的各主管工作模式按照图 4-2 的顺序循环工作。从中可以看出每次换相都是在上面三只开关管内或下面三只主管内部(按照 $A \to B \to C$ 顺序)依次进行,因此称为横向换相。在 120°导通方式中,由于同一桥臂中的上下两主管有 60°的间隙,所以不存在同一相上下直通短路的问题,有利于安全换流。但是该电路在实际应用中,需注意在换流瞬间要防止感性负载电流中断引起过大的尖峰电压而危及主管。由于该电路主管利用率较低,一般情况下电压型逆变器不采用这种工作方式(BLD-CM 的变频调速中,VSI 通常在这种方式下工作)。

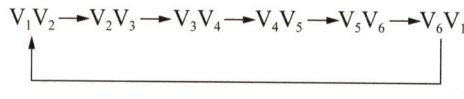

图 4-2 120°导通运行模式

电压型逆变器的另一种工作方式是 180°导通方式,任何时刻都有不同相的三只主管导通。同一相上下两个桥臂的主管交替导通,各自导通半个周期(即 180°)。一个周期内各主管工作模式按照图 4-3 的顺序循环工作。从中可以看出每次换相都是在同一相上下两个桥臂之间进行的,因此又称为纵向换相。在换流瞬间,为了防止同一相上下两臂的主管同时导通而引起直流电源的短路,通常采用"先断后通"的方法,即先给应关断的主管关断信号,待其关断后留有一定的时间裕量,然后再给应导通的主管开通信号,两者之间留有一个短暂的死区时间(死区时间与器件关断速度有关,大功率器件的死区一般设置为微秒级)。

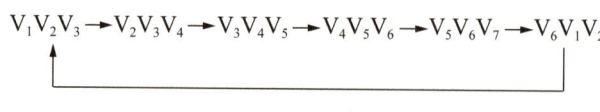

图 4-3 180°导通运行模式

4.1.1.3 输出相电压特点

由于电压型逆变器的直流侧采用大容量的电容器进行储能、滤波与稳压,所以直流侧电压可以近似地认为恒定(有时在电容器前端串联一只电感器加强滤波并限制直流侧电流的变化率)。从交流侧负载看,逆变器的内阻很小,相当于电压源。

以 A 相为例分析 180°导通模式下逆变器的输出电压特性。当 V_1 接收到门极开通信号后,如果 A 相电流如图 4-1 所示,那么 V_1 导通、VD_1 关断,A 相输出电位为逆变器正端

P 点电位(忽略开关器件的导通压降);如果 A 相电流如图中箭头所示的反向电流时,那么 V_1 关断、VD_1 导通,A 相输出电位仍是逆变器正端 P 点的电位。反之,如果 V_1 关断、V_4 导通,那么无论 A 相电流的实际方向如何,A 相输出的电位总是逆变器负端 N 的电位。

以 N 点电位为参考电位,那么 A 相输出电压为 U_d 或者 0,即逆变器的输出电压被箝位为矩形波,与负载性质无关。如果以图中的 P 点为参考点,那么 A 相输出电压为 $-U_d/2$ 或者 $U_d/2$。

正因为图 4-1 所示的电压型逆变器的一相输出电压只有两个选择,所以称之为两电平(two level)电压型逆变器。如果逆变器输出的一相电压可以有更多选择,则称为多电平(multi level)电压型逆变器。当然后者结构会更加复杂,但是其在输出波形正弦度、电磁兼容性能、逆变器的适用电压等级等方面有更大的优势。

针对工作在 180°导通模式(电压型逆变器通常的工作模式)下的两电平电压型逆变器来说,一相电路的输出电压只有两种情况(忽略死区影响),它与对应的 x (x 表示 A、B、C 中一个)相电路的具体工作状态见表 4-1。

表 4-1 开关信号与 x 相电路工作状态

S_x	上桥臂开关信号	下桥臂开关信号	该相输出电压
1	1	0	U_d
0	0	1	0

在永磁同步电动机变频调速系统中,当电动机工作在不同速度及负载情况下,电动机定子端电压的需求都是不同的,这就要求向电动机供电的电压型逆变器具有输出电压的调节功能。当三相电压型逆变器工作在方波模式下,其输出的基波电压幅值是不能调节的。为解决该问题,各种脉冲宽度调制(pulse width modulation,PWM)技术被提出。各种 PWM 技术有着各自的特点,所以在实际应用中,应该针对具体系统的特点选择最合适的 PWM 技术。以城轨交通地铁列车牵引用电压型逆变器为例,在列车从零速到最高速度范围内,通常情况下,需要综合采用异步调制技术、分段同步调制技术、特定次谐波消去技术等,最后为了提供最高端电压,选择方波模式作为工作模式。后几节重点介绍正弦 PWM (sinusoidal PWM,SPWM)、空间矢量 SVPWM (space vector PWM,SVPWM)、电流滞环 PWM (current hysteresis band PWM,CHBPWM)三种 PWM 技术。

4.1.2 SPWM 技术

SPWM 技术以正弦电压作为电压型逆变器期望输出波形,以频率比正弦波高得多的等腰三角波作为载波(carrier wave)(图 4-4 中的 u_t),并用频率和期望输出频率相同的正弦波作为调制波(modulation wave)(图 4-4 中的 u_{rA}、u_{rB}、u_{rC})。调制波与载波相交时会产生一系列的交会点,由这些交点确定逆变器开关器件的通断时刻(正弦波大于三角波时,上桥臂的主管导通,下管关断;反之则主管关断、下管导通),从而可以获得在正弦调制波半个周期内呈现两边窄中间宽的一系列等幅不等宽的矩形波,如图 4-4 中的 u_{AN}、u_{BN}、u_{CN} 所示。图 4-4 中的 u_{AB} 给出了输出线电压波形,正负脉冲的幅值均为直流侧电压。

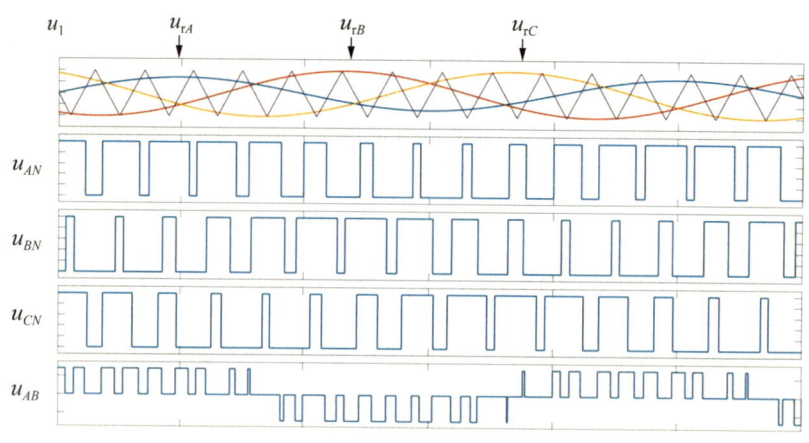

图4-4 三相SPWM正弦脉宽调制原理示意图

4.1.2.1 载波与调制比

在SPWM中，三角载波频率f_c与正弦调制信号频率f_r的比值N称为载波比，$N=f_c/f_r$，根据N的变化情况可以将SPWM调制方式分为异步调制和同步调制。

(1) 异步调制($N\neq$常数)

随着正弦调制信号频率f_r的改变，N不是一个常数的调制方式称为异步调制。通常情况是f_c保持不变，这样可以充分利用主管的开关频率。此时在正弦调制波的半周期内，PWM波形的脉冲个数不固定，相位也不固定，正负半周期内的脉冲不对称，输出电压中的谐波分量会增加，但是如果N足够大，那么谐波分量较小，所以在较低f_r时异步调制技术使用较多。

(2) 同步调制($N=$常数)

随着调制信号频率f_r的改变，N始终是一个常数的调制方式称为同步调制。即三角载波和正弦参考波信号波始终保持同步(此时三角载波的频率会随着f_r的变化而变化)。三相SPWM中通常共用一个三角载波，且取N为3的奇数倍，这样可以使三相输出电压波形对称，且输出电压中无偶次谐波分量。基本的同步调制方式会导致在逆变器输出的正弦波频率变化时，三角载波的频率变化范围很大，对此进行改进的方

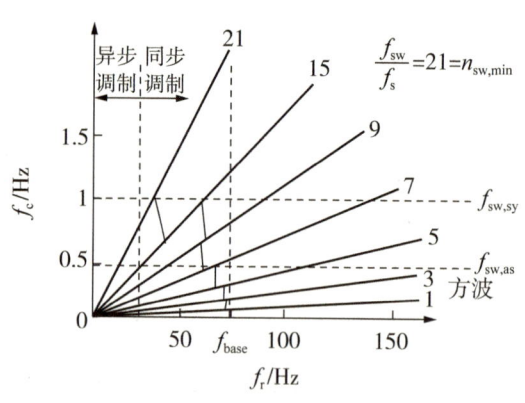

图4-5 不同频率范围内SPWM开关频率示意图

法是分段同步调制，如图4-5所示。从图中可以看出，该方法是把f_r的变化范围划分成若干个频段，每个频段内保持N恒定，不同频段的N不同。在f_r较高的频段采用较低的N，使载波频率不致过高；而在f_r较低的频段采用较高的N，使载波频率不致过低。这样可以确保三角载波的频率(即主管开关频率)始终在一个比较稳定的范围内，从而可以获

得更好的性能。

在很多应用场合中，基波频率需要从 0 变化到较高值，全速范围内的 SPWM 通常是在逆变器输出低频电压时采用异步调制方式，即保持三角载波的频率不变，在输出高频时再切换到同步调制方式，这样可以把两者的优点结合起来。图 4-5 实际上是应用于 750 V 供电城市轨道交通列车交流传动系统主牵引逆变器中 IGBT 开关频率示意图，由于主牵引逆变器容量可以达到 1 MVA，IGBT 模块的电压、电流等级较高，其开关频率限制在 1 kHz 以内（器件的开关损耗比较大，故而开关频率不能太高）。此外，在 SPWM 中，有一个重要的技术指标，即调制比 m。通常定义调制比 $m = u_m/u_{cm}$，即图 4-5 中正弦调制波形的幅值与三角载波幅值的比值。

4.1.2.2 输出电压基波幅值特点

当 $m \leqslant 1$ 时，存在规律 $u_{phm} = mU_d/2$。U_d 为直流环节电压，u_{phm} 为三相电压型逆变器输出相电压基波分量的幅值。这就是说，在控制图 4-4 中三角载波幅值为 1 的前提下，令 $u_m = m$，那么在逆变器的输出侧就可以得到幅值为 $u_{phm} = mU_d/2$ 的相电压，故 $m < 1$ 的区域称为 SPWM 技术的线性调制区域。当 $m > 1$ 时，逆变器进入非线性调制区域，逆变器的输出电压会逐渐饱和，此时不能在其输出侧得到上述与 m 成正比例的交流电压，而是比其要小。当逆变器工作在方波工况下时，交流侧可获得的最大基波电压幅值为 $u_{phm} = 2U_d/\pi$。

4.1.3 SVPWM 技术

SVPWM 源于交流电动机定子磁链跟踪的思想。以坐标变换理论为基础，通过控制电机定子电流在同步旋转坐标系中的大小和方向，达到解耦直轴和交轴分量的目的，从而实现磁场和转矩的解耦控制，使交流电机具有类似直流电机的控制性能。它易于数字控制器实现，且有输出电流波形好、直流环节电压利用率高等优点。现在不仅应用在交流电动机的控制中，而且在三相电力系统等领域中也得到了广泛的实践。

式(4-1)根据定子三相电压定义了定子电压矢量，其中引入的旋转矢量因子表示的是空间电角度，因此称该电压矢量为电压空间矢量。

$$\boldsymbol{U}_s = 2U_d[\boldsymbol{U}_A(t) + \boldsymbol{U}_B(t)\mathrm{e}^{j\frac{2\pi}{3}} + \boldsymbol{U}_C(t)\mathrm{e}^{j\frac{4\pi}{3}}]/3 \tag{4-1}$$

式中，U_d 为直流母线电压。

当定子三相电压为对称的正弦电压时，式(4-1)定义的电压矢量是一个幅值与相电压峰值相等的空间矢量。矢量端点的运动轨迹是一个圆，运动的角速度为相电压的电角频率。

前面已经给出了两电平电压型逆变器工作在 180°导通模式下三相开关信号与逆变器状态的关系，所以式(4-1)可以改写为

$$\boldsymbol{U}_s = 2U_d(S_A + S_B\mathrm{e}^{j\frac{2\pi}{3}} + S_C\mathrm{e}^{j\frac{4\pi}{3}})/3 \tag{4-2}$$

式中，S_A、S_B、S_C 为上桥臂开通状态。开关状态 1 表示导通，0 表示关断，上下桥臂不能同时导通。

从中可以看出，电压空间矢量会随 3 个开关信号 S_A、S_B、S_C 的状态发生变化。3 个开关信号总共有 8 种组合，那么相应的逆变器输出的电压矢量也只有 8 个，它们之间的关系

见表4-2。

表4-2 两电平电压型逆变器的基本电压空间矢量

电压空间矢量 U_s	U_0	U_1	U_2	U_3	U_4	U_5	U_6	U_7
开关状态 $S_A S_B S_C$	000	001	010	011	100	101	110	111

这8个电压矢量是两电平电压型逆变器固有的,因而称之为基本电压空间矢量。它们在三相静止坐标系中如图4-6所示。可以看出8个电压矢量中:U_0 与 U_7 为零电压矢量,其余6个为非零电压矢量,非零电压矢量的幅值均为 $2U_d/3$。

根据电机学原理,电压的积分是磁链,而只有幅值不变、相角连续变化的电压空间矢量才能产生理想圆形的定子磁链。这在仅能输出有限个数电压矢量的逆变器供电情况下是不可能实现的,但是通过快速、交替输出各电压矢量,从而引导定子磁链形成准圆形的轨迹是可行的,如图4-7所示,这就是SVPWM的技术思路。

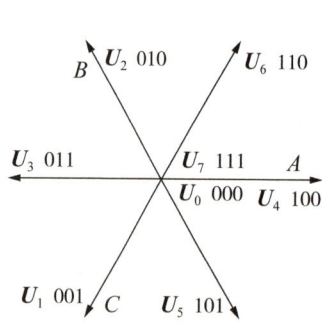

图4-6 基本电压空间矢量

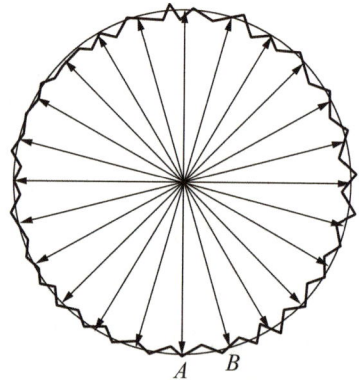

图4-7 准圆形磁链轨迹示意图

如图4-7所示,为了引导电机的定子磁链沿着图中所示的准圆形轨迹移动,电压型逆变器必须在适当的时刻切换到合适的电压空间矢量。由电机控制策略可以得到一个期望的定子电压空间矢量给定值 U_g,或者说电机的控制目标是在 t_g 时间内,控制电机定子磁链矢量的端点从点A移动到点B,接下来的具体工作就是控制电压型逆变器从8个基本电压空间矢量中做选择,以使其在 t_g 内实际输出的电压空间矢量对时间的积分与 $U_g t_g$ 相等,即定子磁链变化量相等。

通常的SVPWM算法是,首先根据 U_g 所处的空间扇区位置确定好准备输出的基本电压空间矢量,如图4-8所示,选取非零电压矢量 U_4 与 U_6,记它们各自的作用时间分别为 t_1 和 t_2,则有

$$U_4 t_1 + U_6 t_2 = U_g t_g \qquad (4-3)$$

然后根据式(4-4),可以计算出 t_1 和 t_2,式中 u_{gm} 为矢量 U_g 的幅值。

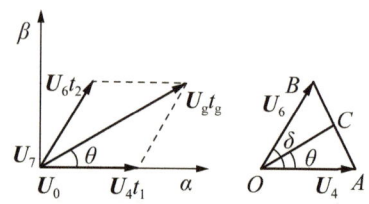

图4-8 空间矢量脉宽调制技术示意图

$$t_1 = \frac{3}{2}t_g\left(\frac{u_{gm}\cos\theta}{U_d} - \frac{1}{\sqrt{3}}\frac{u_{gm}\sin\theta}{U_d}\right)$$

$$t_2 = \sqrt{3}t_g\frac{u_{gm}\sin\theta}{U_d} \qquad (4-4)$$

一般情况下，$t_1 + t_2 \leq t_g$，那么多余的时间 t_0 就可以平均分配在两个零电压矢量 U_0 和 U_7 上（T_0 和 T_7），因为它们的作用并不会影响到逆变器输出电压矢量的积分。

$$t_0 = t_g - (t_1 + t_2)$$
$$T_0 = T_7 = t_0/2 \qquad (4-5)$$

当输出的 PWM 波形对称性比较好时，逆变器输出的电压谐波就比较少，图 4-9 给出了最常见的 SVPWM 波形。由于一个开关周期内逆变器先后输出 7 个电压矢量，故该波形称为 7 段式 SVPWM 波形。

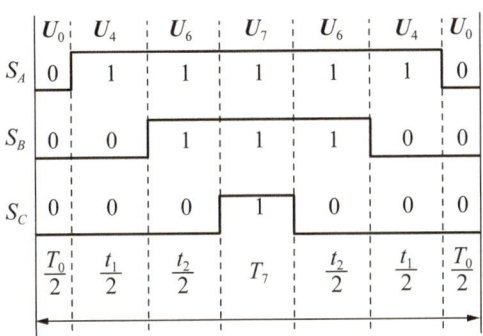

图 4-9　7 段式 SVPWM 波形

4.1.4　CHBPWM 技术

PWM 控制技术的目标是控制电压型逆变器的输出电压，如果需要控制逆变器输出交流电流，那么就需要采用电流控制型的 PWM 技术，CHBPWM 是最为典型的一种。这种技术具有电流响应速度快的特点，在需要电流快速响应的场合得到很好的应用，例如在交流电动机的矢量控制系统中就可以方便地对励磁电流和转矩电流进行控制。不过 CHBPWM 技术控制的逆变器中功率开关器件的开关频率不稳定，会给滤波器的设计带来困难；但从另一个角度上看，其噪声能量被分摊在更广阔的频率范围内。

4.1.4.1　CHBPWM 技术原理

单相电流 CHBPWM 控制系统的给定电流与反馈电流 i_a，经过滞环控制（hysteresis band controller，HBC）的作用后得到两个相反的开关信号，分别控制单相半桥电路的 VT_1、VT_4 两个开关器件。滞环控制器的环宽为 $2h$，运行时将给定电流与实际电流进行比较，当电流偏差 Δi_a 超过 $\pm h$ 时，滞环控制器的控制信号就会发生变化，否则开关信号将会保持不变。具体来说，如图 4-10 所示，当电流误差 Δi_a 低于 $-h$，即需要增加实际的负载电流时，VT_1 的开关信号变为 1，VT_4 的开关信号变为 0，那么式(4-6)成立(忽略开关器件的压降)。式中的 E_a 为负载侧的反电动势(设置为恒定的 150 V)，L 为负载电感(1 mH)，R 为负载侧的等效电阻(包括电路电阻、电感器的电阻等，设置为 0.1Ω)，U_d 为逆变器直流侧电压(设置为 300 V)。由于 R 很小，所以从式(4-6)可以看出，电感电流(即负载电流)的导数为正，即电流会逐渐增加。当负载电流值增大到与给定电流相等时，HBC 仍保持输出不变，因而会使负载电流继续增大。

$$L\frac{di_a}{dt} = U_d - E_a - Ri_a = 150 - Ri_a \tag{4-6}$$

当电流误差 Δi_a 超过 h，即需要减小负载电流时，VT_1 的开关信号变为 0，VT_4 的开关信号变为 1，那么式(4-7)成立。从式中可以看出，电感电流的导数为负值，即电流会逐渐减小。当负载电流值减小到与给定电流相等时，HBC 仍保持输出不变，因而会使负载电流继续减小。

$$L\frac{di_a}{dt} = -E_a - Ri_a = -150 - Ri_a \tag{4-7}$$

随后不断重复上述两种工况，HBC 控制逆变器的输出负载电流紧随给定电流。图 4-10 中所示的是由 CHBPWM 控制的典型的电流波形与电压波 PWM 波形，其给定的电流是正弦电流，如果给定电流是一个恒定的直流电流，CHBPWM 技术同样适用。

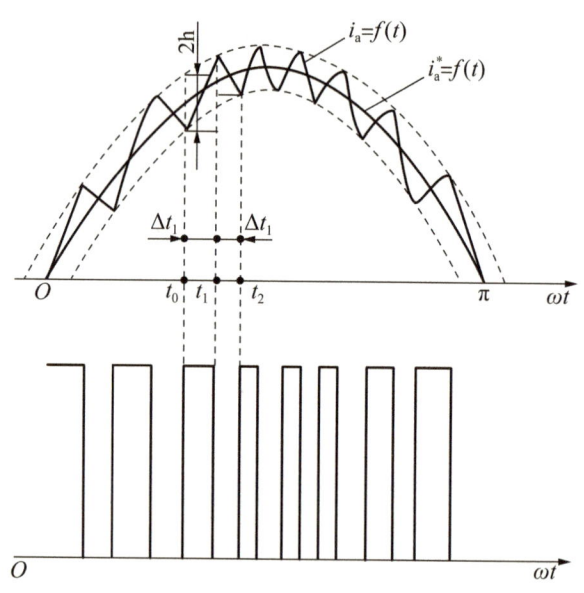

图 4-10 CHBPWM 控制方法中典型的电流波形与电压 PWM 波形图

4.1.4.2 CHBPWM 技术特点

因为采用了 HBC 非线性控制器，所以 CHBPWM 技术控制的电流响应速度最快，并且该技术易于实现(特别是模拟控制电路)，总结其特点如下：

① 电流的上升和下降分别遵循式(4-6)和式(4-7)的规律，即指数形式的变化规律，如果开关频率足够高，在短时间内观察的电流近似线性变化。

② 电流跟踪控制的精度与滞环的宽度 h 有直接关系，但是由于实际的控制系统以及开关器件存在响应延迟，电流跟踪误差往往会大于 h。

③ 在较大功率的应用场合，开关器件的开关频率受到限制，h 不能设置得太小。当环宽选得较大时，开关频率低，但电流波形失真较多，电流谐波分量高；如果环宽小，电流跟踪性能好，但开关频率却增大了。

④ 虽然实际电流围绕给定电流上下波动，但实际电流的电流值与给定电流并不相等。

此外，从式(4-6)和式(4-7)可以看出，电流的导数受到多个因素的影响，从而导致在不同情况下，电流的实际控制效果会有不同。分析如下：

① 显然，实际电流控制效果与反电动势 E 直接相关，如果负载没有反电动势特性，那么就不能控制负载电流为负值；不同的反电动势大小，电流增加与减小的速度不同。可以设想如果是电动机反电动势负载，当电动机运行速度较低时，反电动势较小，那么电流增加较快而减小较慢，控制相电流为负值可能有困难；当电动机工作在较高速度时，反电动势较大，那么控制相电流为正值就会有困难。这一点与电压型 PWM 技术原理上是一致的，所以电压型 PWM 技术也会要求有较高的直流电压利用率。

② 提高直流母线电压 U_d 显然可以增加正值负载电流的控制效果，但是如果实际的系统并不需要较大的 U_d，那么就会导致电流增加过快；如果控制系统延迟较多，则实际电流会超过电流上限值较多。

③ 电感 L 较大时，电流导数的绝对值就更小，因而电流变化更加缓慢，有利于平滑负载电流。但是当系统需要较快的电流响应时，较大的电感则会成为阻碍。

④ 电阻 R 一般比较小，其影响不大。但是在电流控制的极限情况下（例如反电动势非常大，或者负载电流非常大），其压降也会影响到实际控制效果。在小功率负载中，R 相对较大一些，其压降也会影响电流的控制效果。

⑤ 正因为影响电流上升与下降的因素太多，所以 CHBPWM 控制的逆变器开关频率并不固定。如果系统需要加装滤波器进行滤波，则增加了设计难度，需要综合考虑实际电流的总谐波分量。

⑥ 换一个角度看，电力电子系统采用了高频开关，其谐波含量丰富，可能会在某个频段造成实际的电磁干扰(electromagnetic interference，EMI)问题。而 CHBPWM 技术中开关频率不恒定，所以谐波能量会分布在较宽的频段内，有可能会降低某些频率点的电磁发射水平。

4.2 感应电机控制方法

4.2.1 基于感应电机稳态模型的变压变频调速

感应电机只有定子绕组接电源，转子绕组是短路的，转子绕组通过电磁感应定理接收定子绕组的能量。感应电机可视为一种旋转变压器，把转子绕组等效到定子侧以后可以得到感应电机稳态T型等效电路，如图4-11所示。图中R_s和$X_{s\sigma}$分别是定子相绕组和漏抗值，X_m是三相等效励磁电抗，R_r为转子电阻，$X_{r\sigma}$为转子漏抗。

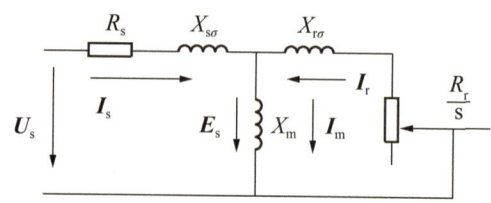

图4-11 三相感应电机T型等效电路

由于R_s和$X_{s\sigma}$都非常小，有：

$$U_s \approx E_s = 4.44 f_s N k_s \phi_m \tag{4-8}$$

式中，N为每相串联匝数；k_s为基波绕组系数；ϕ_m为气隙磁通。

在电机设计中，ϕ_m是在额定电压和额定转速下确定的，把电机的磁路均设计为接近饱和点，能使电机材料得到充分利用。在调速过程中，如果频率降低时保持E_s不变，则气隙磁通就会增大，这将引起励磁电流增加，功率因数下降，定子铁损增加，效率降低，故在实际应用中调频的同时要按比例地调压，也就是变压变频调速（VVVF），在额定转速以下时，要保持$E_s/f_s = \text{const}$（常数）。

此时，相应的电磁转矩为

$$T_e = \frac{3 p_n}{2\pi f_s} E_s^2 \frac{s R_r}{R_r^2 + (s X_{r\sigma})^2} \tag{4-9}$$

$$\omega_f = \omega_s - \omega_r$$

式中，T_e是电磁转矩；p_n是极对数；$2\pi f_s$是同步角速度。

转差率为$s = \dfrac{\omega_s - \omega_r}{\omega_s}$，两端同乘以$X_{r\sigma}$可得

$$s X_{r\sigma} = \omega_f L_{r\sigma} \tag{4-10}$$

式中，$L_{r\sigma}$为转子槽漏电感，$L_{r\sigma} = \dfrac{X_{r\sigma}}{\omega_s}$。

由于磁化电感和磁通的关系，可以得到：

$$L_m^2 = \frac{(N k_s \phi_m)^2}{2 I_m^2} \tag{4-11}$$

由此，可得电磁转矩为

$$T_e = 3 p_n I_m^2 L_m^2 \frac{R_r \omega_f}{R_r^2 + (\omega_f L_{r\sigma})^2} \tag{4-12}$$

式中，n是定子匝数；I_m是定子电流有效值；L_m是互感电感；R_r是转子电阻；ω_f是转差

角频率；$L_{r\sigma}$ 是转子槽漏电感。

保持 E_s/f_s 恒定，实质上就是保持励磁电流 I_m 不变，也就是气隙磁通中 ϕ_m 不变，此时，电磁转矩仅与转差角频率 ω_f 有关，而与定子电流频率无关。在不同供电频率下的转矩 – 转速外特性曲线的形状不变，只是沿速度轴发生平移，如图 4 – 12 所示。

令 $\dfrac{\mathrm{d}T_e}{\mathrm{d}f_s}=0$ 可得电磁转矩最大时的转差角频率 $\omega_{f\max}=\dfrac{R_r}{L_{s\sigma}}$，此时最大电磁转矩为 $T_{e\max}=\dfrac{3}{2}p_n I_m^2 \dfrac{L_m^2}{L_{s\sigma}}$，在实际控制中若保持转差角频率为恒定，可以得到恒定的电磁转矩，如图 4 – 12 虚线所示。

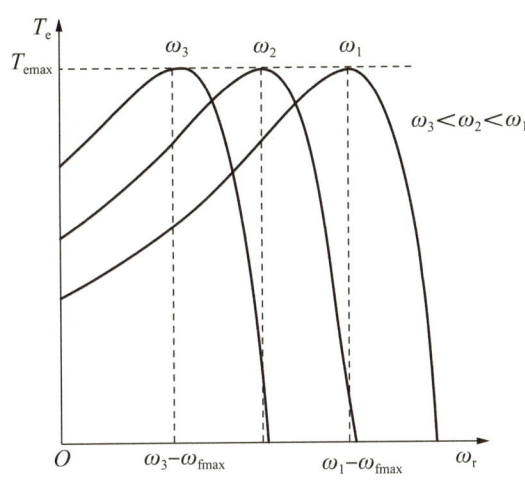

图 4 – 12　恒定 E_s/f_s 比的感应电机机械特性曲线

在额定转速以下，电机可以工作在恒转矩模式，在调速过程中，要对转差频率加以限制，以防电机转矩超过最大转矩，否则系统将不稳定。由于电机供电电压幅值有限，当电机转速超过额定转速时，电压不可能再随频率成比例增加，只能保持在最大电压附近，由 $U_s \approx E_s = 4.44 f_s N k_s \phi_m$ 可知，当 E_s 一定时，$f_s \phi_m = \mathrm{const}$（常数），电机的气隙磁通随频率的上升而降低，又由电磁转矩公式(4 – 12)可知，电磁转矩与气隙磁通的平方成正比，所以电磁转矩也随频率的上升而减小，由转矩公式(4 – 9)可推得

$$T_e f_s = \frac{3p_n}{2\pi} E_s^2 \frac{sR_r}{R_r^2 + (sX_{r\sigma})^2} \approx \mathrm{const} \tag{4 – 13}$$

转矩与频率的乘积近似为一常数，这时感应电机在近似恒功率方式下运行。综上所述，基于变压变频调速(VVVF)的感应电机外特性曲线如图 4 – 13 所示，在额定转速以下，保持电机转矩恒定；在额定转速以上，保持电机恒功率运行；在电动车驱动中，还要求恒功率区的调速范围尽可能宽。

由式(4 – 12)可知，当转差率较小时，电机电磁转矩与转差率成正比，这样就可通过控制转差率来控制转矩，这种控制方法称为转差频率控制，这种算法在异步电机控制中也经常用到。

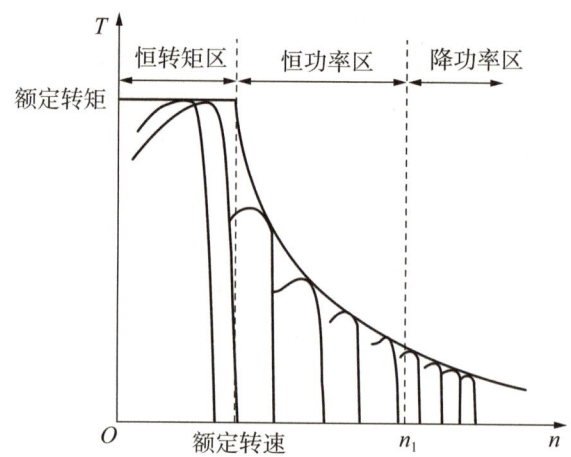

图 4-13 基于变压变频调速控制算法的感应电机外特性曲线

4.2.2 交流感应电机矢量控制方法

基于电机的稳态模型变压变频调速算法，没有考虑到电机内复杂的电磁动态变化规律，所以动态控制性能不够理想。直到 1971 年，西门子公司的 F. Blaschke 等提出了"感应电机磁场定向的控制原理"，即基于电机动态模型的矢量控制算法，彻底解决了交流感应电机控制上的动态性能差的缺点，目前高水平矢量控制变频器的性能已与直流电机相媲美。

矢量控制也称磁场定向控制，其基本思路是：模拟直流电机的控制方法进行控制，根据磁势和功率不变的原则，通过正交变换将 ABC 三相坐标下的数学模型变成 αβ 二相静止坐标系(Clark 变换)的模型，然后通过旋转变换将二相静止坐标系模型变成 dq 二相旋转坐标(Park 变换)下的模型。在 Park 变换下将定子电流矢量分解成按转子磁场定向的 2 个直流分量 i_d、i_q（其中 i_d 为励磁电流分量，i_q 为转矩电流分量），并对其分别加以控制，控制 i_d 就相当于控制磁通，而控制 i_q 就相当于控制转矩，这样就类似于直流电机的控制。Clark 变换和 Park 变换的原理前章已详细讲解，这里不再赘述。

在磁场定向的矢量控制算法中，若同步旋转坐标系的 d 轴放在转子磁场上，则称为转子磁场定向；若放在定子磁场上，则称为定子磁场定向；若放在气隙磁场上，则称为气隙磁场定向。在实际使用中主要采用的是基于转子磁场定向坐标系统，因为此时电磁转矩有最简单的形式：

$$T_e = p_n \frac{L_m^2}{L_r} i_q i_d \tag{4-14}$$

由上式可知，电磁转矩与励磁电流 i_d 和转矩电流 i_q 的乘积成正比。在额定转速以下时，保持励磁电流 i_d 为额定值，只需调节 i_q 即可改变转矩，实现恒转矩控制；在额定转速以上时，调整励磁电流 i_d 随转速 ω_r 自动调节，保持 $i_d \omega_r = \text{const}$，同时调节转矩电流 i_q，保证 $T_e \omega_r = \text{const}$，可以实现恒功弱磁控制。

图 4-14 是基于转子磁链定向的车载感应电机驱动系统控制框图，通过给定油门踏板开度来设定系统转矩的目标值，控制系统中同时实现转矩闭环和磁链闭环控制。在额定转

速以下时保持转子磁链恒定，在额定转速以上时实现恒功率控制，逆变器的调制信号用 SVPWM 来实现。

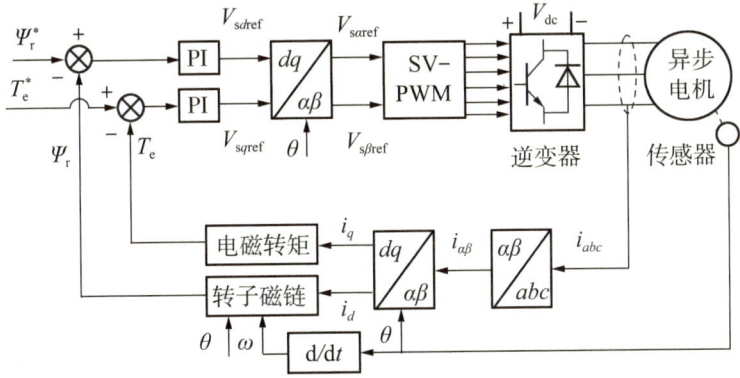

图 4-14　基于转子磁链定向的驱动系统框图

磁场定向的矢量控制算法具有优良的动态和静态特性，但是控制算法的实现十分依赖于电机的参数 R_r、R_s、L_m、$L_{s\sigma}$ 和 $L_{r\sigma}$ 等，在电机运行过程中，这些参数都是在变化的：电阻 R_r 和 R_s 随着温度的变化而变化，电感 L_m、$L_{s\sigma}$ 和 $L_{r\sigma}$ 随磁场饱和程度发生变化。这些因素都会造成转子磁链定向的失败，因此为达到高性能的控制效果，需要通过参数辨识或自适应控制算法来实现矢量控制。

4.2.3　交流感应电机的直接转矩控制方法

1985 年由德国学者 M. Depenbrock 教授首次提出了基于感应电机动态模型的直接转矩控制的理论，随后日本学者也提出了类似的控制方案，不同于矢量技术，直接转矩控制无须复杂的坐标变换，而是将转子磁通估计变更为定子磁通估计。由于定子磁通的估计只牵涉定子电阻，因而对电机参数的依赖性减弱。采用直接转矩控制方法，通过检测电机定子电压、电流，借助空间矢量理论（主要是 3/2 变换原理）来计算电机的磁链和转矩，并用滞环比较器对定子磁链与电磁转矩实施控制，分别将磁链和转矩值的脉动限制在预先设定的一定容差范围内，然后根据定子磁链幅值与电机转矩的滞环比较器输出量、定子磁链矢量空间位置形成查表所需的信息，从最优开关信号模式表中直接查出应施加的电压矢量对应的开关信号，以此来控制逆变器。直接转矩控制原理如图 4-15 所示。

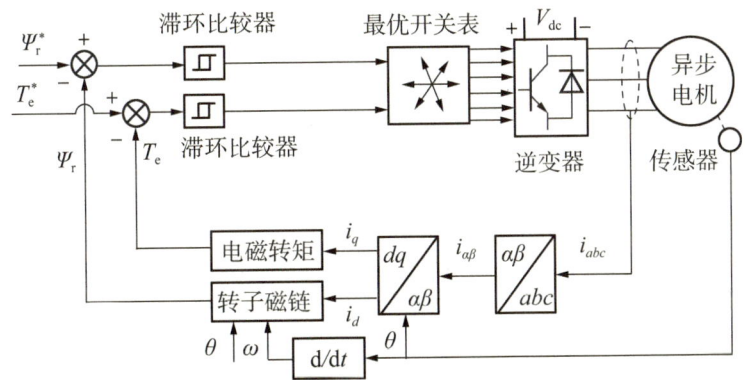

图 4-15　直接转矩控制原理示意图

直接转矩控制算法的特点是，电机模型在定子坐标系下只需 3/2 变换，观测的是定子磁链，受电机参数影响小。由于是滞环比较器控制，没有电流闭环，容易产生过流。在低速时，定子磁链是圆形，电流近似于正弦波，但是进入高速区后，电流波形已很不规则，谐波很大，电磁噪声大。如何保证转矩快速响应的同时，又能平滑电流的波形，是一个迫切需要解决的课题。

4.3 永磁同步电动机控制方法

4.3.1 永磁同步电动机矢量控制方法

4.3.1.1 PMSM 转子磁场定向矢量控制技术

根据运动学方程式可以知道，对永磁同步电动机调速系统的转速控制需要通过对永磁同步电动机电磁转矩 T_e 的控制来实现，所以电动机的转矩控制是电气调速系统的核心任务。

重新列写永磁同步电动机在 dq 转子坐标系中的转矩公式为

$$T_e = 1.5 n_p (\psi_d i_q - \psi_q i_d) = 1.5 n_p i_q [\psi_f + (L_d - L_q) i_d] = T_{e1} + T_{e2} \quad (4-15)$$

从中可以看出电动机转矩分为两个部分，其一为永磁体产生的磁链 ψ_f 与定子电流转矩分量 i_q 作用后产生的永磁转矩 T_{e1}，其二为转子的凸极结构使得定子电流励磁分量 i_d 与转矩分量 i_q 产生的磁阻转矩 T_{e2}，即

$$T_{e1} = 1.5 n_p i_q \psi_f$$
$$T_{e2} = 1.5 n_p (L_d - L_q) i_d i_q \quad (4-16)$$

这两部分转矩都与定子电流转矩分量 i_q 成正比例，即可以通过控制定子电流转矩分量的大小来控制电动机的转矩，这一电流与直流电动机的电枢电流相对应，因此永磁电动机的转矩控制可以转化为定子电流转矩分量的控制。另一方面定子电流的励磁分量 i_d 会影响电动机定子磁链的大小，可以通过它产生弱磁升速的效果，这一点与直流电动机的励磁电流类似。所以永磁同步电动机与直流电动机存在着很大的相似性。图 4-16 给出了永磁同步电动机内部结构图。

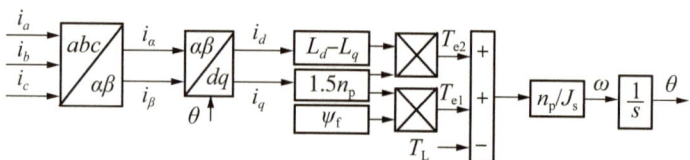

图 4-16 PMSM 内部结构图(电流解耦)

在对交流电动机的转矩进行控制时，必须以磁场的良好控制为前提。目前 PMSM 的高性能控制技术主要有磁场定向矢量控制技术(field orientation control, FOC)与直接转矩控

制技术(direct torque control, DTC),两种技术分别建立在转子磁场和定子磁场的控制基础上,针对电动机的转矩进行高性能闭环控制。永磁同步电动机磁场定向矢量控制技术的核心是在转子磁场旋转 dq 坐标系中,对电动机定子电流的励磁电流 i_d 和转矩电流 i_q 分别进行独立控制,图4-17给出了永磁同步电动机矢量控制技术原理框图。

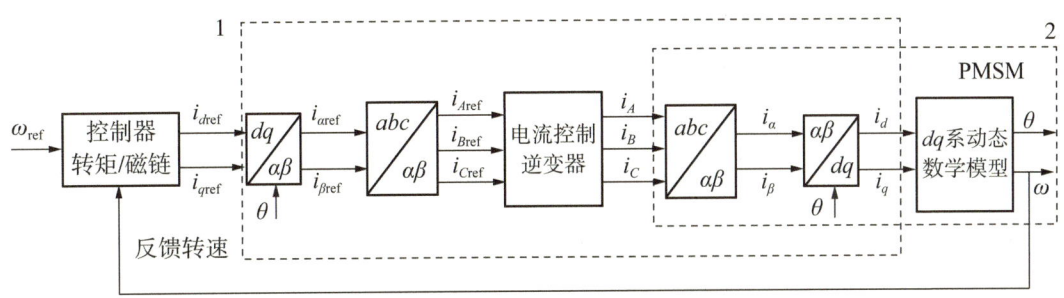

图4-17 PMSM 矢量控制技术原理图

图4-17中的控制系统需要根据调速的需求(结合给定转速与电动机的反馈转速),设定合理的电动机转矩与磁链目标值(磁链设定需要考虑电动机电压与工作转速,转矩设定需要考虑电动机的电流,两者的合理设定都需要考虑电机的实际运行环境)。结合图4-17中 PMSM 转矩与电流的关系,可以给出合理的 i_{dref} 与 i_{qref} 指令值。但这两个电流仅仅存在于 dq 坐标系电动机的数学模型中,并不能直接用来对电动机进行控制,所以需要将它们转化为三相定子坐标系中的变量。经过图4-17中的 2s/2r 旋转变换与 2/3 变换两个单元的作用后,得到了三相定子电流的指令值(i_{Aref}、i_{Bref}、i_{Cref}),采用合适的 PWM(如电流滞环 PWM)技术控制逆变器三相输出电流紧紧跟随该电流参考值。当电机三相定子电流得到很好的控制时,就可以认为 dq 旋转坐标系中的励磁电流 i_d 与转矩电流 i_q 得到了很好的控制,那么 PMSM 的磁场与电磁转矩就得到了很好的控制。

采用 dq 坐标系磁场定向矢量控制策略可以对永磁同步电动机进行高性能的控制。目前,永磁同步电动机的转子磁场定向矢量控制技术较成熟,动态、稳态性能较佳,因此得到了广泛的实际应用。

4.3.1.2 dq 坐标系电流闭环 PI 调节的 FOC 控制系统

目前,最为常见的永磁同步电动机 FOC 控制系统如图4-18所示。系统有一个转速外环,通过速度自动调节器(ASR)提供 i_q 的指令值,i_d 指令值通过其他方式提供(例如根据电动机弱磁程度)。两个电流指令值分别通过经典的 PI 调节器获得 dq 轴控制电压 U_{dref} 与 U_{qref},将电压变换到 $\alpha\beta$ 静止坐标系后采用 SVPWM 技术控制电压型逆变器向 PMSM 供电。

如图4-18所示控制系统中的电压型逆变器、SVPWM、各个坐标变换单元在前面章节已经介绍和分析过,这里着重对图中的3个 PI 调节器进行分析。

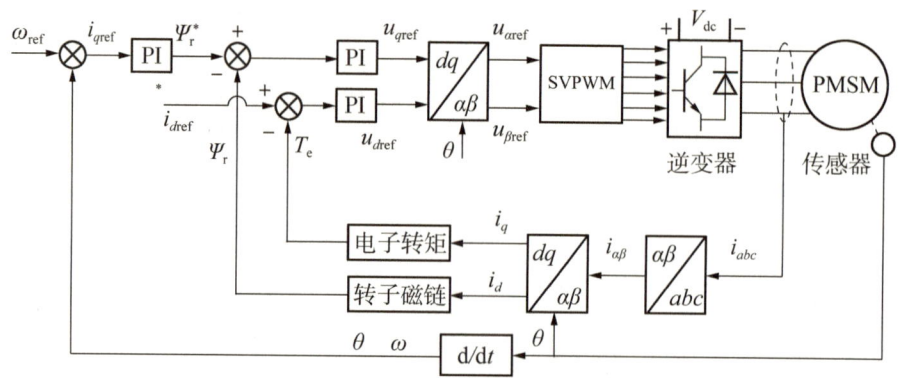

图 4-18 永磁同步电动机矢量控制系统结构图

PI 调节器的数学表达式见式(4-17)，其对数幅频特性曲线如图 4-19 所示。可以看出，在较高频段(对应了系统的快速调节过程)的放大倍数主要决定于 K_p，这是因为积分器呈现低通特性；在较低频段(对应了系统进入稳态后的缓慢调节阶段)的放大倍数与 K_i 密切相关(不同频率与 K_i 的关系程度不同)。

$$W_{P_1}(s) = K_p + \frac{K_i}{s} = K_p \frac{\tau_{s+1}}{\tau_s} \tag{4-17}$$

图 4-19 分别给出了恒定的 K_p、K_i、τ 下的 PI 调节器对数幅频特性曲线的变化情况。从中可以看出：①当 K_p 恒定时，若 K_i 增加，则时间常数减小。低频范围内响应加快，中频段有所加快，高频范围内没有明显影响。②当 K_i 恒定时，若 K_p 增加，则时间常数增加。高频范围内响应明显加快，中频段也有所加快，低频范围内没有明显影响。③当时间常数恒定时，K_p 与 K_i 同比例变化。按照时间常数对调节器参数进行调节，可以比较明确地调节系统的转折频率。

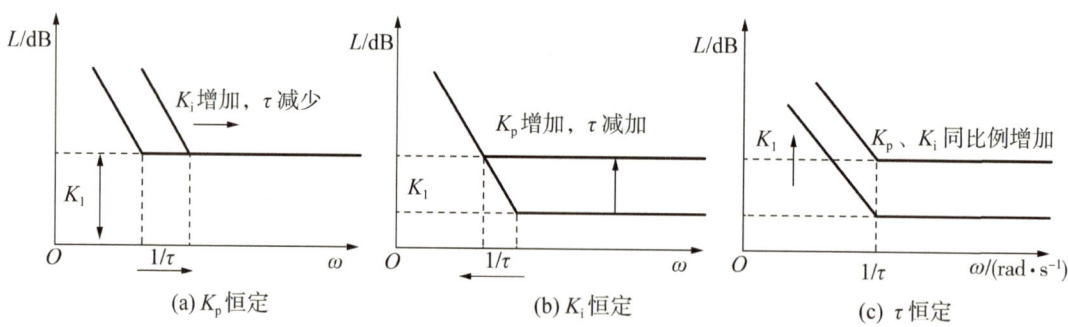

图 4-19 不同调节器参数对 PI 调节器幅频特性的影响

技术人员通常会尝试增加 K_p 来加快系统响应速度。从图 4-19 中可以看出，这将直接增大图中的 K_1 从而导致调节器幅频特性上移，明显可以增加系统的调节力度，系统的响应会因此加快；但由于高频段的特性同样会上移，所以会导致闭环系统对高频干扰的响应过于敏感，不利于系统的稳定。

换句话说，如果希望提高闭环系统对高频的响应，需要适当加大 K_p；如果希望提高闭环系统对低频的响应，可以适当加大 K_i；如果希望闭环系统对较高频率信号不敏感，可以选择适当的时间常数 τ。

以 MATLAB/SIMULINK 为例，在建立 PI 调节器仿真模型时，可以采用图 4 – 20 中两种不同的结构，根据分析与调试的方便选择其一。注意图中饱和限幅(saturation)值需要进行合理的设定。以 ASR 为例，由于通常情况下调速系统往往设计成稳态无静差，并且 ASR 的输出为 i_q 指令，所以积分器限幅与 ASR 的输出限幅应设为允许的 i_q 最大值。

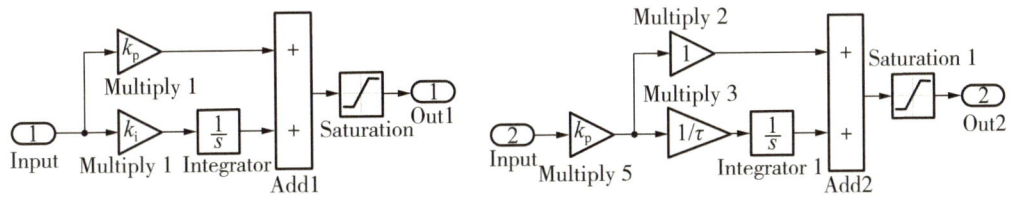

图 4 – 20 两种 PI 调节器仿真模型

下面针对图 4 – 20 的 PMSM 矢量控制系统中的 PI 调节器采用工程化设计方法进行参数设计。首先画出图 4 – 21 所示的 PMSM 矢量控制变频调速系统动态结构图，在其中加入转速滤波和电流滤波等环节，并忽略 i_d 的控制回路(假定 i_d 是恒定值)，其中的 ASR 与 ACR 都采用 PI 调节器。u_c 作为 ACR 调节器的输出，用来控制逆变器输出电压 u_q，逆变器等效为图中所示的放大系数为 K_s 的一阶惯性环节。K_{te} 表示电动机的转矩系数，见式(4 – 18)：

$$K_{te} = \frac{3}{2} n_p \psi_f \tag{4-18}$$

图 4 – 21 中的 T_m 为电动机的机械时间常数，见式(4 – 19)：

$$T_m = J \frac{2\pi}{60} \tag{4-19}$$

图 4 – 21 中的 K_e 为电动机的反电动势系数，满足式(4 – 20)：

$$K_e = \frac{2\pi}{60} n_p \psi_d \tag{4-20}$$

图 4 – 21 所示的变频调速系统动态结构图中包含了两个闭环控制，一个是转速的外环控制，另一个是电流的内环控制。对调速系统的转速、电流闭环调节器参数进行工程设计，可以遵循下述步骤：

①以工程设计方法来设计转速、电流反馈控制的调速系统的原则是先设计内环再设计外环。

②先从电流环开始，对其进行必要的变换和近似处理，然后根据电流环的控制要求确定其校正目标。

③再按照控制对象确定电流调节器的类型，按动态性能指标要求确定电流调节器的参数。

④电流环设计完成后，把电流环等效成转速环(外环)中的一个环节，再用同样的方法设计转速环。

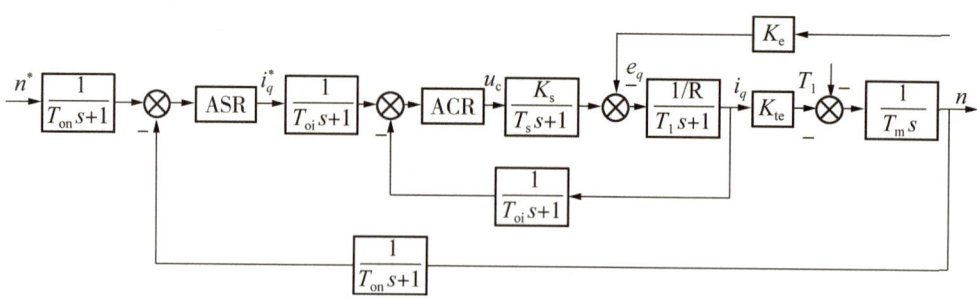

图4-21 PMSM矢量控制变频调速系统动态结构框图

(1) 电流调节器设计

从图4-21中可以看出,电动机反电动势与电流反馈的作用相互交叉,给设计工作带来麻烦。但是实际的电动机调速系统中由于较大的机械惯性,转速的变化往往比电流变化慢得多,对电流环来说,反电动势是一个变化较慢的扰动,在按动态性能设计电流环时,可以暂不考虑反电动势变化的动态影响。

图4-22给出了忽略q轴电动机反电动势作用后的电流调节内环的结构图。忽略反电动势对电流环作用的近似条件是

$$\omega_{ci} \geq 3\sqrt{\frac{1}{T_m T_1}} \qquad (4-21)$$

式中,ω_{ci}是电流环开环频率特性的截止频率。

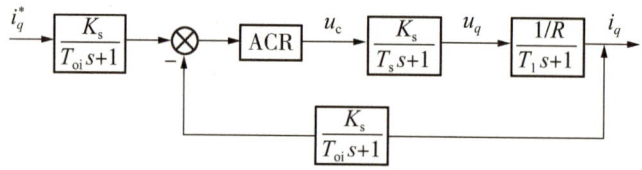

图4-22 忽略反电动势后的电流调节内环结构图

将图4-22进行等效变换,得到图4-23所示的结构图。图中除了ACR调节器外,还有3个惯性环节,可以当作小惯性环节近似处理成图4-24所示的结构图。需要注意的是,近似处理需要满足式(4-22)。

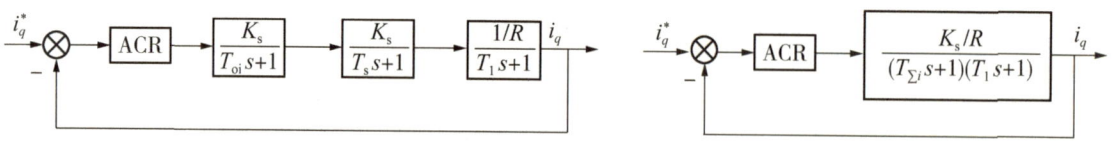

图4-23 等效后的电流调节内环结构图   图4-24 近似处理后的电流环结构图

$$\omega_{ci} \leq \frac{1}{3}\sqrt{\frac{1}{T_{oi} T_s}} \qquad (4-22)$$

在电流环的设计中,一般希望稳态情况下电流调节无静差,并且能够较好地跟随电流指令值。在强调跟随性能的前提下可以把电流环设计成如图4-25所示的典型Ⅰ型系统。

对比图 4-25 与图 4-24 可知，电流调节器可以采用 PI 调节器，其传递函数为

$$W_{\text{ACR}}(s) = K_{\text{pACR}} \frac{\tau_{\text{ACR}} s + 1}{\tau_{\text{ACR}} s} \quad (4-23)$$

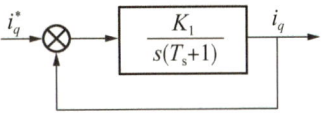

图 4-25 典型 I 型系统结构图

因为 $T_1 \gg T_{\Sigma i}$，所以选择 $\tau_{\text{ACR}} = T_1$，可以用 PI 调节器的零点校区控制对象中较大时间常数对应的极点，一般情况下电流超调量不要太大，通常选取阻尼系数为 0.707，此时图 4-25 的系统有 $T_s = T_{\Sigma i}$，$K_1 T_{\Sigma i} = 0.5$，对比图 4-25 与图 4-24，得到：

$$K_{\text{pACR}} = \frac{K_1 \tau_{\text{ACR}} R}{K_s} \quad (4-24)$$

设计 PI 调节器参数后，电流内环的闭环传递函数为

$$W_{\text{cli}}(s) = \frac{K_1}{T_{\Sigma i} s^2 + s + K_1} = \frac{1}{\frac{T_{\Sigma i}}{K_1} s^2 + \frac{1}{K_1} s + 1} \quad (4-25)$$

采用高阶系统的降解处理方法，忽略高次项，上式可近似为

$$W_{\text{cli}}(s) = \frac{1}{\frac{1}{K_1} s + 1} \quad (4-26)$$

此时，电流控制内环结构图可以等效为如图 4-26 所示的结构图。

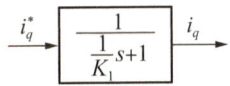

图 4-26 简化等效后的电流环

可以看出，电流的闭环控制把双惯性环节的电流环控制对象近似地等效为只有较小时间常数的一阶惯性环节，加快了电流的跟随作用，这是局部闭环（内环）控制的一个重要功能。

需要注意的是，设计电流调节器参数后，要对以下条件是否成立进行校验：忽略反电动势变化对电流环动态影响的条件式(4-21)，电流环小时间常数近似处理条件式(4-22)。

(2) 转速调节器设计

将电流环简化等效环节放入到如图 4-21 所示的系统动态结构图后，得到如图 4-27 所示的动态结构图。

将图 4-27 中的滤波环节移到前向通道上，得到如图 4-28 所示的结构图。

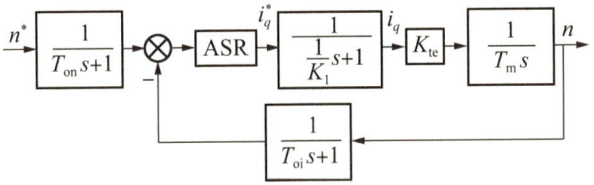

图 4-27 代入电流环简化环节的转速环结构图

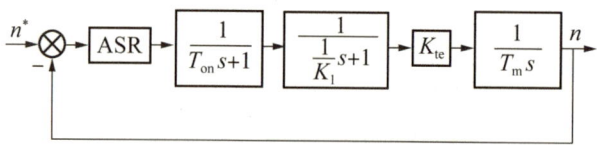

图4-28 具有单位负反馈的转速环结构图

将图4-28中两个惯性环节合并成一个,图4-28所示的系统可以近似处理成如图4-29所示的系统,其中:

$$T_{\Sigma n} = T_{on} + \frac{1}{K_1} \tag{4-27}$$

在转速环的设计中,一般希望稳态情况下转速调节无静差,并且具有较好的抗干扰能力,因此可以将转速环设计成典型Ⅱ型系统,图4-30给出了典型Ⅱ型系统的动态结构图。

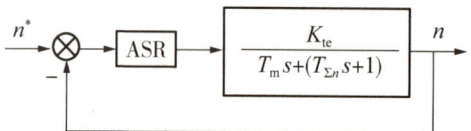 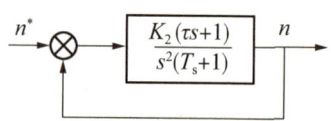

图4-29 近似处理后的转速环结构图　　　图4-30 典型Ⅱ型系统动态结构图

对比图4-30与图4-29可知,ASR转速调节器可以采用PI调节器,其传递函数如下:

$$W_{ASR}(s) = K_{pASR} \frac{\tau_{ASR} s + 1}{\tau_{ASR} s} \tag{4-28}$$

图4-30中系统参数如下:

$$K_2 = \frac{K_{pASR} K_{te}}{\tau_{ASR} T_m} \tau = \tau_{ASR}, T_s = T_{\Sigma n} \tag{4-29}$$

通常情况下,针对Ⅱ型的转速环,综合考虑跟随性能指标与抗扰性能指标,可以选取中频宽$h=5$,即

$$h = \frac{\tau_{ASR}}{T_{\Sigma n}} = 5 \tag{4-30}$$

计算出ASR的时间常数,根据"振荡指标法"中闭环幅频特性峰值最小准则,可以得出下式:

$$K_2 = \frac{h+1}{2h^2 T^2} \tag{4-31}$$

从而可以计算出ASR的比例系数K_{pASR}:

$$K_{pASR} = \frac{\tau_{ASR} T_m (h+1)}{2h^2 T_{\Sigma n}^2 K_{te}} \tag{4-32}$$

需要注意的是,设计转速调节器参数后,要对以下条件是否成立进行校验:电流环简化条件、转速环小时间常数近似处理条件。

图 4-31 将电流内环与转速外环的开环对数幅频特性进行了比较,可以发现外环的响应要比内环更慢,这是设计多环控制系统的特点。需要注意的是,两个闭环控制的剪切频率要有一定的间隔以避免两个闭环调节相互影响。

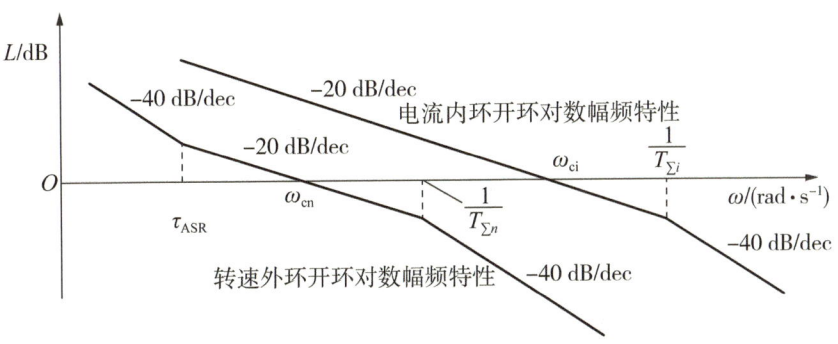

图 4-31 电流内环、转速外环开环对数幅频特性的比较

4.3.1.3 弱磁控制

上述控制下的逆变器输出电压会受到直流母线电压的限制,在稳态情况下,电机定子电压矢量的幅值 u_s 直接与电角频率 ω 有关,若想继续提高电机的运行速度,需要进行弱磁控制。

正弦稳态下,基于 3.5 节的相关数学模型,重写 dq 坐标系下的电压分量方程为

$$u_d = R_1 i_d + p\psi_d - \omega\psi_q$$
$$u_q = R_1 i_q + p\psi_q + \omega\psi_d \tag{4-33}$$

其中,定子磁链方程如下:

$$\psi_d = \psi_f + L_d i_d$$
$$\psi_q = L_q i_q \tag{4-34}$$

且有

$$u_d^2 + u_q^2 = u_s^2 \tag{4-35}$$

当电动机在高速运行时,电阻压降可忽略不计,可以推出:

$$u_s^2 = (\omega\psi_f + \omega L_d i_d)^2 + (\omega L_q i_q)^2 \tag{4-36}$$

由于直流母线电压限值,应有

$$u_s^2 \leq u_{smax}^2 \tag{4-37}$$

其中,u_{smax} 为允许达到的极限值。为便于分析,将上述方程转换为标幺值形式,即有:

$$(e_0 + x_d i_d)^2 + (\rho x_q i_q)^2 = \left(\frac{u_s}{\omega_r}\right)^2 \tag{4-38}$$

式中,$i_d(i_q)$ 和 ω_r 的基值为额定值 i_n 和 ω_n;$e_0 = \frac{\omega_n \psi_f}{u_{sn}}$;$x_q = \frac{\omega_n L_d i_n}{u_{sn}}$;$x_d = \frac{\omega_n L_q i_n}{u_{sn}}$;$\rho$ 为凸极系数,对于面装式 PMSM,$\rho = 1$,对于插入式和内装式 PMSM,$\rho > 1$。

定子电压 u_s 要受逆变器电压极限 u_{smax} 的制约,于是有电压极限圆方程:

$$(e_0 + x_d i_d)^2 + (\rho x_q i_q)^2 = \left(\frac{u_{\text{smax}}}{\omega_r}\right)^2 \tag{4-39}$$

逆变器输出电流的能力也要受其容量的限制，定子电流也有一个极限值，于是有电流极限圆方程：

$$i_d^2 + i_q^2 \leq i_{\text{smax}}^2 \tag{4-40}$$

从式(4-40)及图4-32中可以看出，电压极限椭圆的两轴长度与速度成反比，随着速度的增大便形成了逐渐变小的一簇套装椭圆。因为定子电流矢量既要满足电流极限方程，又要满足电压极限方程，所以定子电流矢量 i_s 一定要落在电流极限圆和电压极限椭圆内。例如，当 $\omega_r = \omega_{r1}$ 时，i_s 要被限制在 ABCDEF 范围内。

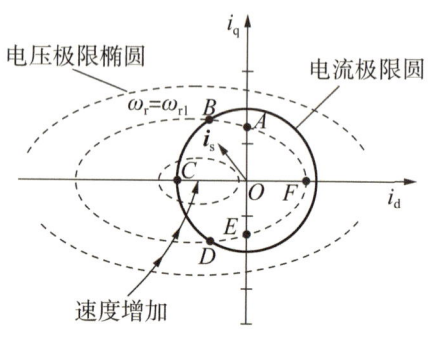

图4-32 电流极限圆和电压极限圆

图4-33不仅给出了电压极限椭圆和电流极限圆，同时还给出了最大转矩/电流比轨迹。对于面装式 PMSM，该轨迹即为 q 轴；对于插入式和内装式 PMSM，两轨迹与电流极限圆各相交于 A_1 点。落在电流极限圆内的轨迹为 OA_1 线段，这表示电动机可在此段轨迹内的每一点上做恒转矩运行，而与通过该点的电压极限椭圆对应的速度就是电动机可以达到的最高速度。恒转矩值愈高，电压极限椭圆的两轴半径越大，可达到的最高速度越低。其中，A_1 点与最大转矩输出对应。通过 A_1 点的电压极限椭圆对应的速度为转折速度 ω_{rt}，如图4-34所示。若以标幺值表示，则有

$$\omega_{rt} = \frac{|u_s|_{\max}}{\sqrt{(e_0 + x_d i_d)^2 + (\rho x_d i_q)^2}} \tag{4-41}$$

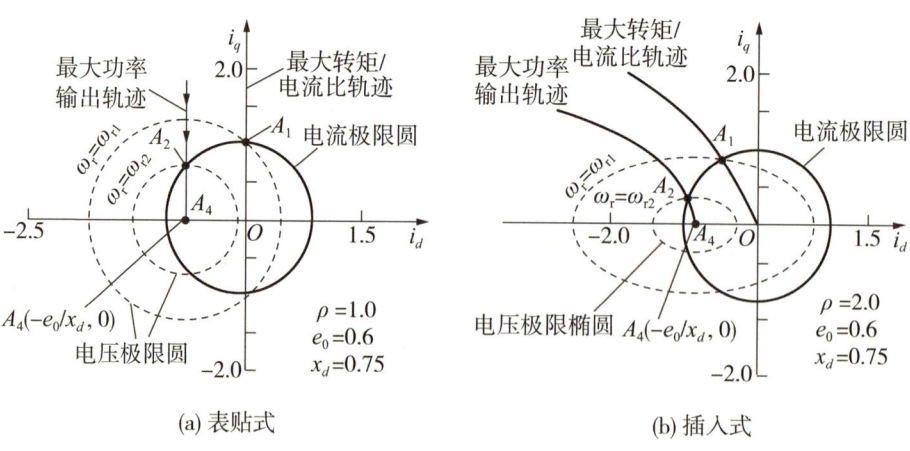

图4-33 弱磁控制及定子电流最优控制

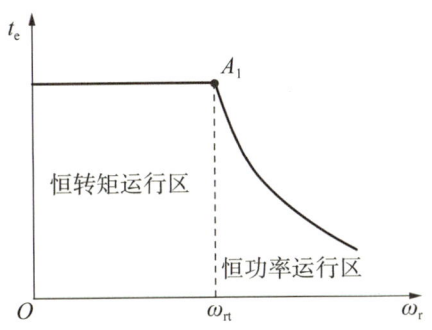

图 4-34 恒转矩与恒功率运行

当 PMSM 转速达到转折速度时，逆变器提供的电压值达到了它可以提供的上限，此时电流控制环就失去了控制电流跟踪指令电流的能力。在这种情况下，电流矢量 i_s 会脱离 A_1 点而失稳。如果在 A_1 点能够控制交轴分量 i_q 逐渐减小，直轴分量 i_d 逐渐增大，将会迫使定子电流向左摆动。由式（4-40）可知，这都会使定子电压 u_s 减小，于是 $u_s < u_{smax}$，使调节器脱离饱和状态，系统就可恢复对定子电流的控制功能。随着 i_d 的逐渐增大和 i_q 的逐渐减小，转子的速度范围便会得到逐步扩展。

之所以会产生扩速的效果，主要是因为反向直轴电流产生的磁动势会对永磁体产生去磁作用，减弱了直轴磁场，所以将这一过程称为弱磁。在弱磁过程中，对 i_d 和 i_q 的控制称为弱磁控制。

如果在弱磁控制中，仍保持定子电流为额定值，那么定子电流矢量 i_s 的轨迹将会由 A_1 点沿着圆周逐步移向 A_2 点。当定子电流全部为直轴去磁电流，达到弱磁扩速的上限，由式（4-41）可得：

$$\omega_{rmax} = \frac{|u_s|_{max}}{e_0 + x_d i_d} \tag{4-42}$$

一种极限情况是，当 $e_0 + x_d i_d = 0$ 时，电动机速度会增至无限大，此运行点即为图 4-33 中电压极限椭圆的原点 A_4，其坐标为 $(-e_0/x_d, 0)$。但这种情况一般是不会发生的，因为受到电压极限圆的限制，i_d 不可能过大，即使逆变器可以提供较大的弱磁电流，还要考虑弱磁作用过大，可能会造成永磁体的不可退磁。与三相感应电动机相比，弱磁能力有限，扩速范围受到限制，这是 PMSM 的一个不足。

4.3.2 永磁同步电动机直接转矩控制方法

4.3.2.1 直接转矩控制原理

不同于矢量控制技术，直接转矩控制（DTC）利用滞环控制（Bang-Bang 控制）产生 PWM 信号，对逆变器的开关状态进行最佳控制，从而获得转矩的高动态性能。如图 4-35 所示，变频调速系统利用转矩闭环直接控制电动机的电磁转矩，因而得名"直接转矩控制"。经典的直接转矩控制是在定子静止坐标系中针对电动机的定子磁链和电磁转矩实施独立控制，通过在适当的时刻选择优化的电压空间矢量（通过查询电压矢量表获得）去控制电压型逆变器来实现两者近似解耦的控制效果。为配合该控制方法，定子磁链与电动机转矩的两个调节器不再选用 PI 调节器，而是采用具有继电器特性的滞环比较器。控制系统具有较强的非线性特征，但系统的响应非常快速，可以充分发挥电压型逆变器的开关能力。

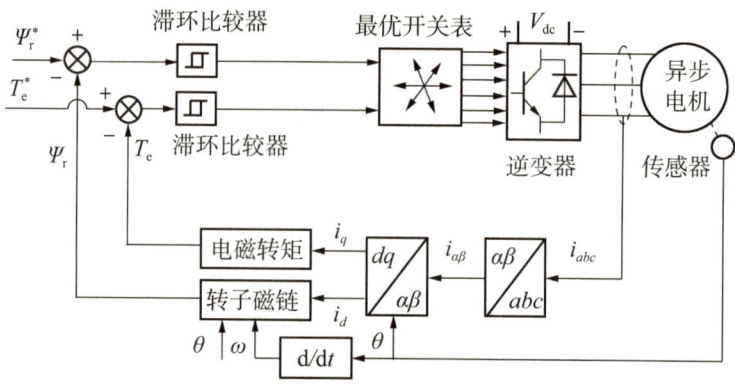

图4-35 永磁同步电动机直接转矩控制原理图

（1）定子磁链控制原理

永磁同步电机在静止坐标系的定子电压矢量方程式为

$$u_1^{2s} = R_1 \cdot i_1^{2s} + p\psi_1^{2s} \tag{4-43}$$

忽略定子电阻的压降，略去右上角的坐标系符号，那么定子磁链矢量可以化简为

$$\Psi_1 = \int_{t_0}^{t_1} u_1 dt + \Psi_1(t_0) \tag{4-44}$$

式（4-44）表明，当输入电压为零矢量，即 $u_1 = 0$ 时，定子磁链矢量保持 $\Psi_1(t_0) = \Psi_1(t_1)$ 不变；如果 u_1 是一个非零矢量，那么定子磁链矢量将在原有 $\Psi_1(t_0)$ 基础上，沿着与输入电压矢量 u_1 平行的方向，并以正比于 u_1 幅值的线速度移动。所以在不同时刻，通过选择适当的电压矢量，就可以按照预定的规律（轨迹）对定子磁链进行有效的控制，从而获得旋转的定子磁场。

PMSM变频调速系统中的两电平电压型逆变器输出的基本电压空间矢量在前面已经分析过，如图4-36a所示。显然图4-35中逆变器可以输出到电动机定子端部的电压空间矢量仅仅有8个，不仅数量有限，并且8个电压矢量的幅值和方向也都是固定不变的。

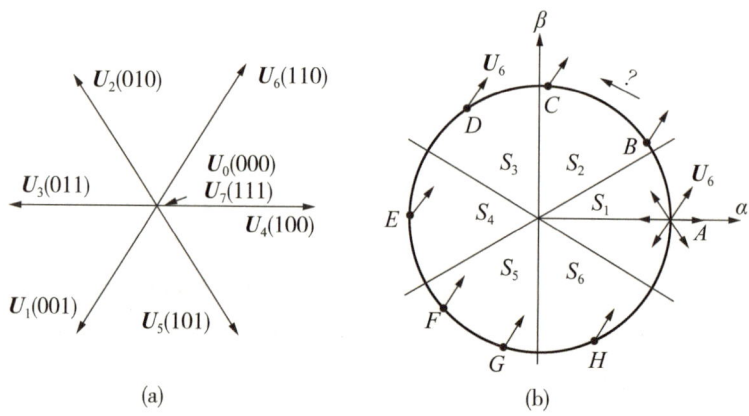

图4-36 两电平电压型逆变器输出的基本电压矢量与空间扇区的划分

零电压矢量使定子磁链的幅值保持不变,但考虑到定子电阻压降以后,定子磁链的幅值还是会逐渐减小的(相当于电路的零输入响应)。非零电压矢量对定子磁链圆轨迹的控制作用会因定子磁链所处位置不同而变化,下面以 U_6 矢量为例进行讨论。

首先把两相静止坐标平面 360°空间均匀划分为 6 个扇区(sector),每个扇区为 60°,如图 4-36b 中的 $S_1 \sim S_6$。以定子磁链空间矢量逆时针旋转为正方向,当矢量端点处于图中 A 点时,在 U_6 的作用下,定子磁链矢量端点将会向右上角的圆外移动,显然该电压矢量能够使定子磁链幅值增加,同时也使其相角较快地增大。

当定子磁链分别位于图中 A、B、C、D、E、F、G、H 时,U_6 对定子磁链矢量的作用规律见表 4-3。

表 4-3 不同位置的定子磁链受电压矢量 U_6 的影响

位置	A	B	C	D	E	F	G	H
定子磁链幅值	↑	↑↑	↑↑	↑	↓	↓↓	↓↓	↓
定子磁链相角	↑	~↑	~↓	↓	↓	~↓	~↑	↑

注:符号的含义为 ↑↑迅速地增加,↑较快增加,~↑略有增加,↓↓迅速地减小,↓较快地减小,~↓略有减小。

从表 4-3 可以知道:当定子磁链矢量处于不同位置时,即便是同一个电压空间矢量,它对定子磁链的调节作用也是不相同的,因此将整个空间划分为 6 个扇区是必要的。考虑到 6 个非零电压矢量,情况就更加复杂了。S_1 内各电压矢量对定子磁链矢量的作用见表 4-4,其余类推。

表 4-4 扇区 S_1 内各电压矢量对定子磁链的影响

位置	A	B	C	D	E	F
定子磁链幅值	↓	↓	↓↓	↑↑	↑	↑
定子磁链相角	↓	↑	几乎不变	几乎不变	↓	↑

表 4-3 与表 4-4 中电压矢量对定子磁链幅值的影响可用于定子磁链的闭环自调节,而相角的增加或减小则与电动机的转矩调节相关。

综上所述,要对定子磁链的幅值进行控制,只需要知道它当前所在的扇区以及磁链幅值控制目标(增大还是减小)即可。图 4-37 给出了采用 DTC 控制的电动机定子磁链的近似圆。

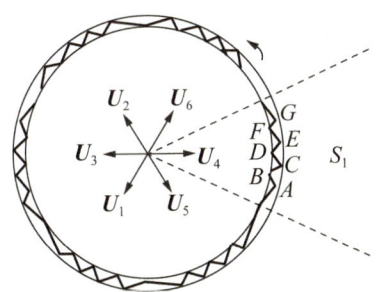

图 4-37 电压空间矢量对磁链轨迹的控制作用仿真图

4.3.2.2 转矩控制原理

电动机转矩与定子磁链、转子磁链之间的关系为

$$T_e = \frac{3}{2}\frac{n_p}{L_d}|\Psi_1||\Psi_f|\sin\theta_{sr} + \frac{3n_p}{4}\frac{1-\rho}{L_q}|\Psi_1|^2\sin2\theta_{sr} \quad (4-45)$$

式中，$|\Psi_1|$ 是定子磁链的幅值；θ_{sr} 是定子磁场超前转子磁场的电角度。

在直接转矩控制中，定子磁链幅值一般保持不变，而 $|\Psi_1|$ 是常数，所以当定子、转子磁链之间的夹角 θ_{sr} 保持在合适的范围内时，电动机的电磁转矩是可以通过改变该夹角来控制。由于采用合适的电压空间矢量可以快速地对该夹角进行调节，因此通过选择合适的电压空间矢量，直接转矩控制技术就可以实现对电动机转矩的有效控制。

需要指出的是，如果根据式(4-45)严格按照"需要增加转矩就增加夹角 θ_{sr}"的原则实施控制，那么就必须将 θ_{sr} 控制在一个合适的范围内。否则，当该角度超出某个范围时，增加 θ_{sr} 反而可能会导致电动机的转矩减小。

另外，如同交流异步电动机的直接转矩控制原理，在基频以下可以采用在非零电压矢量中插入零电压矢量的方法来改变定子磁链瞬时旋转角速度，进而调节转矩。但是在基频以上的时候，由于定子电压引起的定子磁链矢量旋转的速度相对转子速度不够大，那么就不能依靠该方法调节夹角 θ_{sr}，此时可以通过弱磁的方式对转矩实施控制。

4.3.3 永磁同步电动机其他控制算法

对于矢量控制策略，速度控制目前普遍采用 PI 双闭环结构，对位置精度要求较高的场合则采用 PI 三闭环结构。为了避免超调和振荡的产生，带宽往往受到限制；如果快速增加带宽，则控制易受到外部扰动以及面临参数变化带来的影响。

直接转矩控制策略虽然动态响应比 PI 控制快，但是转矩脉动也随即而来。此外，带积分环节的磁链电压模型在低速时的适用性值得商榷，导致直接转矩控制在低速时控制性能不佳。此外，电动机运行一段时间之后，电机的温度升高，定子电阻的阻值发生变化，使定子磁链的估计精度降低，导致电磁转矩出现较大的脉动。

为了进一步提高同步电机的控制性能，一些先进的控制算法被提出，例如，模型预测控制[27-32]、滑模控制[33,34]、模糊控制[35,36]以及神经网络控制[37,38]等。此外，在基于模型预测控制以及直接转矩控制算法中，对于电机参数的准确性提出了较高的要求，通常需要对电机参数进行辨识，以提高控制效果。

电机参数辨识有离线辨识和在线辨识两种方式。离线参数辨识是在电机运行之前对电机施加某种形式的激励，例如阶跃、脉冲、正弦等形式的电压，读取电流响应值并依据电机模型计算电机参数。离线辨识中的电压激励可以通过逆变器采用脉宽调制策略给定，也可以使用正弦电压源等供电设备给定。采用正弦电压源激励的优势是谐波含量少，可以获得更高的参数辨识精度，但由于辨识过程中需要不同频率的正弦电压激励，对电源设备的要求较高。离线辨识虽然可以获得较准确的电机参数辨识结果，但电机在运行过程中其参数会随运行工况和环境而发生变化。例如温度变化一方面会导致电机定子电阻变化，另一方面会引起铁磁材料磁导率的变化而导致定子电感和转子永磁体磁链的变化。此外，磁路饱和也会造成磁导率的非线性变化，从而也改变定子电感和转子磁链。采用离线辨识往往需要以表格形式存储大量数据以供控制器实时查询，不仅实现过程复杂，获取的数据也无

法准确反映电机的实际参数。

在线辨识则是在电机正常运行状态下对参数进行辨识,当参数发生变化时能实时获得其当前值,因此在线辨识对于提高永磁同步电动机控制系统的鲁棒性意义显著。在线获得电机参数一方面可用于在线校正电机控制器参数以达到更好的运行性能,另一方面也可用于电机运行状态的监控、故障预警等。例如通过辨识定子电阻可用于监控电机定子的温度[39,40],基于转子磁链的在线辨识则可以用来监控转子温度以及永磁体退磁故障[41]。常用的参数在线辨识算法有递推最小二乘法[42,43]、状态观测器法[44,45]、模型参考自适应法[46,47]、卡尔曼滤波器[48,49]及神经网络等智能算法[50-54]。由于篇幅所限,这里不一一介绍,可以根据相关参考文献自行了解。

4.3.4 永磁同步电机的无位置传感器磁场定向控制应用

为了进一步加深读者对永磁同步电机控制方法的了解,现以永磁同步电机的无位置传感器磁场定向控制应用为例,介绍详细控制流程。

传统的有位置传感器控制通常是在电机的尾部安装机械编码器或旋转变压器获得转子位置信息,然而,机械编码器或旋转变压器的信号易受外部环境干扰,尤其是在高温、高湿等恶劣环境下,并且机械编码器或旋转变压器与驱动器之间的线路会降低系统的可靠性。同时,机械编码器或旋转变压器的安装增加了系统的体积和成本。因此,低成本、高可靠、宽调速范围的永磁同步电机的无位置传感器控制,在家用电器、轨道交通、工业制造、航空航天等诸多领域都具有广阔的应用前景。无位置传感器控制通常是指不使用机械传感器进行速度(如测速发电机)或位置(如编码器、解析器和霍尔传感器)的逆变式交流电机的调速。

无位置传感器的矢量控制策略如图4-38所示,具体的实现步骤总结如下:

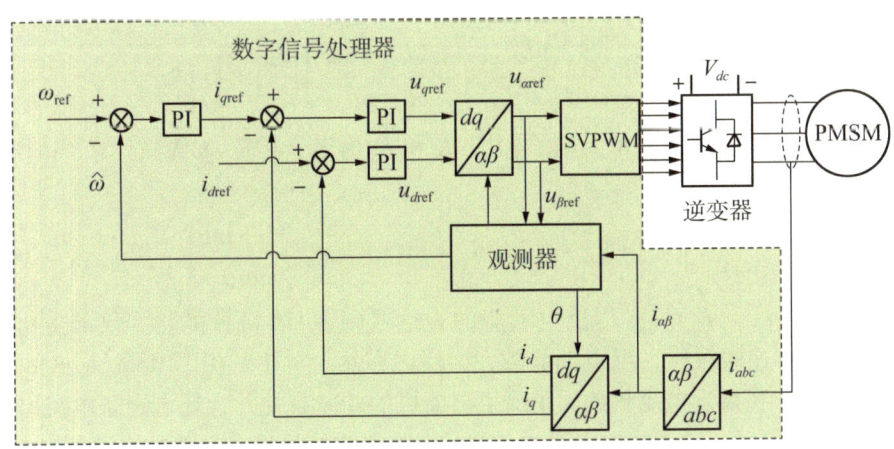

图4-38 无位置传感器的矢量控制策略

(1)通过电流传感器测量三相定子电流,即i_A、i_B和i_C的值,同时满足以下关系:$i_A + i_B + i_C = 0$。

(2)将三相电流变换至固定轴坐标系。该过程由测得的i_A、i_B和i_C经过Clark变换得到变量i_α和i_β。从定子角度来看,i_α和i_β是相互正交的时变电流值。变换过程可以参考第3.5.3.1节。

(3)完成 Clark 变换之后，讨论的坐标是从定子角度来看的，也就是静止坐标。由于三相交流电动机是高耦合、非线性、多变量的系统，控制起来非常困难。Clark 变换将三相变成两相，这时候坐标还是静止的，但是相对转子是旋转的，要实现解耦控制，就要实现坐标相对转子静止，即由 Park 变换将静止的两相坐标系（$\alpha\beta$ 坐标系）转变为随转子旋转的两相坐标系（dq 坐标系），i_d 和 i_q 为变换到旋转坐标系下的正交电流。在稳态条件下，i_d 和 i_q 是常量，具体变换过程可以参考第 3.5.3.3 节。

(4)误差信号由 i_d 和 i_q 的实际值和各自的参考值进行比较而获得。i_d 的参考值控制转子磁通，i_q 的参考值控制电机的转矩输出。误差信号是 PI 控制器的输入，控制器的输出为 u_d 和 u_q，即要施加到电机上的电压矢量。

(5)通过观测器估算出新的转子电角度 θ，其中 $u_{\alpha\mathrm{ref}}$、$u_{\beta\mathrm{ref}}$、$i_{\alpha\mathrm{ref}}$ 和 $i_{\beta\mathrm{ref}}$ 是输入参数。估算的电角度可告知 FOC 算法下一个电压矢量的位置。

(6)通过使用新的估算电角度 θ，可将 PI 控制器的 $u_{d\mathrm{ref}}$ 和 $u_{q\mathrm{ref}}$ 输出值，通过 Park 逆变换到静止参考坐标系。该计算将产生下一个正交电压值 $u_{\alpha\mathrm{ref}}$ 和 $u_{\beta\mathrm{ref}}$。具体变换过程可以参考第 3.5.3.3 节。

(7)正交电压值 $u_{\alpha\mathrm{ref}}$ 和 $u_{\beta\mathrm{ref}}$ 经过逆变换得到三相电压值 U_A、U_B 和 U_C。该三相电压值可用来计算新的 PWM 占空比值，以生成所期望的电压矢量。具体的 SVPWM 方法的原理已在本章第 4.1.3 节中详细介绍，这里不再复述。

对于转子电角度和转子速度，有多种观测器和方法可以进行选择，比如滑模观测器（sliding mode observer，SMO）、扩展状态观测器（extended state observers，ESO）、模型参考自适应法（model reference adaptive systems，MRAS）、扩展卡尔曼滤波法（extended Kalman filter，EKF）、龙贝格观测器（Luenberger observer）等，这里简要介绍 SMO，其他方法读者可以自行查找相关文献进行学习。

重写第 3.5 节中的电机电压方程如下：

$$\begin{bmatrix} u_\alpha \\ u_\beta \end{bmatrix} = \begin{bmatrix} R + pL_d & \omega(L_d - L_q) \\ -\omega(L_d - L_q) & R + pL_q \end{bmatrix} \begin{bmatrix} i_\alpha \\ i_\beta \end{bmatrix} + \begin{bmatrix} e_\alpha \\ e_\beta \end{bmatrix} \quad (4-46)$$

式中，ω 为电机转子电角速度；R 为定子电阻；L_d 和 L_q 为定子电感；p 为微分算子；$[e_\alpha, e_\beta]^\mathrm{T}$ 为扩展反电动势，定义如下：

$$\begin{bmatrix} e_\alpha \\ e_\beta \end{bmatrix} = \left[(L_d - L_q)(\omega i_d - p i_q) + \omega \psi_\mathrm{f} \right] \begin{bmatrix} -\sin\theta \\ \cos\theta \end{bmatrix} \quad (4-47)$$

对于 SPMSM（$L_d = L_q$），扩展反电动势的表达式（4-47）将被简化为仅与电机的转速有关的变量。当转速较快时，反电动势较大，反之亦然。对于三相 IPMSM（$L_d \neq L_q$）而言，从式（4.47）可知：扩展反电动势的大小除了与电机的转速有关外，还与定子电流 i_d 和定子电流 i_q 的微分 $p i_q$ 有关，这意味着电机的负载状态将影响扩展反电动势的大小。当电机运行在高速重载条件下时，定子电流具有较大的变化，从而成为扩展反电动势畸变的重要成分。

由于三相 IPMSM 的扩展反电动势包含电机转子位置和转速的全部信息，所以只有准确获取扩展反电动势，才可以解算出电机的转速和位置信息。式（4-46）所示的电压方程改写为电流的状态方程形式如下：

$$p\begin{bmatrix} i_\alpha \\ i_\beta \end{bmatrix} = \frac{1}{L_d}\begin{bmatrix} -R & -\omega(L_d - L_q) \\ \omega(L_d - L_q) & -R \end{bmatrix}\begin{bmatrix} i_\alpha \\ i_\beta \end{bmatrix} + \frac{1}{L_d}\begin{bmatrix} u_\alpha \\ u_\beta \end{bmatrix} - \frac{1}{L_d}\begin{bmatrix} e_\alpha \\ e_\beta \end{bmatrix} \quad (4-48)$$

为了得到扩展反电动势的估计值，滑膜观测器的模型可以设计如下：

$$p\begin{bmatrix}\hat{i}_\alpha\\\hat{i}_\beta\end{bmatrix}=\frac{1}{L_d}\begin{bmatrix}-R & -\omega(L_d-L_q)\\\omega(L_d-L_q) & -R\end{bmatrix}\begin{bmatrix}\hat{i}_\alpha\\\hat{i}_\beta\end{bmatrix}+\frac{1}{L_d}\begin{bmatrix}u_\alpha\\u_\beta\end{bmatrix}-\frac{1}{L_d}\begin{bmatrix}\hat{e}_\alpha\\\hat{e}_\beta\end{bmatrix} \quad (4-49)$$

式中，$\hat{i}_\alpha$ 和 $\hat{i}_\beta$ 为电流观测器的估计值；u_α 和 u_β 为滑膜观测器的控制输入，与图 4-38 中的 $u_{\alpha\text{ref}}$ 和 $u_{\beta\text{ref}}$ 等效，可以定义为

$$\begin{bmatrix}\hat{e}_\alpha\\\hat{e}_\beta\end{bmatrix}=\begin{bmatrix}h\text{sign}(\hat{i}_\alpha-i_\alpha)\\h\text{sign}(\hat{i}_\beta-i_\beta)\end{bmatrix} \quad (4-50)$$

式中，sign 为符号函数，正数取 1，负数取 -1；h 为正的滑膜增益。

将式 (4-49) 减去式 (4-48) 可得如下电流误差方程：

$$p\begin{bmatrix}\tilde{i}_\alpha\\\tilde{i}_\beta\end{bmatrix}=\frac{1}{L_d}\begin{bmatrix}-R & -\omega(L_d-L_q)\\\omega(L_d-L_q) & -R\end{bmatrix}\begin{bmatrix}\tilde{i}_\alpha\\\tilde{i}_\beta\end{bmatrix}-\frac{1}{L_d}\begin{bmatrix}\hat{e}_\alpha-e_\alpha\\\hat{e}_\beta-e_\beta\end{bmatrix} \quad (4-51)$$

对于 α 轴，选择 $s_1=\tilde{i}_\alpha=\hat{i}_\alpha-i_\alpha$ 作为滑模平面，可以选择李雅普诺夫函数如下：

$$U_1=\frac{s_1^2}{2} \quad (4-52)$$

根据李雅普诺夫稳定性定理，其导数应该满足以下条件：

$$pU_1=s_1\cdot ps_1=\tilde{i}_\alpha\cdot p\tilde{i}_\alpha<0 \quad (4-53)$$

联立式 (4-51) 可得以下稳定性条件：

$$h>-R|\tilde{i}_\alpha|+e_\alpha\text{sign}(\tilde{i}_\alpha)+\omega(L_d-L_q)\tilde{i}_\beta\text{sign}(\tilde{i}_\alpha) \quad (4-54)$$

同理，对 β 轴进行分析。最终 h 需要满足以下条件：

$$h>\max\begin{Bmatrix}-R|\tilde{i}_\alpha|+e_\alpha\text{sign}(\tilde{i}_\alpha)+\omega(L_d-L_q)\tilde{i}_\beta\text{sign}(\tilde{i}_\alpha)\\-R|\tilde{i}_\beta|+e_\alpha\text{sign}(\tilde{i}_\beta)+\omega(L_d-L_q)\tilde{i}_\beta\text{sign}(\tilde{i}_\beta)\end{Bmatrix} \quad (4-55)$$

当观测器的状态变量达到滑模面 $\tilde{i}_\alpha=0$、$\tilde{i}_\beta=0$ 之后，观测器状态将一直保持在滑模面上。根据滑模控制的等效控制原理，此时的控制量可看作等效控制量，可以表示如下：

$$\begin{bmatrix}e_\alpha\\e_\beta\end{bmatrix}=\begin{bmatrix}\hat{e}_\alpha\\\hat{e}_\beta\end{bmatrix}=\begin{bmatrix}h\text{sign}(\hat{i}_\alpha-i_\alpha)\\h\text{sign}(\hat{i}_\beta-i_\beta)\end{bmatrix} \quad (4-56)$$

通过上式可得到式 (4-47) 的估计值，由于滑模控制在滑动模态下伴随着高频抖振，因此估算的反电动势中将存在高频抖振现象。基于反正切函数的转子位置估计方法将这种抖振直接引入反正切函数的除法运算中，导致这种高频抖振的误差被放大，进而造成较大的角度估计误差。所以，通常采用锁相环 (Phase-locked Loop，PLL) 系统来提取转子的位置信息，如图 4-39 所示。

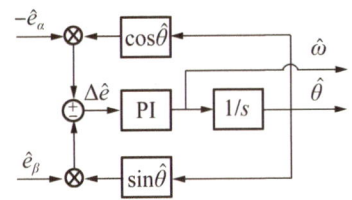

图 4-39 PLL 结构图

当 $|\theta-\hat{\theta}|<\pi/6$ 时，认为 $\sin(\theta-\hat{\theta})=\theta-\hat{\theta}$ 成立，根据上图可得以下关系：

$$\Delta \hat{e} = -\hat{e}_\alpha \cos\hat{\theta} - \hat{e}_\beta \sin\hat{\theta} = A\sin(\theta - \hat{\theta}) \approx A(\theta - \hat{\theta}) \tag{4-57}$$

式中，$A = (L_d - L_q)(\omega i_d - p i_q) + \omega \psi_f$，根据上式可以得到如图 4-40 所示等效结构图。

根据图 4-40 可以得到如下传递函数：

$$G(s) = \frac{\hat{\theta}}{\theta} = \frac{2\varepsilon\omega_n s + \omega_n^2}{s^2 + 2\varepsilon\omega_n s + \omega_n^2} \tag{4-58}$$

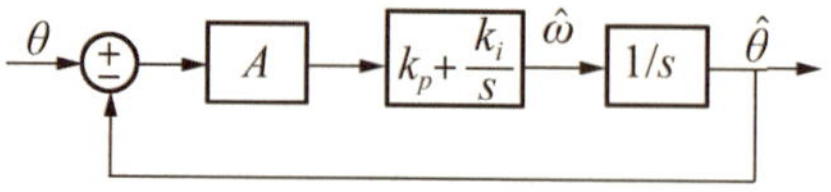

式中，$\varepsilon = \sqrt{Ak_i}$；$\omega_n = \frac{k_p}{2}\sqrt{\frac{A}{k_i}}$，$\omega_n$ 决定了 PI 控制器的带宽，根据自动控制原理即可初步设计 PLL 的 PI 参数。

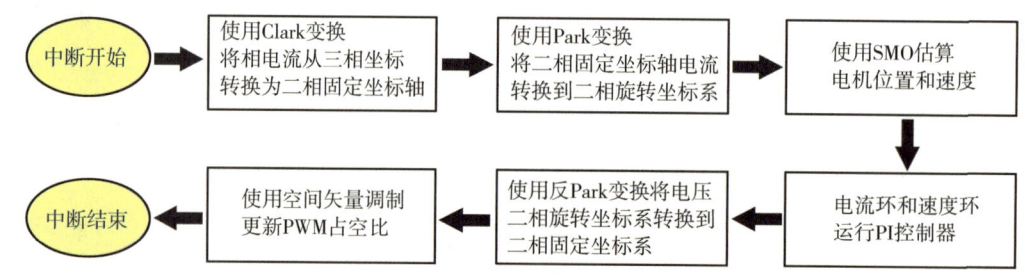

图 4-40 PLL 等效结构图

另外，为了提高 SMO 的控制性能，降低抖振的发生，可以采用准滑动模态中的函数来代替理想滑动模态中的符号函数 sign(s)，如饱和函数 sat(s)，双曲正切函数 tanh(s)，sigmoid(s) 等。

上述基于 FOC 的无位置传感器 SMO 算法通常与 PWM 在相同的速率执行。可以通过数字信号处理器配置，允许 AD 中断来执行该算法。图 4-41 显示了 AD 中断程序的常规执行过程。

图 4-41 AD 中断程序的执行过程

最后，介绍调试无传感器控制系统的仿真模型的常用步骤如下：

第 1 步，搭建使用机械传感器（使用测量模块来获得电机的转子位置和转速信息）的矢量控制系统仿真模型，调节控制器参数，在各个条件都满足的情况下（包括突加、突卸负载等条件时的转速的变化曲线）才算搭建完毕；

第 2 步，根据无传感器控制算法，搭建仿真模型，调节无传感器控制器的参数，将转子位置估计值和转速估计值与实际的转子位置和转速进行比较；

第 3 步，当转子位置和转速信息的估计误差（估计值与实际值的差值）满足实际需要（一般是对转子位置误差要求比较严格）时，将转子位置和转速估计值代替实际值，进行完全闭环控制。

第 5 章　电动汽车动力电池系统

本章要点

- 熟悉电动汽车动力电池相关的常用术语。
- 掌握电动汽车动力电池系统的基本结构及原理。
- 了解电动汽车动力电池的技术及应用现状。
- 了解新型动力电池及发展趋势。

电动汽车动力电池系统是电动汽车的核心部分之一,通常与电机系统、电控系统合称为"三电",是纯电动汽车的唯一能量源,是混合动力汽车及氢燃料电池汽车的重要辅助能量源,是能量的存储装置。电动汽车的动力电池系统包括动力电池箱体、动力电池组、动力电池单体、电池管理系统(battery management system,BMS)、电池热管理组件、高低压线束等部件(图 5-1)。动力电池单体通过串联、并联的方式组成动力电池组,以获得合适的电压及容量;动力电池箱体对电池组起到固定、防水、防腐蚀、防碰撞等作用,最大限度地保护电池组的安全运行;热管理系统将各单体的温度控制在合理的范围内,保证其安全运行;电池管理系统对整个电池组系统的状态进行实时监控及调控,尽可能使各单体的温度、荷电状态(SOC)保持一致。

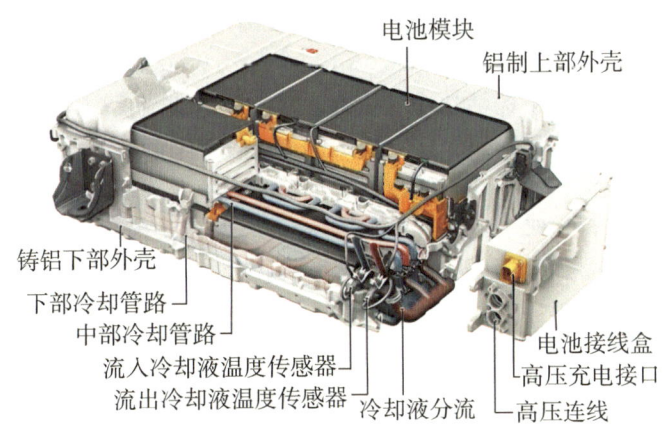

图 5-1　动力电池系统结构图

动力电池的能量密度、充放电速度、循环寿命、能量管理策略、生产成本等都影响着电动汽车的发展进程,要使电动汽车能够与燃油汽车竞争,关键是开发出比能量高、比功率大、使用寿命长、充电时间短、制造成本低的动力电池。本章重点介绍目前应用较多的锂离子电池的原理及特性、电池数学模型、动力电池管理系统及电池组安全保护措施，同时也介绍正处于实验室研究阶段的新型动力电池。

5.1 动力电池的术语及分类

5.1.1 动力电池的术语

5.1.1.1 电池电压

端电压：动力电池正负两极之间的电压，又称路端电压或端压。

开路电压：动力电池在开路状态（无负载）下的端电压称为开路电压。

负载电压：动力电池在接入负载后处于放电状态下的电压称为负载电压，也称为工作电压。

额定电压：又称标称电压，指该电化学体系的电池工作时公认的标准电压。不同类型电池单体的额定电压往往不同，通常用于鉴别蓄电池类型，例如磷酸铁锂离子电池单体额定电压3.2 V，锰酸锂离子电池单体额定电压3.7 V，镍氢电池单体额定电压1.2 V。

终止电压：动力电池充放电结束时的电压为终止电压，分为充电终止电压和放电终止电压。电池充放电结束时都有一个电压极限值，充电时的电压极限值就是充电终止电压，放电时的电压极限值就是放电终止电压。

电动势：电子运动的趋势，是能够克服导体电阻对电流的阻力，使电荷在闭合的导体回路中流动的一种作用。我们将组成电池两个电极的平衡电极的电位之差称为电动势，用 E 来表示。

5.1.1.2 电池容量

电池容量：指电池在一定的放电条件下所能放出的电量，用符号 C 表示，单位常用 Ah 或 mAh 表示。

理论容量：指假定电池中的活性物质全部参加电池的成流反应所能提供的电量，可根据电池反应中电极上活性物质的量，按法拉第定律计算其电化学当量精确求出。理论容量是电池容量的最大极限值，电池实际放出的容量只是理论容量的一部分。

额定容量：又称标称容量，是指按照国家标准，保证电池在一定的放电条件（温度、放电率、终止电压等）下应该放出的最低限度的容量，是电池制造厂家标明的安时容量，是验收电池质量的重要技术指标。

实际容量：指在实际应用工作情况下放电，电池实际放出的电量，用 C 表示。充满电的电池在一定条件下所能输出的电量，等于放电电流与放电时间的积分。实际容量的计算方法如下：

恒电流放电时，有

$$C = IT \tag{5-1}$$

变电流放电时，有

$$C = \int_0^T I(t)\,\mathrm{d}t \tag{5-2}$$

式中，I 为放电电流，是放电时间 t 的函数；T 为放电至终止电压的时间。

荷电状态(state of charge，SOC)：又称剩余电量，代表的是电池使用一段时间或长期搁置不用后的剩余容量与其完全充电状态的容量的比值，用百分比表示，SOC 取值范围为：$0 \leqslant SOC \leqslant 100\%$。

5.1.1.3 电池内阻

电流通过电池内部时受到阻力，使电池的工作电压降低，该阻力称为电池内阻。由于电池内阻的作用，电池放电时的端电压低于电动势和开路电压，充电时的端电压高于电动势和开路电压。电池的内阻是化学电源一个极其重要的参数，它直接影响电池的工作电压、工作电流、输出能量与功率，对于一个实用的化学电源，其内阻越小越好。

电池内阻不是常数，在放电过程中随着活性物质的组成、电解液浓度和温度的变化以及放电时间而变化。电池内阻包括欧姆内阻和电极在电化学反应时所表现出的极化内阻，两者之和称为电池的全内阻。欧姆内阻主要由电极材料、电解液、隔膜的内阻及各部分零件的接触电阻组成。极化内阻是指化学电源的正极与负极在电化学反应进行时由于极化所引起的内阻。

5.1.1.4 电池能量

电池能量指在一定放电制度下，电池所能释放出的电能，单位是 Wh 或 kWh。电池的能量又分为理论能量和实际能量。

理论能量(W_0)：电池的理论容量与其电动势的乘积，即

$$W_0 = C_0 E \tag{5-3}$$

实际能量(W)：电池放电时实际输出的能量，它在数值上等于电池实际放电电压、放电电流与放电时间的积分，即

$$W = \int V(t) I(t) \mathrm{d}t \tag{5-4}$$

能量密度：指单位质量或单位体积的电池所能输出的能量，二者相应地被称为质量能量密度(单位：Wh/kg)或体积能量密度(单位：Wh/L)，也被称为质量比能量或体积比能量。电池的质量比能量影响着电池组的质量，进而影响整备质量；体积比能量影响电池组的体积，进而影响电池包在整车上的布置。

5.1.1.5 电池功率

电池功率是指电池在一定放电制度下，单位时间内所输出能量的大小，单位为 W 或 kW。

电池功率密度又称比功率，是单位质量或单位体积电池输出的功率，单位为 W/kg 或 W/L。比功率是评价电池及电池包是否满足电动汽车加速和爬坡能力的重要指标。

5.1.1.6 电池输出效率

电池是一个能量存储系统，充电时将电能转化为化学能储存起来，放电时再把化学能转化为电能释放。电池的输出效率通常用容量效率和能量效率来表示。电池的容量效率指电池放电时输出的容量与充电时输入的容量之比；电池的能量效率指电池放电时输出的能量与充电时输入的能量之比。通常，电池的能量效率为 55%～85%，容量效率为 65%～95%。对电动汽车而言，能量效率是比容量效率更重要的一个评价指标。

5.1.1.7 电池放电率

自放电率是指电池在存放期间容量的下降率,即电池无负荷时自身放电使容量损失的速度,可用下式计算:

$$自放电率 = \frac{C_a - C_b}{C_a \times T} \times 100\% \qquad (5-5)$$

式中,C_a为电池存储前的容量,Ah;C_b为电池存储后的容量,Ah;T为电池存储的时间,常用天、月来计算。

放电速率(放电率)一般用电池放电的时间或放电电流与额定电流的比例来表示,有时率和倍率两种表示形式。

时率是以放电时间表示的放电速率,即以某种电流强度放电,放完额定容量所需要的时间,汽车用电池一般用20 h率容量表示。

倍率是以某种电流强度放电的电流值为额定容量所输出的电流值的倍数。例如,3倍率(3C)放电,其表示放电电流的数值是额定容量数值的3倍,若电池容量为10 Ah,则3C放电电流为3×10=30 A。

5.1.1.8 电池使用寿命

电池的使用寿命是指电池在规定条件下的有效寿命期限。电池的使用寿命包括使用期限和使用周期,使用期限是指电池可供使用的时间,包括电池的存放时间;使用周期是指电池可供重复使用的次数。

通常我们认为当动力电池循环多次后实际容量下降到额定容量的80%时,动力电池达到有效寿命期限,需下线进行梯次利用或报废;或者,电池发生内部短路或损坏而不能使用时,电池使用寿命终止。

5.1.1.9 电池一致性

电池的一致性是指同一类型、同一规格、同一型号的电池之间在电压、内阻、容量等参数方面存在的差别。目前,电动汽车动力电池均为成组使用,由几十个甚至上百个动力电池单体串联或并联而成,故一致性是评价电池组性能的关键指标之一。影响电池单体一致性的因素主要有单体电池设计及制造工艺水平、电池管理系统设计水平等。

5.1.1.10 电池抗滥用能力

动力电池的抗滥用能力是指电池对短路、过充电、过放电、机械振动、撞击、挤压以及高温和着火等非正常使用情况的容忍程度,这直接影响动力电池的安全性、可靠性。

5.1.2 动力电池的分类

电动汽车用动力电池主要依据正负极材料、电解质材料、电池外形的不同而划分类别。

5.1.2.1 按正负极材料分类

镍系列电池:如镍镉电池、镍氢电池等。

铅系列电池:如铅酸电池。

锂系列电池:如锂离子电池(细分为锰酸锂、磷酸铁锂、三元锂电池等)、锂聚合物电池、锂硫电池等。

空气系列电池：如锌空气电池、铝空气电池等。

5.1.2.2 按电解质材料分类

电解液式电池：如碱性电池、酸性电池、中性电池、有机电解液电池等。

聚合物电池：如锂离子聚合物电池等。

固态电池：如固态电解质、电极锂离子电池等。

5.1.2.3 按电池外形分类

方盒电池：形状为一个长方体，正负极在顶部平面，表面一般为硬质铝壳，如图5-2所示。

圆柱电池：如18650电池（$R=18\ \text{mm}$，$L=65\ \text{mm}$）、21700电池，外观与传统干电池类似，如图5-3所示。

软包电池：形状为长方体，但外壳为软壳，可允许一定的形变，如图5-4所示。

  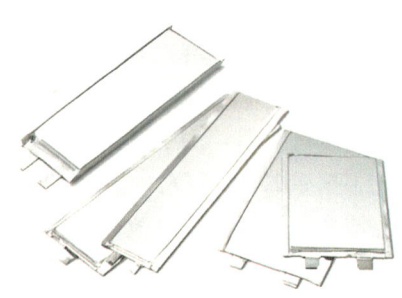

图5-2 方盒电池　　　　图5-3 圆柱电池　　　　图5-4 软包电池

目前在国内外电动汽车上应用的动力电池大多为电解液式电池，少数采用聚合物电池。固态电解质电池是世界上公认的新一代动力电池产品，目前仍处于实验室试验研究阶段。电解液式电池中，以硫酸水溶液为介质的铅酸电池逐渐退出历史舞台，以有机电解液为介质的锂离子电池被广泛应用。在电动汽车的发展过程中，铅酸电池被广泛应用于低速纯电动汽车中，由于能量密度低，在高性能电动汽车中不被采用。镍氢电池自20世纪90年代末以来被广泛应用于搭载低容量电池组的混合动力汽车，至今仍有应用，但正在被锂离子电池所取代。锂离子电池自2010年以来被广泛应用于各类电动汽车中，是目前汽车动力电池的主力军。

本章将围绕目前在纯电动汽车及混合动力汽车上应用最为广泛的锂离子动力电池来阐述，介绍主流的锂离子电池——磷酸铁锂离子电池、三元锂离子电池的相关结构及特性，以及电池管理及安全保障措施。

5.2 锂离子电池的基本原理及构造

锂离子电池是1990年由日本索尼公司首先推向市场的新型高能蓄电池，是目前世界上应用最广泛的可充电电池。锂离子电池具有电压高、比能量高、充放电寿命长、无记忆效应、无污染、快速充电、自放电率低、工作温度范围宽和安全可靠等优点，在各个领域内广泛应用。近年来，锂离子动力电池随着技术的突破，性能进一步提升，成本进一步降低，在各国混合动力汽车、纯电动汽车中均大规模应用，进一步促进了电动汽车的规模推广应用。

5.2.1 锂离子电池的发展现状

锂离子电池经过30多年的发展，目前已经十分成熟，在微电子、家用电器、汽车、储能等领域均广泛应用。全球锂离子电池行业呈中国、日本、韩国三国鼎立的竞争格局，中日韩三国锂离子电池总产量占全球的98%以上。日本在动力电池技术上领先，电芯一致性、稳定性较为优秀；韩国更偏向于消费型锂离子电池的发展；中国锂离子电池的市场规模在全球市场份额中呈逐年上升的趋势。

自21世纪初以来，电子产品走进千家万户，锂离子电池已经成为人类生产生活的必需品，传统应用于电子设备中的锂离子电池技术成熟、性能稳定。近年来，随着新能源汽车产销的快速增长，我国的锂离子动力电池技术也有了长足的发展。2017年，我国新能源汽车（插电混动及纯电动汽车）动力电池装机量36.24 GWh，同比增长29.4%。不仅市场占有率大规模提升，我国的锂离子电池技术也逐渐突破。截至2018年6月，我国可大规模量产的三元锂离子电池能量密度可达240 Wh/kg，长寿命电芯循环次数超过一万次，使用温度可覆盖 $-30℃\sim 60℃$，技术指标位居世界前列。

根据2022年的统计数据（图5-5、图5-6），我国新能源汽车动力电池以磷酸铁锂离子电池及三元锂离子电池为主，其中乘用车中大部分采用三元锂离子电池，客车中大部分采用磷酸铁锂离子电池，专用车中大部分采用三元锂离子电池。

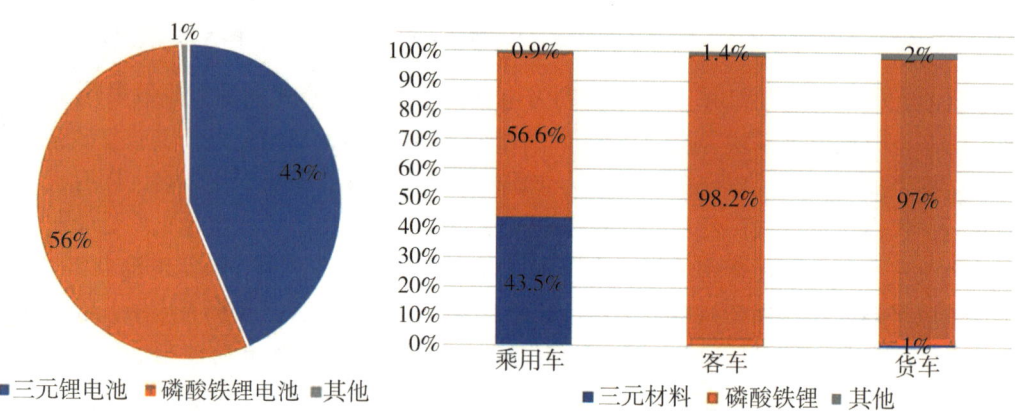

图5-5 2022年我国新能源车动力电池类型　　图5-6 分车型统计的动力电池类型详情

从上述数据可以看出，采用高能量密度的三元锂离子电池是满足乘用车长续驶里程及轻量化需求的主流方案，现阶段采用更高安全性的磷酸铁锂离子电池是满足客车高安全性、稳定性的主流方案。

5.2.2 锂离子电池的结构

锂离子电池的三个主要功能组件是正极、负极和电解质。通常，传统锂离子电池的负极由碳（石墨）制成，正电极由金属氧化物构成，并且电解质是锂盐的有机溶剂溶液。电极的电化学作用在阳极和阴极之间发生扭转，这取决于通过电池的电流流动的方向。

锂离子电池根据正极材料的不同,通常分为钴酸锂离子电池、锰酸锂离子电池、磷酸铁锂离子电池和三元锂离子电池等;根据所用电解质材料的不同,分为液态锂离子电池、聚合物锂离子电池以及正在研究的固态锂离子电池三类。

锂离子电池结构主要包括负极材料、正极材料、正极集流体(铝箔)、隔膜、电解液和负极集流体。除此之外,当锂离子电池在最初几次循环后,电池的负极和电解液之间会形成 SEI(solid electrolyte interface)膜,锂离子电池内部结构示意如图 5-7 所示。

图 5-7 锂离子电池内部结构示意图

圆柱形锂离子电池结构如图 5-8 所示,电池内部采用螺旋绕制结构,用一种非常精细而渗透性很强的聚乙烯薄膜隔离材料在正负极间间隔而成。正极包括由锂和二氧化钴组成的锂离子收集极及由铝薄膜组成的电流收集极。负极由片状碳材料组成的锂离子收集极和铜薄膜组成的电流收集极组成。电池内充有有机电解质溶液,另外还装有安全阀和 PTC 元件(自恢复保险),以便电池在不正常状态及输出短路时保护电池不受损坏。方形锂离子电池结构与圆柱形锂离子电池结构类似。

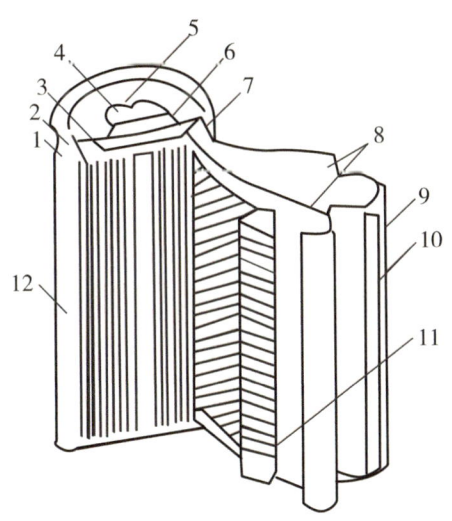

图 5-8 圆柱形锂离子电池结构示意图

1—绝缘层;2—密封垫圈;3—PTC(热敏电阻)元件;4—正极端子;5—排气孔;
6—防爆阀;7—正极;8—隔膜;9—负极;10—负极引线;11—正极;12—外壳

5.2.2.1 正极材料和负极材料

锂离子电池的正极材料不仅能决定锂离子的位置和扩散路径,还需要参与电化学反应,同时也影响电池的电压、能量密度、容量等重要特性。锂离子电池正极材料主要有钴酸锂($LiCoO_2$)、锰酸锂($LiMn_2O_2$)、三元材料[$Li(NiCoMn)O_2$]、磷酸铁锂($LiFePO_4$)等多种,其中钴酸锂由于含有稀缺的钴元素因而价格昂贵,而且在充电和高温状态下存在安全隐患,不宜在大容量高功率电池中采用;锰酸锂电池具有成本低、环保性能好、安全性好等优点,但是锰酸锂具有高温不稳定、循环性能差等缺点;磷酸铁锂电池由于成本低、安全性和循环性能良好等优点,成为近年来国内外推广应用的主力军;三元材料锂电池由于能量密度高、安全性与循环性能得到改善、满足车辆长续驶里程的要求等优势,成为新能源乘用车的首选。

锂离子电池的负极活性材料常以碳基材料为主,包括中间相碳微球、天然石墨和硬碳等。中间相碳微球为球形,流动性好,易于制成优良的高密度电极,但价格较高。天然石墨比容量大,价格低,缺点是不可逆容量较大,而且由于辊压电极时表面上的石墨片层取向平行于导流体,影响锂离子的扩散路径,对高倍率放电不利。目前天然石墨与其他碳材料混用较为普遍。硬碳是指难以石墨化的碳材,具有较大比容量和大于石墨的锂离子扩散系数,缺点是不可逆容量较大,有点位滞后的现象。

5.2.2.2 集流体

电池的集流体本身是金属,是与外电路连接的一部分,同时也是正负极材料的载体,其电特性满足欧姆定律,可视为有一定阻值的纯电阻。其功能主要是把电流汇集起来以形成较大电流来对外输出。

5.2.2.3 电解液

电解液在电池组成部分中担任着非常重要的角色,在电池内部的正负极之间起传输离子的作用,同时它对锂电池的容量、循环使用性能、工作耐温范围和安全性能等方面都有影响。传统电池中的电解质通常以水作为溶剂,但水溶剂作为电解液不适合锂离子电池,因为锂离子电池的工作电压一般高达3V以上。目前锂离子电池大多采用以六氟磷酸锂($LiPF_6$)为电解质盐,含碳酸乙烯酯(EC)和碳酸二甲酯(DMC)的混合溶剂电解液。

5.2.2.4 隔膜

作为电池的隔膜,它的主要作用是将锂电池的正负极隔开,使得电子不能从电池内部穿过,防止两极接触而短路。但由于隔膜本身对电子和离子是绝缘的,所以不可避免地会降低电池正负极之间的离子电导能力,有一定的电阻。隔膜还有一个重要的作用,当电池内部出现过热时,隔膜能自动地关闭孔,并将电池的正负极断开,避免过热的延续,起保护作用。锂离子电池隔膜的材料主要有聚丙烯(PP)、聚乙烯(PE)单层微孔膜,以及由PP和PE复合的多层微孔膜。

5.2.2.5 相际

电极体系是由正极、负极材料和电解液构成,由于它们是两个不同状态的相,那么相接触的过渡部分就被称为相际。带电粒子和偶电极子在相界面中非均匀分布,使得它们之间出现一定的电位差,这也就是发生电化学反应的地方,进而出现一定的电压降。相际最重要的特征是具有双电层结构。

5.2.2.6 SEI(solid electrolyte interface)界面膜

在锂离子电池的首次充电过程中,碳负极与电解液将不可避免地要在相界面上发生一些反应，反应的结果形成了覆盖在碳电极表面的薄层，人们把这个薄层结构称为 SEI 膜。膜在形成的过程中消耗了电池内部的锂离子，同时也增大了电极和电解液界面之间的电阻值，那么就会在此膜上出现一定的电压值。优良的 SEI 膜具备有机溶剂的不溶性，并能允许锂离子自由地进出电极而溶剂分子不能穿越，从而大大地阻止溶剂分子对电极的破坏，提高电极的循环寿命。如果 SEI 膜遭到破坏，就需要消耗新的锂离子来重新修复，当电池如此循环多次后，电池的 SEI 膜就会变厚，相应的电池内阻就会增加。

5.2.2.7 安全阀

一般会通过对外部电路的控制或者在蓄电池内部设切断异常电流的安全装置，来确保锂离子蓄电池使用时的安全性。但是即便这样，在使用过程中也可能会有一些意想不到的原因引起蓄电池内压异常升高，那么就可以通过安全阀来释放气体以防止电池单体破裂。事实上，安全阀是一次性非修复式的破裂膜，此安全阀进入工作状态时，电池单体就会停止工作，该单体即报废。

5.2.3 锂离子电池的基本原理

锂离子动力电池在原理上实际是一种锂离子浓差电池，正、负电极由两种不同的锂离子嵌入化合物组成，正极采用锂化合物 Li_xCoO_2、Li_xNiO_2 或 $Li_xMn_2O_4$，负极采用锂碳层间化合物 Li_xC_6，电解质为 $LiPF_6$ 和 $LiAsF_6$ 等有机溶液。Li^+ 在正、负电极间的往返嵌入和脱嵌形成电池的充电和放电过程。充电时，Li^+ 正极脱嵌经过电解质嵌入负极，负极处于富锂态，正极处于贫锂态，同时电子的补偿电荷从外电路供给到碳负极，保持负极的电平衡；放电时则相反，Li^+ 从负极脱嵌，经过电解质嵌入到正极，正极处于富锂态，负极处于贫锂态。从充放电的可逆性看，锂离子电池反应是一种理想的可逆反应，如图 5-9 所示。

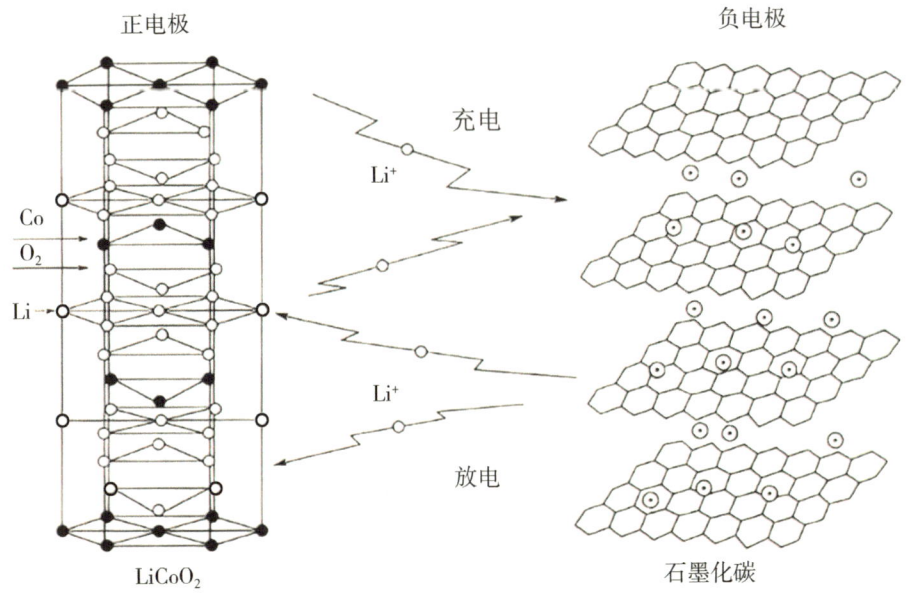

图 5-9 锂离子电池工作原理图

锂离子电池的电极反应表达式分别为
正极反应式：

$$LiMO_2 \underset{放电}{\overset{充电}{\rightleftharpoons}} Li_{1-x}MO_2 + xLi^+ + xe^- \tag{5-6}$$

负极反应式：

$$nC + xLi^+ + xe^- \underset{放电}{\overset{充电}{\rightleftharpoons}} Li_xC_n \tag{5-7}$$

电池反应式：

$$LiMO_2 + nC \underset{放电}{\overset{充电}{\rightleftharpoons}} Li_{1-x}MO_2 + Li_xC_n \tag{5-8}$$

式中，M 代表 Co、Ni、W、Mn、Fe 等金属元素。

5.2.4 锂离子电池的失效机理

理想的锂离子电池，除了锂离子在正、负极之间嵌入和脱嵌外，不发生其他副反应，不出现锂离子的不可逆消耗。实际上，锂离子电池每时每刻都有副反应存在，也有活性物质不可逆的消耗，如电解液分解、活性物质溶解、金属锂沉积等，只不过程度不同而已。实际在电池系统的每次循环中，任何能够产生或消耗锂离子或电子的副反应，都可能导致电池容量平衡的改变。一旦电池的容量平衡发生改变，这种改变就是不可逆的，并且可以通过多次循环进行累积，对电池性能产生严重的影响。造成锂离子电池容量衰退的原因主要有：

(1) 正极材料的溶解

以尖晶石 $LiMn_2O_4$ 为例，Mn 的溶解性是引起 $LiMn_2O_4$ 可逆容量衰减的主要原因。Mn 的溶解沉积造成正极活性物质减少；溶解的 Mn 游离到负极时会造成负极 SEI 膜的不稳定，被破坏的 SEI 膜再形成时会消耗锂离子，造成锂离子的减少。Mn 的溶解是尖晶石锂离子电池容量衰减的重要原因，在这一点学界已经基本达成共识，但是对于 Mn 的溶解机理却存在多种不同的解释。

(2) 正极材料的相变化

一般认为，锂离子的正常脱嵌反应总是伴随着宿主结构摩尔体积的变化，引起结构的膨胀与收缩，导致氧八面体偏离球对称性并成为变形的八面体构型。这种现象叫作 Jahn-Teller 效应（或 J-T 效应）。在 $LiMn_2O_4$ 电池中，J-T 效应所导致的尖晶石结构不可逆转变，也是容量衰减的主要原因之一。J-T 效应多发生在过放电阶段；在起始材料中加入过量的锂，掺杂 Ni、Co、Al 等阳离子或者 S 等阴离子可以有效地抑制 J-T 效应。

(3) 电解液的分解

锂离子电池中常用的电解液主要包括由各种有机碳酸酯（如 PC、EC、DMC、DEC 等）的混合物组成的溶剂以及由锂盐（如 $LiPF_6$、$LiClO_4$、$LiAsF_6$ 等）组成的电解质。在充电的条件下，电解液对含碳电极具有不稳定性，故会发生还原反应。电解液还原消耗了电解质及其溶剂，会对电池容量及循环寿命产生不良影响。

(4) 过充电造成的容量损失

电池在过充电时，会造成负极锂的沉积、电解液的氧化以及正极氧的损失。这些副反应或者消耗了活性物质，或者产生不溶物质堵塞电极孔隙，又或者正极氧损失导致高电压区的 J-T 效应，这些都会导致电池容量衰减。

（5）自放电

锂离子电池的自放电所导致的容量损失大部分是可逆的，只有一部分是不可逆的。造成不可逆自放电的原因主要有：锂离子的损失（形成不可溶的 Li_2CO_3 等物质）、电解液氧化产物堵塞电极微孔造成内阻增大等。

（6）SEI 界面膜的形成

因界面膜的形成而损失的锂离子将导致两极间容量平衡的改变，在最初的几次循环中就会使电池的容量下降。另外，界面膜的形成使得部分石墨粒子和整个电极发生隔离而失去活性，也会造成容量的损失。

（7）集流体的腐蚀

锂离子电池中的集流体材料常用铜和铝，两者都容易发生腐蚀，集流体的腐蚀会导致电内阻增加，从而造成容量损失。

5.2.5 锂离子电池的电性能

5.2.5.1 充放电特性

锂离子电池充电从安全、可靠及兼顾充电效率等方面考虑，通常采用两段式充电方法。第 1 阶段为恒流限压，第 2 阶段为恒压限流。锂离子电池的最高限压值根据正极材料的不同而有一定的差别。锂离子电池基本充放电电压曲线如图 5-10 所示。图中曲线采用的充放电电流均为 0.3C。不同锂离子电池的区别主要有两点：第一，第 1 阶段恒流值。根据电池正极材料和制造工艺不同，恒流最佳值存在一定的差别，一般采用的电流范围为 0.2C～0.3C。第二，在恒流时间上存在很大差别。锂离子电池恒流时间越长，充电时间越短，更有利于应用。目前，锂离子电池快速充电性能得到大幅提升，15 min 即可充满 80% 的电，超级快充电池也正在研究中。

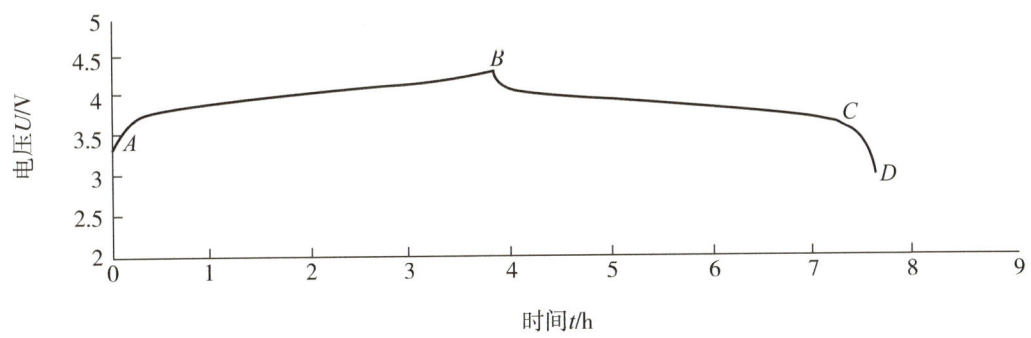

图 5-10 锂离子电池基本充放电电压曲线

锂离子电池放电在中前期电压稳定，下降缓慢，但在放电后期电压下降迅速，如图 5-10 中的 CD 段所示。在此阶段必须进行有效的控制，防止电池过放电，避免对电池造成不可逆性损害。

（1）充电电流对充电特性的影响

充电电流越大，在该电流下可持续的恒流充电时间越短，恒流可充入的容量和能量也逐步减少。在实际电池组应用中，可以锂离子电池允许的最大充电电流充电，达到限压后，再进行恒压充电，这样在减少充电时间的基础上，也保证了充电的安全性；另外，应综合考虑充电时间和效率，选择合适的充电电流，以减少内阻消耗。

（2）放电深度对充电特性的影响

随着放电深度的增加，充电所需时间会增加，但平均每单位容量所需的充电时间减少，即充电时间的增加同放电深度不成正比；随着放电深度的增加，恒流充电时间所占总充电时间的比例增加，恒流充电容量占所需充入容量的比重会增加；随着放电深度的增加，等安时充放电效率会有所降低，但降低幅度不大。

（3）充电温度对充电特性的影响

随着环境温度的降低，电池的可充入容量明显降低，而充电时间明显增加。低温（-25℃）与室温（25℃）相比，相同的充电结束电流下，电池可充入容量和能量降低约25%~30%。若以5A为充电结束标准，则电池在低温下仅充入额定容量或能量的75%~85%。但降低充电结束电流，就意味着充电时间的大幅增加。在冬季低温下，电池可充入容量低，因此，为了防止电池过放电，必须降低单次充电电池的可用容量。

（4）放电特性影响因素

在低温情况下，电池的放电电压较低，尤其在放电初期同样的放电电流下，电池会出现急剧的电压降，所以放电能量偏低；在放电中期，放电消耗在电池内阻上的能量使得电池自身的温度升高，锂离子电池活性物质的活性增加，电池电压有所提高，因此可放出的能量增加；在放电后期，电池的电压降低，单位时间放出的能量随之降低。在同一温度、同样的放电终止电压下，不同的放电结束电流，可放出的容量和能量有一定的差别。电流越小，可放出的容量和能量越多。

根据上述锂离子电池的充放电特性，要使电池的寿命、充放电效率均达到较为优秀的水平，就要减少大电流充放电的次数，也就是说在时间允许的条件下尽量采用慢充，在汽车行驶过程中尽量减少急加速工况；要控制电池的放电深度，尽量保持浅放浅充；要通过热管理系统适时对电池进行预热、保温及散热，使电池保持在适宜的温度。

5.2.5.2 安全性

锂离子电池在热冲击、过充电、过放电和短路等滥用情况下，其内部的活性物质及电解液等组分间将发生化学、电化学反应，产生大量的热量与气体，使得电池内部压力升高，积累到一定程度可能导致电池起火，甚至爆炸。造成安全性问题的主要原因如下：

（1）材料稳定性

锂离子电池在一些滥用状态下，如高温、过充、针刺穿透以及挤压等情况下，电极和有机电解液之间会发生强烈作用，如有机电解液的剧烈氧化、还原或正极分解产生的氧气进一步与有机电解液反应等。这些反应产生的大量热量如不能及时散到周围环境中，必将使电池内热失控，最终导致电池的燃烧、爆炸。因此，正负电极、有机电解液相互作用的热稳定性是制约锂离子电池安全性的首要因素。

（2）制造工艺

锂离子电池的制造工艺分为液态和聚合物锂离子电池。无论是什么结构的锂离子电池，电极制造、电池装配等制造过程都会对电池的安全性产生影响。如正极和负极混料、涂布、辊压、裁片或冲切、组装、加注电解液的量、封口、化成等诸多工序的质量控制，无不影响电池的性能和安全性。浆料的均匀度决定了活性物质在电极上分布的均匀性，从而影响电池的安全性。浆料细度太大，电池充放电时会出现负极材料膨胀与收缩比较大的变化，可能会出现金属锂的析出；浆料细度太小，会导致电池内阻过大。涂布加热温度过低或烘干时间不足，会使溶剂残留，黏结剂部分溶解，造成部分活性物质容易剥离；温度过高可能导致黏结剂碳化，活性物质脱落形成电池内短路。

5.2.6 磷酸铁锂动力电池的原理及特性

磷酸铁锂动力电池是用磷酸铁锂（LiFePO$_4$）作为正极材料的锂离子电池，独特的特性使得其在电动汽车中应用较多，目前主要应用于电动商用车中。

5.2.6.1 反应原理

磷酸铁锂动力电池的反应原理与锂离子电池的反应原理相同，得名磷酸铁锂是因为其采用磷酸铁锂作为正极材料，由于正极材料的不同而获得不同的特性。

如图 5-11 所示，磷酸铁锂作为电池的正极，由铝箔与电池正极连接，中间是聚合物的隔膜，它把正极与负极隔开，但锂离子可以通过而电子不能通过，右边是由碳（石墨）组成的电池负极，由铜箔与电池的负极连接。电池的上下端之间是电池的电解质，电池由金属外壳密闭封装。磷酸铁锂电池在充电时，正极中的锂离子通过聚合物隔膜向负极迁移；在放电过程中，负极中的锂离子通过隔膜向正极迁移。

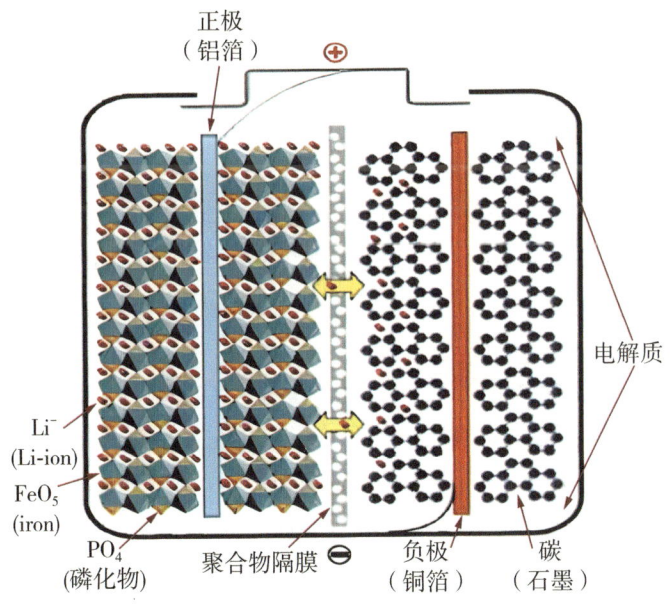

图 5-11 磷酸铁锂电池的内部结构图

磷酸铁锂电池的电化学反应方程式如下：
正极反应：

$$\text{LiFePO}_4 \xrightleftharpoons[\text{放电}]{\text{充电}} \text{Li}_{1-x}\text{FePO}_4 + x\text{Li}^+ + xe^- \qquad (5-9)$$

负极反应：

$$xLi^+ + xe^- + 6C \underset{\text{放电}}{\overset{\text{充电}}{\rightleftharpoons}} Li_xC_6 \tag{5-10}$$

总反应式：

$$LiFePO_4 + 6xC \underset{\text{放电}}{\overset{\text{充电}}{\rightleftharpoons}} Li_{1-x}FePO_4 + Li_xC_6 \tag{5-11}$$

5.2.6.2 特性

(1) 电池电压

磷酸铁锂电池的单体标称电压是 3.2 V，终止充电电压为 3.6 V，终止放电电压为 2.0 V。

(2) 能量密度

目前规模量产的磷酸铁锂电池的能量密度约 160 Wh/kg，相比三元锂电池等，其能量密度偏低。

(3) 安全性

磷酸铁锂晶体中的 P—O 键稳固，难以分解，即便在高温或过充时也不会像钴酸锂一样结构崩塌发热或是形成强氧化性物质，因此拥有良好的安全性。有报告指出，在针刺或短路实验中发现有小部分样品出现燃烧现象，但未出现一例爆炸事件，而过充实验中使用超出自身放电电压数倍的高电压充电，发现有爆炸现象。虽然如此，其过充安全性较普通液态电解液钴酸锂电池，已大有改善。

(4) 寿命

长寿命铅酸电池的循环寿命在 300 次左右，最高约 500 次，而磷酸铁锂动力电池基础循环寿命达到 2000 次以上，标准充电（0.2C 倍率）使用可达到 2000 次以上。磷酸铁锂电池在正常条件下使用，理论寿命可达到 8 年以上。

(5) 充放电速率

磷酸铁锂电池最高可支持大电流 5.2C 快速充电，在专用快速充电器下充满电仅需 12 分钟，大部分电芯均支持 1.5C 充电；磷酸铁锂电池的最大放电电流可达 5C～10C，抗过载能力强。

(6) 高低温性能

磷酸铁锂电池耐高温能力强，工作温度范围宽广（-20～75℃）。其电热峰值可达 350～500℃，而锰酸锂电池和钴酸锂电池只在 200℃ 左右。但磷酸铁锂电池低温性能较差，在 -20℃ 的放电能量仅能达到常温（25℃）的一半，且低温充电时间较长。低温性能较差的缺点需要通过电池组恒温热管理系统来弥补。

(7) 过充过放性能

电池生产企业曾对磷酸铁锂动力电池进行放电到零电压试验。试验条件：用 0.5C 充电率将 1100 mAh 的 STL18650 电池充满，然后用 1C 放电率放电到电池电压为 0 V。再将放到 0 V 的电池分两组：一组存放 7 天，另一组存放 30 天；存放到期后再用 0.5C 充电率充满，然后用 1C 放电；最后比较两种零电压存放期不同的差别。试验的结果是，零电压存放 7 天后电池无泄漏，性能良好，容量为 100%；存放 30 天后，无泄漏、性能良好，容量为 98%；存放 30 天后的电池再做 3 次充放电循环，容量又恢复到 100%。该试验表明该电池即使出现过放电(甚至到0V),并存放一定时间,电池也不泄漏、损坏。这是其他种类锂离子电池不具有的特性。

5.2.6.3 应用现状

磷酸铁锂电池得到广泛的应用,主要应用领域如下。

(1)电动汽车

得益于磷酸铁锂电池寿命长、安全性好、价格较低的优势,在客车、早期的纯电动乘用车以及专用车领域推广应用较多,如纯电动城市客车、插电混合动力城市客车、纯电动公路客车、纯电动专用车等。近年来,由于纯电动乘用车对续驶里程的要求越来越高,磷酸铁锂电池的能量密度虽然比三元锂离子电池低,但随着新能源汽车充电桩设施和快充技术的完善,磷酸铁锂电池在电车各车型中的应用也在逐渐增加。

(2)储能电站

近年来,电网中的储能电站越来越多,在风力发电、光伏发电等不稳定发电的电站,磷酸铁锂电池储能系统可及时存储电能,并连接主电网实现并网供电;在大型城市区及工业区,储能电站可起到削峰填谷的电力调节作用。

(3)其他

除了上述两种最主流的应用方向,磷酸铁锂电池在UPS不间断供电系统、电动工具、电动玩具、便携式设备等方面均有应用。

5.2.7 三元材料锂离子动力电池的原理与特性

5.2.7.1 三元锂电池概述

三元材料锂离子动力电池主要包括镍钴锰(NCM)三元材料锂电池和镍钴铝(NCA)三元材料锂电池。镍钴锰三元材料锂电池正极材料以镍盐、钴盐、锰盐为原料,镍、钴、锰的比例可以根据实际需要调整,目前常用比例有1:1:1、4:2:4、4:4:2、5:2:3、6:2:2、8:1:1,目前国内大规模量产的有NCM523及NCM622。镍钴铝三元材料锂电池是以镍盐、钴盐、铝盐为原料,常用比例为8:1.5:0.5,该技术路线生产难度较大,目前生产企业以日本松下为主,特斯拉电动汽车采用该系列电池。

对于镍钴锰酸锂动力电池,锰(Mn)不参与电化学反应,仅镍(Ni)、钴(Co)是活性金属。一般来说活性金属成分含量越高,电池容量就越大,但当镍的含量过高时,会引起Ni^{2+}占据Li^+的位置,加剧了阳离子的混排,从而导致容量降低;而添加适量的钴,能起到抑制阳离子混排的作用,从而稳定材料层状结构;锰作为非活性物质,主要起到稳定反应、提高安全性的作用。镍含量越高,三元正极材料的比容量逐渐升高,电池的能量密度越高。随着对动力电池高能量密度和长续航里程的要求,高镍的NCM622、NCM811以及NCA占比会持续增加。

5.2.7.2 特性

(1)电池电压

三元锂电池的单体额定电压普遍为3.65V或3.7V,最高不超过3.7V。

(2)能量密度

目前主流的三元锂电池主要包括NCM523、NCM622、NCM811,其能量密度分别可以达到 200 Wh/kg、230 Wh/kg、280 Wh/kg,而尚未大规模应用的 NCA 电池可以达到近 300 Wh/kg。相比磷酸铁锂电池、镍氢电池、铅酸电池等,三元锂电池是目前能量密度最高的可量产动力电池。在主流电池中,NCM622 和 NCM811 电池达到了中华人民共和国工业和信息化部在《锂离子电池行业规范条件(2021 年本)》规定的"消费型单体电池能量密度≥230 Wh/kg"的目标,满足了现阶段汽车动力电池的应用要求。

(3)安全性

三元锂电池的安全问题一直是业界颇有争议的话题,三元锂电池的高温性能较差,热失控时易发生事故,安全性不如磷酸铁锂电池、钛酸锂电池等。不过也有专家指出,如果在生产工艺方面加以控制,在没有达到热分解温度时就中断反应,或通过合理的导热设计将内部积聚的热量扩散出去,均可以控制事故,保证安全。因此,三元锂电池组对热管理系统及 BMS 系统的要求较高。

(4)寿命

三元锂电池的循环次数约 1000~2000 次,相比磷酸铁锂电池及钛酸锂电池要短。三元锂电池目前多搭载在续驶里程较长(大于 300 km)的乘用车中,按平均每 3 天充一次电的频率计算,电池使用寿命约 8~10 年,按平均每 5 天充一次电的频率计算,电池使用寿命约 13~15 年,基本符合大多数私家车主的用车要求;若搭载在需要每天充电的电动客车上,电池寿命仅 3~4 年,这也是制约其在电动客车上使用的因素之一。

(5)充放电速率

三元锂电池的充电倍率最高可达 4C,但大部分量产电芯的充电倍率约 1C~1.5C,即最快 45 分钟可以充满电;三元锂电池的放电倍率最高也可达 4C,但大部分量产电芯的放电倍率约 2C~3C。相比磷酸铁锂电池,三元锂电池的快速充电性能较弱,放电性能相差不大。

(6)高低温性能

三元锂电池热稳定性较差,三元锂材料在 200℃时会发生分解,释放氧分子,遇到电池中可燃的电解液、碳材料后易燃烧,产生的热量进一步加剧正极分解,在极短的时间内就会爆燃,因此在使用中对电池管理系统的要求较高。

5.2.7.3 应用现状

三元锂离子电池的应用以追求高能量密度及长续航的纯电动乘用车、混合动力乘用车为主,在微电子产品电池、储能电站等也有部分应用。

5.3 动力电池管理系统

5.3.1 电池管理系统概述

电池管理系统(battery management system,BMS)是用来对动力电池组进行安全监控及有效管理、提高电池使用效率的装置。对于电动汽车而言,通过该系统对电池组的充放电进行有效控制，可以达到增加续驶里程、延长使用寿命、降低运行成本的目的，并能保证动力电池组应用的安全性和可靠性。目前动力电池管理系统已经成为电动汽车必不可少的核心部件之一。

人们对电池管理系统功能和用途的理解是随着电动汽车技术的发展逐步丰富起来的。最早的电池管理系统仅仅进行电池一次测量参数（电压、电流、温度等）的采集，之后发展到二次参数（SOC、内阻）的测量和预测，并根据极端参数进行电池状态预警。目前，电池管理系统除完成上述的数据测量和预警功能外，还通过数据总线直接参与车辆状态的控制。

图 5-12 为主从式电池管理系统的拓扑结构，它采用一个主控单元（BCU）、多个从控单元（HMU、BMU）的结构形式。电池管理系统的主要工作原理可简单归纳为：数据采集电路采集电池状态信息（电压、电流、温度等）数据后，通过 CAN 总线将数据传送给电子控制单元（ECU）进行数据处理和分析；然后电池管理系统根据分析结果对系统内的相关功能模块发出控制指令（如控制风机开、关等），并向外界传递参数信息；同时电池管理系统也能通过 CAN 总线与组合仪表及充电机等进行通信，实现参数显示、充电监控等功能。

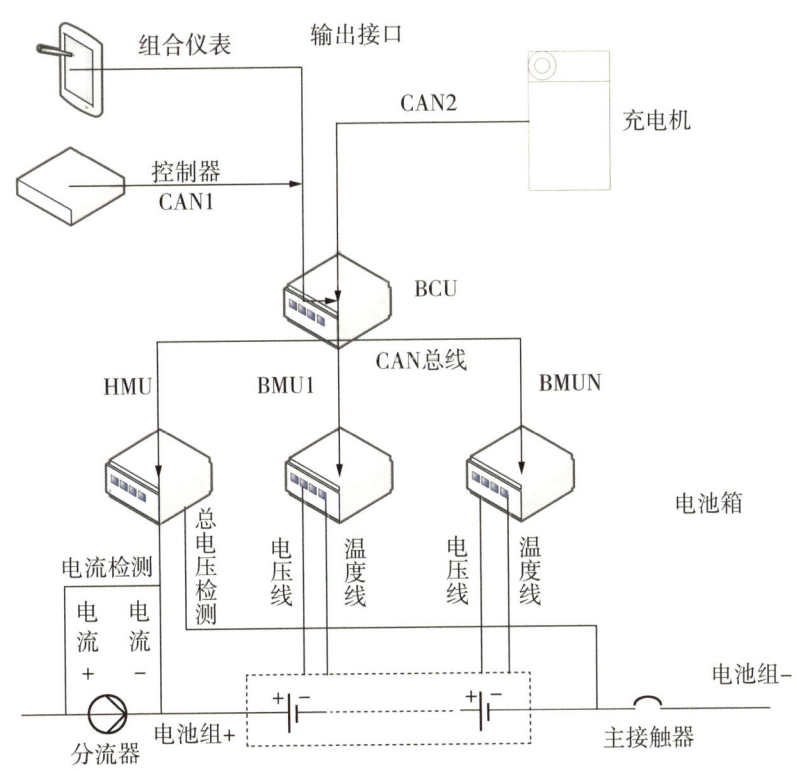

图 5-12 电池管理系统的拓扑结构

电池管理系统的电气连接如图 5-13 所示，电池管理系统功能示意如图 5-14 所示。

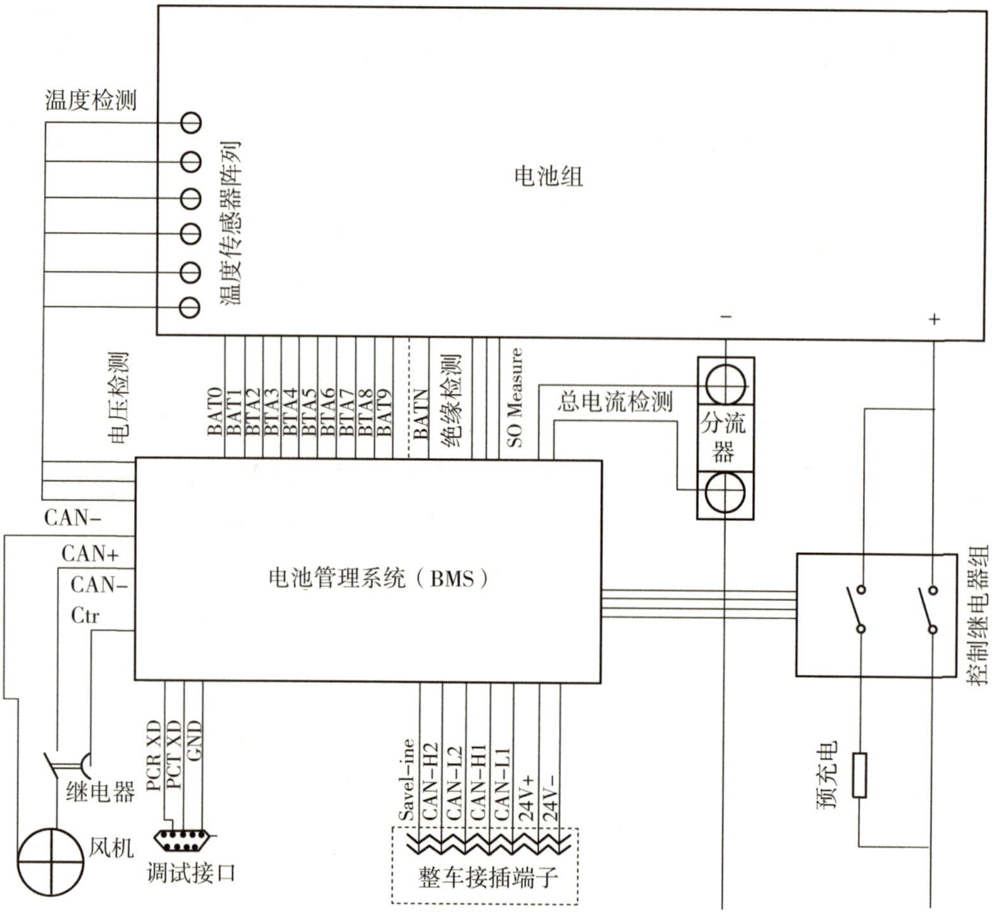

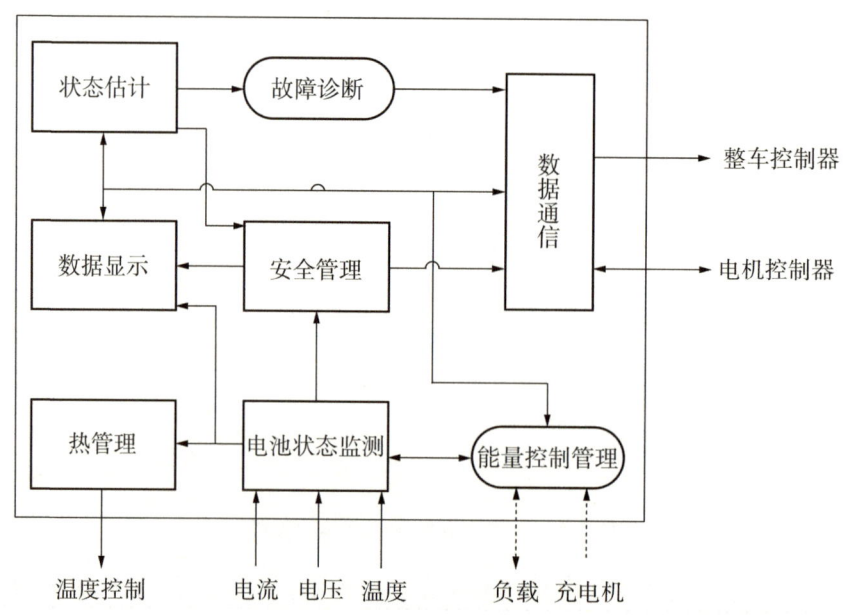

图 5-13 电池管理系统的电气连接

图 5-14 电池管理系统功能示意图

电池管理系统与电动汽车的动力电池紧密结合在一起，对电池电压、电流、温度进行实时监测；同时还进行漏电检测、热管理、电池均衡管理、报警提醒，计算剩余容量、放电功率，报告 SOC 和 SOH 状态；并根据电池的电压、电流及温度用算法控制最大输出功率，以获得最大行驶里程，以及用算法控制充电机进行最佳电流的充电；通过 CAN 总线接口与车载总控制器、电机控制器、能量控制系统、车载显示系统进行实时通信。

电池状态监测一般是指对电压、电流、温度这三种物理量的监测。对于温度的监测包括针对电池本身、环境、电池箱的温度等。电池状态监测对于电池剩余容量的评估、安全保护等方面具有重要意义，也可以说，电池状态监测是电池管理系统最基本的功能，它是其他各项功能的前提与基础。

电池状态分析包括电池的荷电状态（state of charge，SOC）评估及电池老化程度（state of health，SOH）评估两部分，电池荷电状态的确定是 BMS 中的重点和难点。

动力电池安全保护是电动汽车管理系统重要的功能之一。动力电池安全保护的主要内容是动力电池过放电防护、过充电防护和温度控制（过温保护）。动力电池安全保护以动力电池"状态监测""状态分析"功能为前提。

5.3.1.1 电池安全保护

（1）过流保护

过流保护有时也被称为过电流保护，指的是在充电、放电过程中，如果工作电流超过了安全值，则应该采取相应的安全保护措施。

单元电池都存在一定的内阻，当电池的工作电流太大时，电池内部的发热明显增加，电池的温度升高，从而导致电池的热稳定性下降，并形成正反馈，这是电池管理系统的过流保护功能所必须考虑的。例如，一个标称 100 Ah 的磷酸铁锂电池，允许持续使用 100 A 的电流对其进行充电或放电，但是大多数的磷酸铁锂动力电池都支持短时间的过载放电，能在汽车起步、提速过程中提供较大的电流以满足动力性能的要求。

（2）过充过放保护

动力电池的过充过放保护包括过充保护和过放保护。其中，过充保护指的是在电池的荷电状态 SOC 接近 100% 的情况下，为了防止继续对电池充电造成的电池损坏，而采取切断电池的充电回路的保护措施。过放保护是在电池的荷电状态 SOC 接近 0 的情况下，若继续对电池进行放电，也会对电池造成损坏，此时应采取措施，切断电池的放电回路。

对于锂离子电池，当电池充满电（放完电）的时候，如果继续充电（放电），这部分能量就会完全地转变成副反应，导致电池的容量下降甚至发生安全事故。锂离子电池并不像铅酸电池或者镍氢电池那样具有内部的氧循环机制，所以充满电（放完电）后，电池不能继续充电（放电）。对于成组使用的锂离子电池，也不能采用涓流充电的方式进行均衡。电池在快要充满电的时候，电池内部离子的浓度增加，扩散性能下降，浓差极化增加，电流接受能力下降，此时电池易出现过充电。电池之间的一致性问题加上不合理的充电管理模式，会导致部分电池先于其他电池充满电，然而基于电池组端电压不能及时地检测到单体电池的状态，所以仍旧按照比较大的电流充电，则会导致电池严重过充电。

在实际操作过程中，过充过放保护有一种简单的实现方式，即设定充电、放电的截止保护电压，即如果检测到的电池电压高于或者低于所设定的门限电压值，则及时切断电流回路以保护电池。

(3) 过温保护

过温保护就是当温度超过一定限制值的时候对动力电池采取保护性的措施，另外电池管理系统对于过温保护的拓展就是所谓的电池温度管理。

电池的温度对电池性能的发挥具有重要的影响。电池的温度升高使得电池的活性增加，能量能得到更加有效的发挥，包括电池的充放电平台、效率、可用容量等；但是长时间工作在高温环境下的电池，寿命会明显地缩短。电池温度低的时候电池的活性明显降低，电池的内阻、极化电压增加，实际可用容量减少，电池的放电能力下降，放电平台低，电池更加容易达到放电截止电压，表现为电池的可用容量减小，电池的能量利用效率下降。过温保护需要考虑环境温度、电池组的温度以及每个单体电池本身的温度。由于温度的变化需要一个过程，温度控制往往也具有滞后性，因此，温度保护往往要考虑一些"提前量"。

5.3.1.2 能量控制管理

能量控制管理包括电池的充电控制管理、电池的放电控制管理和电池的均衡控制管理。

(1) 电池的充电控制管理

电池的充电控制管理是指电池管理系统在电池充电过程中对充电电压、充电电流等参数进行实时的优化控制。优化的目标包括充电时长、充电效率以及充电的饱满程度等。

(2) 电池的放电控制管理

电池的放电控制管理是指在电池的放电过程中根据电池的状态对放电电流大小进行控制。放电控制管理的功能可以使动力电池组发挥更大的效能，适当地限制电池组的最大放电电流大小。尽管这会对汽车的最高速度产生影响，但有利于延长车辆的续驶里程；更为重要的是，这有利于延长动力电池组的寿命。

(3) 电池的均衡控制管理

电池的均衡控制管理是指采取一定的措施尽可能降低电池不一致性的负面影响，以达到优化电池组整体放电效能、延长电池组整体寿命的效果。对电池进行均衡管理有利于把剩余电荷利用起来，从而提高电池组的放电效能。

电动汽车用动力电池需要频繁地充放电，其放电的深度和电流比一般的电器用电池有更严格的要求。研究表明，电池组的总体性能取决于性能最差的单体电池。当一组电池中有若干单体电池产生内阻变高、容量变小的情况时，整组电池的性能将会因为这几个单体电池性能的改变而改变，如果不能及时地发现这种情况，整组电池将会在之后的循环充放电过程中迅速恶化。就均衡的时机而言，电池的均衡可以分为充电均衡和放电均衡。就均衡的手段而言，可以分为能量耗散型的均衡和能量转移型的均衡。

5.3.1.3 电池信息管理

电动汽车动力电池组中的电池较多，电池状态数据量较大，电池信息管理包括信息的显示、系统内外信息的交互和历史信息存储。

(1) 电池信息显示

电池管理系统中电池信息显示要求通过仪表把电池状态信息显示出来，通知驾驶员或汽车维修人员。需要显示的信息通常包括以下几类：实时电压、电流、温度以及电池剩余电量、报警信息。

电动汽车上的单体电池个数较多，不可能也不需要显示每个电池的信息，通常仪表上只显示整个动力电池组的总电压、总电流、最高电池电压、最低电池电压、最高电池温度、最低电池温度等信息。电池剩余电量信息相似于传统汽车的油量表，电池剩余电量信息反映电池剩余电量的百分比，通常也会把剩余行驶里程的估算值显示在仪表上。当动力电池组存在故障及安全问题，或即将发生安全问题的时候，电池管理系统通过报警信息通知驾驶员。

（2）系统内外信息交互

系统内外信息交互是指电池管理系统与整车控制器、电机控制器、远程管理系统等其他系统或部件交互信息。一般系统内外信息的交互应该是双工（支持双向通信）的。一方面，电池管理系统需要将电压、电流、温度等信息发送给系统或其他部件；另一方面，整车控制器也需要将"是否有充电机接入""是否允许进行充电"等信息发送给电池管理系统。

（3）电池历史信息存储

电池历史信息存储可以按照信息存储的时效划分为两种方式，即临时存储与永久存储。其中临时存储是暂时性保存电池信息，信息储存于系统随机存取存储器（random access memory，RAM）；永久存储利用可擦写可编程只读存储器（erasable programmable read-Only memory，EPROM）、内存（flash memory）等系统存储器硬件来实现，可保存时间跨度较大的历史信息。电池历史信息存储可实现数据缓冲，提高分析估算的精度，也有助于故障分析与排除。当电动汽车发生故障以后，可以通过对历史数据的分析发现故障原因，利于故障排除。

5.3.2 锂离子电池的数学模型及应用

电池模型描述电池的影响因素与其工作特性之间的数学关系，考虑的因素有电压、电流、功率、SOC、温度、内阻、内压、循环工作次数和自放电，综合大量电池模型的研究文献，本书将电池模型划分为电化学模型、热模型、耦合模型和性能模型四种类型。电化学模型基于电化学理论，采用数学方法描述电池内部的反应过程，主要描述电池的电压特性、电池电极、隔膜的电流分布、超电势变化等。电池热模型用于研究电池的生热、传热过程，可用于指导电池热管理系统的设计。由于电池的电化学反应和电池的生热是相互影响的，建立电化学过程与生热过程的耦合模型成为研究电池工作过程的新方法。电池性能模型描述电池工作时的外特性，其数学方法结合可以估计电池的 SOC。下面着重介绍电池性能模型与热模型。

5.3.2.1 电池性能模型

电动汽车电池性能模型又可分为简化的电化学模型、等效电路模型、神经网络模型和特定因素模型，下面是一些典型的电池性能模型。

（1）简化的电化学模型

电化学模型过于复杂，在电动汽车上难以应用。电动汽车使用简化的电化学模型，可估计电池的 SOC 和电压变化。

①Peukert 方程

Peukert 方程是 1898 年被提出的经典电池性能模型，见式（5-12）。Peukert 方程指出，电池的可用容量随着放电电流的增大而变少。

$$I^n T_i = K \quad (5-12)$$

式中，I 为放电电流；n 成为 Peukert 常数，该常数与电池结构有关，铅酸电池一般取 1.35 左右；T_i 为电流 I 的放电时间；K 为常数，表示电池的理论容量。

以图 5-15 所示的典型铅酸电池的恒流放电曲线来说明 Peukert 方程及其应用。图中放电电流分别为 3C、2C、1C、C/1.5、C/2、C/5、C/10 和 C/20。可以看出，放电电流越大，电池终止电压越低，电池到达终止电压经历的时间越短。这表明放电电流越大，电池可用容量相应减小。

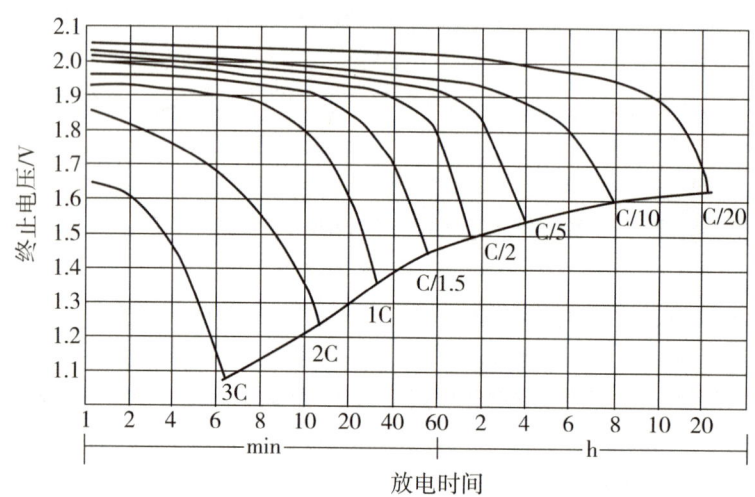

图 5-15 典型铅酸电池的恒流放电曲线

Peukert 常数 n 在某种意义上反映了电池性能的优劣。n 越接近 1，表明电池在大电流下供电的性能越好。n 值越大，则电池在大电流下放电，其容量损失越大。由图 5-16 可以看到 $n=1.1$ 和 $n=1.3$ 的两块电池，即使理论容量相同，当放电电流为 25 A 时，$n=1.3$ 的电池容量却只有 $n=1.1$ 的电池的一半。

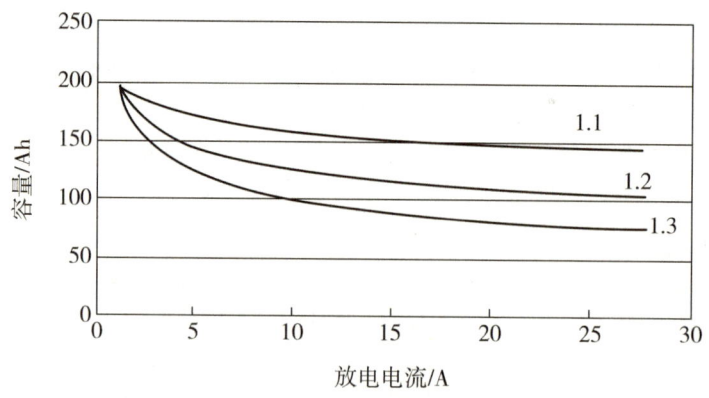

图 5-16 电池容量和放电电流的关系

由于同一个电池的理论容量只有一个，分别测得不同的放电电流 I_1、I_2 下的放电持续时间 T_1、T_2，则可由下式算出 Peukert 常数 n：

$$T_1 I_1^n = T_2 I_2^n = K \quad (5-13)$$

$$\lg T_1 + n\lg I_1 = \lg T_2 + n\lg I_2 \tag{5-14}$$
$$n = (\lg T_2 - \lg T_1)/(\lg I_1 - \lg I_2) \tag{5-15}$$

使用 Peukert 方程可以进行简单的电池参数选择和校核。例如，一辆电动汽车装有 10 块 12 V 电池，电池生产商提供该电池的 Peukert 常数 n 为 1.1，这些电池串联工作。假设驱动电机在某行驶工况需从电池组吸取 155 A 的电流，若在此行驶工况下的车速为 60 km/h 并要求能保证行驶 14 km，同时电池只能放电 80%，应选取多大理论容量的电池呢？

以 60 km/h 行驶 14km 所需时间为 $t = 14/60 = 0.233$ h，此时电池只放电 80%，对应放电 100% 的时间为 $T = 0.233/0.8 = 0.29125$ h；以 155 A 放电 0.292 h 所对应的蓄电池理论容量为 $K = I^n T = 155^{1.1} \times 0.292 = 75$ Ah，所选的蓄电池理论容量 K 应大于 75 Ah。

② Shepherd 模型

Shepherd 模型常用于混合动力汽车分析，见式(5-16)。该模型在 1965 年被提出，是根据电池的电压、电流描述电池的电化学行为，常和 Peukert 方程一起用于计算在不同需求功率时电池的电压和 SOC。

$$E_1 = E_0 - R_i I - \frac{K_i}{1-f} \tag{5-16}$$

式中，E_1 为电池端电压；E_0 为电池完全充满时的开路电压；R_i 为欧姆内阻；K_i 为极化内阻；I 为瞬时电流；f 为由安时积分法算得的电池净放电量。

(2) 等效电路模型

由于电动汽车仿真技术的需要，研究人员设计了大量等效电路电池性能模型。等效电路模型基于电池工作原理，用电路网络来描述电池的工作特性，适用于多种电池。根据电路元件的特点，可分为线性等效电路模型和非线性等效电路模型。在美国国家再生能源实验室(NREL)开发的仿真软件 ADVISOR 中，集成了几种典型的等效电路模型。

① 基本电路模型

基本电路模型是其他复杂等效电路模型的基础。Thevenin 模型如图 5-17 所示，是最有代表性的电路模型。电容 C 与电阻 R_2 并联(描述超电势)后与电阻 R_1(电池内阻)、电压源 U_{oc}(描述开路电压)串联。由于随着电池工作条件和 SOC 的变化，Thevenin 模型参数无法随之变化，因此准确性较差。

② 非线性电路模型

非线性电路模型中的电路元件大都不是常数，而是电压、温度或 SOC 的函数。如图 5-18 所示的 PNGV 模型是 2001 年《PNGV 电池试验手册》中的标准电池模型，也沿用作为 2003 年《FreedomCAR 电池试验手册》中的标准电池模型。模型中 U_{oc} 为理想电压源，表示电池的开路电压；R_o 为电池欧姆电阻；R_p 为电池极化电阻；C_p 为 R_p 旁的并联电容；I_p 为极化电阻上的电流；电容 C_b 描述随着负载电流的时间累

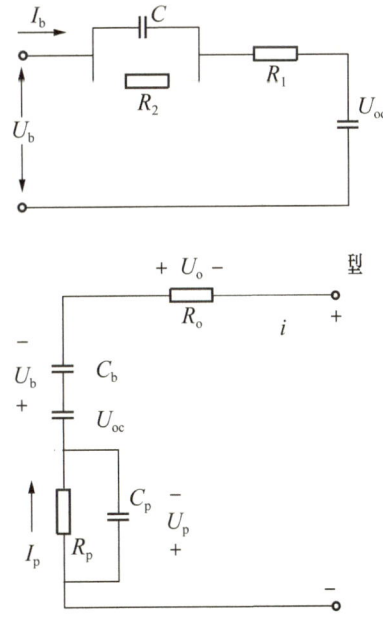

图 5-18 PNGV 等效电路模型

计而产生的开路电压的变化。

(3)神经网络模型

电池是一种高度非线性的系统,到目前为止还没有在所有工作范围内都能描述电池特性的解析数学模型。神经网络具有非线性的基本特性,具有并行结构和学习能力,对于外部激励能给出相对应的输出响应,适合进行电池建模。

ADVISOR 软件从 1999 年开始采用神经网络模型,模型由美国科罗拉多大学 R. Mahajan 教授设计,为一双层神经网络,输入为需求功率和 SOC,输出为电流和电压。模型参数是基于25℃时的铅酸电池试验数据而得到,精度可达到5%。

神经网络输入变量的选择和数量,影响模型的准确性和计算量。神经网络方法的误差受训练数据和训练方法影响较大,所有电池试验数据都可用来训练模型并优化模型性能,而经此数据训练的神经网络模型只能在原训练数据的范围内使用,因此神经网络更适用于批量生产的成熟产品。

(4)特定因素模型

研究人员设计了以影响因素为研究对象的电池模型,影响因素有温度、循环寿命等。

①温度容量模型

电池在其最佳工作温度范围外工作,容量会发生衰减。式 5-17 是描述温度对电池容量影响的最常用模型。

$$C_T = C_{25}[1 - \alpha(25 - T)] \tag{5-17}$$

式中,C_T 为电池在温度 T 时的容量;C_{25} 为电池在25℃时的容量;α 为温度系数,Ah/℃;T 为电池工作温度。不同种类或型号电池的温度系数不同,需要通过试验得到。

②循环寿命模型

研究人员建立如式(5-18)所示的电池循环寿命模型,该模型描述电池寿命与放电深度 DOD 的关系,电池循环寿命用循环工作次数表征。

$$\text{Life} = \text{Life}_0 \cdot e^M \tag{5-18}$$

式中,Life 为在某 DOD 下的电池循环寿命;Life_0 为根据实验数据外推得到的 DOD 为零时的循环寿命;电池不同时系数 M 也不相同。

5.3.2.2 电池热模型

电池热模型描述电池生热、传热、散热的规律,能够实时计算电池的温度变化;基于电池热模型计算的电池温度场信息不仅能够为电池组热管理系统的设计与优化提供指导,还能为电池散热性能的优化提供量化依据。

在电动汽车上处于工作状态的电池组本身是热源,其散热环境由电池组热管理系统提供,电池组内部生热速率受工作电流、内阻和 SOC 等的影响。电动汽车电池组工作电流没有确定的变化规律,所以电动汽车电池组的生热散热过程是一个典型的有时变内热源的非稳态传热过程。各种动力电池的热模型都可以用非稳态传热的能量守恒方程描述,见式(5-17)。电池热模型的应用对象为电池内部的任意微元体。热模型的左侧表示单位时间内电池微元体热力学能的增量(非稳态项),右侧第一项表示通过界面的传热而使电池微元体在单位时间内增加的能量(扩散项),右侧第二项 $\dot{q}$ 为电池生热速率(热源项)。

$$\rho_k C_{p,k} \frac{\partial T}{\partial t} = \nabla(\lambda_k \nabla T) + \dot{q} \tag{5-19}$$

式中，ρ_k 为电池微元体的密度；$C_{p,k}$ 为电池微元体的比热容；λ_k 为电池微元体的热导率。

其中，$\dot{q}$ 由不同生热因素引起的生热组合构成，见式(5-20)：

$$\dot{q} = \sum_{j=1}^{n} \dot{q}_j \qquad (5-20)$$

直角坐标形式的热模型常用于方形电池内部温度场计算，见式(5-21)：

$$\rho C_p \frac{\partial T}{\partial t} = \frac{\partial}{\partial x}\left(\lambda \frac{\partial T}{\partial x}\right) + \frac{\partial}{\partial y}\left(\lambda \frac{\partial T}{\partial y}\right) + \frac{\partial}{\partial z}\left(\lambda \frac{\partial T}{\partial z}\right) + \dot{q} \qquad (5-21)$$

为了降低电池温度场数值计算的复杂程度，通常对电池做如下假设：组成电池的各种材料介质均匀，密度一致，同一材料的比热容为同一数值，同一材料在同一方向各处的热导率相等；组成电池的各种材料的比热容和热导率不受温度和 SOC 变化的影响；电池充放电时，电池内核区域各处电流密度均匀，生热速率一致。基于上述假设得到简化的直角坐标系三维热模型，见式(5-22)：

$$\rho C_p \frac{\partial T}{\partial t} = \lambda_x \frac{\partial^2 T}{\partial x^2} + \lambda_y \frac{\partial^2 T}{\partial y^2} + \lambda_z \frac{\partial^2 T}{\partial z^2} + \dot{q} \qquad (5-22)$$

通过上述分析可知，计算电池内部温度场的实质是求解导热微分方程式(5-22)。求解导热微分方程需要解决三个关键问题：热物性参数 ρ、C_p、λ 的准确获取，生热速率 $\dot{q}$ 的准确表达，定解条件（初始条件和边界条件）的准确确定。热物性参数、生热速率和定解条件构成了电池热模型的三要素。

5.3.3 SOC 估计

电池荷电状态 SOC 描述电池剩余电量的数量，是电池使用过程中的最重要的参数之一。电池剩余容量评估类似于传统内燃机汽车需要燃油表监测并显示燃油箱中剩余的油量，对于电动汽车，需要知道剩余的电量还有剩余的百分数，进而预测续驶里程，这就是电池管理系统剩余电量评估模块所需要完成的功能。由于 SOC 受充放电倍率、温度、自放电、老化等因素的影响，电池在使用过程中表现出高度的非线性，这为准确估计 SOC 带来很大难度。到目前为止，虽然新的 SOC 估计方法不断出现，但电动汽车动力电池 SOC 的精确估计问题一直没有得到彻底解决。另外，电动汽车使用的都是电池组，如何定义一致性不好的电池组的 SOC 仍然是个课题。在实际使用过程中常用的方法是将电池组等效为一个电池单体。为了确保电池的安全性，常使用能力最差电池单体的 SOC 来定义电池组的 SOC。

电动汽车动力电池 SOC 估计方法主要有放电试验法、安时计量法、内阻法、开路电压法、负载电压法、神经网络法和卡尔曼滤波法。

5.3.3.1 放电试验法

放电试验法是最可靠的 SOC 估计方法，它采用标准电流对电池进行恒流放电，当达到放电终止条件时，放电电流与时间的乘积即为电池放电前的剩余电量。放电试验法的显著缺点是需要大量时间，检测时电池进行的工作要被迫中断。所以放电试验法不适合电动汽车在工作中实时应用。

5.3.3.2 内阻法

电池内阻 R 有交流阻抗和直流内阻之分，它们都与剩余容量 SOC 密切相关。交流阻抗表示电池对交流电输入的抗拒能力,交流阻抗受温度影响大,且关于应该在电池平衡状态还是充放电过程中进行交流阻抗测量存在争议,所以很少使用。

5.3.3.3 开路电压法

电池的开路电压(open circuit voltage,OCV)与 SOC 存在单调变化的一一映射关系。在使用开路电压法前须通过试验得到 OCV 与 SOC 的对应关系。开路电压法的显著缺点是需要将电池长时间静置以达到电压平衡。电池从工作状态恢复到平衡状态一般需要几个小时甚至十几个小时,静置时间影响开路电压的检测,所以该方法单独使用只适于电动汽车驻车状态。

5.3.3.4 安时计量法

安时计量法通过对电流积分的方法记录从蓄电池输出的能量或者输入蓄电池的能量,再根据充放电的起始 SOC 状态,就可以计算出蓄电池的 SOC。该方法最为直接明显,而且简单易行,在短时间内具有较高精度,但长时间工作时有较大的累积误差。如果充放电起始状态为 SOC_0,那么当前状态的 SOC 为

$$SOC = SOC_0 + \frac{1}{C_N}\int_0^t (I_{batt} - I_{loss})d\tau \quad (\tau \in [0,t]) \quad (5-23)$$

式中,C_N 为额定容量,Ah;I_{batt} 为电池电流,A;I_{loss} 为损耗反应过程中消耗的电流,A。

由于安时计量法原理简单,工作稳定,是目前电动汽车最常用的 SOC 估计方法。安时计量法有两个主要缺点:方法本身不能估计初始 SOC;库仑效率难以准确测量,不准确的库仑效率对 SOC 误差有累积效应。对于电池初始 SOC 的问题,目前通常引入开路电压法或负载电压法来辅助解决。对于库仑效率问题,主要是基于大量实验数据进行修正。安时计量法能够基本满足电动汽车电池组 SOC 估计的需要,但是精度还需提高。在实际应用中,安时法是目前最常用的方法,且常与其他方法组合使用,如安时内阻法、安时开路电压法。这些组合算法通常比单纯使用安时法精度更高。

5.3.3.5 卡尔曼滤波法

卡尔曼滤波理论的核心思想是对系统的状态做出最小方差意义上的最优估计。将其应用于电池 SOC 估计,则电池被看成动力系统,SOC 是系统的一个内部状态。电池模型的一般数学形式为

状态方程:$x_{k+1} = A_k x_k + B_k \boldsymbol{u}_k + w_k = f(x_k, \boldsymbol{u}_k) + w_k$

观测方程:$y_k = C_k x_k + v_k = g(x_k, \boldsymbol{u}_k) + v_k$

系统的输入向量 $\boldsymbol{u}_k$ 中通常包含电池电流、电池温度、电池剩余容量和内阻等变量,系统的输出量 y_k 通常为电池的工作电压,电池 SOC 包含在系统的状态量 x_k 中。$f(x_k, \boldsymbol{u}_k)$ 和 $g(x_k, \boldsymbol{u}_k)$ 都是由电池模型确定的非线性方程,在计算过程中要进行线性化。SOC 估计算法的核心是一套包括 SOC 估计值和反映估计误差的协方差矩阵的递归方程。协方差矩阵用来给出估计误差范围。下面的公式是在电池模型状态方程中将 SOC 描述为内部状态的依据:

$$SOC_{k+1} = SOC_k - \frac{\eta(i_k)i_k \Delta t}{C} \quad (5-24)$$

与其他方法相比,卡尔曼滤波法的优点是对初始 SOC 误差不敏感,更适于电流波动

剧烈的电动汽车应用环境，缺点是对电池性能模型精度及电池管理系统计算能力要求高。

5.3.4 SOH 估计

电池管理系统的另一个电池状态分析功能是对电池老化状态（state of health，SOH）的评估，这一状态也常用一个 SOH 百分比来反映，即一个电池在"新"（出厂时的良好状态）时的最大容量为 1，经过多次工作循环以后，电池所能装载的最大容量相对于"新"时的百分比。对于电动车用锂离子动力电池，按照目前的技术指标，在经过 1000 个周期的深充电、深放电（深充放）循环使用以后，SOH 可以达到 80% 以上。应该指出，SOH 受动力电池使用过程中的工作温度、放电流的大小等因素的影响，需要在使用过程中不断进行评估和更新，以确保驾驶员获得更为准确的信息。

电池寿命目前没有严格的数学表达式能准确描述，当前研究的方法基本是采用长时间大量的寿命实验，从得到的实验数据中拟合得到电池寿命模型。这种方法得到的寿命模型，基本都是半经验公式。对于寿命实验数据所覆盖的电池，经验公式一般是准确的。但是，这些模型往往不具备通用性，寿命模型不能适用于所有的电池类型或工况。

电池寿命测试通常采用的是恒流充放电方法，研究恒流充放电条件下的电池寿命。这种方法建立起来的电池寿命模型，能够描述在恒流充放电情况下的电池寿命特性。但是，作为电动汽车的电源系统，其充放电电流随着汽车行驶工况的变化而改变，采用恒流条件下的电池寿命模型进行寿命预测会带来较大误差。电动汽车在实际行驶过程中电池充放电状态的多变性，也使得建立能够适用于工况条件的电池寿命模型较为困难。

一些研究人员研究了两种典型交通状况下汽车行驶状况和电池寿命之间的关系，建立了电动汽车的电池寿命模型，但该模型对其他交通状况并不具有适用性。对电动汽车的行驶数据进行统计分析，根据分析结果对电池寿命做出预测，这种模型可以避开对电池的物理、化学特性的研究，但是需要大量的数据进行统计分析以提高模型精度。一些学者提出了以累积放出电量进行计算的电池寿命模型，该模型考虑了温度、放电倍率等多个因素对电池寿命的影响，揭示了电池寿命和累积放出电量之间的关系。

5.4 动力电池系统的安全

安全是目前汽车技术发展中的一个重要主题，对于电动汽车而言，除了必须保证与传统汽车相同的车身、行驶系统的安全性之外，还要保证新增部件的安全性。电动汽车相比燃油车，增加了动力电池组、电驱动系统，由此带来的安全问题不容忽视。动力电池系统包括动力电池包、动力电池管理系统、冷却管路、高低压接口及线束等，其中动力电池包、高压接口、高压线束为高电压部件，潜在的安全风险最大。如何对高压线路和动力电池包进行保护已经成为业界研究的热点。

5.4.1 动力电池系统的安全问题

随着高功率高性能电驱动系统的大规模应用，为了降低供电线路的电流，降低功率损耗，电动汽车的动力电池电压不断升高，已经由过去的几十伏提高到目前的 300～800 V，一旦发生触电事故，对人体的伤害将十分严重。国际技术评估中心（International Center for

Technology Assessment，ICTA）针对电动汽车的安全综合评估报告表明，与一般内燃机汽车相比，电动汽车主要存在 11 个方面的安全隐患：起火、蒸汽燃烧、热燃烧、化学燃烧、补充燃料、电击、碰撞、翻车、有毒气体、噪声、制造缺陷。其中最突出的安全隐患包括：氢气或电解液溢出（起火）、有毒气体、电击（漏电）。简言之，高能量动力电池具有爆炸、燃烧的隐患，高电压大电流的电路系统有漏电致人电击伤亡的风险。

如图 5-19 所示，电击是电能瞬间释放的一个过程；燃烧是将化学能转化为热能、光能等的一个能量缓慢释放的过程；爆炸是将化学能转化为热能、光能、巨大的机械能的一个能量剧烈释放的过程。根据电池系统的特性，燃烧、爆炸（化学能释放）、电击（电能释放）是动力电池系统能量非正常释放的三种表现形式，也是致车内乘员伤亡的三大核心因素。而导致电池系统出现燃烧、爆炸、电击现象的因素又有很多原因，如碰撞、水浸、高温、滥用、电芯制造工艺等，所以我们要设计合理的安全保障系统，尽可能降低事故的发生率。

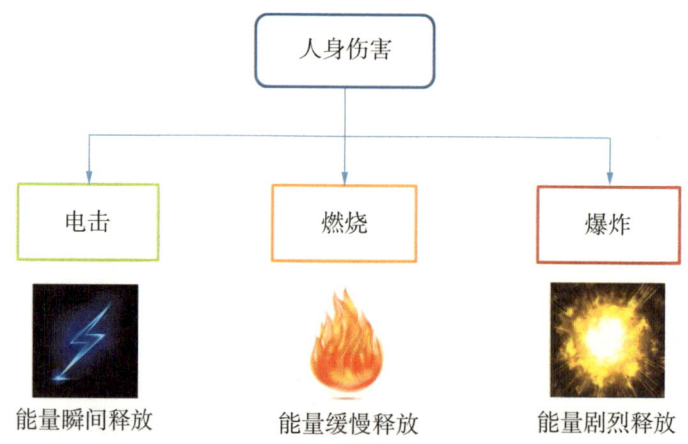

图 5-19　电击、燃烧、爆炸示意图

5.4.1.1　燃烧与爆炸

燃烧和爆炸两者都需具备可燃物、氧化剂和火源这三个基本因素，因此，燃烧和爆炸就其本质来说是相同的，而它们的主要区别在于氧化反应速度不同。燃烧速度（即氧化速度）越快，燃烧热的释放越快，所产生的破坏力也越大。在有限的空间里产生急速燃烧，产生高温高压气体，就会发生爆炸。

电池单体中的电解液和系统中的塑料部件是可燃物，金属铝在高温下也会燃烧，正负极材料是氧化剂；电池单体中的放热副反应会引起温度快速上升，成为火源。因此，动力电池系统具有燃烧发生的一切要素。基于动力电池系统的机械特性，为了防水防尘，动力电池系统呈密闭空间状态，为了经受强烈的机械载荷，壳体材料具有足够的强度，因此在动力电池系统发生剧烈燃烧时，有发生爆炸的可能性。

5.4.1.2　电击

人体构成直流触电的基本要素如下：电压等级超过安全电压标准（直流 60 V）；存储的电荷达到一定能量等级（几百焦耳的电能可致命）；人体与高压直流电的两级构成放电回路，带电物体的正负极必须与人体构成放电回路，如图 5-20 所示。动力电池系统输出电压通常可达 300～600 V（直流 60 V 以上为非安全电压），远超安全电压，所存储的能量通常也可达 10 kWh 以上（10 kWh 为目前插电混合动力汽车动力电池平均能量，纯电动汽车动力电池能量可达 50 kWh 以上）。因此动力电池系统为非安全电压的直流电系统，所造成的电击危害为人体直流触电，电压等级和能量足以造成电击伤亡事故。

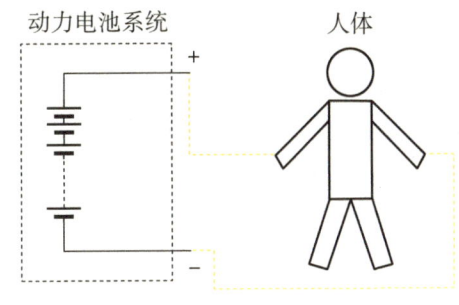

图 5-20　人体直流触电示意图

5.4.2　锂离子电池的安全问题

锂离子电池的安全是动力电池系统安全问题的核心，下面我们从锂离子电池的反应机理来介绍锂离子动力电池给车内乘员造成伤害的几种表现形式。

5.4.2.1　排气

锂离子电池内部各组成部分都有可能成为其所排出气体的产生源。正极物质为含锂化合物，使用过程中受热可能会分解，从而释放 O_2 等气体。隔膜由于为聚烯烃系多孔膜，容易发生热氧老化，释放气体；电解液在循环充放电过程中分解或电解，释放 CH_4、CO 等气体。碳负极与有机溶剂不匹配发生反应也会释放气体，如锂与有机溶剂醋酸丙烯酯（PC）的反应。锂离子电池内部为改善性能或起到保护作用而加入的一些添加剂，如 Li_2CO_3 等，在电压 5 V 左右时也会分解放出气体。

锂离子电池在运行过程中可能会由于上述某种不良反应而产生气体，因而造成电池损坏，所以为了保证锂离子电池不发生爆炸，电芯壳体都会设计一个排气孔，这些气体都会通过排气孔释放出来，而不至于造成电池内压过大而引起其他更大的伤害，如爆炸、燃烧等危险现象。但是所有这些排出到电池箱体中的气体都有可能进入乘员舱，危害乘客的身体健康。

5.4.2.2　泄漏

泄漏主要针对液态电解质锂离子电池而言。聚合物电池采用凝胶聚合物电解液，故一般不存在泄漏问题。目前市面上电动汽车用的也多是液态锂离子电池，主要有圆柱形和方形两种，其基本组成部分有正极片、负极片、正负极集流体、隔膜纸、外壳及密封圈、盖片等。在使用过程中，若出现电池外壳腐蚀或顶壳由于挤压而变形等问题，就可能出现电解液泄漏。此外，锂离子电池一般都设有安全阀，一旦由于各种原因被启动，事后又没有及时处理（更换电池片或电池组等），液态电解液则有可能泄漏出来，造成安全隐患。当电池外部短路时，电池内电解液温度、内部气压均将升高，一旦气压值超过电池盖耐压值，电池将漏液，如果安全阀失效，甚至会引起爆炸。

5.4.2.3　燃烧

造成锂离子电池燃烧的原因是多方面的。原因之一如前面所述，锂离子电池所排出的气体中，大部分为易燃的 CH_4 等气体，还含有 O_2。这些气体如果聚集，一旦遭遇摩擦或静电等火花，就很容易发生燃烧事故；

$$CH_4 + 2O_2 \xrightarrow{\text{燃烧}(650\sim750℃)} CO_2 + 2H_2O \qquad (5-25)$$

另外，如果锂离子电池出现漏液问题，没有得到及时处理，遇到火花也很容易燃烧。这是由于电解液都是有机溶剂，为易燃物质。相对于此两种情况，锂离子电池发生燃烧的最大可能还是由于其内部原因。首先，锂离子电池隔膜常用聚烯烃系多孔膜树脂，其作用是将电池的正负极隔开，防止两极直接短路。然而，该隔膜在氧的作用下容易出现热氧化老化现象，而锂离子电池正极物质在充放电时会产生氧气，两者相互作用将使电池正负极短路，产生极大电流，从而导致电池起火燃烧。另外，同批次电池单体由于个体差异导致容量不等，若容量不同的电池混合使用，充电时容量较小的电池将会先充满。为使电池组中其他电池也充满，容量较小的电池必将过充电，在充电后期一直处于过充电的状态，这将会使电池温度升高，造成电池一系列内部反应，使电池处于发热燃烧的危险中。放电时容量较小的电池电量会先放完，相对于其他容量较大的电池，其处于反极中，会在正极镀上金属锂，形成易燃易爆物质，也极易造成锂离子电池燃烧。

5.4.2.4 爆炸

锂离子电池发生燃烧后一般会伴有爆炸现象发生，若火源是从外部引入，扑救及时也许可以避免。若火源是由电池内部原因所致，如隔膜分解，使正负极直接短路（这种情况一般出现在电池充电过程中，充电电压不稳或过充电所致，其机理如前所述）；或电池反极，使其内部组成部分相互作用生成易燃易爆物质金属锂等，这时锂离子电池表现出来的就是爆炸了。另外，电动汽车用锂离子动力电池均为成组使用，一旦爆炸将会产生连锁反应，直接危害乘客生命和财产安全。

5.4.3 动力电池系统的安全防护措施

如上文分析，可能导致动力电池发生危险的因素有很多，如图5-21所示。为了应对这些问题，尽可能保障车室内乘员的安全，我们要从电芯的制造、电池包的设计、电池管理系统的控制、高低压线束的走向及接口、整车总布置等不同方面进行改进。

5.4.3.1 电池单体

汽车动力电池系统由若干个单体电池串联或并联而成，上文中介绍了由于各电池单体容量不完全一致，在充放电过程中个别的单体会发生过充或过放现象，增加电池系统的危险性。因此，保证电池单体的高度一致性有助于降低动力电池系统发生故障的概率。

5.4.3.2 电池包

由于汽车实际运行工况多变，电池包的工作环境十分恶劣，行车过程中时常遇到颠簸、振动、涉水、碰撞、气压变化等恶劣情况。为了提高系统的安全性，电池包的外壳体必须可以在承受足够的外力下仅发生较小的形变，并具备一定的防水能力，以保证常规的碰撞、涉水安全性；电池包内部元件必须采用阻燃设计并固定牢靠，在碰撞及振动条件下不出现断裂、虚焊，避免电芯短路、传感器失效等危险现象；电池包整体设计必须要充分考虑外界干扰等因素，以保证传感器信号可以稳定传输；电池包壳体设有气体泄压及通风装置，防止因气压变化引起的电池包内压增高，或因单体损坏排气而增加爆炸燃烧的概率。

5.4.3.3 电池管理系统安全策略

电池管理系统(BMS)的安全策略必须充分考虑各种可能出现的危险工况,并放在最高优先级上报给整车控制器做判断。BMS 在经过实时检测调整后,仍检测到电池单体过压欠压或过流、电池组整体过压欠压或过流、电池单体温度不均衡、单体 SOC 值不均衡等不良情况时,要及时将信息上传并报警,由 VCU 来判断故障等级,并结合车辆实时状态进行应急控制,尽最大可能确保出现故障的电池组不对乘员产生危害。

5.4.3.4 线束及接口防水防尘防腐保护

车辆电池包系统必须具备一定的防水、防尘、防腐能力,尤其是线束及接头部分,目前多为 IP67 级及以上,以应对雨雪天气、积水等恶劣天气以及盐碱油液对电池以及线束带来的腐蚀破坏,确保电池包内部与外界完全密封隔离,不发生漏电事故及造成电池损坏。需要注意的是,按目前的防护等级,大多数电动车辆不能达到较高的涉水深度,也不能长时间涉水;另外受电池包系统装配制造工艺所限,电池的实际防护效果也会打折扣。

5.4.3.5 电池包布置

在车辆设计初期进行整车总布置时,会确定该车的电池包位置、尺寸等控制指标,这些指标将直接影响电池的安全设计。乘用车中,电池包的布置位置通常位于车辆轴间底盘处、车辆后备箱中、车辆后排座椅下方等;客车中,电池包的布置位置通常位于车顶、车辆后方上部、车辆底盘等;货运车辆中,电池包布置位置通常位于底盘中部及底盘两侧。针对不同布局的电池包,其壳体强度、防水防尘防腐设计及线束防护都会有所侧重,例如:底置的电池包要增加防水、防尘、防腐以及防磕碰的设计;顶置的电池包由于完全暴露在外界环境中,要加强散热及保温功能,并更多考虑外部环境对密封件的性能影响;置于车辆后方的电池包要更多考虑追尾事故对电池安全的影响,加强碰撞防护,等等。

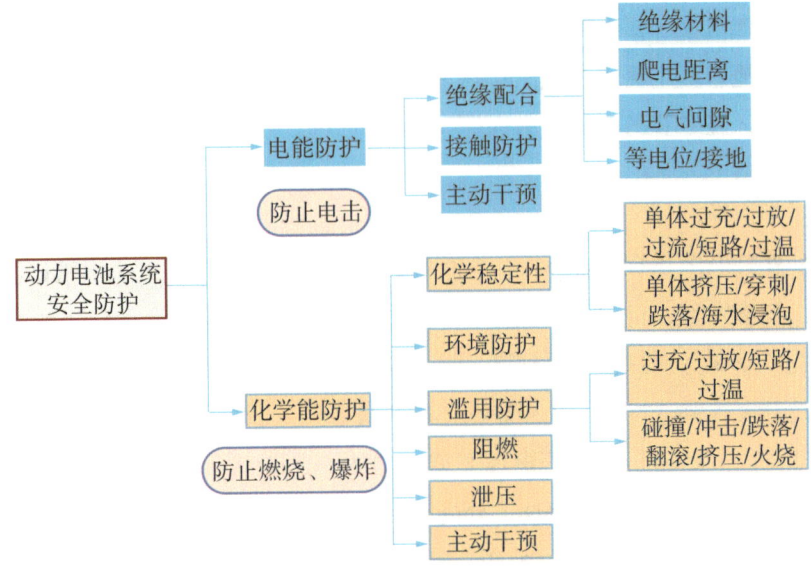

图 5-21 动力电池安全防护体系

5.5 新型动力电池

电动汽车动力电池从过去的铅酸蓄电池、镍镉电池、镍氢电池到目前使用最多的锂离子电池，经过了三十多年的发展历程，但电池的能量密度、充电时间、耐久性等重要指标却一直未达到理想的状态，科研人员也从未停止探索的脚步。本节为大家介绍目前处于实验室研究阶段，未来可能会成为主流应用的新型动力电池。

5.5.1 锌-空气电池

锌-空气电池以气态作为正极，负极为金属锌。实际使用的锌-空气电池为机械充电式，即把放电后产生的氢氧化锌更换为新的锌电极。放电完毕的电极和氢氧化钾电解液送往工厂回收。在某种程度上，可把锌-空气电池看作燃料电池，其中的燃料为锌金属。在德国梅赛德斯奔驰公司生产的邮政货车上(搭载锌空气电池)测试得出其比能量为 200 Wh/kg，但其比功率并不突出，在放电深度 DOD 为 80% 的时候为 100 Wh/kg。资料显示，与当前主流锂离子动力电池相比，质量为 180 kg 的锌-空气电池能够产生 44 kWh 的电量，功率密度约 250 Wh/kg，而目前大规模量产的锂离子动力电池比能量最大不超过 300 Wh/kg，锌-空气电池在充电速度上比锂离子电池要快很多，机械更换电极只需几分钟。以目前的技术水平，一次充电后的锌-空气电池续驶里程可达 300～600 km，与主流纯电动汽车相差不大。

除此之外，科学家们也探索过其他金属的空气电池，但都因技术方面的缺陷无果而终。比如铁-空气电池、铝-空气电池等，其中铁和铝分别用作负极(可回收)。

金属空气电池有两个突出的优点：第一，由于充电在电池外进行，这使正极放电特性得到优化；第二，在完善的基础设施的配合下，可以很快完成电池的充电过程。

5.5.2 锂硫电池

锂硫电池在理论上具有 2600 Wh/kg 的质量比能量和 2800 Wh/L 的体积比能量，且材料成本低廉、环境友好，可以满足很多新兴技术的要求，受到学术界和产业界的广泛关注。但是其在产业化开发过程中遇到诸多技术难题，需要通过正极、负极、隔膜、电解液等基础材料的开发和制造技术的进步获得不断突破。

锂硫电池的内部结构与锂离子电池类似，如图 5-22 所示，主要由金属锂负极、隔膜、电解液、碳硫复合正极、集流体、外壳构成。其工作原理与锂离子电池却截然不同。充电时，Li_2S 电解生成长链多硫化锂，Li^+ 迁移至负极沉积为金属锂；放电时 Li^+ 由负极向正极迁移，电子则通过外电路到达正极，长链多硫化锂的 S—S 键断裂形成硫化锂。伴随着 S—S 键的断裂和生成，电能和化学能相互转换。

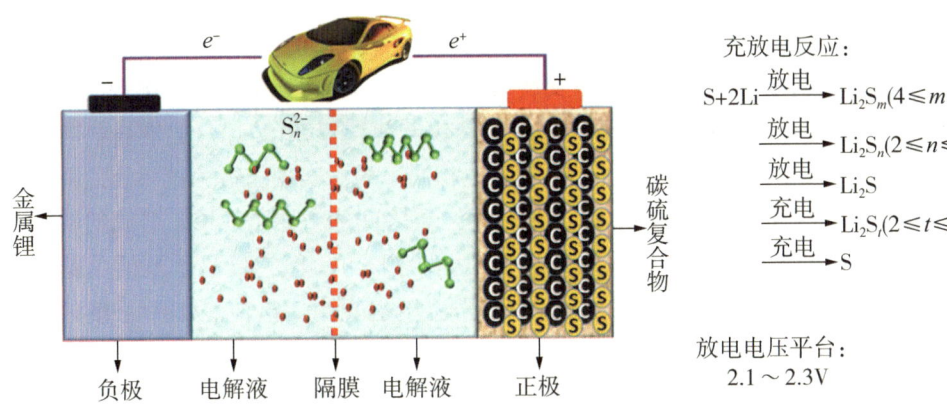

图 5-22 锂硫电池的基本结构原理示意图

日本新能源产业技术综合开发机构自 2009 年起,每年投入 300 亿日元的研发预算,目标是在 2020 年使锂硫电池的比能量达到 500 Wh/kg,三星与丰田也正在合作研发;欧盟在 2015 年开启了"地平线 2020"研发计划,计划投入 760 万美元用于电动汽车用锂硫电池的研发;美国能源部投入大量的人力物力支持锂硫电池的开发。以美国 Sion Power 和 Polyplus、英国 Oxis 为代表的锂硫电池研发企业也取得了较大进展。2009 年 Sion Power 公司将锂硫电池与太阳能电池一起应用在无人机上,创造了连续飞行 14 天的记录,其比能量为 260 Wh/kg;美国 Sion Power 公司在 2016 年公布了下一代锂硫电池的性能表现情况,容量可达 20 Ah,比能量可达 400 Wh/kg、700 Wh/L,但在 1C 放电条件下循环 350 周期,循环寿命对于电动汽车来说是远远不够的。

目前从世界范围来看,限制车用锂硫电池发展的关键科学问题尚未彻底解决,仍处于实验室研究阶段。电动车用锂硫电池要兼顾安全性、比能量、快充性能、寿命、稳定性、成本等指标,目前仅比能量和成本满足要求。

5.5.3 钠硫电池

与锂相似,钠具有较高的电化学还原电位(2.71 V)和较低的原子质量数(23),这两个特点使它很适合作为电池的负极元素,而且钠在自然界含量丰富且开采成本低。而作为正极的硫元素,亦具有获取容易、成本低的优点。钠及其固态聚合物有高活性,因此不能采用含水的电解质,这点与锂离子电池相似。1966 年,福特汽车公司的科学家们发现了"$\beta-Al_2O_3$",这一发现解决了钠离子电池的电解质问题。

钠硫电池除了上述提到的优点,还有一些使用上的局限。例如,工作温度在 300℃ 左右,这就需要良好的绝热和热控制单元,且对电池组的设计要求十分高,因为在车辆发生碰撞时,过高的温度可能会点燃周围的可燃物使汽车燃烧起火。钠硫电池的另一个弊端在于其缺少预防过充电的机制。满电时,某一块或多块电池单体内阻增大,拉低了串联在一起的电池单体的总电压。钠和硫在进行化学反应时会产生大量热量,当发生交通事故时,钠硫电池还有爆炸的危险,因此钠硫电池的安全性为另一个主要的问题。以上安全隐患都可以在电池设计时予以解决,现已生产出安全的钠硫电池。

5.5.4 钠-金属氯化物电池

钠-金属氯化物电池是由钠硫电池发展而来的，它带有过充电和过放电控制机制。其构造与钠硫电池相似，但由氯化镍（$NiCl_2$）或氯化镍与氯化亚铁（$FeCl_2$）的混合物替换了钠硫电池的硫来做正极。负极、电解质与钠硫电池相同。为了实现正极和电解质之间良好的离子传导，两者均为固体，在 $NiCl_2$ 和 "$\beta-Al_2O_3$" 层之间加入由 $NaAlCl_4$ 组成的辅助电解液。尽管 $NaAlCl_4$ 的加入降低了电池的比能量（大约 10%），但它仍是电池的关键组成部分。与钠硫电池一样，钠-金属氯化电池的工作温度也较高。电池工作室正极（$NiCl_2$ 和 $FeCl_2$）反应如下：

$$NiCl_2 + 2Na \xrightleftharpoons[放电]{充电} Ni + 2NaCl \quad (2.58V) \quad (5-26)$$

$$FeCl_2 + 2Na \xrightleftharpoons[放电]{充电} Fe + 2NaCl \quad (2.35V) \quad (5-27)$$

钠-金属氯化物电池中的单体在放电状态时组装起来。其正极是镍粉（或铁粉）和氯化钠（食盐）混合后制成的。组装后充电时，电池正极是由相应金属组成的，负极由钠组成。这一过程中有两个显著的优点：第一，通过 "$\beta-Al_2O_3$" 放电即可原地产生纯钠；第二，电池原料（食盐和金属粉末）成本低廉。虽然镍比铁昂贵，但其生产工艺较简单且工作温度范围较宽，因此更适合用来制造金属化合物。

最常见的钠-金属氯化物电池为 ZEBRA（Zero Emission Battery Research Activity）电池，即零排放、无污染的绿色电源，它是由英国和南非科学家于 20 世纪 80 年代初合作研发的。这一电池在各种场合应用都很安全，在电动汽车和混合动力汽车上有很好的应用前景。

5.5.5 固态电池

近年来，固态电池已成为动力电池行业的热点，被视作下一代动力电池尖端技术。固态电池即采用固态电解质取代传统的电解液与隔膜，使其能量密度更高、充放电性能更好。固态电解质分为聚合物固态电解质和无机固态电解质，无机固态电解质又分为非晶态（玻璃态）无机电解质、玻璃陶瓷无机电解质、陶瓷固体电解质。

电池中的全固态电解质可以有效提高电池的安全性、热稳定性和电化学稳定性，是根本解决金属锂电池（包括锂硫电池）安全和寿命问题的重要路线。此外固态电解质还具有其他优势，如完全消除了电解液腐蚀和泄漏的安全隐患，无须复杂的外壳冷却系统，单体电芯可以串联，可以充到更高的电压等。全固态锂电池与传统锂电池的结构、性能对比见表 5-1。

表 5-1 全固态锂电池与传统锂电池对比

类别	全固态锂电池		传统锂电池	
电池结构	正极、负极、电解质		正极、负极、电解质、隔膜	
电解质	无机固体材料（碳化物、氧化物等）	高分子聚合物材料（PEO 基物）	有机电解液（PC 等碳酸酯 + $LiPF_6$ 等）	聚合物浸润有机电解液

续表 5-1

类别	全固态锂电池		传统锂电池	
优点	安全性高,寿命长,适合长时间储存,能量密度高,高温适应性好	安全性高,可卷对卷生产,具有柔性加工特性	广泛适用于3C产品储能领域,有示范作用	在小型电子产品中有应用
缺点	功率密度偏低,成本偏高	功率密度低,成本偏高,温度适应性不佳,循环寿命待提升	含有电解液,高温下有挥发与燃烧的可能;因电化学窗口限制,放电电压无可提升空间	

目前,国内外知名机构及汽车公司均着手研发新一代固态电池并取得较大进展:日本丰田研制的固态电池功率密度可提高到 2.5 kW/L,比能量约为 400 Wh/kg,约为锂离子电池的 2 倍,丰田与松下也正联合开发车载方形固态电池;法国博洛雷投入使用的 2900 辆电动汽车 Bluecar,配装子公司 Batscap 生产的 30 kWh 金属锂聚合物电池,该款动力电池采用 Li-PEO-LFP 材料体系;德国大众与美国 QuantumScape 公司正在研发能让电动汽车更便宜、续驶里程更长的技术,双方计划未来几年合作生产电池,采用该新型电池,大众 e-Golf 的续驶里程可以从目前的 300 km 提高到 750 km;德国宝马与美国 Solid Power 公司联手开发电动汽车固态电池技术,该技术在锂电池中混合了高容量的金属锂负极,并打造出一种新的固态电池,在重量相同的情况下电量为传统锂电池的 2~3 倍;韩国三星 SDI、LG 化学等正加快固态电池的研发,预计将在两年内生产固态电池,届时可能会首先应用于智能手机,待安全性充分得到测试之后,2025 年左右会应用在汽车上;雷诺-日产-三菱联盟正致力于固态电池技术的研发,预计 2025 年推向市场。在我国,比亚迪于 2017 年 8 月申请了一种全固态锂离子电池正极复合材料及固态锂离子电池发明专利,止积极推进固态电池项目商用;宁德时代在聚合物和硫化物基固态电池方向分别开展了相关的研发工作,在聚合物固态锂金属电池方面,宁德时代设计制作了容量为 325 mAh 的聚合物电芯,循环 300 圈以上,容量保持率达到 82%,目前距离商业化时间仍较长;清华大学南策文院士团队投资创办的清陶能源发展公司专注于顶尖新能源材料技术的研发,其围绕全固态锂电池开发有丰富的技术经验,形成了一系列自有知识产权技术,目前已突破核心技术全固态电解质材料(LLTO、LLZO)生产技术,可通过流延成型、薄膜制备等多种方法制备出全固态电解质膜,替代传统锂电池中的液态电解质材料,2017 年该公司已推出可量产化的全固态锂电池,比能量可达 350 Wh/kg。

5.6 大功率充电技术

随着电动汽车的不断普及,充电基础设施欠缺、充电时间长、里程焦虑和现有电池技术的缺陷等问题成为制约电动汽车大力推广的重要障碍。而以快速充电和超快速充电为代表的大功率充电技术，能够降低用户的充电时间，是解决上述问题的一个方法，也被认为是未来电动汽车能源补给的一种重要的形式。

5.6.1 大功率充电技术标准

按照习惯说法，大功率充电技术分为快速充电（fast charging）和超快速充电（也叫极速充电，extreme fast charging，XFC）。然而，目前，在"快速"和"超快速"的充电速度之间没有划分的标准，部分原因是，在一定时间内为电池充电所需的功率取决于电池容量，以及其他因素，包括初始和最终的充电状态。国际能源署将"快速"充电器定义为能够提供超过 22 kW 的交流电，超快速充电器在 10 min 内充电到电池容量的 80%；美国能源部在 2011 年提出的报告中将电动汽车快速充电目标定为每分钟充入电量可行驶 20 mi（约 32 km）；根据中国电动汽车大功率充电技术与标准预研工作组研究，电动汽车传导直流大功率充电指充电功率在 350 kW 或以上，充电 80%～90% 耗时 10～15 min；而根据充电倍率划分，又可以分为慢速（指充电倍率小于 1C，充电时间大于 1 h），快速（指充电倍率大于 1C，充电时间小于 1 h），或超快速（充电倍率大于 3C，充电时间小于 20 min）充电。本节采用中国电动汽车大功率充电技术与标准预研工作组标准，将充电功率大于 350 kW 或充电倍率超过 3C 的充电方式定义为超快速充电。

目前主要的大功率充电方式为传导直流充电，国际上几个主要的传导直流充电标准主要包括 GB/T 20234.1—2023、CHAdeMO 3.0、CCS Type2、Tesla V3、Chaoji 等，它们规定的最大传导直流充电功率及电压电流见表 5-2。

表 5-2 主要传导直流充电标准

标准	GB/T20234.1—2023	CHAdeMO 3.0	CCS Type1	CCS Type2	NACS	Chaoji
适用地区	中国	所有地区	美国	欧洲	所有地区	中国、日本
符合标准	IEC 692916-3	IEEE 2030.1.1、IEC 62916-3	SAE J1772、IEC 692916-3	IEC 692916-3	—	CHAdeMO、GB/T
接口						
最大电压/V	1500	1500	600	900	1000	1500
最大电流/A	800	600	400	400	400	600
最大功率/kW	1200	900	240	360	400	900
通信协议	CAN	CAN	PLC	PLC	CAN	CAN
V2X 功能	无	有	无	无	无	有
发布年份	2023	2020	2014	2013	2022	2020

基于这些标准，一些先进的大功率充电设施得以研发出来。其中，快速充电系统详见表 5-3，极速充电系统详见表 5-4。

表 5-3 一些较为先进的快速充电系统

制造商	ABB	Tritium	PHIHONG	Tesla	EVTEC
国家或地区	瑞士	澳大利亚	中国台湾	美国	德国
系统名称	Terra 53	Veefil-RT	Integrated Type	Supercharger	Espresso&Charge
支持标准	CCS CHAdeMO	CCS CHAdeMO	GB/T	Tesla	CHAdeMO
功率/kW	50	50	120	135	150
输入电压/V	480AC	380～480AC 600～900DC	380AC 480AC	380～480AC	400AC
输出电压/(DC/V)	200～500 50～500	200～500 50～500	200～750	50～410	170～500
输出电流/A	120	125	240	330	300
最大效率/%	94	>92	93.5	91	93
体积(L)	758	495	591	1047	1581
重量/kg	400	165	240	600	400
充电到200mi续航里程所需时间/min	72	72	30	27	24

表 5-4 一些较为先进的极速充电系统

制造商	Tritium	EVtronic	ABB	ABB	巨湾技研
国家	澳大利亚	法国	瑞士	瑞士	中国
系统名称	PK 350	Troniq Modular	Terra 360	Terra HP	超级快充
支持标准	CCS CHAdeMO	CCS CHAdeMO	CCS CHAdeMO	CHAdeMO	GB/T
功率/kW	最大 350	最大 240	360	350	480-600
输入电压/V	480AC	—	400AC	400AC	—
输出电压/(DC/V)	950	—	150～920	150～920	最大 1000
输出电流/A	500/200	最大 500	500/200	375	最大 600
最大效率/%	98.5	—	>95	95	—
体积/L	1494	—	1125	1894	—
重量/kg	593	—	700	1340	—
充电到200mi续航里程所需时间/min	—	10	<15	10	—

5.6.2 大功率充电方法

由于电池内部的离子扩散速度受限,在大倍率充电电流的情况下,由锂沉积导致的线性损失所引起的电池老化速度会加快,从而对电池寿命产生不利影响;且在大倍率充电条件下,电池的内阻大量产热,导致大功率充电过程中电池温度急剧上升,进而对电池的安全性提出挑战。为兼顾电池寿命、充电时间和电池温度等因素,研究大功率充电的方法是必要的。

5.6.2.1 基本充电方法

基本充电方法主要包括恒流充电和恒压充电,它们不直接适用于大功率充电,而是常用作大功率充电流程中的一个环节。

(1)恒流充电

恒流充电是一种使充电电流强度保持不变的充电方法,如图 5-23 所示。它通过调整充电装置的输出电压或改变蓄电池串联电阻的方式保证恒流。这种方法控制简单,但由于电池的可接受电流能力是随着充电过程的进行而逐渐下降的,到充电后期,充电电流多用于电解水并产生气体,此时电能不能有效转化为化学能,多变为热能消耗掉了,且在充电倍率较大时电池负极会出现锂的结晶和极板活性物质脱落,造成不可逆损伤。

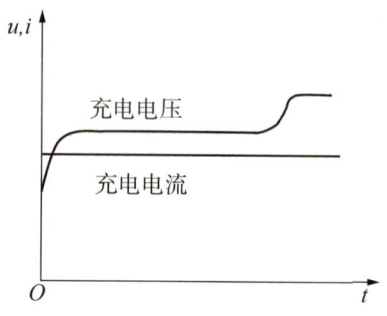

图 5-23 恒流充电方法

(2)恒压充电

因为恒流充电在充电末期对电池的损伤比较大,极易造成电池容量不可逆的损伤,所以研究人员提出了一种基于电压恒定的充电方法,即恒压充电,如图 5-24 所示。这种方法主要是指在整个充电过程中,电池两端的电压保持不变,在充电过程中,电流逐渐减小,最终减小到设定的电流值,标志着充电过程的结束,这样可以避免电池在充电末期出现电流过大的现象。小的充电电流可以对电池内部的离子浓度进行均衡,减缓对电极材料的损伤,达

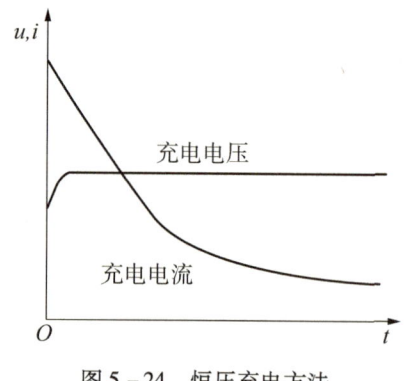

图 5-24 恒压充电方法

到提高电池使用寿命的目的。但是在充电初期,电池的容量比较小,采用恒定的电压充电会造成电流值过大,同样会对电池造成损伤,故一般会对初期的电流进行限制,过后再转为恒压充电。

5.6.2.2 快速充电方法

为了能够最大限度地加快蓄电池的化学反应速度,缩短蓄电池达到充满电状态的时间,同时尽量减少或减轻蓄电池正、负极板的极化现象,提高蓄电池使用效率,近年来大

力发展了快速充电技术。下面介绍几种常用的快速充电方法。这些方法都是围绕着最佳充电曲线进行设计的，目的就是使实际充电曲线尽可能地逼近最佳充电曲线。

(1) 多阶段恒流充电方法

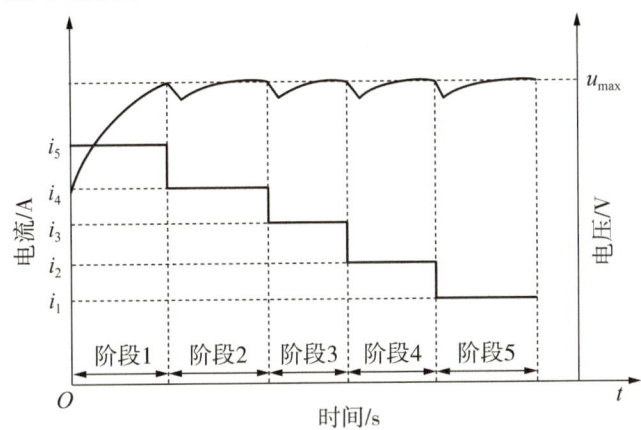

图 5-25 多阶段恒流充电方法

多阶段恒流充电方法如图 5-25 所示。在多阶段恒流充电中，每一个台阶都持续一定的充电时间，直到电池电压或容量达到过渡点，然后跳跃到下一个充电台阶，充电过程转入下一个预置电流。由锂电池的极化约束条件可知，在锂电池充电初期即低 SOC 区间一般使用高电流，以保证较高的充电速度；在充电末期即高 SOC 区间，一般使用低电流，避免损伤电池寿命。因此，多阶段恒流充电电流水平是逐级降低的。

多阶段恒流充电的特点是简单，易于控制和实现，较简单的恒流-恒压充电组合方法有着更高的充电速度和更低电池寿命损失；其缺点是每个阶段的最佳电流值难以确定，若选取不当则会降低充电性能。

(2) 脉冲充电方法

脉冲充电方法是采用脉冲形式的电流对电池进行充电，通过调整脉冲幅值和脉冲占空比来控制电池的充入电量和间歇时间，其充电曲线如图 5-26 所示。采用脉冲充电法给电池充电，首先以一个高幅值大电流恒流充电一段时间，使蓄电池的容量在短时间内迅速上升，然后短暂地停止充电，其目的是消除电池的极化现象；再不断重复前面的操作，直至电池充满电。采用脉冲充电法，能

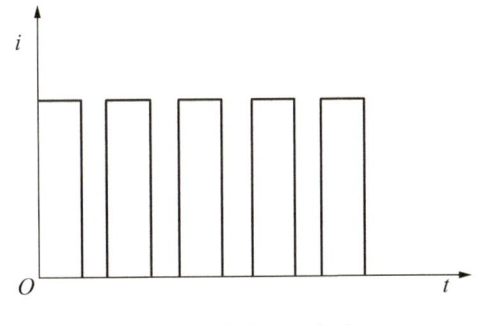

图 5-26 脉冲充电方法

够有效地去除极化，减轻蓄电池的内压，减少蓄电池的析气量，提高蓄电池的充电速率。

脉冲充电方法同样具有高充电效率以及低充电损失的优点，但这一方法的控制算法较为复杂，且需要通过复杂的算法确定合适的脉冲频率。

(3) 负脉冲充电方法

负脉冲充电方法是美国的一项专利技术，大大降低了蓄电池快速充电的时间，如图 5-27 所示。与脉冲充电法相比，负脉冲快速充电法最大的特点是加入了负脉冲的思想。其机理是利用负脉冲所提供的电池的"打嗝"作用，消除反应过程中电极表面产生的气泡，

使电池充电过程的温升和内部阻抗的增加量减少，使电能尽可能充分地转化为蓄电池内部的化学能，有利于消除由于离子扩散速度较慢引起的浓度极化，提高电池内部活性材料的利用率，从而达到增加电池充、放电次数的目的。其缺点是相对于脉冲充电方法，负脉冲充电方法的控制算法更为复杂，且同样需要确定合适的脉冲频率。

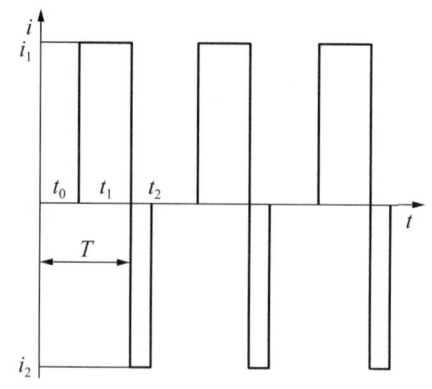

图 5-27 负脉冲充电方法

（4）正弦电流充电方法

如图 5-28 所示，正弦电流充电方法是正弦电流和直流电流叠加作为充电电流，该策略通过最小化锂离子电池阻抗频率从而降低锂离子电池的产热。该方法具有快速充电、延长电池寿命和控制温度的优点，多用于低能量损耗的快速充电电池；其缺点是控制算法复杂，且对于硬件要求较高。

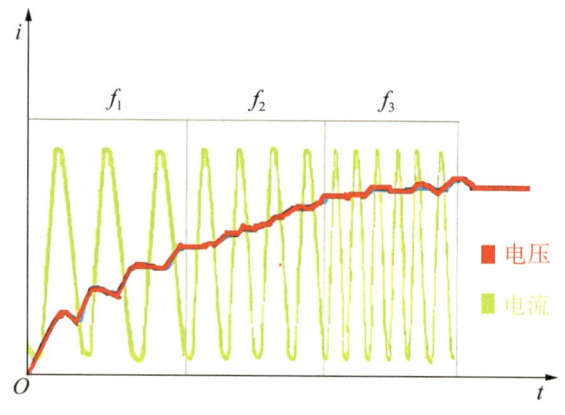

图 5-28 正弦电流充电方法

f—电流频率

（5）Boost-Charging 充电方法

Boost-Charging 充电方法目前用于给锂离子电池充电。该方法适用于在短时间内以高电流对完全耗尽的蓄电池进行充电，然后进行 CC – CV 充电，以避免蓄电池过度充电。其伏安特性如图 5-29 所示。Boost – Charging 作为一种新型快速充电策略可以明显缩短充电时间，提高充电效率，并且对循环寿命没有明显的影响。然而，Boost – Charging 没有考虑充电电流的优化和温度的控制，因此在大功率充电条件下，电池模组产热情况严重，如果不配以合适的热管理系统，可能会引起

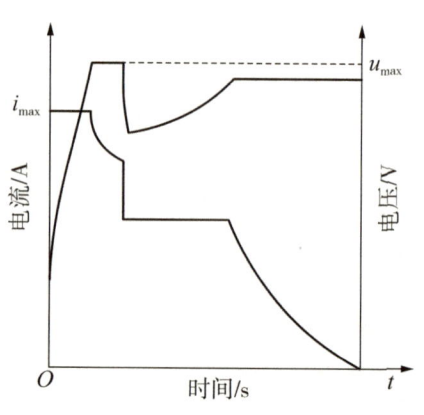

图 5-29 Boost – Charging 充电方法

热失控。

(6) 智能充电方法

随着各种智能控制算法的深入研究,智能控制理论逐渐被应用到电池充电中,智能充电方法得到进一步研究。其主要工作原理是应用 $\Delta u/\Delta t$ 控制技术,检测出电池的端电压和电压变化率,以此推算出电池所处状态,计算出最佳充电电流,让充电电流一直稳定在最佳充电曲线附近,直到电量充满,整个过程自动完成,不用人工操作,充电曲线如图 5-30 所示。分段恒流充电为智能充电中的一种,其根据最佳充电曲线,采用逐渐减小的分段恒流对电池进行充电,将电池的损伤降到最低。

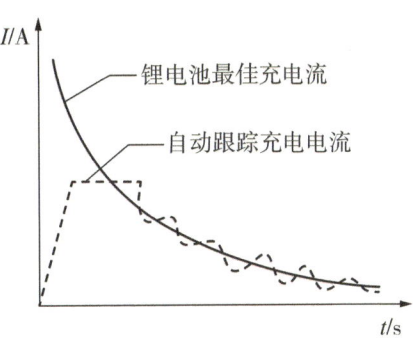

图 5-30 智能充电曲线

5.6.3 AC/DC 转换器

大功率传导直流充电的系统如图 5-31 所示,电能从电网出发,经过 AC/DC、DC/DC 变换转换为高压直流电输入电动汽车,充电过程通常由车辆的电池管理系统(BMS)控制。其中充电器(charger)负责进行电能转换,是电动汽车大功率充系统的核心,主要包括 AC/DC 转换器和隔离 DC/DC 转换器两个部分。

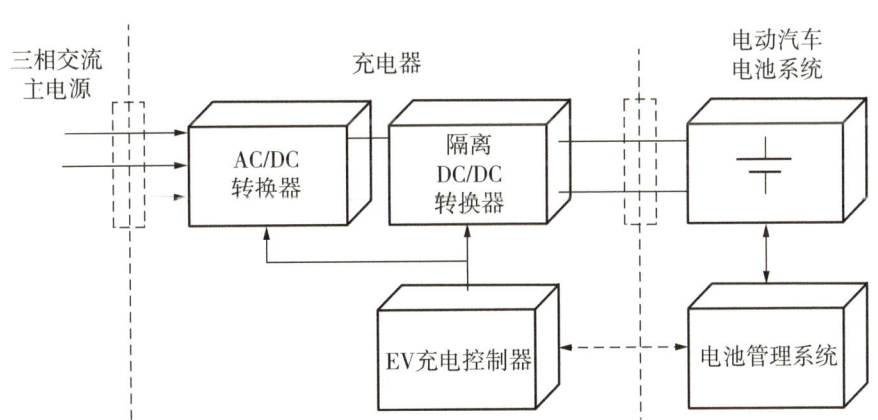

图 5-31 大功率传导直流充电的系统

根据电网到负载的功率流动方向,将直流快速充电系统分为两类,分别是单向充电器和双向充电器。其中,单向充电器只能从电网中汲取电力,但不能将电力插到电网中。通常,这种转换器往往设计成单级,以减小其尺寸、重量和成本。双向充电器通常由两级组成,即并网的双向 AC/DC 转换器和双向 DC/DC 转换器。它们有两种模式,充电和放电模式。两个峰值电流电感的存在会使充电器结构更加复杂,导致成本上升。由于循环次数多,电池通常会消耗得更快。

大功率充电 AC/DC 转换器的拓扑结构主要有三相脉宽调制(PWM)转换器、单向升压

boost 转换器、Vienna 整流器、交直流 buck – boost 转换器。

5.6.3.1 三相 PWM 转换器

三相 PWM 转换器的拓扑结构如图 5 – 32 所示。该升压型转换器的输出电压高于输入线对线峰值电压。六开关 PWM 转换器产生低谐波输入电流，提供双向功率流，并实现任意功率因数（PF）调节。由于结构简单、控制方案完善，以及具备足够电流和电压额定值的低成本 IGBT 器件的可用性，这种拓扑结构被广泛应用于最先进的直流快速充电器。

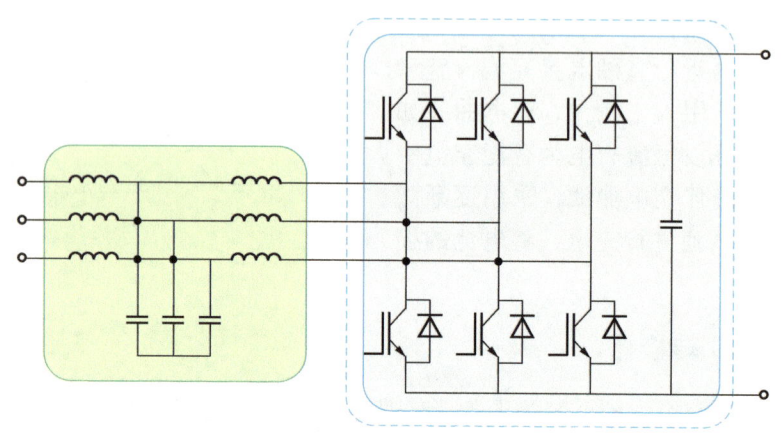

图 5 – 32　三相 PWM 转换器

5.6.3.2 单向升压 boost 转换器

单向升压 boost 转换器结构如图 5 – 33，使用这种升压转换器代替传统二极管桥式整流器的主要目标是提供更好的功率因数，消除输入端的谐波，并在交流端发生不必要的扰动时在输出端具有恒定的直流电压。

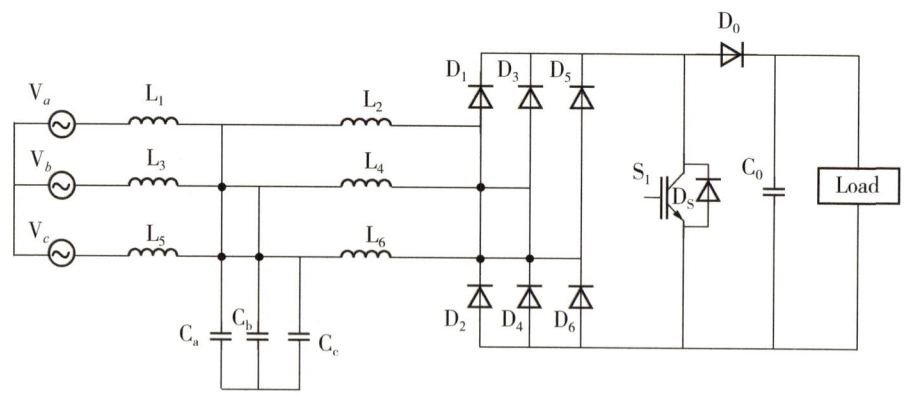

图 5 – 33　单向升压 boost 转换器

5.6.3.3 Vienna 整流器

Vienna 整流器是另一种流行的功率转换器拓扑，如图 5 – 34 所示。当目标是实现高功率因数和低谐波失真时，这也是一种流行的选择。如图 5 – 34 所示，每相只有一个有源开关，这使得 Vienna 整流器更容易控制，更可靠。这本质上是一个脉宽调制转换器，输入端的升压电感起到校正功率因数的作用。基本上，开关关闭时电感器获得的存储能量在开关打开时通过二极管传输到负载。采用这种拓扑结构的优点包括没有中性点连接和无须消除死区问题的辅助换向电路。

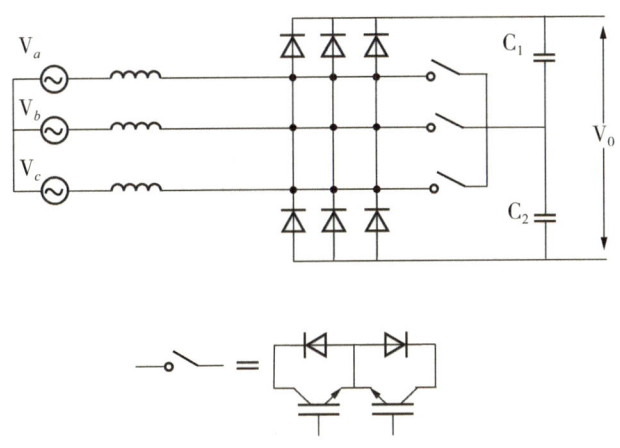

图 5-34　Vienna 整流器

5.6.3.4　交直流 buck-boost 转换器

这种转换器拓扑结构的主要亮点在于其价格低廉，开关数量较少，最重要的是，这是一种 buck-boost 转换器，输出电压可以在很大范围内变化。三相交直流 buck-boost 转换器拓扑结构如图 5-35 所示。当占空比低于 0.5 时，该转换器拓扑可以在降压模式下工作；当占空比高于 0.5 时，该变流器拓扑可以在升压模式下工作。研究人员也提出了一些三相前端整流器，但它们大多是升压变流器，不允许电压在宽范围内变化。

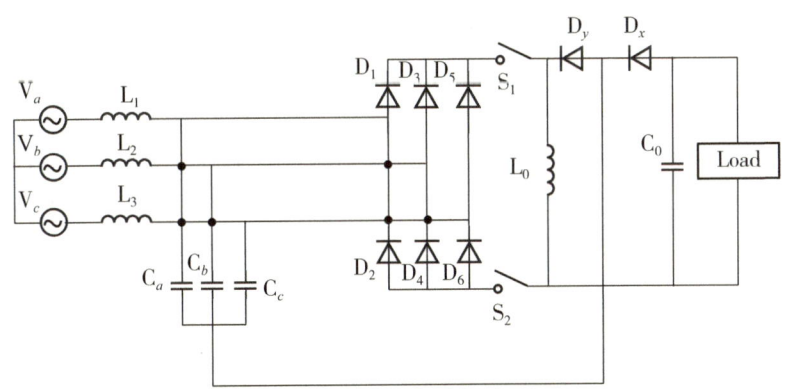

图 5-35　三相交直流 buck-boost 转换器

5.6.4　隔离 DC/DC 转换器

位于 AC/DC 后的 DC/DC 转换器负责为电动汽车电池提供充电接口。由于电动汽车的蓄电池在任何时候都不得接地（即必须相对于地面浮动），因此需要以电流隔离，以保持电网和蓄电池之间的隔离，从而保护蓄电池不受充电系统的影响。故电动汽车充电器中的

DC/DC 转换器为隔离 DC/DC 转换器,所谓隔离指的是 DC/DC 的输出/输入端由变压器等元件分离开而不是直接采用导线连接,如图 5-36 等所示。常见的隔离 DC/DC 转换器主要包括移相全桥(phase-shift full-bridge,PSFB)转换器、LLC 谐振转换器、双有源电桥(dual active bridge,DAB)转换器、CLLC 转换器等。

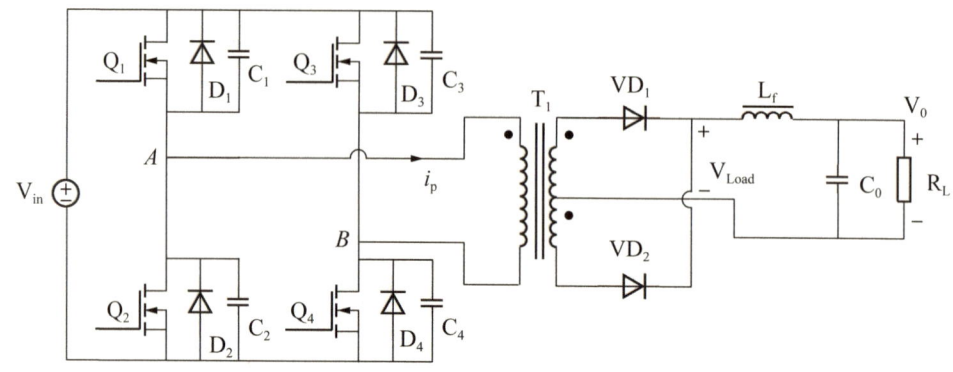

图 5-36 PSFB 转换器

5.6.4.1 PSFB 转换器

PSFB 转换器的拓扑结构如图 5-36 所示。其基本工作原理为通过一次端的逆变器将输入的直流电压转换为方波交流电压,经高频变压器升压后经由次级线圈的整流电路、滤波电路,在输出端产生幅值不变的矩形波直流电压。PSFB 的控制方式为相移 PWM,能够通过开关管的结电容以及变压器漏感之间的谐振。PSFB 变换器的 4 个开关管依次在零电压下导通(ZVS)来实现恒频软开关,提升了开关电源的转换效率与 EMI 性能以及功率密度。PSFB 的缺点是开关切换损失大,且在轻载工况下难以实现 ZVS。

5.6.4.2 LLC 谐振转换器

LLC 谐振转换器的拓扑结构如图 5-37 所示。与 PSFB 相比,LLC 在一次线圈处串联了电容、电感元件,从而组成谐振电路。LLC 谐振转换器通过改变开关频率来调节转换器输出电压,以调节谐振回路与等效负载的阻抗比。LLC 转换器使用磁化电流实现零电压开关,从而降低关断损耗和变压器损耗。如果输入输出电压范围比较窄,LLC 转换器可以实现非常高的效率。但是,它的轻载功率调节能力有限,并且零电压开关条件可能无法在较宽的工作范围内保持,从而对效率产生负面影响。

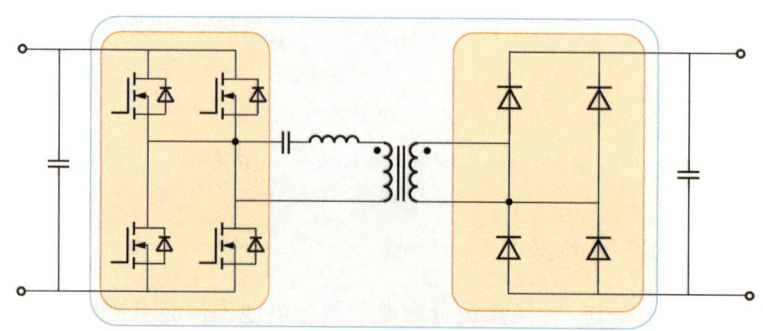

图 5-37 LLC 谐振转换器

5.6.4.3 DAB 转换器

如图 5-38 所示，DAB 转换器是由半桥式的直流逆变器和半桥式的逆变整流器相互组合而成，两边电路采用对称式连接结构，故 DAB 为一种双向 DC/DC 转换器。在 DAB 转换器中，功率流通过调整初级和次级电压之间的相移来控制，变压器漏感用作功率传输元件。DAB 结构简单且能够实现 ZVS 操作，故广泛应用于双向 DC/DC 模块中。

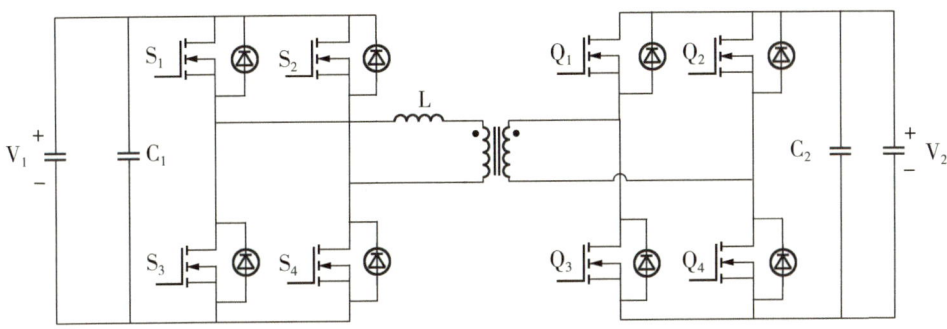

图 5-38 DAB 转换器

5.6.4.4 CLLC 转换器

CLLC 也是一种双向 DC/DC 转换器，其拓扑结构如图 5-39 所示，可以认为是通过在 LLC 的二次侧串联电容、电感等谐振元件，以实现正反方向运行工作模态一致。与 LLC 转换器相比，CLLC 转换器在变压器两侧分布了两个谐振电容器，这有助于降低谐振电容器电压应力。与 DAB 转换器相比，CLLC 谐振回路所需的漏感要小得多，因此变流器中循环的无功功率也较小。此外，CLLC 转换器的正弦谐振电流对高频变压器施加的应力小于 DAB 转换器。CLLC 的缺点是需要更多电容电感元件，成本较高，并且 LLC 具有的缺点 CLLC 也有。

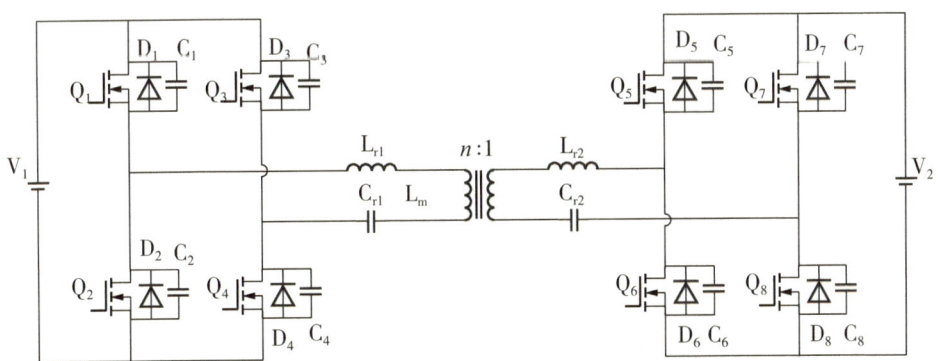

图 5-39 CLLC 转换器

5.6.5 大功率充电站

电动汽车的大功率充电站主要包括单向充电站、双向充电站、多端口充电站、无变压器充电站四类。下面将一一介绍它们的拓扑结构。

5.6.5.1 单向充电站

单向充电站是只能用电网对车辆进行充电(grid to vehicle,G2V)的充电站,其拓扑结构如图5-40所示,使用12脉冲二极管整流器作为低成本前端转换器。直流链路电压由两个buck-boost变换器控制,这些变流器还负责有源滤波,以抵消不受控前端整流器产生的交流电流谐波。在buck-boost变换器的直流链路中,可以使用电池代替电容器来实现储能集成,由于快速充电站预计不会运行V2G(vehicle to grid,汽车对电网充电),因此单向充电站就可以满足充电要求。因此,为了降低成本,前端变流器被选择为二极管整流器,这种拓扑是单向的,电网支持功能不可用。这意味着对于需要MW级充电功率的快速充电站,没有可用的压降补偿。在配电网的薄弱点(如路边和区域)供电时,这可能会限制充电站的可行性。

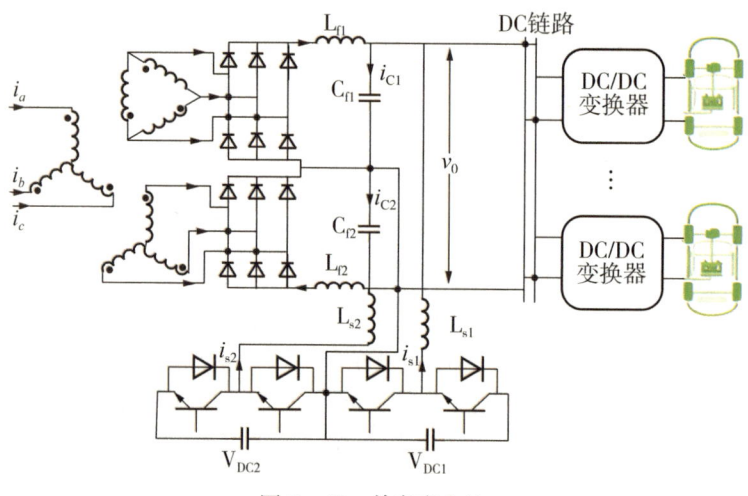

图5-40 单向充电站

5.6.5.2 双向充电站

双向充电站为既能进行G2V充电也可以进行V2G充电的充电站,一种双向充电站的拓扑结构如图5-41所示。该双向充电站采用了一种中压直流体系结构,该结构具有直流母线,用于连接和馈电具有3个50 kW电动汽车充电器的快速充电站。它使用中性点箝位(NPC)变流器作为前端变流器来提供双极直流链路,以降低直流快速充电器中的降压比。此外,该充电站还可以集成光伏、风能充电以及电力储存设施,这些设备可以在用电高峰时期提供额外电能,防止电网超载。

5.6.5.3 多端口充电站

图5-42展示了一种多端口充电站。该充电站也能够进行V2G操作。每个电动汽车充电器以一个单位比低频变压器作为隔离装置由低压电网供电。充电站的电力电子接口将三相50 Hz交流电转换为中间直流电。该直流电进一步转换为高频25 kHz交流电。然后,该高频电压通过一组无芯线圈传输到电动汽车充电器。如图5-42所示,每个电动汽车充电器都有一套专用设备,增加了设备和控制电路的数量,降低了整个系统的效率和可靠性。虽然多端口充电站设计用于电动汽车的非快速充电,但会同时进行多个电动汽车充电,PCC处的电压下降是可预测的。然而,多端口充电站无法提供电压支持或功率因数校正。

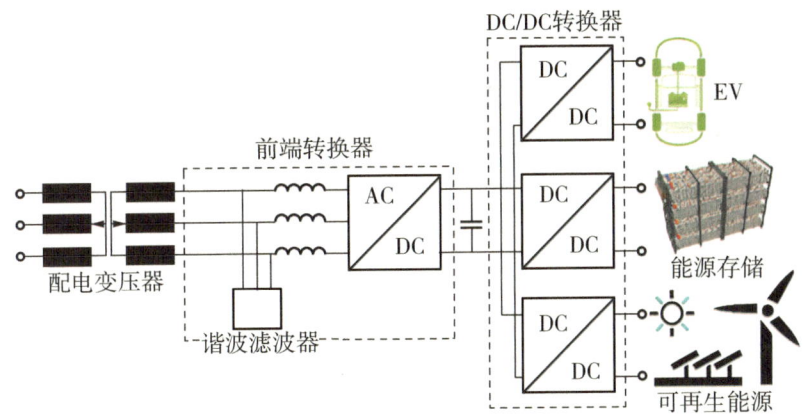

图 5-41 一种双向充电站

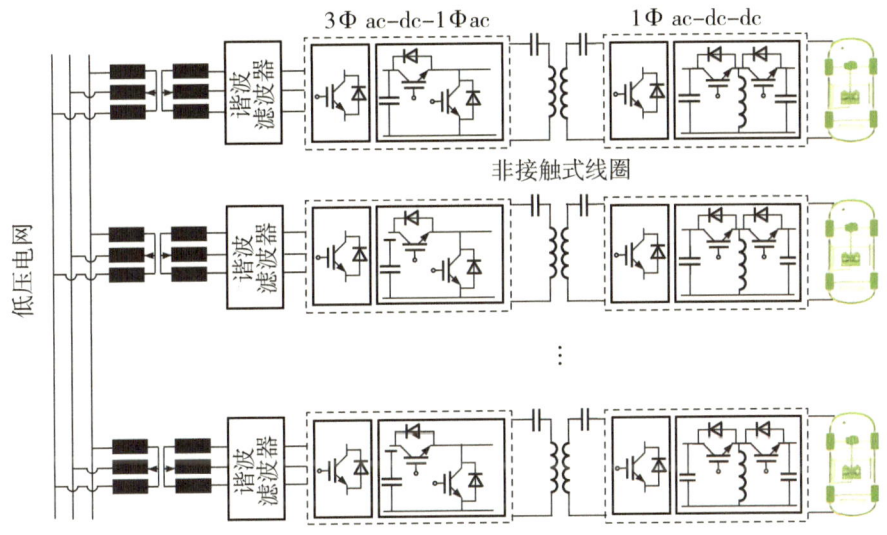

图 5-42 多端口充电站

5.6.5.4 无变压器充电站

为提高充电站的功率密度，一些研究人员提出了无变压器充电站。通常，在没有低频变压器降压的情况下，前端变流器的连接有两种选择。第一种选择是从低压电网向充电站供电，这将导致因高电流消耗而产生的高传导损耗。第二种选择是通过直接从中压电网向充电站供电来降低充电电流的幅值。

一种级联多电平变换器无变压器充电站如图 5-43 所示，充电站直接连接到 4.8 kV 中压配电网，接口的每相由几个 AC/DC、DC/DC 变流器组成，构成一个多电平变流器。此外，取消电容器组，在直流侧使用电池存储器来填补所需充电功率和电网可用功率之间的差距。该拓扑可以同时实现电动汽车快速充电和有源滤波。当没有电动汽车充电时，蓄电池组会充电。

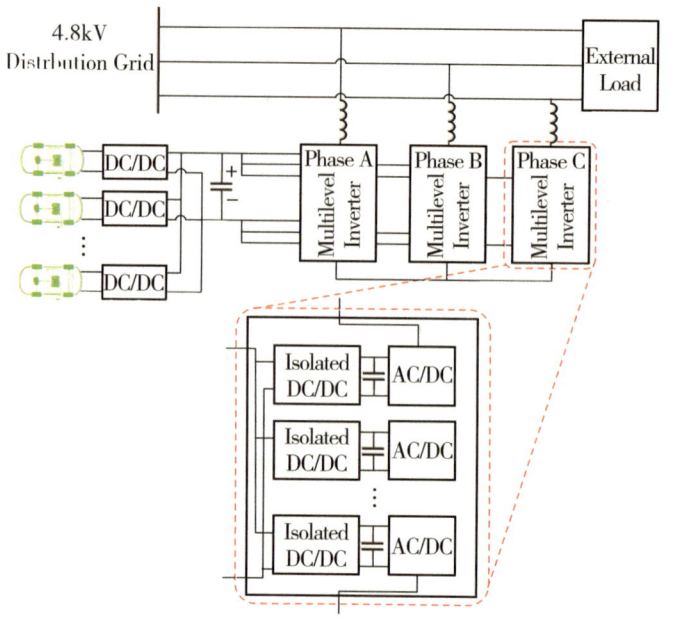

图 5-43 4.8 kV 电网无变压器充电站

另一种无充电器充电站拓扑结构如图 5-44 所示。该充电站连接的是常用的 11 kv 电网。这种拓扑结构没有常见的直流链路,与图 5-43 中拓扑结构中使用的单一储能不同,它采用了分体式电池储能。在这种拓扑中,每个三相模块的 DC/DC 变换器的输出是并联的。因此,连接到每个 DC/DC 变换器输出的电动汽车充电器吸取的充电功率在充电站的

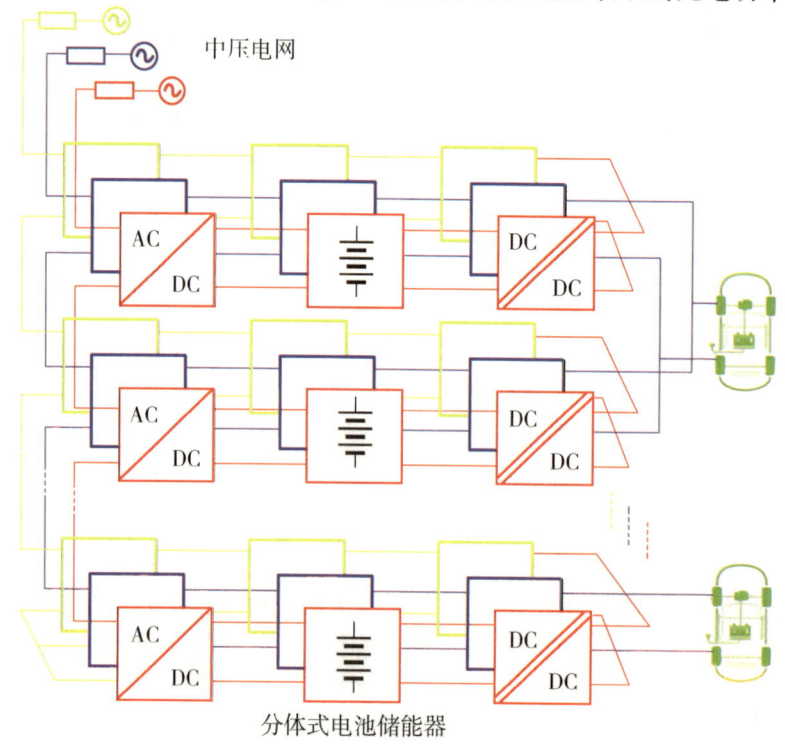

图 5-44 11 kV 无变压器充电站

三相之间共享，使功率在各相之间得到均衡分配。如果要求使用充电功率较大的电动汽车充电器，可通过两个或多个模块进行充电，故在必要情况下可以使用多个相同类型的转换器获得更多的充电功率。另一方面，由于缺乏共用的直流链路，使得充电站的灵活性和模块化程度降低，每个模块都被充电功率一定的电动汽车充电器占用。

5.6.6 800 V 高压平台

大功率快充可通过加大电流或提升电压两种方式实现，但大电流会导致充电枪、线缆及动力电池核心部件等产生很高的热损失，其理论上限并不高。通过提升系统电压来提高充电效率成主流选择，当系统电流保持不变时，将系统电压从 400 V 提升到 800 V，充电功率会随着系统电压的升高而翻倍，充电时间会大大缩短，让充电补能体验无限接近于燃油车加油。目前已经上市的电动车型中，采用高压充电平台的主要车型见表 5-5。

表 5-5 已上市 800V 高压平台车型

品牌	车型	发布时间	平台电压
保时捷	Taycan	2019 年 9 月	800V
奥迪	E-Tron GT	2021 年 2 月	800V
起亚	EV6	2021 年 4 月	800V
捷尼赛思	Electrified Gv70	2021 年 11 月	800V
阿维塔	11	2022 年 8 月	750V
小鹏	G9	2022 年 9 月	800V
路特斯	Eletre	2022 年 10 月	800V
小鹏	G6	2023 年 6 月	800V
合创	V09	2023 年 10 月	800V

在纯电动汽车上，高压电气系统主要负责起动、行驶、充放电及空调动力等，主要包括电池系统、动力总成、高压电控系统、充电系统、高压设备及其线束系统。目前能实现大功率快充的 800 V 高压系统架构共有三类。

(1) 纯 800 V 电压平台

此为高电压平台，汽车的电池包、电机以及充电接口电压均能达到 800V，OBC、空调压缩机、DC/DC 以及 PTC 等部件均需重新适配以满足 800 V 高电压平台。

(2) 2 个 400 V 电池组组合使用

采用 2 个低压的电池组，通过高压配电盒的设计进行组合使用。快充时，两个电池组可串联成 800 V 平台；运行时，两个电池组并联成 400 V 平台，以适应 400 V 的高压部件。该方案的优势在于不需要 OBC、空调压缩机、DC/DC 以及 PTC 等部件在短时间内重新适配，成本相对较低。

(3) 800 V 电池组搭配 DC/DC 转换器

整车搭载一个 800 V 电池组，在电池组和其他高压部件之间增加一个额外的 DC/DC。将 800 V 电压降至 400 V，车上其他高压部件均采用 400 V 电压平台。保时捷首款电动跑车 Taycan 就是采用这个方案，其搭载的 800 V 直流快充系统能够支持 350 kW 的快充，可以在 22.5 min 内把容量 93.4 kWh 的电池从 5% 充至 80%，提供 300 km 的续航。

目前，电动汽车电压平台普遍为 400 V，将整车平台电压提升到 800 V 开始成为主流电动车企的共识。高压平台给车上的电子元器件带来了一系列的挑战，所有的高压元器件及管理系统都要提高标准，而基于 800 V 高压碳化硅的技术平台不仅能让充电性能大幅提升，显著提高充电效率，还能优化整车运行表现，在同等电池容量下增加续航里程，因此，碳化硅器件选用成为趋势。

第 6 章　新能源汽车的整车控制

本章要点

❈ 了解新能源汽车整车控制系统的基本结构及原理。
❈ 了解新能源汽车整车控制系统的技术及应用现状。
❈ 了解新能源汽车整车控制系统发展趋势。

新能源汽车各系统部件的工作由整车控制系统统一协调。对纯电动汽车而言，电机驱动和制动能量回收的最大功率都受到电池放电或充电能力的制约。对于油电混合动力汽车和燃料电池混合动力汽车而言，由于其具有两个或者两个以上的动力源，增加了系统设计和控制的灵活性，使得汽车可以工作在多种模式下以适应不同行驶工况的需求，获得比传统汽车更好的燃料经济性，降低有害物排放。为了实现最佳燃料经济性这一目标，首先需要针对给定的车辆参数和使用条件，选择合适的动力系统构型，完成动力系统的参数匹配和优化，在此基础上，建立整车控制系统来协调汽车工作模式的切换和多个动力源（或能量源）之间功率（或能量流）的在线优化控制。

新能源汽车的整车控制系统由整车控制器、通信系统、部件控制器以及驾驶员操纵系统构成，其主要功能是根据驾驶员的操作和当前的整车和部件工作状况，在保证安全和动力性要求的前提下，选择尽可能优的工作模式和能量分配比例，以达到最佳的燃料经济性和排放指标。整车控制器是整车控制系统的核心部件，和其他电控单元一样，其开发遵循V开发模式。整车通信系统主要采用CAN、TTCAN或FlexRay总线结构。本章主要介绍纯电动汽车、混合动力电动汽车和燃料电池电动汽车的整车控制器开发、系统仿真、控制策略优化、通信系统以及容错控制系统。

6.1　整车控制系统及功能分析

整车控制器在不同的新能源电动汽车中扮演着不同的角色。整车控制器通常被人们称作动力总成控制器，是控制整个新能源纯电动汽车的核心零部件，它对新能源纯电动汽车的正常驾驶、制动能量回收、网络管理、故障的诊断与处理，还有实时监视车辆的行驶状态等功能起到非常重要的作用。整车控制器可以收集车辆的各类信号，比如油门加速踏板的信号、制动刹车踏板的信号以及其他零部件（如换挡拨杆）的信号，经过控制器局域网总线（controller area network，CAN）对网络信息进行管理、调度、分析和运算，掌控下一级的各个零部件的控制器，针对不同车型的配置，实施相应的不同的能量管理策略，完成控制整车行驶、优化整车能量控制、接受制动反馈和网络管理等功能。与在纯电动汽车中的角色不同,整车控制器在混合动力电动汽车中主要饰演着协调发动机控制单元与电机控制单元的工况、不同工况下的动力分配的角色,使得混合动力电动汽车整车的能量可以高效合理地流动,整车的经济性能、动力性能等各指标均达到最优结合点。而在纯电动汽车中,整车控制器通过接收油门踏板、制动踏板位置、挡位等信号,明白驾驶员的驾驶意图;根据车载动力电池的充电状态,计算出整车运行所需要的电机输出转矩等参数,从而协调各个动力零部件的运行,保证其正常行驶。此外,纯电动汽车还可通过充电(外接充电接口,从电网中获取电能)、制动能量的回收等达到较高的能量效率。在实现整车动力控制和能量控制的同时,整车控制器还可以与智能化的车身系统一同控制车上的用电设施(如空调、车载音响等),以保证驾驶的实时性和安全性。

6.1.1 控制对象

混合动力电动汽车和燃料电池电动汽车包括几种不同的能量源和储能元件,在实际工作过程中包括了化学能、电能以及机械能之间的转化。图6-1和图6-2分别为一种汽油机混联式混合动力驱动系统和燃料电池串联式驱动系统的示意图。

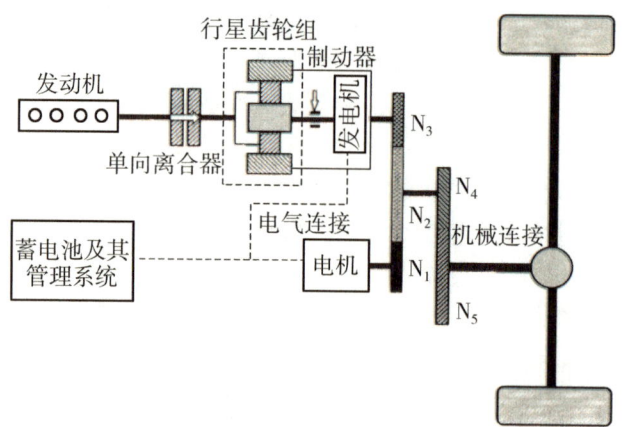

图6-1 汽油机混联式混合动力驱动系统示意图

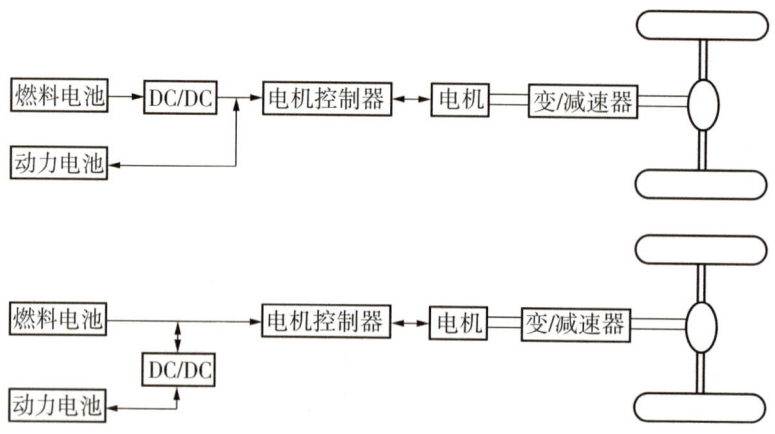

图6-2 燃料电池电动汽车串联式驱动系统示意图
—— 电能　▬▬ 机械能

混合动力电动汽车和燃料电池电动汽车系统部件多、结构复杂、工作模式多样,需要整车控制系统从全局的角度协调控制汽车各部件的工作状态,从而达到较为优异的整车性能。

6.1.2 整车控制系统结构

新能源汽车整车控制功能的实现目前有集中式控制(图6-3a)和分布式控制(图6-3b)两种方案。在集中式控制模式下,核心处理器完成对所有信号和能量数据的处理和分配工作,所有部件直接通过I/O口将车辆状态信息传递给核心控制器,核心控制器根据控制策略综合处理各信息,形成对各个执行机构的控制命令。集中控制系统具有处理集中、实施性强、响应快及成本低等特点,缺点是集成电路复杂且集中,散热系统设计难度增加。分布式控制系统由核心控制器通过现场总线与各个电控单元(electric control unit,ECU)通信,在系统运行过程中,各个ECU分别采集各自控制对象的反馈信号和动态信息,然后通过现场总线传递给核心控制器。核心控制器根据这些信息,进行控制策略的计算,然后将运算得到的执行指令通过现场总线发送给各个ECU;各个ECU接收到指令后,根据被控对象的当前状态参数,再发出对被控对象的控制命令。分布式控制系统具有模块化、复杂度低和灵活配置的优点,缺点是成本高、系统结构复杂。随着现场总线(controller area network,CAN)的普及和发展,分布式控制系统的优势更加明显,在汽车上的应用越来越广泛。

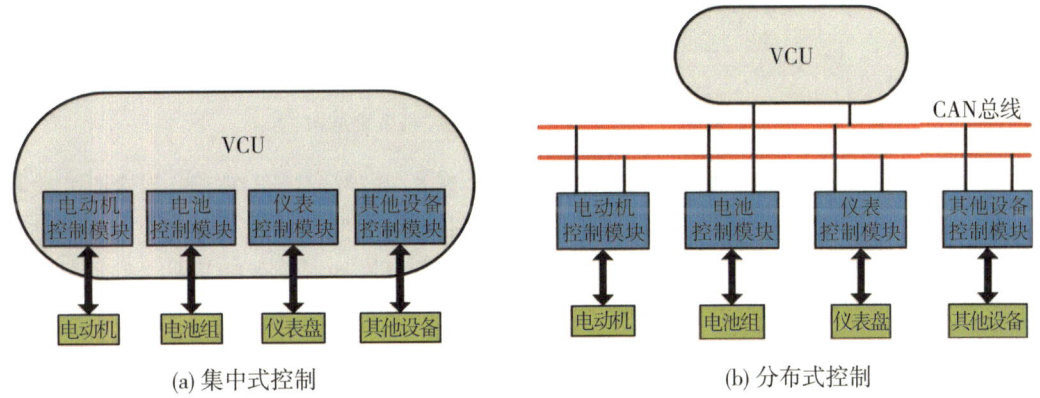

图6-3 新能源汽车整车控制系统方案类型

由于现代新能源汽车的设计中各个部件都有自己的控制器,如电机控制器MCU、变速箱控制器TCU等,为实现分布式分层控制提供了基础。分布式分层控制可以实现控制系统的拓扑分离和功能分离。拓扑分离使得物理结构上各个子控制系统分布在汽车不同的位置上,从而减少相互之间的电磁干扰;功能分离使得各个子部件完成相对独立的功能,从而减少子系统之间的相互影响并提高容错能力。功能的分离有利于提高汽车设计的灵活性和扩展性,每个子系统都很容易进行独立的技术更新换代。随着汽车技术的发展,ECU的数量不断增加,导致开发周期长、开发成本高、软件可复用性差等问题在软件开发中频繁出现,因此众多知名汽车企业建立了汽车开放系统架构联盟,并合作研发汽车开放软件架构规范(automotive open system architecture,AUTOSAR)。AUTOSAR架构为实现汽车

ECU 的软硬件解耦和高效集成，采用标准化的层次结构，AUTOSAR 中的每个模块都有标准的数据结构定义、服务接口定义和功能描述。AUTOSAR 架构以其规范化的服务接口和模型定义提高了系统应用软件的复用能力，提高了 ECU 软件系统的集成和开发能力，降低了软件开发的成本。

从功能分层的角度刻画出的纯电动汽车整车分层控制系统如图 6-4 所示，最底层是汽车零部件具体的执行层，有一定的自适应和极限保护功能。中间层是汽车的协调层，也就是着重研究的整车控制系统，它一方面根据驾驶员的各种操作和汽车当前的状态解释出驾驶员的意图，另一方面根据执行层的当前状态做出最优的协调控制。最高层是汽车控制系统的组织层，这里把驾驶员或者自动驾驶仪看作最高等级的控制器。

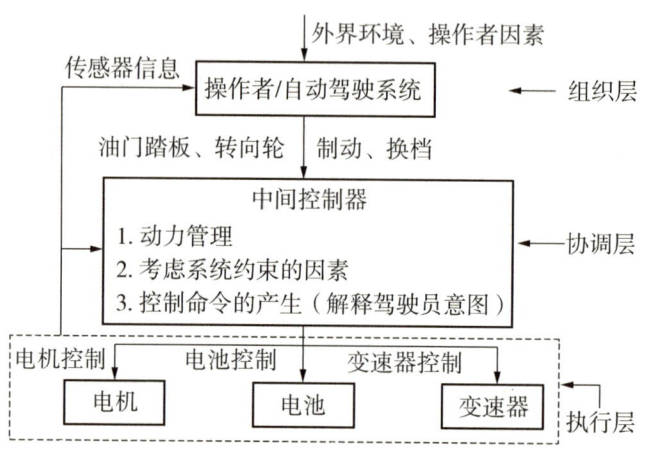

图 6-4 纯电动汽车整车分层控制系统结构

从能量流的角度来描述整车控制系统的结构如图 6-5 所示，包括了一些重要的数据流和控制流信号。整车控制系统的核心是需求功率分配的问题。从这个意义上说，该结构主要用于能量管理策略的分析和设计，包括以下一些重要模块：①驾驶员；②驾驶员解释器；③汽车运动控制；④能量分配；⑤车辆动态系统；⑥各执行部件模型。

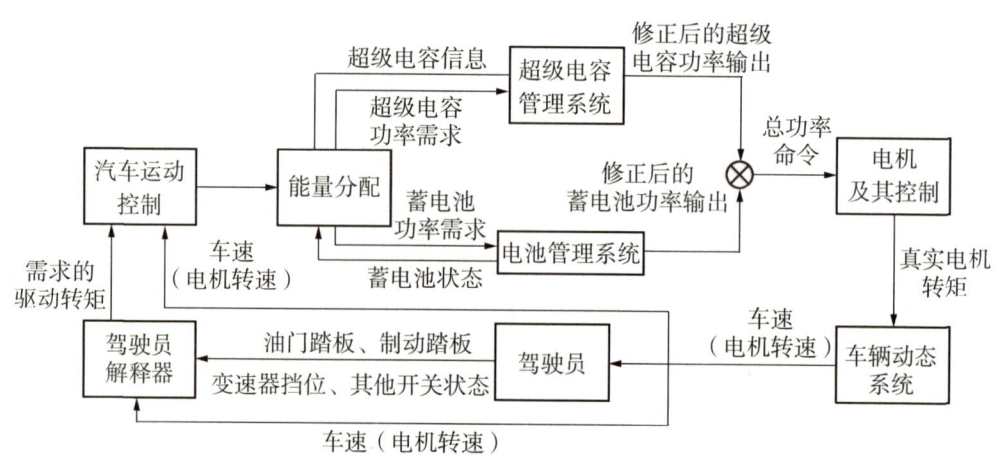

图 6-5 整车控制系统能量流图

整车控制系统对整车的影响主要体现在以下几个方面:

(1) 动力性和经济性

整车控制器决定发动机和电动机转矩的输出,直接关系到汽车动力性能,影响驾驶员的操纵感觉。燃料电池轿车和客车有两个或两个以上的能量来源,在汽车实际行驶过程中,整车控制器实时控制多个能量源间的能量分配,从而实现整车能量的优化,获得较高的经济性。

(2) 安全性

混合动力电动汽车和燃料电池电动汽车上有氢气瓶、动力电池等能量储存单元和动力总线、电机及其控制器等强电环节,除了原有的车辆安全性问题(比如制动和操纵稳定性)之外,还增加了高压电安全和氢安全等新的安全隐患。整车控制器必须从整车的角度及时检测各部件的工作状态,并对可能出现的危险进行及时处理,以保证乘员和车辆的安全。

(3) 驾驶舒适性及整车的协调控制

采用整车控制器管理汽车上各部件的工作,可以整合汽车上各项分功能,如自动巡航、ABS、自动换挡等,实现信息共享和全局控制,改善驾驶舒适性。

实际实现的燃料电池整车控制系统如图6-6所示。整车控制器根据驾驶员操作信号进行驾驶意图解释,根据各个部件和整车的工作状态进行整车安全管理和能量分配决策,通过CAN总线向部件ECU发送控制命令,并通过硬件资源驱动整车安全操作和仪表显示。

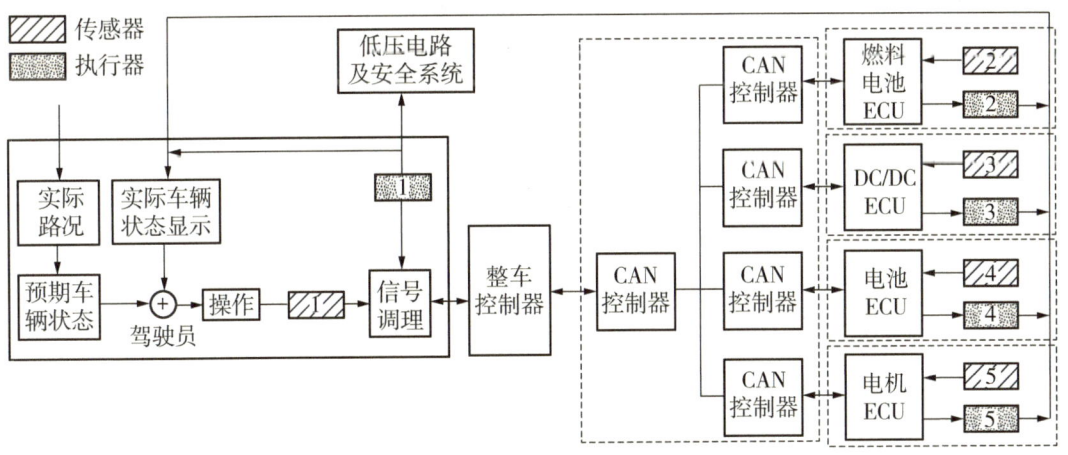

图6-6 燃料电池电动汽车整车控制系统

6.1.3 整车控制器功能

整车控制器是控制系统的核心,承担了数据交换、安全管理、驾驶员意图解释和能量分配的任务。根据重要程度和实现次序,其功能划分如图6-7所示。

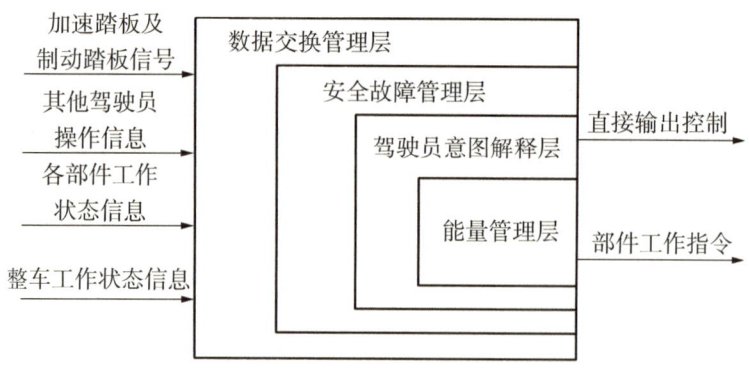

图 6-7 整车控制器功能划分

6.1.3.1 数据交互管理层

整车控制器要实时采集驾驶员的操作信息和其他各个部件的工作状态信息,这是实现整车控制器其他功能的基础和前提。数据交互管理层接收 CAN 总线的信息,对直接馈入整车控制器的物理量进行采样处理,并且通过 CAN 发送控制命令,通过 I/O、D/A 和 PWM 提供对显示单元、继电器等的驱动信号。

6.1.3.2 安全故障管理层

实车运行中,任何部件都可能产生差错,从而可能导致器件损坏甚至危及车辆安全。整车控制器要能对汽车各种可能的故障进行分析处理,这是保证汽车行驶安全的必备条件。对车辆而言,故障可能出现在任何地方,但对于整车控制器而言,故障只体现在从第一层继承的数据中。对继承的数据进行分析判断将是安全故障管理层的主要工作之一。在检测出故障后,该层会做出相应处理,在保证车辆足够安全的条件下,给出部件可使用的工作范围,以便尽可能满足驾驶员的驾驶意图。

6.1.3.3 驾驶员意图解释层

驾驶员的所有与驱动驾驶相关的操作信号都直接进入整车控制器,整车控制器对采集的驾驶员操作信息进行正确的分析处理,计算出驱动系统的目标转矩和车辆的需求功率来实现驾驶员的意图。

6.1.3.4 能量流管理层

该层的主要工作是在多个部件或能量源之间进行需求功率分配,这是提高新能源汽车经济性的必要途径。

要实现整车控制器的上述功能,就必须设计合理的软件和硬件。

6.2 新能源汽车整车动力学模型

整车控制器软件设计需要考虑车辆动力学模型,以实现稳定性、动力性等控制效果,整车控制应用层面均基于简单的车辆模型,本节针对车辆侧向、纵向动力学以及电子稳定性控制原理进行简介。

6.2.1 侧向动力学

6.2.1.1 车辆侧向运动的运动学模型

根据下面某些假设所述,可建立用于车辆侧向运动的运动学模型。车辆侧向运动模型完全以几何关系描述车辆运动而不考虑影响运动的力,车辆的两轮模型如图 6-8 所示。在两轮模型中,左、右两个前轮由一个位于 A 点的车轮代替。同样的,后轮由一个位于 B 点的中央后轮代替。前、后轮的转向角分别由 δ_f 和 δ_r 表示。此模型成立的前提是假设前、后轮均能转向。点 C 为车辆质心。从车辆质心到点 A 和 B 的距离分别为 l_f 和 l_r。车辆的轴距为 $L = l_f + l_r$。

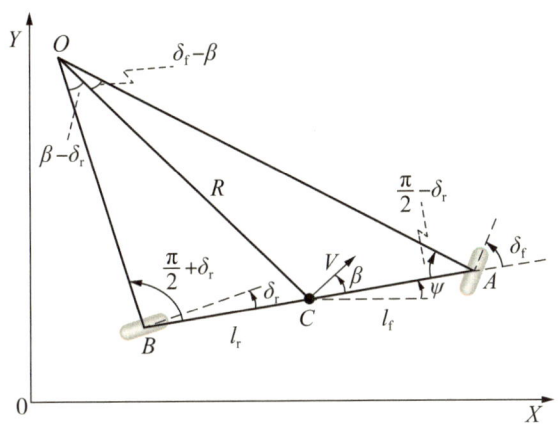

图 6-8 两轮模型

假设车辆作平面运动,需要用三个坐标值来描述车辆的运动:X、Y 和 ψ。(X, Y) 为车辆质心位置的惯性坐标,ψ 用于描述车辆的方向。车辆质心处的速度用 V 表示,速度方向与车辆纵轴成 β 角,β 角称为车辆的侧偏角。假设在运动学模型中点 A 和 B 处的速度矢量分别为前、后轮的方向。亦即前轮的速度矢量与车辆纵轴间形成一个 δ_f 角,后轮的速度矢量与车辆纵轴间形成一个 δ_r 角,这相当于假设了前后轮上的"侧偏角"均为 0。这对于低速行驶的车辆是合理假设,在低速时,轮胎产生的侧向力很小。为了在半径为 R 的道路上行驶,前后轮胎的侧向力之和为 mV^2/R。

侧向力与 V^2 成正比,在低速时侧向力小。当侧向力小时,将每个轮子的速度矢量假设为车轮的方向是合理的。点 O 为车辆的瞬时旋转中心,由垂直于两滚动轮方向的直线 AO 和 BO 的交点来确定。车辆路径的半径 R 定义为连接质心 C 和瞬时旋转中心 O 的线段 OC 的长度。质心处的车速垂直于线 OC。角 ψ 称为车辆的横摆角,车辆的方向角为 $\gamma = \psi + \beta$。

在三角形 OCA 上用正弦定理:

$$\frac{\sin(\delta_f - \beta)}{l_f} = \frac{\sin\left(\frac{\pi}{2} - \delta_f\right)}{R} \qquad (6-1)$$

在三角形 OCB 上用正弦定理:

$$\frac{\sin(\beta - \delta_r)}{l_r} = \frac{\sin\left(\frac{\pi}{2} + \delta_r\right)}{R} \qquad (6-2)$$

由式(6-1)得

$$\frac{\sin\delta_f\cos\beta - \sin\beta\cos\delta_f}{l_f} = \frac{\cos\delta_f}{R} \quad (6-3)$$

由式(6-2)得

$$\frac{\cos\delta_r\sin\beta - \cos\beta\sin\delta_r}{l_r} = \frac{\cos\delta_r}{R} \quad (6-4)$$

联立上两式得：

$$(\tan\delta_f - \tan\delta_r)\cos\beta = \frac{l_f + l_r}{R} \quad (6-5)$$

如果假设车道半径由于低速而缓慢变化，那么车辆方向的变化率(即$\dot{\psi}$)必将等于车辆的角速度，因此有

$$\dot{\psi} = \frac{V}{R} \quad (6-6)$$

式(6-5)和式(6-6)可以整理为

$$\dot{\psi} = \frac{V\cos\beta}{l_f + l_r}(\tan\delta_f - \tan\delta_r) \quad (6-7)$$

因此运动的总方程为

$$\begin{cases} \dot{X} = V\cos(\psi + \beta) \\ \dot{Y} = V\sin(\psi + \beta) \\ \dot{\psi} = \frac{V\cos\beta}{l_f + l_r}(\tan\delta_f - \tan\delta_r) \end{cases} \quad (6-8)$$

在这一模型中有三个输入量δ_f、δ_r和V，速度V为外部变量，可以假设它为时间的函数，或者从纵向车辆模型中获得。

侧偏角β可由式(6-3)和式(6-4)联立求出：

$$\beta = \tan^{-1}\left(\frac{l_f\tan\delta_r + l_r\tan\delta_f}{l_f + l_r}\right) \quad (6-9)$$

在两轮模型的假设上需注意：左、右前轮在两轮模型中由一个前轮代替，通常假设左、右轮转向角近似相等，但严格来说并非如此，这是因为每个车轮行驶路径的半径不同。图6-9所示即为汽车前轮转向的运动情况。

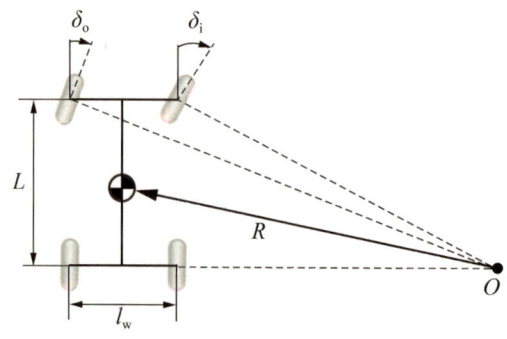

图6-9 阿克曼转向几何模型

用 l_w 表示车辆的轨迹宽度，δ_o 和 δ_i 分别表示外侧和内侧的转向角，设轴距 L 小于半径 R。若侧偏角 β 很小，那么式(6-6)可近似为

$$\frac{\dot{\psi}}{V} = \frac{1}{R} = \frac{\delta}{L} \text{ 或 } \delta = \frac{L}{R} \tag{6-10}$$

由于内侧和外侧车轮的行驶半径不同，有

$$\delta_o = \frac{L}{R + \dfrac{l_w}{2}} \tag{6-11}$$

$$\delta_i = \frac{L}{R - \dfrac{l_w}{2}} \tag{6-12}$$

前轮的平均转角为

$$\delta = \frac{\delta_o + \delta_i}{2} = \frac{LR}{R^2 - \dfrac{l_w^2}{4}} \approx \frac{L}{R} \tag{6-13}$$

式中，$\dfrac{l_w^2}{4}$ 远小于 R^2，因此该项可以忽略。转角的差值为

$$\delta_i - \delta_o = \frac{Ll_w}{R^2 - \dfrac{l_w^2}{4}} \approx \frac{L}{R^2} l_w \approx \delta^2 \frac{l_w}{L} \tag{6-14}$$

$$\delta_i - \delta_o = L\left(\frac{l_w}{R^2 - \dfrac{l_w^2}{4}}\right)$$

因此，两前轮转向角的差值与平均转向角的平方成正比。可从转向梯形拉杆的布置获得这类差分转向，如图 6-9 所示。从图 6-9 中可以看到，对于向左转和向右转，内侧车轮总是转过一个更大的角度。

6.2.1.2 两轮车辆侧向动力学的模型

在高速行驶时，将每个车轮的速度方向认为是车轮方向的假设将不再成立。在这种情况下，需要研究将用于车辆侧向运动分析的动力学模型用来替换运动学模型。再一次考虑二自由度车辆的两轮模型，如图 6-10 所示。二自由度用车辆侧向位置 y 和车辆方向角 ψ 表示。车辆的侧向位置可沿车辆横向轴到车辆旋转中心点测量得到。车辆方向角 ψ 由车身 x 轴与系统 X 轴的夹角测得。车辆在质心处的纵向速度用 V_x 表示。

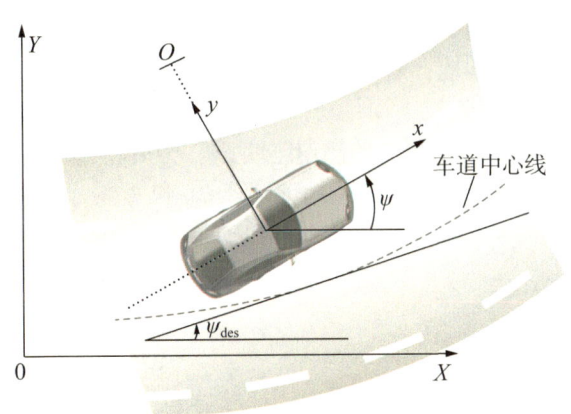

图 6-10 车辆侧向动力学模型

忽略路面坡度,沿 y 轴应用运动学中牛顿第二定律得:

$$ma_y = F_{yf} + F_{yr} \quad (6-15)$$

式中,$a_y = \left(\dfrac{\mathrm{d}^2 y}{\mathrm{d}t^2}\right)_{\text{inertial}}$,为在 y 轴方向上车辆质心处的惯性加速度;F_{yf}、F_{yr} 分别表示前、后轮的轮胎侧向力。

有两个因素影响 a_y:沿 y 轴的运动加速度 $\ddot{y}$ 和向心加速度 $V_x \dot{\psi}$。因此有:

$$a_y = \ddot{y} + V_x \dot{\psi} \quad (6-16)$$

将式(6-16)代入式(6-15),得:

$$m(\ddot{y} + \dot{\psi} V_x) = F_{yf} + F_{yr} \quad (6-17)$$

由绕 z 轴的转矩平衡可得到横摆动力学方程:

$$i_z \ddot{\psi} = l_f F_{yf} - l_r F_{yr} \quad (6-18)$$

下一步骤是建立作用于车辆上的轮胎侧向力 F_{yf} 和 F_{yr} 模型。实验结果表明当侧偏角较小时,轮胎的侧向力与侧偏角成正比。轮胎的侧偏角定义为轮胎平面方向和轮胎速度矢量方向之间的角度(图6-11)。

前轮侧偏角为

$$\alpha_f = \delta - \theta_{Vf} \quad (6-19)$$

式中,θ_{Vf} 为车辆速度矢量和车辆纵轴之间的夹角;δ 为前轮转向角。

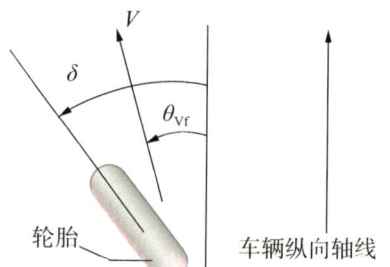

图6-11 轮胎侧偏角

后轮侧偏角可近似表示为

$$\alpha_r = -\theta_{Vr} \quad (6-20)$$

车辆的前轮侧向力可表示为

$$F_{yf} = 2C_{\alpha f}(\delta - \theta_{Vf}) \quad (6-21)$$

式中,$C_{\alpha f}$ 为比例系数,称为前轮的侧偏刚度;δ 为前轮转向角;θ_{Vf} 为前轮速度角。

同样地,后轮的侧向力可表示为

$$F_{yr} = 2C_{\alpha r}(-\theta_{Vr}) \quad (6-22)$$

式中,$C_{\alpha r}$ 为后轮的侧偏刚度;θ_{Vr} 为后轮速度角。

利用下面的关系式可计算 θ_{Vf} 和 θ_{Vr}:

$$\tan(\theta_{Vf}) = \dfrac{V_y + l_f \dot{\psi}}{V_x} \quad (6-23)$$

$$\tan(\theta_{Vr}) = \dfrac{V_y - l_r \dot{\psi}}{V_x} \quad (6-24)$$

采用小角度的近似法得:

$$\theta_{Vf} = \dfrac{\dot{y} + l_f \dot{\psi}}{V_x} \quad (6-25)$$

$$\theta_{Vr} = \frac{\dot{y} - l_r \dot{\psi}}{V_x} \tag{6-26}$$

可得状态方程模型：

$$\frac{d}{dt}\begin{bmatrix} y \\ \dot{y} \\ \psi \\ \dot{\psi} \end{bmatrix} = \begin{bmatrix} 0 & 1 & 0 & 0 \\ 0 & -\dfrac{2C_{\alpha f} + 2C_{\alpha r}}{mV_x} & 0 & -V_x - \dfrac{2C_{\alpha f}l_f - 2C_{\alpha r}l_r}{mV_x} \\ 0 & 0 & 0 & 1 \\ 0 & -\dfrac{2l_f C_{\alpha f} - 2l_r C_{\alpha r}}{i_z V_x} & 0 & -\dfrac{2l_f^2 C_{\alpha f} + 2l_z^2 C_{\alpha r}}{i_z V_x} \end{bmatrix} \tag{6-27}$$

在侧偏角较大时，轮胎侧向力正比于侧偏角的假设不再成立。在这种情况下，轮胎侧向力的大小取决于侧偏角、轮胎法向载荷 F、轮胎 – 路面摩擦系数 μ，以及同时产生的轮胎纵向力的大小。建立更完整的轮胎侧向模型需包括所有这些变量的影响，在侧偏角较大时，轮胎模型将不再是线性的。

6.2.2 纵向动力学

6.2.2.1 整车纵向动力学

研究人员和汽车厂商对车辆纵向运动控制进行了不同技术层面上的研究。现今，乘用车辆上涉及纵向控制常用的系统包括巡航控制、防抱制动系统和牵引力控制系统。其他正成为研究热点的先进纵向控制系统包括雷达避撞系统、自适应巡航系统、主动差分独立的车轮转矩控制，以及在自动化高速公路系统中控制车队行驶的纵向控制系统。

考虑车辆在如图 6 – 12 所示的斜坡上运动，影响车辆的外部纵向力包括空气阻力、重力、轮胎纵向力和滚动阻力，车辆所受作用力将在以下各节详细说明。

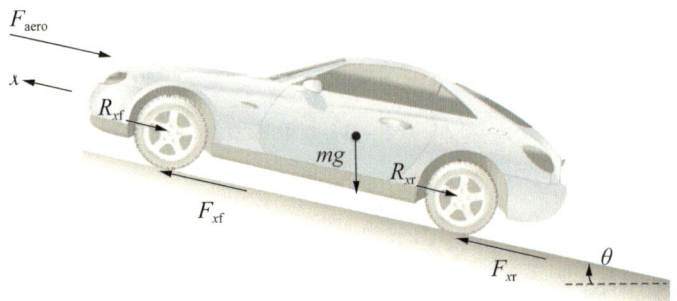

图 6 – 12 沿坡道行驶作用于车辆的纵向力

沿车辆纵向 x 轴方向力平衡方程式为

$$m\ddot{x} = F_{xf} + F_{xr} - F_{aero} - r_{xf} - r_{xr} - mg\sin\theta \tag{6-28}$$

式中，F_{xf} 为前轮轮胎纵向力；F_{xr} 为后轮轮胎纵向力；F_{aero} 为纵向空气阻力；r_{xf}、r_{xr} 为前后轮滚动阻力；m 为车辆质量；g 为重力加速度；θ 为车辆行驶坡度。

如果车辆纵向运动方向 x 指向左边（图 6 – 12），则 θ 定义为顺时针正向；如果纵向运动方向 x 指向右边，则 θ 定义为逆时针反向。

轮胎纵向力 F_{xf} 和 F_{xr} 是地面作用于轮胎上的摩擦力。实验证实轮胎纵向力的产生取决于以下几个因素：①滑动率；②作用于轮胎上的法向载荷；③轮胎和道路接触面的摩擦系数。

作用于轮胎上的法向力称为法向载荷，轮胎的法向载荷影响因素如下：①来源于车辆的重力分量；②车辆重心的位置、车辆纵向加速度、空气阻力和道路等级状况。

6.2.2.2 滑动率

轮胎轮心实际纵向速度 V_x 和旋转速度 $r_{\text{eff}} \omega_w$ 的差值叫作纵向滑动。也就是说，纵向滑动滑动率定义如下：

制动时：

$$\sigma_x = \frac{r_{\text{eff}} \omega_w - V_x}{V_x} \quad (6-29)$$

加速时：

$$\sigma_x = \frac{r_{\text{eff}} \omega_w - V_x}{r_{\text{eff}} \omega_w} \quad (6-30)$$

假设轮胎接触印迹的摩擦系数为 1，法向载荷认为是常数，以轮胎滑动率为单独变量的轮胎纵向力函数关系曲线如图 6-13 所示。

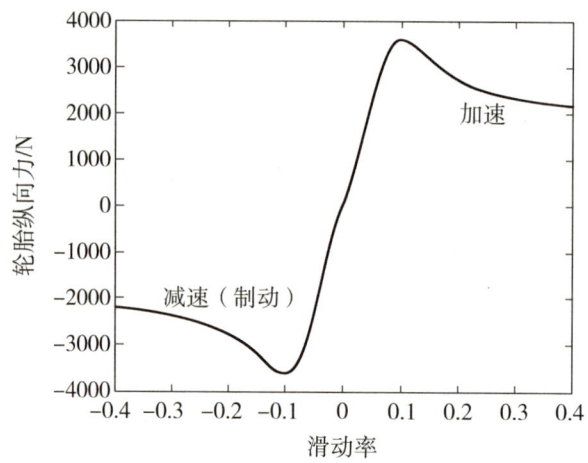

图 6-13 轮胎纵向力 – 滑动率关系曲线

在纵向滑动率很小（典型情况下在干路面上小于 0.1）而且正常驾驶的情况下，轮胎纵向力和滑动率成比例。轮胎纵向力在较小的滑动率范围内可以描述为

$$F_{xf} = C_{\sigma f} \sigma_{xf} \quad (6-31)$$

$$F_{xr} = C_{\sigma r} \sigma_{xr} \quad (6-32)$$

式中，$C_{\sigma f}$、$C_{\sigma r}$ 分别为前后轮纵向轮胎刚度。

如果纵向滑动率比较大或者道路很滑，就需要使用非线性轮胎模型来计算纵向轮胎力。Pacejka 提出的"魔术公式"（magic formula）模型，或者 Dugoff 轮胎模型可作为这种情况下的轮胎力模型。

通常情况下，滚动阻力模型大致采用正比于轮胎上法向载荷的模型：

$$r_{xf} + r_{xr} = f(F_{zf} + F_{zr}) \tag{6-33}$$

$$r_x = \frac{F_z(\Delta x)}{r_{stat}} \tag{6-34}$$

式中，f 为滚动阻力系数。

除了车辆的自重外，法向载荷还受到以下因素的影响：①重心的前后位置；②车辆纵向加速度；③空气阻力；④路面坡度。

计算分布在轮胎上的法向载荷是先假设车辆的净俯仰转矩为零。也就是说，车辆的倾斜角度已经达到了一个稳定的数值。

如图 6-14 所示，计算作用于后车轮接地中心的转矩如下：

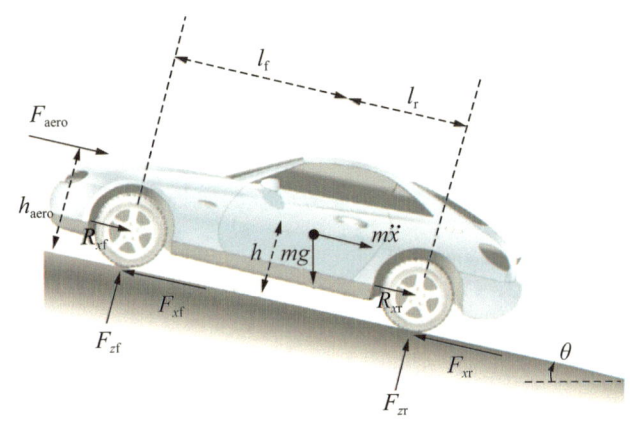

图 6-14　沿坡道行驶车辆的受力分析

$$F_{zf}(l_f + l_r) + F_{aero} h_{aero} + m\ddot{x}h + mgh\sin\theta - mgl_r\cos\theta = 0$$

$$F_{zf} = \frac{-F_{aero} h_{aero} - m\ddot{x}h - mgh\sin\theta + mgl_r\cos\theta}{l_f + l_r} \tag{6-35}$$

$$F_{zr}(l_f + l_r) - F_{aero} h_{aero} - m\ddot{x}h - mgh\sin\theta - mgl_f\cos\theta = 0$$

$$F_{zr} = \frac{F_{aero} h_{aero} + m\ddot{x}h + mgh\sin\theta + mgl_f\cos\theta}{l_f + l_r} \tag{6-36}$$

式中，h 为车辆质心高度；h_{aero} 为空气阻力等效作用位置的高度；l_f 为前桥到重心的距离；l_r 为后桥到重心的距离；R_f 为轮胎有效半径。

因此，当车辆加速时，前轮的法向载荷减小，后轮的法向载荷增加。

根据前述分析，我们可知车辆纵向动力性方程见式（6-28）。作用在驱动轮上的轮胎纵向力是驱动车辆前进的主要动力，它取决于轮胎旋转线速度 $r_{eff}\omega_w$ 和车辆纵向速度 $\dot{x}$ 之差。旋转角速度 ω_w 受传动系动力性能的影响很大。

对于驱动轮（例如前轮驱动汽车的前轮），车轮转动动力学模型（图 6-15）如下：

$$i_w \dot{\omega}_{wf} = T_{wheel} - r_{eff} F_{xf} \tag{6-37}$$

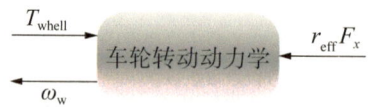

图 6-15 轮胎动力学模型

对于非驱动轮,车轮转动的动力学模型如下:

$$i_w \dot{\omega}_{wr} = -r_{eff} F_{xr} \tag{6-38}$$

"纵向控制器"通常指控制车辆纵向运动的控制系统,例如控制车辆纵向速度、纵向加速度、距同车道行驶的前车的纵向距离。节气门和制动器通常是纵向控制的执行装置。

关于车辆纵向控制最熟悉的一个例子就是现在在大多数车辆上作为标准配置的巡航控制系统。利用标准的巡航控制系统,驾驶员可以为车辆设置希望的恒定行驶速度,巡航控制系统通过控制节气门使车辆自动保持所设定的速度。驾驶员的责任是确保车辆在道路上以该速度安全行驶,如果遇前方有行驶缓慢或与本车相距很近的车辆,驾驶员必须立即采取行动,必要时需进行制动。实施制动会自动解除巡航控制,并将节气门的控制权交给驾驶员。

6.2.3 电子稳定性控制

近年来,不少汽车厂家已开发出防止车辆横摆和侧滑的车辆稳定性控制系统,并已经将其商业化。这种稳定性控制程序通常被叫作横摆稳定控制系统,或者电子稳定程序。

开发横摆控制系统的想法来自于车辆在附着系数受限的道路上行驶时,可能与期望的车辆行驶状态有很大差异的实际情形。在附着系数的制约下,车辆轮胎的侧偏角很大,并大大降低了车辆横摆运动对于转向角变化的敏感性。在较大侧偏角的情况下,改变转向角只能对车辆横摆角速度产生很小的改变。这与在低速下的横摆角速度有很大不同。在干燥的路面上,车辆在侧偏角大于 10°的情况下会失去操控性;而在积雪路面上,侧偏角只要达到 4°车辆就会失去操控性。

由于上述车辆行驶状况的差异,驾驶员会发现在轮胎和地面的物理附着系数受限的道路上难以掌控车辆。首先,驾驶员通常难以察觉到路面摩擦系数的变化,也无法获知车辆稳定性的边际状况。其次,如果达到了附着系数极限并且车辆产生滑移时,驾驶员通常会惊慌失措,从而做出转向过度等行为。重要的是,由于需要关注周围道路的交通状况,驾驶员会降低对操作行为的思考。横摆控制系统则是通过减轻车辆相对在干路面上正常横摆状态的偏离程度,防止车辆侧偏角过大来解决上述问题。

用于研究横摆稳定性控制的差动制动控制车辆动力学模型通常都有 7 个自由度(图 6-16)。侧向和纵向车速(分别为 $\dot{x}$ 和 $\dot{y}$),以及横摆角速度 ψ 构成了车身的 3 个自由度。轮速信号(ω_{fl}、ω_{fr}、ω_{rl}、ω_{rr})构成了另外 4 个自由度。第一个下标 f/r 表示的是前/后,第二个下标 l/r 表示的是左/右。

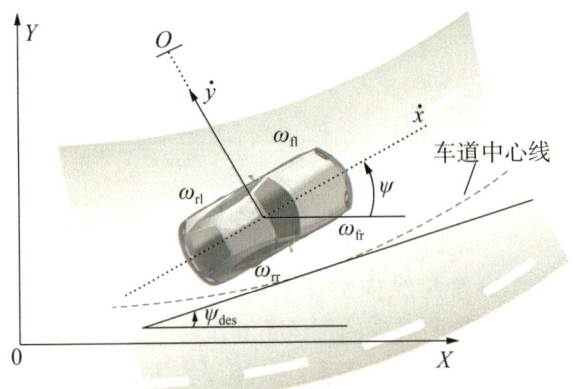

图 6-16　差动制动控制车辆动力学模型的自由度

设前轮转角为 δ，左前、右前、左后和右后的轮胎纵向力分别用 F_{xfl}、F_{xfr}、F_{xrl}、F_{xrr} 表示，左前、右前、左后和右后的轮胎侧向力分别用 F_{yfl}、F_{yfr}、F_{yrl}、F_{yrr} 表示。

则整车运动方程为

$$m\ddot{x} = F_{xrl} + F_{xrr} + (F_{xfl} + F_{xfr})\cos\delta - (F_{yfl} + F_{yfr})\sin\delta + m\dot{\psi}\dot{y} \quad (6-39)$$

$$m\ddot{y} = F_{yrl} + F_{yrr} + (F_{xfl} + F_{xfr})\sin\delta + (F_{yfl} + F_{yfr})\cos\delta - m\dot{\psi}\dot{x} \quad (6-40)$$

$$i_z\ddot{\psi} = l_f(F_{xfl} + F_{xfr})\sin\delta + l_f(F_{yfl} + F_{yfr})\cos\delta - l_r(F_{yrl} + F_{yrr}) + \frac{l_w}{2}(F_{xfr} - F_{xfl})\cos\delta + \frac{l_w}{2}(F_{xrr} - F_{xrl}) + \frac{l_w}{2}(F_{yfl} - F_{yfr})\sin\delta \quad (6-41)$$

式中，l_f、l_r、l_w 为质心到前轮、后轮的纵向距离，以及左右两侧车轮的轮距。

前后轮的侧偏角分别为

$$\alpha_f = \delta - \frac{\dot{y} + l_f\dot{\psi}}{\dot{x}} \quad (6-42)$$

$$\alpha_r = -\frac{\dot{y} - l_r\dot{\psi}}{\dot{x}} \quad (6-43)$$

四个车轮的纵向滑移率为

$$\sigma_x = \frac{r_{eff}\omega_w - \dot{x}}{\dot{x}} \quad (6-44)$$

$$\sigma_x = \frac{r_{eff}\omega_w - \dot{x}}{r_{eff}\omega_w} \quad (6-45)$$

轮胎力用 Dugoff 轮胎模型计算，设每个轮胎的侧向刚度为 C_α，纵向轮胎刚度为 C_σ，则各个轮胎的纵向力可以表示为

$$F_x = C_\sigma \frac{\sigma}{1+\sigma} f(\lambda) \quad (6-46)$$

轮胎侧向力由下式给出：

$$F_y = C_\alpha \frac{\tan\alpha}{1+\sigma} f(\lambda) \tag{6-47}$$

其中

$$\lambda = \frac{\mu F_z(1+\sigma)}{2[(C_\sigma \sigma)^2 + (C_\alpha \tan\alpha)^2]^{1/2}} \tag{6-48}$$

$$\begin{cases} f(\lambda) = (2-\lambda)\lambda & \lambda < 1 \\ f(\lambda) = 1 & \lambda \geq 1 \end{cases} \tag{6-49}$$

由上述各式可以计算出轮胎纵向力 F_{xfl}、F_{xfr}、F_{xrl}、F_{xrr} 以及轮胎侧向力 F_{yfl}、F_{yfr}、F_{yrl}、F_{yrr}。注意在计算时须使用各轮胎对应的侧偏角和滑移率。

4个车轮的转动动力学方程可以由下面的转矩平衡方程给出:

$$\begin{cases} J_w \dot{\omega}_{fl} = T_{dfl} - T_{bfl} - r_{eff} F_{xfl} \\ J_w \dot{\omega}_{fr} = T_{dfr} - T_{bfr} - r_{eff} F_{xfr} \\ J_w \dot{\omega}_{rl} = T_{drl} - T_{brl} - r_{eff} F_{xrl} \\ J_w \dot{\omega}_{rr} = T_{drr} - T_{brr} - r_{eff} F_{xrr} \end{cases} \tag{6-50}$$

横摆稳定性控制系统采用分层架构,上层控制器的控制目标是保证整车横摆稳定性控制,给出理想的横摆转矩,控制过程充分利用来自轮速传感器、横摆角速度传感器、侧向加速度传感器和前轮转向角传感器的测量参数。通过这些传感器测量参数,以及一定的控制算法,上层控制器计算出理想的横摆转矩,这些内容将在后面的章节逐步加以讨论。下层控制器则保证差动制动系统准确实现理想的横摆转矩。下层控制器通过独立控制四个车轮的转动运动和制动压力来为车辆提供理想的横摆转矩。控制过程的实现隐含着一个假设条件,即车轮的动态响应比整车动态响应快。

根据对侧向动力学的讨论,车辆在半径为 R 的环形道路上行驶时的稳态转角由下式给出:

$$\delta_{ss} = \frac{l_f + l_r}{R} + K_V a_y \tag{6-51}$$

式中,K_V 为不足转向的斜率,有:

$$K_V = \frac{l_r m}{2C_{\alpha f}(l_f + l_r)} - \frac{l_f m}{2C_{\alpha r}(l_f + l_r)} \tag{6-52}$$

$$\delta_{ss} = \frac{l_f + l_r}{R} + \left[\frac{ml_r C_{\alpha r} - ml_f C_{\alpha f}}{2C_{\alpha f} C_{\alpha r}(l_f + l_r)}\right]\frac{V^2}{R} \tag{6-53}$$

转向角和车辆转弯半径的稳态关系如下:

$$\frac{1}{R} = \frac{\delta_{ss}}{l_f + l_r + \frac{mV^2(l_r C_{\alpha r} - l_f C_{\alpha f})}{2C_{\alpha f} C_{\alpha r} L}} \tag{6-54}$$

因此,理想的横摆角速度可以由转向角、车速和其他一些车辆参数得到:

$$\dot{\psi}_{des} = \frac{\dot{x}}{R} = \frac{\dot{x}}{l_f + l_r + \frac{m\dot{x}^2(l_r C_{\alpha r} - l_f C_{\alpha f})}{2C_{\alpha f} C_{\alpha r} L}} \delta \tag{6-55}$$

转向时的稳态横摆角误差是

$$e_{2\_ss} = -\frac{l_r}{R} + \frac{l_f}{2C_{\alpha r}(l_f + l_r)}\frac{mV^2}{R} = -\frac{l_r}{R} + \alpha_r \qquad (6-56)$$

则车辆稳态侧偏角为

$$\beta = -e_{2\_ss} = \frac{l_r}{R} - \frac{l_f}{2C_{\alpha r}(l_f + l_r)}\frac{mV^2}{R} \qquad (6-57)$$

上述关于稳态侧偏角的表达式是基于车速和道路半径,该表达式也可以改写为求稳态转向角,即

$$\delta_{ss} = \frac{l_f + l_r}{R} + \left[\frac{ml_r C_{\alpha r} - ml_{\alpha f}C_f}{2C_{\alpha f}C_{\alpha f}(l_f + l_r)}\right]\frac{V^2}{R} \qquad (6-58)$$

因此,道路的曲率可以表示为

$$\frac{1}{R} = \frac{\delta_{ss}}{l_f + l_r + \dfrac{mV^2(l_r C_{cr} - l_f C_{\alpha f})}{2C_{\alpha f}C_{cr}L}} \qquad (6-59)$$

稳态侧偏角可以表示为

$$\beta = \frac{1}{R}\left[l_r - \frac{l_f}{2C_{\alpha r}(l_f + l_r)}mV^2\right]$$

$$= \frac{\delta_{ss}}{l_f + l_r + \dfrac{mV^2(l_r C_{\alpha r} - l_f C_{\alpha f})}{2C_{\alpha r}C_{\alpha f}L}}\left[l_r - \frac{l_f}{2C_{\alpha r}(l_f + l_r)}mV^2\right] \qquad (6-60)$$

简化后得

$$\beta_{des} = \frac{l_r - \dfrac{l_f mV^2}{2C_{\alpha r}(l_f + l_r)}}{l_f + l_r + \dfrac{mV^2(l_r C_{\alpha r} - l_f C_{\alpha f})}{2C_{\alpha f}C_{\alpha r}(l_f + l_r)}}\delta_{ss} \qquad (6-61)$$

式(6-61)为理想的侧偏角与驾驶员转向角输入、车辆纵向速度和其他车辆参数之间的函数关系。

式(6-55)和式(6-61)中理想横摆角速度和稳态侧偏角并不总是容易获得。例如,如果路面摩擦系数不能达到高横摆角速度下的轮胎力的要求,那么尝试去实现期望横摆角速度是不安全的。因此,理想的横摆角速度必须控制在根据与轮胎-路面摩擦系数的关系所确定的上限值范围内,可用下式表达:

$$a_{y\_cg} = \dot{x}\dot{\psi} + \ddot{y} \qquad (6-62)$$

侧向加速度和横摆角速度以及车辆侧偏角的关系可用下式表示:

$$a_{y\_cg} = \dot{x}\dot{\psi} + \tan\beta\ddot{x} + \frac{\dot{x}\dot{\beta}}{\sqrt{1 + \tan^2\beta}} \qquad (6-63)$$

侧向加速度也必须受到轮胎-地面摩擦系数 μ 的限制,见下式

$$a_{y\_cg} \leq \mu g \qquad (6-64)$$

侧向加速度的计算主要由式(6-63)首项决定。如果假设车辆侧偏角和它的导数都比较小,第二项和第三项只占总的侧向加速度很小的部分。因此,横摆角速度的上限可以确

定如下：

$$\dot{\psi}_{\text{upperbound}} = 0.85\frac{\mu g}{\dot{x}} \quad (6-65)$$

因子 0.85 使得式(6-63)的第二项和第三项只占总侧向加速度的 15%。因此，只要不超过式(6-65)中的上限，车辆的目标横摆角速度就可以使用前述名义横摆角速度，并满足以下条件：

$$\begin{cases} \dot{\psi}_{\text{target}} = \dot{\psi}_{\text{des}}, |\dot{\psi}_{\text{des}}| \leqslant \dot{\psi}_{\text{upperbound}} \\ \dot{\psi}_{\text{target}} = \dot{\psi}_{\text{upperbound}} \text{ sgn } \dot{\psi}_{\text{des}}, |\dot{\psi}_{\text{des}}| \geqslant \dot{\psi}_{\text{upperbound}} \end{cases} \quad (6-66)$$

目标侧偏角也必须在上限值范围内，以保证侧偏角不会过大。在大侧偏角下，轮胎会失去线性特性并且接近附着极限，因此，限制侧偏角是很重要的。下式是由经验得出的侧偏角的上限值：

$$\beta_{\text{upper\_bound}} = \tan^{-1}(0.02\mu g) \quad (6-67)$$

由该式可以得出，摩擦系数 μ 为 0.9 时，上限值为 10°；摩擦系数 μ 为 0.35 时，上限值为 4°。这分别大致等于在干路面和积雪路面上的侧偏角理想极限。

因此，只要不超过式(6-67)所确定的上界，车辆的目标侧偏角可以使用前述名义侧偏角，并满足以上条件：

$$\begin{cases} \beta_{\text{target}} = \beta_{\text{des}}, |\beta_{\text{des}}| \leqslant \beta_{\text{upperbound}} \\ \beta_{\text{target}} = \beta_{\text{upperbound}} \text{ sgn }(\beta_{\text{des}}), |\beta_{\text{des}}| \geqslant \beta_{\text{upperbound}} \end{cases} \quad (6-68)$$

上层控制器的控制目标是确定整车理想横摆转矩，从而使车辆达到目标横摆角速度和目标侧偏角。有些研究人员使用滑模变结构控制方法控制跟踪横摆角速度和侧偏角，其目标滑模面的选择要满足横摆角速度的轨迹，或者侧偏角的轨迹，或者两者兼有。为了确保车辆的响应接近滑模面 $S=0$，必须确保可以获得期望的横摆角速度和(或)侧偏角。本书认为下述滑模面可以用作控制设计：

$$S = \dot{\psi} - \dot{\psi}_{\text{target}} + \xi(\beta - \beta_{\text{target}}) \quad (6-69)$$

$$\dot{S} = \ddot{\psi} - \ddot{\psi}_{\text{target}} + \xi(\dot{\beta} - \dot{\beta}_{\text{target}}) \quad (6-70)$$

$$i_z\ddot{\psi} = l_{\text{f}}(F_{x\text{fl}} + F_{x\text{fr}})\sin\delta + l_{\text{f}}(F_{y\text{fl}} + F_{y\text{fr}})\cos\delta - l_{\text{r}}(F_{y\text{rl}} + F_{y\text{rr}}) + \\ \frac{l_{\text{w}}}{2}(F_{x\text{fr}} - F_{x\text{fl}})\cos\delta + \frac{l_{\text{w}}}{2}(F_{x\text{rr}} - F_{x\text{rl}}) + \frac{l_{\text{w}}}{2}(F_{y\text{fl}} - F_{y\text{fr}})\sin\delta \quad (6-71)$$

忽略上式中的 $l_{\text{f}}(F_{x\text{fl}} + F_{x\text{fr}})\sin\delta$、$\frac{l_{\text{w}}}{2}(F_{y\text{fl}} - F_{y\text{fr}})\sin\delta$，并假设转向角很小。同时，假设制动转矩的前后轮比例是固定的，即设

$$\begin{aligned} F_{x\text{rl}} &= \rho F_{x\text{fl}} \\ F_{x\text{rr}} &= \rho F_{x\text{fr}} \end{aligned} \quad (6-72)$$

式中，ρ 由前后轮制动力比值决定，前后轮制动力比值由液压系统中前后制动压力比值决定。多数制动压力比例阀会在一定压力值范围内提供前后相同的制动压力，达到一定压力值后减小后轮制动压力的增长率。

由式(6-71)和式(6-72)得：

$$i_z \ddot{\psi} = l_f(F_{yfl} + F_{yfr})\cos\delta - l_r(F_{yrl} + F_{yrr}) + \frac{l_w}{2}(F_{xfr} - F_{xfl})\cos\delta + \rho\frac{l_w}{2}(F_{xfr} - F_{xfl})$$
(6-73)

差动制动中的横摆转矩构成了上层控制器的控制输入，横摆转矩 $M_{\psi b}$ 为

$$M_{\psi b} = \frac{l_w}{2}(F_{xfr} - F_{xfl})$$
(6-74)

那么

$$\ddot{\psi} = \frac{1}{i_z}[l_f(F_{yfl} + F_{yfr})\cos\delta - l_r(F_{yrl} + F_{yrr}) + (\cos\delta + \rho)M_{\psi b}]$$
(6-75)

由式(6-70)和式(6-75)得：

$$\dot{S} = \frac{1}{i_z}[l_f(F_{yfl} + F_{yfr})\cos\delta - l_r(F_{yrl} + F_{yrr}) + (\cos\delta + \rho)M_{\psi b}] -$$

$$\ddot{\psi}_{\text{target}} + \xi(\dot{\beta} - \dot{\beta}_{\text{target}})$$
(6-76)

$$\frac{\rho + \cos\delta}{i_z}M_{\psi b} = \dot{S} - \frac{l_f}{i_z}(F_{yfl} + F_{yfr})\cos\delta + \frac{l_r}{i_z}(F_{yrl} + F_{yrr}) +$$

$$\ddot{\psi}_{\text{target}} - \xi(\dot{\beta} - \dot{\beta}_{\text{target}})$$
(6-77)

上式描述的控制器需要侧偏角、侧偏角微分和前后轮侧向力作为反馈。这些变量并不能直接测量，但对于反馈控制而言需要对其进行估计。

下层控制器决定各个车轮的制动压力，以保证产生的横摆转矩跟踪上层控制器决定的期望横摆转矩。由式(6-74)可知，为达到理想的横摆转矩所需的额外的差动纵向轮胎力为

$$\Delta F_{xf} = \frac{2M_{\psi b}}{l_w}$$
(6-78)

由式(6-50)可知，

$$\begin{cases} J_w \dot{\omega}_{fl} = T_{dfl} - A_w\mu_b r_b P_{bfl} - r_{\text{eff}}F_{xfl} \\ J_w \dot{\omega}_{fr} = T_{dfr} - A_w\mu_b r_b P_{bfr} - r_{\text{eff}}F_{xfr} \end{cases}$$
(6-79)

前轮理想的差动纵向轮胎力 ΔF 可以通过选择左右前轮制动压力来控制：

$$\begin{cases} P_{bfl} = P_0 - a\dfrac{\Delta F_{xfl} r_{\text{eff}}}{A_w \mu_b r_b} \\ P_{bfr} = P_0 + (1-a)\dfrac{\Delta F_{xfr} r_{\text{eff}}}{A_w \mu_b r_b} \end{cases}$$
(6-80)

式中，P_0 为初始差动制动时刻车轮处测到的制动压力；a 为常数，取值范围是 $0 \leq a \leq 1$，且 P_{bfl} 和 P_{bfr} 都为正。车轮的制动压力需为零或者正数。因此，在驾驶员没有制动的条件下，ΔF_{xf} 为正，且 $P_0 = 0$，则 a 必须为 0。另一方面，如果 P_0 足够大，则 a 可以为 0.5，这就是说与驾驶员施加的制动压力相比，差动制动通过一侧车轮增加制动压力，另一侧车轮减小制动压力来实现。

6.3 新能源汽车的能量控制方法

6.3.1 能量控制方法概述

前述介绍中，我们已知新能源汽车目前主要分为纯电动汽车和混合动力汽车（未考虑燃料电池电动汽车），在这两种结构中，纯电动汽车的能量管理重点在于动力电池的管理和电能的流动控制，而混合动力汽车的能量管理更侧重于对多个动力源的动力分配。动力电池的管理在前章已介绍清楚，故本节主要以混合动力汽车为例介绍相应的能量管理策略。

能量管理策略在电动汽车中起着非常关键的作用，用好能量管理策略才能提高整车利用率、增加续驶里程以及维护整车安全性。在过去的几十年里，人们研发了几种能量管理策略，这些能量管理策略大致可分为基于启发式概念的策略和基于最优控制理论的策略。前者包括基于规则的能量管理策略和基于模糊逻辑的能量管理策略等，这类能量管理策略多用于早期混合电动汽车的研究中，而且在目前上市的混合动力汽车中也普遍使用。这类策略易于实现，但对规则边界的把握严重依赖研究者的经验。为了弥补这一缺点，人们后来开始研究基于最优控制理论的能量管理策略。应用于混合动力汽车能量管理策略的最优控制理论包括动态规划算法和庞特里亚金最小值原理。其中动态规划算法可以在未来行驶工况预先给定的情况下，保证混合动力汽车能量管理的全局优化结果，使混合动力汽车的燃油经济性达到全局最优值。由于一般采用后向算法，再加上计算时间长，在实际中一般不能一直应用动态规划算法。庞特里亚金最小值原理则可以实时提供最优化的控制。

基于规则的能量管理控制策略比较简单，应用比较广泛。它结合理论分析和实测数据或经验，事先设定工作模式和工作状态值，在运行过程中自动采取不同的控制方式和驱动模式，使得系统驱动部件限制在设定的工作区间。但这些部件的工作点没有得到最优化，无法实现系统效率最优的目标。

基于内燃机万有特性曲线最佳燃油经济性控制策略来源于常规的混合动力汽车控制策略，需要比较准确和完整的内燃机万有特性曲线试验数据，而且需要发动机的万有特性一致性比较好，但它无法全面地考虑到系统其他驱动部件的效率最优化控制，很难达到整车燃油经济性最佳。

由于庞特里亚金最小值原理具有实时性，所以即使车辆的未来工况未知，基于庞特里亚金最小值的能量管理策略仍可以应用于实际车辆，而且在车辆的行驶过程中一般只需要调整一个控制参数即可。此外，有关研究已证明在电池的某些假设成立的情况下，应用基于庞特里亚金最小值原理的能量管理策略可以得出与动态规划算法同样的全局优化结果。还有一种与之相似的等效燃油最小化策略，这一策略虽然能在特定情况下得出与基于庞特里亚金最小值原理的能量管理策略同样的结果，但在其应用中确定控制参数时没有充分的理论依据，尤其在多状态变量多控制目标的情况下。庞特里亚金最小值来源于最优控制理论，因此即使系统的状态变量和控制目标增加，也能根据其必要条件来确定控制参数。表6-1综合比较了上述几种混合动力汽车的能量管理策略的特点及优缺点。

表6-1 混合动力汽车能量管理策略的比较

能量管理策略	特 点	优 点	缺 点
基于规则能量管理策略	基于启发式概念	易于实现	制定规则需要丰富的经验知识，很难达到最优控制的目标
动态规划算法	基于最优控制理论	全局优化	采用后向算法，计算时间过长，不能应用于实际
庞特里亚金最小值原理	基于最优控制理论	在一定条件下可以得到全局优化的结果，可以应用于实际；控制参数的确定有理论依据	—
等效燃油最小化策略	电池的等效燃油消耗概念	可以应用于实际	局域优化，控制参数的确定缺乏理论依据

6.3.2 基于最优控制理论的能量控制

最优控制理论是现代控制理论的一个主要分支，着重于研究使控制系统的性能指标实现最优化的基本条件和综合方法。最优控制理论是研究从一切可能的控制方案中寻找最优解的一门学科。具体来说，其研究对象为一个受控的动力学系统或运动过程，研究目标是从一类允许的控制方案中找出一个最优的控制方案，使系统的运动在由某个初始状态转移到指定的目标状态的同时，其性能指标值为最优。最优控制理论的理论基础主要有汉密尔顿·雅克比·贝尔曼提出的动态规划和庞特里亚金等人提出的极值原理，这两种最优控制理论都可以应用到混合动力汽车的能量管理策略中。

6.3.2.1 基于动态规划的能量管理策略

动态规划是来自汉密尔顿·雅克比·贝尔曼方程的计算方法，通常用于求解具有某种最优性质的问题。在这类问题中，可能会有许多可行解，每一个解都对应于一个值，该方法希望找到具有最优值的解。其基本思想是将待求解的问题分解成若干个子问题，先求解子问题，然后从这些子问题的解得到原问题的解。适合用动态规划求解的问题，经分解得到的子问题往往不是互相独立的。如果能够保存已解决的子问题的答案，在需要时再找出已求得的答案，这样就可以避免大量的重复计算，节省时间。这就是动态规划法的基本思路，可以用一个表来记录所有已解的子问题的答案，不管该子问题以后是否被用到，只要它被计算过，就将其结果填入表中。具体的动态规划算法多种多样，但它们具有相同的填表格式。

这一方法在研究对象的每个状态都会检测所有可能的控制量，从而判断每个状态的最优控制量。因此，通过动态规划算法可以获得从每个状态到制定的最终状态的最优控制路径。正是由于这样的基本原理，动态规划算法所需的计算时间很长。

HEV 控制本质上是对不同能量源进行瞬时功率管理，具有控制目标（如燃料消耗）是全局整体的而控制动作发生在局部时间上的特点。此外，控制目标还受到整车的诸多物理、机械和电气等性能的约束。一般来说，HEV 的能量管理问题可以转化为有限时间范围内的优化问题。常规最优控制技术适用于系统数学模型简单的情形，并且假设完全了解整个优化时段的工况信息，因而将其应用于具有未知性的动态系统时，所计算出的优化解必然只能是近似最优的。本节中将以行驶行程所消耗的燃料总量最小化为能量管理系统的控制目标，建立起最优控制问题的数学模型。混合动力电动汽车的最佳能量管理问题可描述为在从 $t_0 = 0$ 时刻开始到 t_f 时刻结束的行驶行程中寻找一个控制量 $u(t)$，使得 HEV 所消耗的燃料总量最小化，即最小化积分型性能指标 J：

$$J = \int_{t_0}^{t_f} \dot{m}_f[u(t),t] \mathrm{d}t \tag{6-81}$$

式中，$\dot{m}_f$ 为燃料的注入速率。

实际中，J 的优化还受制于整车的状态变量、控制变量的局部或全局约束，如 RESS 的能量限制、电池 SOC 值等。

选取状态变量 $x(t)$ 为电池 SOC 值、输入 $u(t)$ 为电池输出功率 P_{batt}，能量管理系统的动态特性可由以下方程描述：

$$\dot{x}(t) = -u(t)/(\eta_{coul}^{\mathrm{sign}(I(t))} \cdot Q_{norm}) \tag{6-82}$$

式中，$x(t) = \mathrm{SOC}$；$u(t) = P_{batt}$。为便于设计控制器，这里选择基于零阶等效电路的电池模型，则有

$$u(t) = V_L(t)I(t) = V_{oc}(x)I(t) - r_0(x)i^2(x) \tag{6-83}$$

式中，$r_0(x)$ 为等效内阻；$I(t)$ 为电池输出电流；$V_{oc}(x)$ 为电池开路电压。则 SOC 的变化可表示为电池功率的函数：

$$\dot{x}(t) = -\frac{1}{\eta_{coul}^{\mathrm{sign}(I(t))} Q_{norm}} \left(\frac{V_{oc}(x)}{2r_0(x)} - \sqrt{\left(\frac{V_{oc}(x)}{2r_0(x)}\right)^2 - \frac{u(t)}{r_0(x)}} \right) \tag{6-84}$$

整车状态变量和控制变量的约束分全局约束和局部约束。全局约束一般指行驶结束时电池 SOC 值应高于预设的给定值 x_d，即 $x(t_f) - x_d \geq 0$。对于充电保持 HEV 而言，全局约束意味着完成当前行驶行程后，电池电能既没增加也没减少，而是保持不变。而在充电消耗 HEV 或 PHEV 中，这类约束可以放松，最终电池 SOC 可以低于初始值，即电池电能通过变流器转换为动力消耗或储存进电网。局部约束一般包括状态变量和控制变量瞬时值需要满足的约束条件，包括电池荷电状态和电池出力必须维持在一定范围内高效率工作并提高其使用寿命，发动机电机的转矩、转速由于物理限制和安全约束需要设定工作范围，等等。这些约束条件可用下式表达：

$$\begin{cases} \mathrm{SOC}_{\min} \leq \mathrm{SOC}(t) \leq \mathrm{SOC}_{\max} \\ P_{balt,\min} \leq P_{balt}(t) \leq P_{balt,\max} \\ T_{x,\min} \leq T_x(t) \leq T_{x,\max} \\ \omega_{x,\min} \leq \omega_x(t) \leq \omega_{x,\max}, x = \mathrm{eng, mot, gen} \end{cases} \tag{6-85}$$

式中，$x = \mathrm{eng, mot, gen}$，分别表示发动机驱动电机、发电机的转矩和转速瞬时值需满足的约束条件。实际应用时，应将上述全局约束和局部约束转化为代价函数中的惩罚项，从而得到优化模型的闭合解析形式：

$$\dot{x}(t) = f(x(t), u(t)) \tag{6-86}$$

式中，状态向量 $x(t) \in \mathbf{R}^n$；控制输入 $u(t) \in \mathbf{R}^p$。

在代价函数中引入惩罚函数项，有

$$J = \phi(x(t_f)) + \int_{t_0}^{t_f} \dot{m}_f(u(t), t) \mathrm{d}t \tag{6-87}$$

式中，$\phi(x(t_f))$ 用于惩罚实际状态与期望状态的偏差 $x(t_f) - x(t_0)$，形式上可以是线性、二次型甚至是非线性的，依据控制目标需要进行设定。进一步地，将发动机尾气排放、电池老化、驾驶性能，热动力学特性等状态因素考虑进去，可以得到如下更一般的代价函数表达式：

$$J = \phi(x(t_f)) + \int_{t_0}^{t_f} L(x(t), u(t), t) \mathrm{d}t$$

式中，函数 $L(x(t), u(t), t)$ 为包含多个优化目标的混合代价函数，不同优化目标之间的重要性可用加权因子表征。

动态规划（dynamic programming，DP）是求解决策最优化的一种数学方法，在 20 世纪 50 年代由美国数学家 Bellman 等人首先提出。其基本思想是将一个多阶段决策优化问题转化为彼此相关的一系列单阶段优化问题，利用各阶段之间的关系，逐步优化求解。该方法自提出以来，在运筹管理、任务调度、工程技术等领域得到了广泛应用。理论上，DP 可求解任意复杂的最优化问题，但缺点是需要已知优化时段内系统的先验信息。根据时间或空间顺序特征将整个控制过程划分为若干个连续的阶段，第 k 阶段的状态转移方程为

$$x_{k+1} = f_k(x_k, u_k) \tag{6-88}$$

定义 $k = 1, 2, \cdots, N$ 为阶段序号。x_k 为状态变量，用于描述过程在每个阶段的状况特征，x_k 允许取值的范围称允许的状态集合 X_k。当前阶段状态确定后，施加控制信号 $u_k(x_k)$ 使得系统演变到下一阶段，控制变量允许取值的范围称为允许控制集合。由多个控制连续组成的控制序列称为控制策略，用 $u_k(x_k)$ 表示从第 k 阶段的状态 x_k 开始到第 j 阶段的状态 x_j 子过程的控制策略。为衡量控制过程的优劣，设计弧代价函数 $L_j(x_j, u_j)$，定义指标函数 $G(x_i, i)$ 为控制全过程或后部子过程上的标量函数，是过程路径上的全部弧代价累积之和，即

$$G(x_i, i) = L_N(x_N) + \sum_{k=i}^{N-1} L_k(x_k, u_k) \tag{6-89}$$

$G(x_i, i)$ 为从状态 x_i 转移到优化时段结束的后部子过程上的指标函数，特别地，当 $i = N$ 时，有 $G(x_N, N) = L_N(x_N)$；当 $i = 1$ 时，有 $G(x_1, 1) = J^*(x_0)$，即

$$J(x_0, u) = L_N(x_N) + \sum_{k=1}^{N-1} L_k(x_k, u_k) \tag{6-90}$$

指标函数 $G(x_i, i)$ 最优意味着从 k 开始的后部子过程最优，即

$$u_k = u^*(x_k, k) = \mathrm{argmin}_{u \in U_k} L_k(x_k, u) + G_{k+1}(f(x_k, u_k), u_k) \tag{6-91}$$

式中，$u^*(x_k, k) = \{u_k^*, \cdots, u_{N-1}^*\}$。$u^*(x_1, 1)$ 是全过程的最优策略，从初始状态 x_0 出发，按照 $u^*(x_1, 1)$ 和状态转移方程演变所经历的状态序列 $\{x_1^*, x_2^*, \cdots, x_{n+1}^*\}$ 的过程称为最优轨线，对应的最优指标函数为 $J^*(x_0) = \min_u J(x_0, u)$。

6.3.2.2 基于庞特里亚金最小值原理的能量管理策略

DP 数值算法能有效实现 HEV 能量的优化管理，其优点是可获得全局最优解；但随着

维数增加,DP算法存在维数灾难造成的计算负担以及后向离散化动态模型获取困难等缺点。近年来,为克服这些问题,出现了一些其他能量管理优化算法,在这其中,基于庞特里亚金最小化原则(pontryagin minimal principle,PMP)的能量管理优化方案受到的关注最多并得到了广泛研究,满足庞特里亚金最小化原则是一组算法实现最优化的必要条件。满足最小化条件的控制律称为极值,其条件仅仅是必要的而非充分的。即存在最优解时,它必定是极值解。相反地,并非所有极值解都是最优的。

依据状态变量取值边界定义容许状态为边界区间,$x(t) \in \Omega_x(t)$,$\forall t \in [t_0, t_f]$。$\Omega_x(t)$为边界区间,在该区间内满足 $G(x(t)) \leq 0: \mathbf{R}^n \mapsto \mathbf{R}^m$,即

$$\Omega_x(t) = \{x(t) \in \mathbf{R}^n | G(x(t)) \leq 0\} \quad (6-92)$$

式中,函数 $G(x(t)) \leq 0$ 表示一组不等式集合。

定义哈密顿函数如下

$$H(x(t), u(t), \lambda(t), t) = L(x(t), u(t), t) + \lambda^T(t) \cdot f(x(t), u(t), t) \quad (6-93)$$

式中,函数 $f(x(t), u(t), t)$ 为系统动态方程;函数 $L(x(t), u(t), t)$ 为瞬时代价;$\lambda(t)$ 为待优化的伴随状态矢量,具有与状态变量 $x(t)$ 相同的维数。

依据PMP,如果 $u^*(t)$ 为优化问题(6-91)的最优控制律,则其满足如下条件:

$$x^*(t) = \left.\frac{\partial H}{\partial \lambda}\right|_{u^*(t)} = f(x^*(t), u^*(t), t) \quad (6-94)$$

$$\begin{aligned}\lambda^*(t) &= \left.\frac{\partial H}{\partial x}\right|_{u^*(t)} = h(x^*(t), u^*(t), \lambda^*(t), t) \\ &= \frac{\partial L}{\partial x}(x^*(t), u^*(t), t) - \lambda^*(t)\left[\frac{\partial f}{\partial x}(x^*(t), u^*(t), t)\right]^T\end{aligned} \quad (6-95)$$

$$x^*(t_0) = x_0, x^*(t_f) = x_d \quad (6-96)$$

$$H(x^*(t), u^*(t), \lambda^*(t), t) \geq h(x^*(t), u^*(t), \lambda^*(t), t) \\ \forall u(t) \in U(t), \forall t \in [t_0, t_f] \quad (6-97)$$

式中,x_0 为初始时刻 t_0 的初始状态;x_d 为终端时刻 t_f 期望的终端状态;$U(t)$ 为t时刻的容许控制集,$t \in ([t_0, t_f]$;$u^*(t)$ 为最优解,即:

$$u^*(t) = \operatorname{argmin}_{u(t) \in U(t)} H(x(t), u(t), \lambda(t), t) \quad (6-98)$$

所述优化问题的约束包括全局约束和局部约束,即式(6-90)和式(6-92),当系统状态接近或越出边界时,需要在哈密顿函数中增加附加代价函数项,以确保状态边界不等式成立。事实上,在下述两种条件下,状态边界不等式不成立:

① 系统状态大于容许上限:$G_1(x(t)) = x(t) - x_{\max} > 0$。
② 系统状态小于容许下限:$G_2(x(t)) = x_{\min} - x(t) > 0$。

式中 G_1 和 G_2 分别为系统状态与容许上下限的距离。假设 G_1 和 G_2 的相对阶相等且均为 r,为简化推导,假设 $r=1$,则有

$$G^{(1)}(x(t), u(t), t) = \begin{cases} G_1^{(1)}(x(t), u(t), t) = dG_1/dt = \dot{x}(t) = f(x(t), u(t), t) \\ G_2^{(1)}(x(t), u(t), t) = dG_2/dt = -\dot{x}(t) = -f(x(t), u(t), t) \end{cases} \quad (6-99)$$

基于上式,考虑局部状态约束的改进,定义哈密顿函数为

$$H(x, u, \Lambda, t) = L(x(t), u(t), t) + \lambda^T(t) \cdot f(x(t), u(t), t) + w^T(x) \cdot f(x(t), u(t), t) \quad (6-100)$$

$$w(\boldsymbol{x}) = \begin{cases} 0 & G(\boldsymbol{x}(t)) < 0 \\ -K & G_1(\boldsymbol{x}(t)) \geq 0 \\ K & G_2(\boldsymbol{x}(t)) \geq 0 \end{cases} \quad (6-101)$$

式中，$w(\boldsymbol{x})$ 与 $G(\boldsymbol{x}(t))$ 维数相同；K 为任意常数。K 值选择的基本原则是确保不满足状态约束带来的额外代价足够大，从而使得优化结果不可行。重写哈密顿函数为

$$H(\boldsymbol{x},\boldsymbol{u},\boldsymbol{\lambda},t) = L(\boldsymbol{x}(t),\boldsymbol{u}(t),t) + (\boldsymbol{\lambda}(t) + w(\boldsymbol{x}))^{\mathrm{T}} \cdot f(\boldsymbol{x}(t),\boldsymbol{u}(t),t) \quad (6-102)$$

上式表示的哈密顿函数中的附加惩罚函数项依赖于约束函数的导数，其作用为增加不满足状态边界约束的代价。该哈密尔顿函数的伴随状态为

$$\dot{\boldsymbol{\lambda}}^*(t) = -\frac{\partial L}{\partial x}(\boldsymbol{x}^*(t),\boldsymbol{u}^*(t),t) - (\boldsymbol{\lambda}^*(t) + w(\boldsymbol{x}))\left[\frac{\partial f}{\partial x}(\boldsymbol{x}^*(t),\boldsymbol{u}^*(t),t)\right]^{\mathrm{T}} \quad (6-103)$$

由于附加惩罚函数项的存在，在状态到达边界极限时刻时，必然引起哈密顿函数的不连续，这就意味着这些时刻的伴随状态也是不连续的。PMP 是求解有限时间优化问题的有力工具，对于含局部约束的全局优化问题，将局部约束条件经附加代价函数并入优化模型中，既能保留问题解的全局性，又能有效处理初始时刻和终端时刻的状态边界约束条件。需要注意的是，PMP 所给出的只是最优化问题的必要条件，而非充分条件。这就意味着所得问题的优化解为多个极值控制解的集合，最优解必然属于该集合，计算时还需要比较该集合全部极值解的指标代价大小，具有最小代价的极值解为最优解。

基于 PMP 优化的 HEV 能量管理控制问题，首先需要确定好状态变量和控制变量。本章以电池荷电状态 SOC 为状态变量，满足边界条件 $SOC_{\min} \leq SOC \leq SOC_{\max}$，即容许状态范围为 $\Omega_{SOC(t)} = [SOC_{\min}, SOC_{\max}]$。以电池输出功率 $P_{batt}(t)$ 为控制变量，其容许控制范围为 $U_{P_{batt}}(t) = [P_{batt,\min}(t), P_{batt,\max}(t)]$。因而，所研究的 HEV 能量管理控制本质上是一个单入、单出系统，即式中 $n=1$，$p=1$。哈密顿函数从对时间的相关性转化为对来自驾驶员发出的功率需求指令 P_{rep} 的依赖。

选取 HEV 能量管理问题的哈密顿函数为

$$H(SOC(t),P_{batt}(t),\lambda(t),P_{rep}(t)) = \dot{m}_f(P_{batt}(t),P_{rep}(t)) + (\lambda(t) + w(SOC)) \cdot \dot{SOC}(t) \quad (6-104)$$

必要条件为

$$P_{batt}^*(t) = \operatorname{argmin}_{P_{batt} \in U_{P_{batt}}} H(SOC(t),P_{batt}(t),\lambda(t),P_{rep}(t)) \quad (6-105)$$

$$\dot{SOC}(t) = f(SOC^*(t),P_{batt}^*(t)) \quad (6-106)$$

$$\dot{\lambda}(t) = -(\lambda^*(t) + w(SOC))\frac{\partial f}{\partial SOC}(SOC^*(t),P_{batt}^*(t))$$

$$= h(SOC^*(t),P_{batt}^*(t),\lambda^*(t)) \quad (6-107)$$

$$SOC^*(t_0) = SOC_0 \quad (6-108)$$

$$SOC^*(t_f) = SOC_d \quad (6-109)$$

$$SOC_{\min} \leq SOC^*(t) \leq SOC_{\max} \quad (6-110)$$

式(6-106)和式(6-107)为状态变量 SOC 和伴随状态 $\lambda(t)$ 的一阶微分方程，这类连续区间边界约束的优化问题易于通过迭代程序进行数值求解。通过打靶法，基于 PMP 必要条件的优化问题求解流程如图 6-17 所示，其步骤如下：以循环工况的整个周期为优化问题的时间区间，首先设置伴随状态的初始值为 $\lambda(0)$，在打靶法的每次迭代中，求解满足

PMP 必要条件的优化解 $P_{\text{batt}}^*(t)$。在优化区间结束时刻,将电池实际 SOC 状态值 SOC(t_f) 与期望的 SOC 状态值 SOC_d 进行比较,根据两者之差 $\text{SOC}(t_f) - \text{SOC}_d$,采用对分法来调整并确定合适的伴随状态初始值 $\lambda(0)$。若差值小于预设阈值条件成立,则终止迭代,算法结束;否则,依据差值符号性增加或减小 $\lambda(0)$,继续迭代求解,直至条件满足。对分法可经历较少的迭代次数实现收敛,收敛速度明显快于动态编程算法。

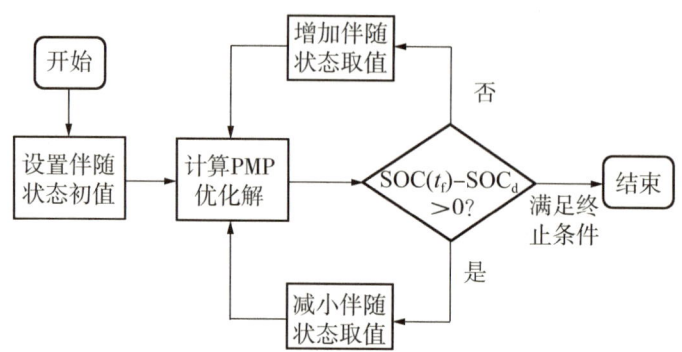

图 6-17 基于 PMP 必要条件的优化问题求解流程

求解满足 PMP 必要条件的优化解的实现示意图如图 6-18 所示。在优化时间区间上的每个时刻,给定功率需求指令,构建并最小化哈密顿函数,并求解出最优控制律,进而将其代入方程计算出下一时刻的荷电状态和伴随状态变化量。假设电池模型等效为零阶电路模型,则将电池 SOC 的动态模型代入伴随状态动态方程,有

$$\frac{\partial f}{\partial \text{SOC}}(\text{SOC}^*(t), P_{\text{batt}}^*(t)) = -\frac{1}{\eta_{\text{coul}}^{\text{sign}(I(t))} Q_{\text{norm}}} \cdot \frac{\partial I(V_{\text{oc}}(\text{SOC}), r_0(\text{SOC}), P_{\text{batt}})}{\partial \text{SOC}}$$

$$= -\frac{1}{\eta_{\text{coul}}^{\text{sign}(I(t))} Q_{\text{norm}}} \cdot \left[\frac{\partial I}{\partial \text{SOC}} \cdot \frac{\partial V_{\text{oc}}(\text{SOC})}{\partial \text{SOC}} + \frac{\partial I}{\partial R_0} \cdot \frac{\partial R_0}{\partial \text{SOC}} \right] \quad (6-111)$$

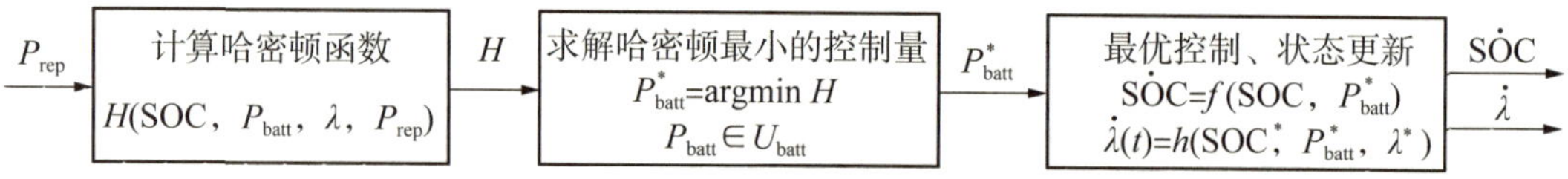

图 6-18 求解满足 PMP 必要条件的优化解示意图

对于实际铅酸、镍氢和锂电蓄电池而言,在一个计算周期内,如果忽略 SOC 对电池开路电压和内阻的影响,即

$$\frac{\partial f}{\partial \text{SOC}}(\text{SOC}^*(t), P_{\text{batt}}^*(t)) \approx 0 \quad (6-112)$$

则伴随状态满足 $\lambda(t) = 0$,即在一个计算周期内保持恒定,其值可按照上述打靶法计算求解得到。对应的附加惩罚函数项为一片段常数函数,即

$$w(\text{SOC}) = \begin{cases} 0 & \text{SOC}_{\min} < \text{SOC}(t) < \text{SOC}_n \\ -K & \text{SOC}(t) < \text{SOC}_{\min} \\ K & \text{SOC}(t) > \text{SOC}_{\max} \end{cases} \quad (6-113)$$

式中,K 值的选取可采取试凑法确定,基本原则是应确保当电池 SOC 接近或超过上下限

时，使用电池出力的成本足够高。而当 SOC 处在容许状态范围内时，瞬时代价函数的惩罚因子项不起作用。附加惩罚函数项示意图如图 6-19 所示。

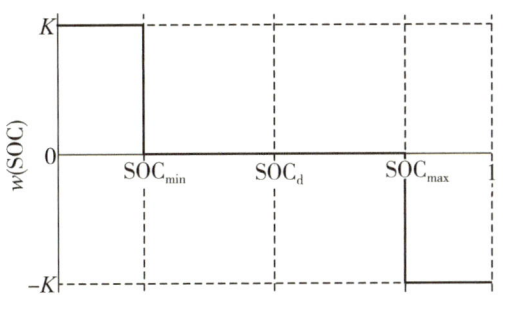

图 6-19 附加惩罚函数项示意图

6.3.3 能量回馈制动控制

传统的制动方式是利用制动钳或制动盘，通过摩擦作用将车辆的动能转化成热能消耗掉，这会造成大量能量的浪费，使整车能效降低，且大多利用机械或液压系统作为执行机构，因此制动行为存在一定的滞后。在电动汽车中，电动机作为驱动车辆的执行机构，由于电磁的双向转换关系，当电动机去电且作用有制动力矩时，便可转换为发电机工作模式，因此，在电动汽车中将制动时产生的能量回收到储电系统理论上是可能的。在具体技术实现中，将完成这一功能的系统称为再生制动系统，这一系统也是整车能量控制系统的重要组成部分。在再生制动系统中，首先使电机工作在发电机状态，产生电制动转矩，同时将动能经能量变换装置转换成电能，再储存在车载储能系统中，如功率电池、超级电容或混合型储能系统。这项技术带来了许多环境效益，其中包括大量减少碳和其他基于燃料的排放，以及减少了对会导致空气污染和严重的气候变化的不可再生能源的依赖。已有研究表明，回收的能量随行驶工况和再生制动策略的不同，可以占到整车能量消耗的 8%~25%。

目前对再生制动技术的研究主要分为两种，其一是将传统液压制动与电制动配合使用的复合制动，其二是采用纯电制动。由于车辆不能通过纯电制动操作完全减速，基于摩擦的制动操作是强制性的，这意味着能量再生效率低下是不可避免的。尽管再生制动的可行性取决于再生制动电机的性能，但其最大再生能力受到限制。这种限制归因于所用电机的功率容量或转矩容量，通常称为失速功率或失速转矩。超过电机的失速转矩意味着电机不能够再将额外的制动转矩提供给车辆，并开始失去其工作性能。制动所需扭矩远远超出了再生制动电机的能力，因此制动力分配依赖于机械制动器，以便于车辆减速。此外，高电机转速有利于最大程度的能量再生，这有助于车辆从高的初速度进行减速，这是因为反电动势高到足以对储能系统充电。然而，在较低的速度下，反电动势不足以实现充电操作，并且需要并入额外的功率转换器组件，例如降压 - 升压转换器。因此，复合制动已为主流应用方式。为了解决两种制动系统的协调问题，相关学者相继提出多种制动控制策略，如基于规则的策略、模糊控制策略、H_∞ 鲁棒控制策略以及神经网络方法等，其中模糊控制策略应用较广。纯电制动响应更快，测量更方便，控制更精确，但是实际应用存在的技术难关仍在研究当中。

6.3.3.1 复合制动系统的模糊控制

(1) 复合制动控制系统框架

虽然纯电制动在能量回收中具有突出优势，但在目前的实际应用中，均是将传统制动与之结合使用。这是因为一方面，考虑到电子系统失效的可能性；另一方面，在某些情况下再生制系统也无法进行能量回收，比如当电池的荷电状态太高时，就不能对电池进行再充电。这里介绍一种用以协调两种制动系统的基于模糊逻辑的制动策略。混合制动控制系统的结构如图 6-20 所示，制动力分配单元以制动安全为基准，主要负责实时分配前后轴的制动力，避免前后轴车轮同时抱死，模糊化及模糊策略主要是根据当前的系统状态和参数，确定再生制动力矩的大小。

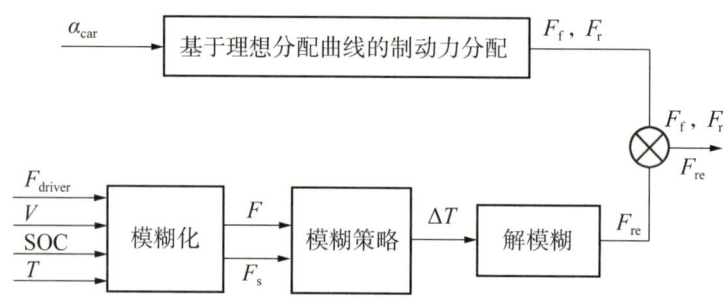

图 6-20 混合制动系统的控制策略图

车辆在平坦路面上制动时，存在前后轴载荷转移现象，因此前后制动力必须合理分配，以保证前后车轮不同时发生打滑。制动力理想分配曲线给出了在摩擦系数不同时，前后车轮同时抱死所需要的最大制动力。按该曲线分配前后车轮的制动力可保证制动的安全性，但使用该曲线首先要得到实时摩擦系数，在车辆运行过程中很难直接测量变化的摩擦系数，一般通过测量加速度来估算总制动力，进一步可实现按照理想制动力曲线进行分配。

(2) 复合制动控制系统建模

再生制动力的确定主要通过图 6-20 中模糊化、模糊策略及解模糊模块来实现。该模糊过程包含四个输入，即车速、驾驶员需求制动力、电池 SOC 和电池温度。模糊策略中要考虑到四种关系：其一，驾驶员的制动指令和再生制动力之间的关系。制动力的值代表制动时间和距离，制动力越大，制动时间和距离便应该越小，此时便需要减少再生制动力的比例。其二，车辆的速度与再生制动力之间的关系。随着车速的增加，再生制动力的比例可以随之增加。其三，电池 SOC 和再生制动力之间的关系。当电池 SOC 小于 10% 或者大于 90% 时都不适宜快速充电，应适当降低再生制动力比例。其四，电池温度和再生制动力之间的关系。电池温度与最大允许充电电流之间存在如式(6-114)所示的关系，该方程并不能直接反应电池温度与制动力分配之间的关系，我们利用模糊逻辑建立他们之间的联系，温度越高，就会给予再生制动力更大的比例。

$$k_t = \begin{cases} k_{t_1} e^{k_{t_2} T} & -20\text{℃} \leq T \leq 20\text{℃} \\ 1 & 20\text{℃} \leq T \leq 45\text{℃} \\ (50-T)/5 & 45\text{℃} \leq T \leq 50\text{℃} \\ 0 & T \leq -20\text{℃} \text{ 或 } T > 50\text{℃} \end{cases} \quad (6-114)$$

6.3.3.2 基于纯电制动的能量回馈控制技术

图 6-21 给出了一种纯电制动系统的结构示意图。相较于混合制动系统，纯电制动系统的结构更加简单，而且电机的转矩响应速度远快于液压系统的响应速度，所以，纯电制动可以显著提升制动安全。整个过程中不存在机械摩擦，能充分利用轮胎-路面接触所能提供的最大附着力，因此，制动过程中的动能可以最大程度地回收，但仍旧不能实现制动动能的全部回收，这是由于目前储能系统充电功率、充电容量等技术均存在制约因素，电池是目前主流储能系统，其特性决定了充电功率和充电容量难以同时满足要求。为了解决这一问题，近年来，相关学者提出了一种有功率电池和超级电容通过某种结构复合在一起的复合储能系统，图 6-22 给出了这种结构的示意图，电池提供工作能量，且可以补给超级电容，而超级电容负责在车辆急加速或紧急制动时快速释放或吸收能量。这种系统能使动力电池与超级电容两者优势互补，实现更高效更安全的制动效果。

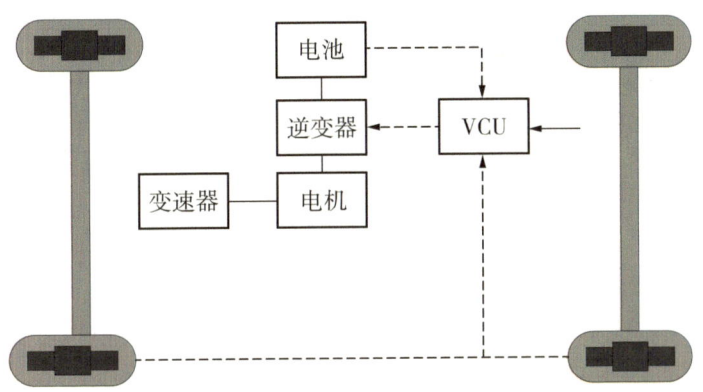

图 6-21 一种纯电制动系统结构

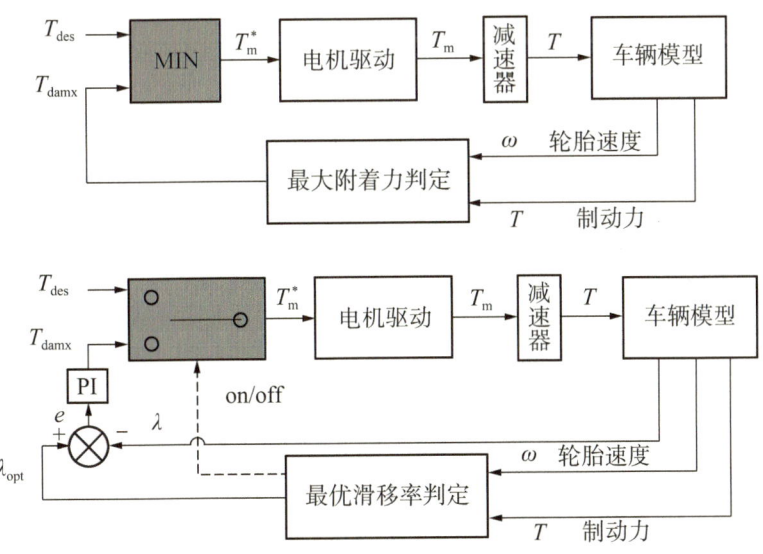

图 6-22 纯电制动控制结构图

6.4 整车控制器的开发

6.4.1 开发模式

在传统的控制单元开发流程中，通常采用图6-23所示的串行开发模式，即首先根据应用需要，提出系统需求并进行相应的功能定义，然后进行硬件设计，使用汇编或是C语言进行面向硬件的代码编写，随后完成软硬件和外部接口集成，最后对系统进行测试和标定。

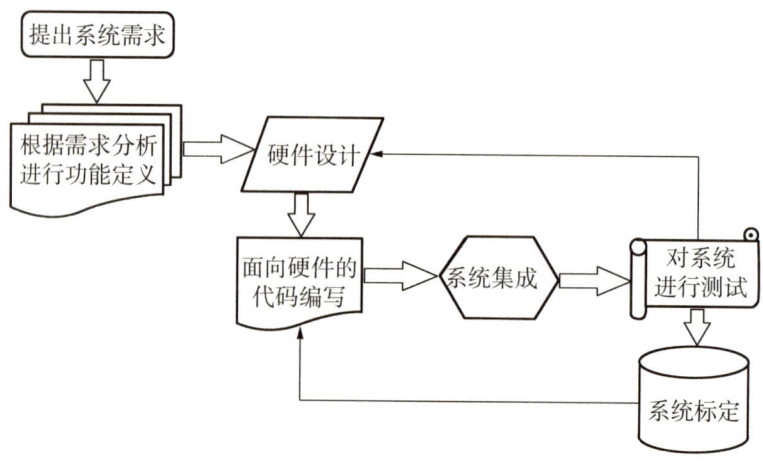

图6-23 串行开发模式

目前，研发工程师所面临的问题越来越复杂，而开发时间却要求尽可能缩短。如果采用传统的开发方法，则在系统调试过程中发现的由硬件电路造成的问题就必须通过重新进行硬件设计来解决，然后再对软件做修改。这就使得控制系统参数的修改必须花很长时间才能得到验证，导致开发周期过长，延误项目的正常进行。

为了解决这一问题，现在的ECU开发多采用V模式开发流程（图6-24）。软硬件技术的不断发展，为并行开发提供了强有力的工具。例如德国dSPACE公司开发的基于Power PC和Matlab/Simulink的实时仿真系统，就为控制系统开发及半实物仿真提供了很好的软硬件工作平台。采用dSPACE并行开发的工作流程主要有5步，如图6-25所示。

第一步是功能定义和离线仿真。首先根据应用需要明确控制器应该具有的功能，为硬件设计提供基础；同时借助Matlab建立整个控制系统（包括控制器和被控对象）的仿真模型，并进行离线仿真，运用软件仿真的方法设计和验证控制策略。

第二步是快速控制器原型（rapid controller prototype，RCP）和硬件开发。从控制系统的Matlab仿真模型中取出控制器的模型，并且结合dSPACE的物理接口模块（A/D、D/A、I/O、RS232、CAN）来实现与被控对象的物理连接，然后运用dSPACE提供的编译工具生成可执行程序，并下载到dSPACE中。dSPACE此时作为目标控制器的替代物，可以方便地实现控制参数在线调试和控制逻辑调节。这一过程称为快速控制原型。在进行离线仿真和快速控制器原型开发的同时，根据控制器的功能设计，同步完成硬件的功能分析并进行

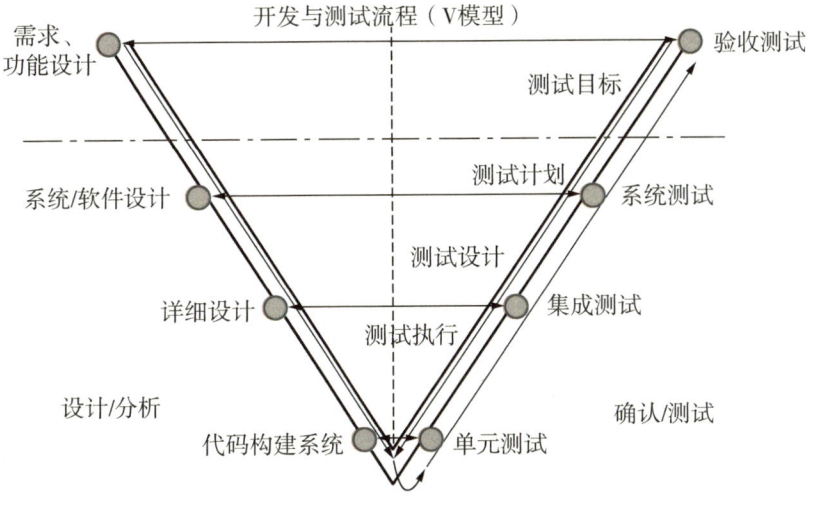

图 6-24 V模式开发流程

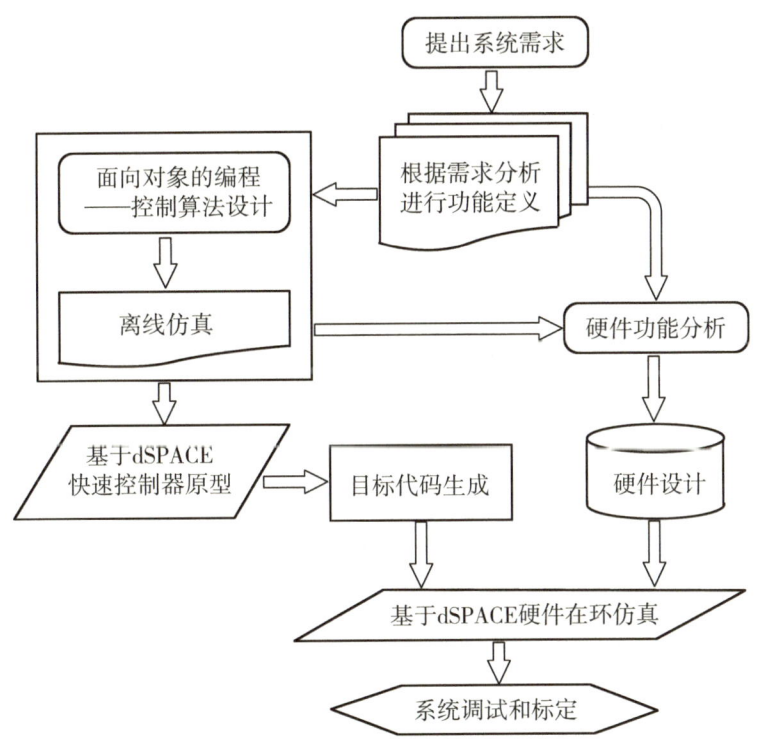

图 6-25 基于 dSPACE 的并行开发模式

相应的硬件设计、制作,并且根据软件仿真的结果对硬件设计进行完善、修改。

第三步是目标代码生成。前述的快速控制器原型基本形成了满意的控制策略,硬件设计也形成了最终物理载体 ECU,此时运用 dSPACE 的辅助工具 TargetLink 生成目标 ECU 代码,然后编写目标 ECU 的底层驱动软件,两者集成后生成目标代码下载到 ECU 中。

第四步是硬件在环(hardware in the loop,HIL)仿真。其目的是验证控制器电控单元

ECU 的功能。在这个环节中，除了电控单元是真实的部件，部分被控对象也可以是真实的零部件。如果将 Matlab 仿真模型中的被控对象模型生成代码并下载到 dSPACE 中，则 dSPACE 可用于仿真被控对象的特性，如图 6-26 所示。

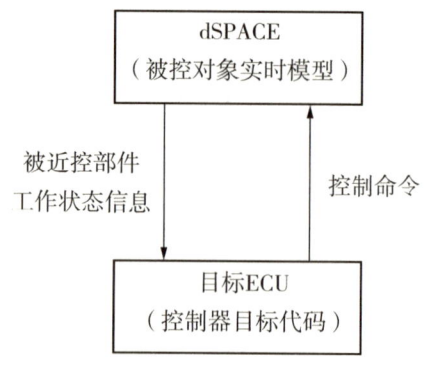

图 6-26 硬件在环仿真

第五步是调试和标定。把经过硬件在环仿真验证的 ECU 连接到完全真实的被控对象中，进行实际运行调试和标定。

并行开发流程包括从系统定义到系统标定的完整过程。先进软硬件工具的使用，使得开发的重点可以集中到控制策略的构思，不必在程序编写、硬件调试上花费大量时间，从而可以大大加快实际控制单元 ECU 的研究和开发。

6.4.2 硬件在环开发系统

与部件 ECU 相比，整车控制器的被控对象更为复杂，而且有些部件的特性难以用模型来描述，因而其开发和调试需要功能更为强大的支持平台。为了满足前述并行开发的要求，该平台应该具有如下功能。

(1) 整车及关键部件的实时前向仿真

为了充分模拟被控对象的特性，平台的仿真过程必须与汽车行驶时各部件的实际工作一致，并且其计算速度能够满足控制的需要。前向仿真如图 6-27 所示，驾驶员模型作为仿真的起点，由其感知系统和环境的各项参数并跟随给定的行驶工况，输出油门踏板和制动踏板信号，仿真循环的数据流方向与实际系统的能量流动方向相同。

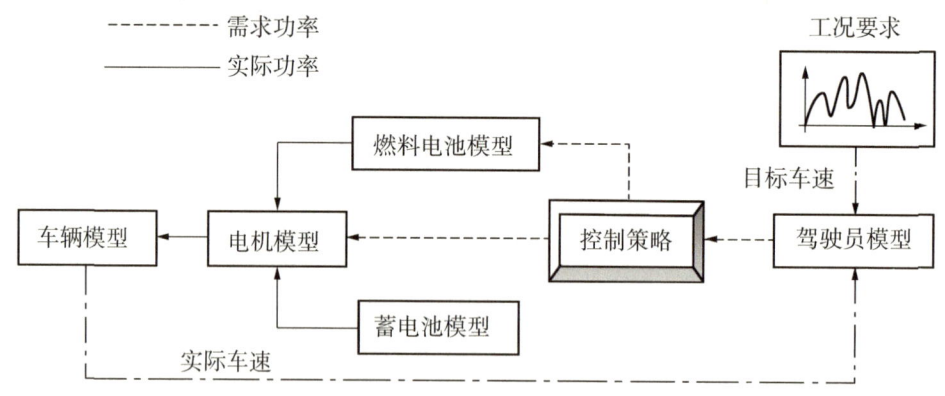

图 6-27 前向仿真示意图

前向仿真模型还应该可以集成硬件在环仿真和驾驶员在环仿真，从而更真实地模拟系统运行状态和逻辑结构，方便整车控制器的开发和调试。

(2) 整车控制器 (CVCU) 在环仿真

平台应该提供接口以支持快速控制器原型和目标 VCU 的开发和调试。平台的数据交换方式,包括 VCU 所有输入、输出的模拟量和开关量信号的物理特性,网络环境和通信协议以及执行部件的控制方式,都应该和实车一致。

(3)部件在环仿真

控制策略的研究,需要各个部件的精确特性。但是某些部件比较复杂,难以建立精确的模型,比如动力电池就具有强时变的非线性特性。对于此类部件,平台应该采用硬件在环的仿真方法以获得部件的实时特性。

(4)驾驶员在环仿真

在闭环系统之中,驾驶员行为对整车控制器的运行与操作影响很大,但是每个驾驶员的驾驶习惯都不一样,难以建立统一的模型来描述,因此有必要采用驾驶员在环仿真的方法。这样可以在真实驾驶过程中对控制策略进行验证,也可以研究驾驶员操作习惯对控制策略的影响。

(5)模块化和可扩展

平台应该具有模块化和可扩展的能力,以便根据研究和开发的需要接入不同的真实部件,比如 ABS 系统,所以应对局部的控制算法做深入研究。

为了研究和开发整车控制系统,需要建立满足上述要求的分布式硬件在环仿真平台。平台包括虚拟车辆、VCU 在环、驾驶员在环、电池在环以及 CAN 总线及其监控五个部分,如图 6-28 所示。各部分功能简要介绍如下。

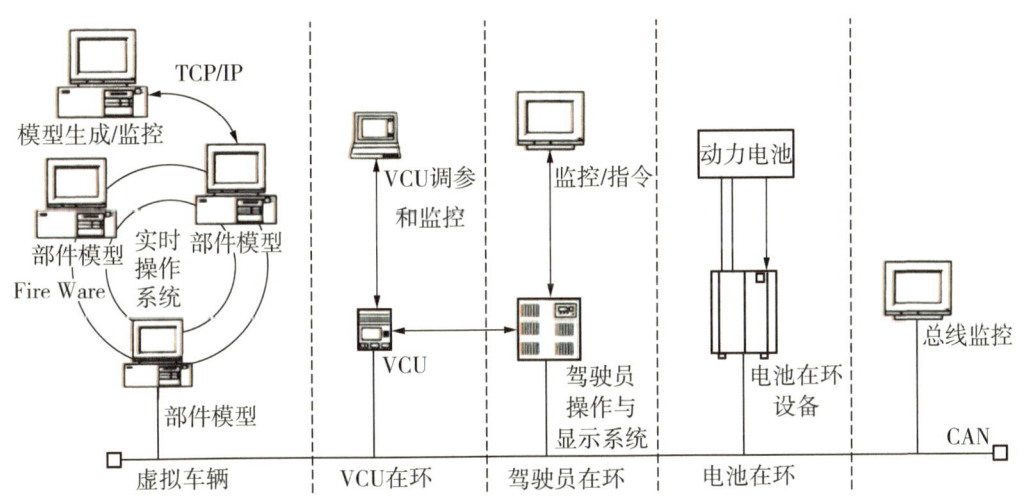

图 6-28 分布式硬件在环实时仿真平台示意图

(1)虚拟车辆部分

按照 RT-Lab 的系统方案进行构建,承担整车动力学及部件特性的实时仿真计算,在控制策略开发和 VCU 的调试过程中作为虚拟的被控对象;也可以包括 VCU 的模型,用于离线仿真。

(2)VCU 在环部分

执行整车控制器的功能,可以接入快速控制器原型如 dSPACE 或者是开发的目标 VCU,实现 VCU 的测试、标定和在线调参等功能。

(3)驾驶员在环部分

该部分提供了仪表、踏板、钥匙门、挡位和其他开关等与实车类似的驾驶员操作环境。除此之外,还具有诸如目标车速等辅助信息显示、驾驶员操作信息记录等功能。在整车控制器容错能力测试中,还能手动或程序控制灵活设定驾驶员的操作信号。

驾驶员接口结构框图如图6-29所示,主要具有以下功能:

①驱动仪表显示。驾驶员接口采集与仪表相关的信息,包括整车控制器的输出信号,然后通过驱动电路实现仪表显示。

②产生驾驶员操作信号。驾驶员操作信号有两种产生方式,一种是通过操作面板直接产生,另一种是微控制器按照程序产生。

③上位机监控。驾驶员接口通过串行通信与上位机相连。上位机的监控功能配合由程序产生的驾驶员操作信号,实现丰富的操作信号的组合。通过上位机监控,也可以实现数据存储、工况选择等其他辅助功能。

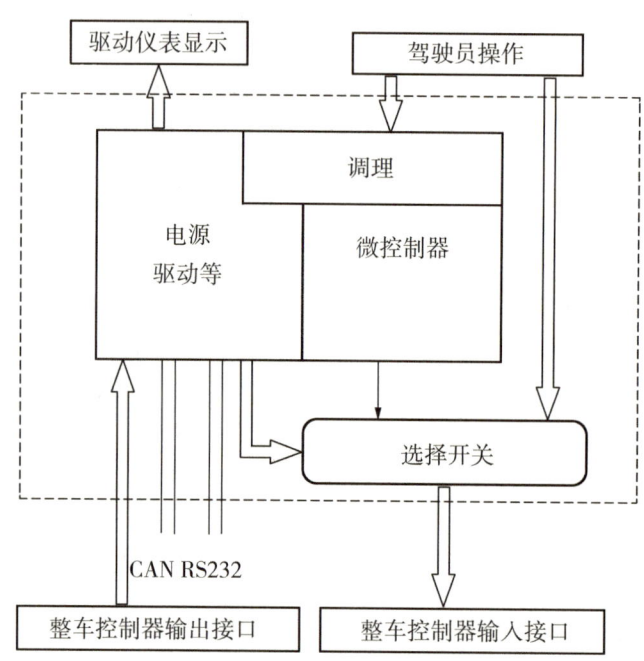

图6-29 驾驶员在环接口示意图

(4)电池在环部分

动力电池的充放电过程涉及电池内部的固液气三相反应,充放电特性受到SOC状态、环境温度以及时间历程的综合影响,表现为多变量时变非线性系统特征。另外,由于动力电池组采用模块串联的方式,模块参数的不均匀性会随着工作时间的延长而不断加剧,进而影响电池组的整体特性。

通过专用的电池在环设备,可以实现真实的电池模块或电池组在环仿真。用模型计算得到的动力电池充放电电流值对接入的电池进行充放电,同时实时采集电池的温度、电压等信息,并通过通信系统返回仿真平台。

(5) CAN 总线及其监控部分

CAN 总线采用与实车相同的拓扑结构和通信协议。CAN 总线的监控负责判断整个网络环境通信是否正常，一旦出现故障可进行及时处理。

这五个部分相互独立运行，通过 CAN 通信建立联系，构成一个有机的整体。

6.5 整车通信系统

随着对车辆控制要求的不断提高，汽车电子化是大势所趋，在 ABS、发动机电控等系统中，都要有专门的电控单元(ECU)。电控系统在大大改善汽车性能的同时，也增加了信号采集和数据交换的复杂程度。为了解决汽车上众多电控单元之间数据交换的问题，采用基于串行总线传输的网络结构，实现多路传输，组成汽车电子网络是一种必然选择。BOSCH 公司在 20 世纪 80 年代率先提出了 CAN 总线技术。目前 CAN 总线得到广泛应用，国际标准化组织(ISO)已经制定了 CAN 总线通信规范的国际标准。

在采用全线控(X-by-wire)技术的下一代汽车中，CAN 总线已经不能满足需求，尤其是涉及安全的分布式控制系统对通信的确定性和可靠性提出更高的要求。在这样的背景下，出现了一些数据传输速率高、可靠性高、通信时间离散度小并且延迟固定的车用网络协议，这些协议或规范都支持时间触发通信方式。到目前为止，典型的网络协议或规范有 FlexRay、Byteflight、TTP/C 和 TTCAN 等。

本节将以燃料电池电动汽车为应用对象，介绍 CAN、TTCAN 和 FlexRay 的技术特点及应用。

6.5.1 CAN 总线及应用

CAN 属于总线式串行通信网络，由于采用了一系列独特的设计，其数据传输具有较好的可靠性、实时性和灵活性，其特点包括以下方面：

①采用多主工作方式，网络上任一节点都可以在任何时刻主动向网络请求发送报文，不分主从。另外，节点还可以通过远程请求方式，要求某些节点发送相关报文。

②采用非破坏性的总线仲裁技术，当多个节点同时向总线发送报文时，按照显位(Dominant，逻辑值为 0)覆盖隐位(Recessive，逻辑值为 1)的原则决定报文优先级，优先级低的节点自动退出发送，而优先级最高的节点可不受影响继续发送。

③通过报文滤波即可实现点对点、一点对多点甚至全局广播的通信，不必专门"调度"。当报文发送到网络上后，网络上所有节点通过报文滤波，均可选择接收或是拒绝。

④采用短帧结构，减小传输时间，从而降低传输过程中受干扰的概率。采用差分方式的数据传输，具有较强的抗干扰能力。另外，具备 CRC 校验及其他检错措施，减小网络中的漏检率。

⑤节点在错误严重的情况下具有自动关闭的功能，减小错误节点对总线上其他节点的影响。

⑥节点数取决于总线驱动电路，最大可达 110 个，报文标识符可达 2032 种（CAN2.0A），而扩展标准（CAN2.0B）的报文标识符几乎不受限制。

⑦CAN 的通信介质可为双绞线、同轴电缆或者光纤，选择灵活。

随着汽车智能化程度的不断加深，车内 ECU 数量不断增加，需要在 CAN 总线上传输的流量增加，但 CAN 总线的通信质量会随着负载率的增加而下降。一般要求总线负载率在 30% 以下且最佳总线负载率不超过 25%，当超过 30% 时总线上的冲突和延迟较为明显。

AUTOSAR CAN 协议栈从属于 AUTOSAR CAN 通信服务栈，只要实现符合 AUTOSAR 标准的 CAN 协议栈接口就能和其他模块以及应用软件集成，提高了 CAN 通信软件的复用性。AUTOSAR CAN 通信服务栈的底层硬件对象包括 CAN 控制器和 CAN 收发器，CAN 控制器内置基础 CAN 通信协议，CAN 收发器负责逻辑电平和差分电信号之间的转换。

以燃料电池城市客车为例，其采用如图 6-30 所示的通信系统网络结构，主要包括整车控制器、燃料电池控制器、主 DC/DC 控制器、蓄电池管理系统、超级电容及其 DC/DC 控制器、驱动电机控制器、汽车状态收集器、信息报警显示器等节点并预留了接口以备可能的扩展使用。

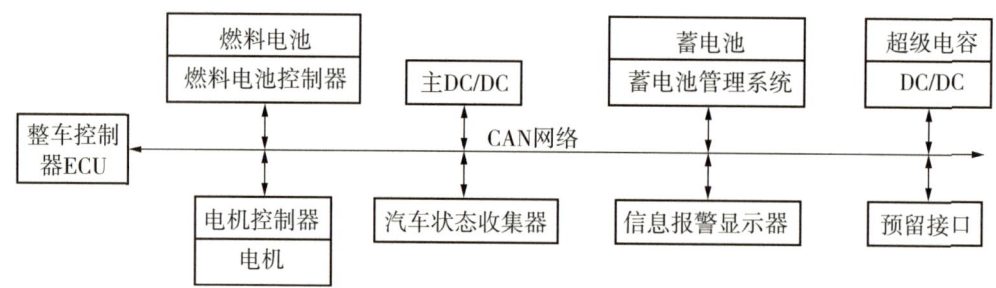

图 6-30 燃料电池电动汽车的通信系统结构

为了实现燃料电池汽车车上通信系统，需要完成以下三个主要任务：

（1）制定协议

为了实现车上各个电控单元之间高效的信息交换，必须确定燃料电池汽车用通信协议，协议的确定原则是尽量和 SAE 1939 兼容，使协议更趋开放和标准化。协议统一设定节点地址，见表 6-2。

表 6-2 节点地址和报文编号

节点名称	地址	节点名称	地址
整车控制器	158	电机控制器	162
汽车状态收集器	166	动力电池控制器	163
燃料电池控制器	165	超级电容控制器	161
DC/DC 控制器	164	显示报警单元	160

根据整车控制的需要以及各个参数采集等实际使用情况，必须规定网络中参数的比例因子和偏移量等，见表 6-3。

表 6-3 参数分辨率及偏移量

数据类型	比例因子	数字量范围	偏移量	字节数	物理量范围
电压	0.1 V/bit	0～10000	0	2Byte	0～500 V
电流	0.1 A/bit	-10000～40000	-10000	2Byte	-100～400 A
转矩	1 N·m/bit	-32000～32255	-32000	2Byte	-850～850 N·m
转速	0.5 r/(min·bit)	0～32127.5	0	2Byte	0～5200 r/min
温度	1 ℃/bit	-40～210	-40	1Byte	-40～200℃
压力	0.1 MPa/bit	0～210	0	1Byte	0～20 MPa
SOC	0.4 %/bit	0～100%	0	1Byte	0～1
踏板信号	0.1 %/bit	0～100%	0	2Byte	0～1

协议中还需要确定不同的物理参数在 CAN 通信信息中 8 个字节的数据量分配，形成一定的规约。按照这一协议，对网络通信中的数据进行解包就可以得到相应的控制命令和部件工作信息。

(2) 硬件和软件实现

硬件实现的方案有两种，其一是将 CAN 通信功能嵌入每个部件 ECU 中；其二是将 CAN 通信功能从各个部件 ECU 中独立出来，开发专用的 CAN 通信模块，通信模块与部件 ECU 的数据交换通过双口 RAM 实现，由各个通信模块组成一个 CAN 通信网络集中处理通信任务。方案二的网络结构如图 6-31 所示。

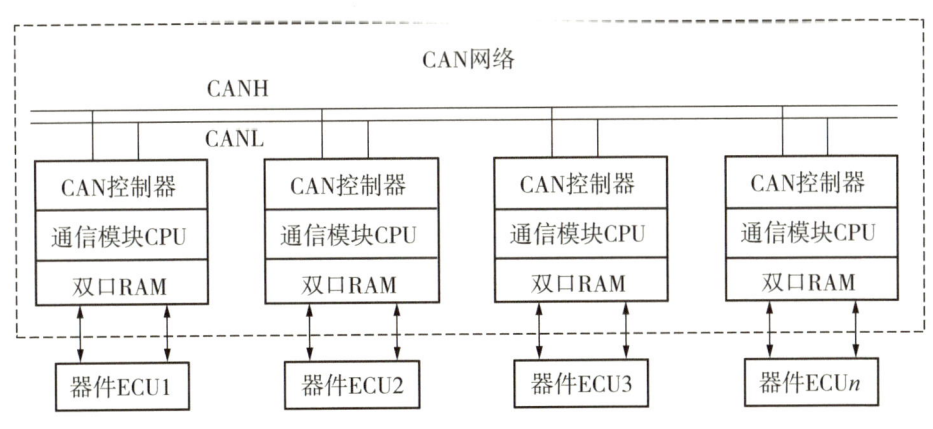

图 6-31 独立的 CAN 网络结构框图

采用方案二开发设计的 CAN 总线通信网络有以下优点：

①节省时间。在多个单位合作开发的项目中，使用方案二可以避免由 CAN 通信问题造成的延误，大大加快整个项目的进程。

②提高通信系统工作可靠性。把 CAN 通信的功能从复杂的系统中分离出来，不但能降低各个部件 ECU 的工作量，还可以集中对通信网络进行电磁兼容性处理，提高通信系

统的工作可靠性。

③方便系统管理。将 CAN 通信网络独立出来，可以方便地实现 CAN 网络的统调管理，包括网络协议的修改和完善。方案二所对应的通信板程序流程图如图 6-32 所示。

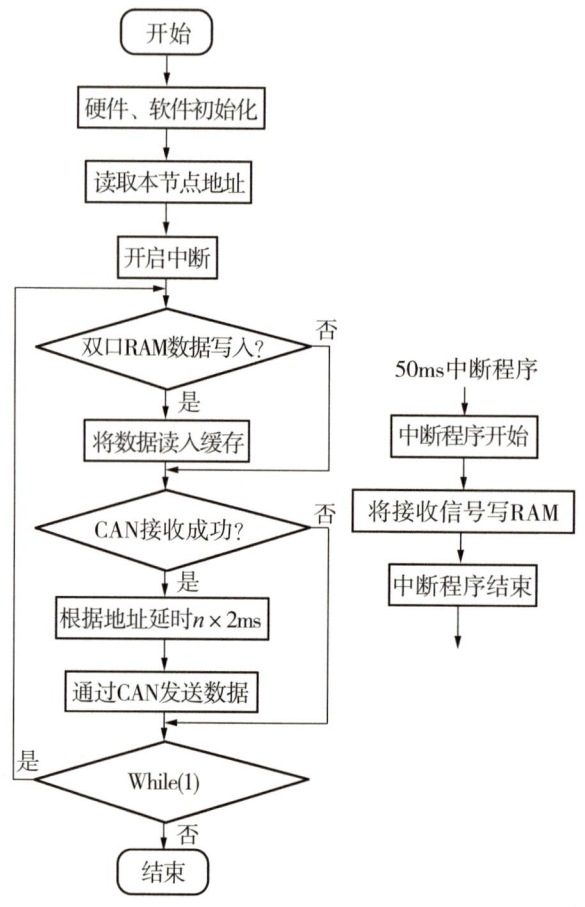

图 6-32 通信板程序流程

(3) 系统调试

由于 CAN 通信是部件与部件之间的信息交换行为，单部件无法完成通信过程，因而部件通信功能在上车之前，应该在试验室内进行必要测试，在保证性能和可靠性的前提下才可以上车使用。

6.5.2 TTCAN 协议及通信实时性分析

6.5.2.1 TTCAN 协议简介

在一些对实时性要求很高的控制系统中，传统的事件触发（event triggered）型 CAN 协议已经无法满足控制要求。1996 至 1998 年，Esprit 的 TTA（time triggered architecture）项目和 Brite-Euram 的 X-by-wire 项目推动了时间触发（time-triggered）型通信协议的发展。2000年 12 月，国际标准化组织将 TTCAN（time-triggered CAN）标准化，作为 ISO 11898 协议的一部分，即 ISO 11898-4。

TTCAN 中消息的发送和接收都是基于时间过程来完成的。TTCAN 存在一个主节点（maste node），它基于自己的时间控制器（time controller）发送包含有全局时间的参考帧，网络的其他节点都要求与此全局时间同步。每两个参考帧之间的时间段称为一个基本循环，它包含有多个时间窗口。时间窗口可以分为独占时间窗、仲裁时间窗和空闲时间窗三类。其中，独占时间窗里只允许某个特定的消息发送；仲裁时间窗允许多个消息帧在这段时间内传送，它们对总线的访问仍然基于优先级仲裁完成；空闲时间窗用于以后系统的扩展。

整个网络传输的消息帧和发送时间都需要预先定义，构成一个系统矩阵（system matrix）。消息的发送和接收都将按照这个矩阵有序地进行。这种方法使得消息的响应时间大大缩短，有效地满足系统实时性的要求。

6.5.2.2 TTCAN 和标准 CAN 的延迟时间模型

TTCAN 和标准 CAN 采用了相同的数据链路层和物理层，如图 6-33 所示，其通信延迟时间都可以划分为四个部分：生成延迟、队列延迟、传输延迟和接收延迟。生成延迟是从发送节点处理器接收到本节点的请求，到它将准备好的数据写入缓存队列里的时间。队列延迟是从消息帧进入发送缓存，到消息帧获得总线控制权的时间。传输延迟是从消息帧占据总线，到消息帧脱离总线的时间。接收延迟是从消息帧脱离总线，到将其中的有效数据提供给接收节点微处理器中目标任务的时间。

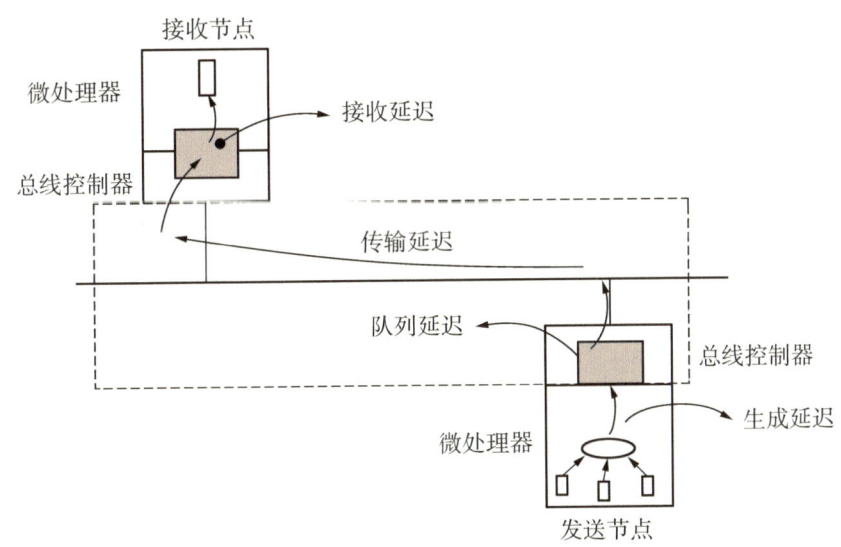

图 6-33 CAN 和 TTCAN 的通信延迟构成

按照现在微处理器的速度，生成延迟和接收延迟可以忽略不计，因而延迟时间（R_m）用队列延迟（t_m）加传输延迟（C_m）来表示：

$$R_m = t_m + C_m \tag{6-115}$$

由于传输延迟只与消息帧长度和总线参数有关，所以可以直接建立其数学模型。下面重点分析 CAN 和 TTCAN 消息帧的队列延迟时间。

6.5.2.3 CAN 消息帧队列延迟的数学期望

队列延迟可以分为仲裁延迟和非仲裁延迟两部分。仲裁延迟指两帧消息同时发送时，高优先级消息帧造成低优先级消息帧的延迟，它包括在节点内部的仲裁延迟和总线上的仲裁延迟两部分。非仲裁延迟是总线上已有其他消息帧传输，造成该消息帧的延迟。

首先考虑仲裁延迟，对于理想缓存无穷大的 CAN 控制器来说，可以将节点内部的仲裁延迟和总线上的仲裁延迟合为一体考虑。直接利用优先级排序理论获得仲裁延迟的数学期望：

$$t_{\text{arbi}} = \sum_{\forall j \in h(m)} \left(\frac{t_m + J_j + \tau_{\text{bit}}}{T_j} \right) C_j \tag{6-116}$$

式中，m 为事件型的消息帧，$h(m)$ 表示优先级比 m 高的消息帧的集合。T_j 代表周期型消息帧 j 的传送周期；对于事件型传送的消息，T_j 代表的是这个消息帧两次传送时间间隔的最小值。因为消息帧 j 不可能是非常严格地按照时间周期 T_j 产生，所以用 J_j 代表消息帧 j 产生的最大周期误差。C_j 为消息帧 j 的传输延迟，本节后面介绍。τ_{bit} 代表在传输介质上传送一个数据位（bit）所需要的时间，对于波特率为 250 kbit/s 的网络，τ_{bit} 的值为 4 μs。

任意一帧消息在总线上的某一时间发送的概率密度为 $\rho = 1/T_j$，考虑 m 在其占据总线后发送的情况，得到非仲裁延迟的数学期望：

$$t_{\text{nonarbi}} = \sum_{\forall j \neq m} \int_0^{C_j} (C_j - t)\rho \mathrm{d}t = \sum_{\forall j \neq m} \frac{C_j^2}{2T_j} \tag{6-117}$$

由于两部分相互独立，相加后得到 CAN 消息帧队列延迟的数学期望：

$$t_m = t_{\text{arbi}} + t_{\text{nonarbi}} = \sum_{\forall j \neq m} \frac{C_j^2}{2T_j} + \sum_{\forall j \in h(m)} \left(\frac{t_m + J_j + \tau_{\text{bit}}}{T_j} \right) C_j \tag{6-118}$$

6.5.2.4 TTCAN 消息帧队列延迟的数学期望

按照 TTCAN 协议的规定，周期型消息和事件型消息分别在独占时间窗和仲裁时间窗中发送。周期型消息帧的发送不受其他消息帧的影响，队列延迟为 0 ms；事件型消息帧的队列延迟与标准 CAN 消息帧的队列延迟类似，不过还需要另外考虑 TTCAN 中独占时间窗对事件型消息帧造成的影响。假定在整个系统矩阵中，事件型消息帧 m 的生成时刻是平均分布的，则任一时间点生成的概率密度 ρ 为

$$\rho = \frac{1}{QT} \tag{6-119}$$

式中，Q 表示系统矩阵中的基本循环的个数；T 表示基本循环的周期。

假设任意两个独占时间窗之间，独占时间窗与自由时间窗之间，都是不连续的（这符合 TTCAN 系统矩阵布置特点）。当事件型消息帧 m 在某个独占时间窗 i 内生成时，它必须要延迟到随后的某个仲裁时间窗才可能发送，由此引起延迟时间的数学期望记为 g_i，则由概率论可以得到：

$$g_i = \int_0^{W_i + C_m} (W_i + C_m - t)\rho \mathrm{d}t = \frac{1}{2}\rho (W_i + C_m)^2 \tag{6-120}$$

将式（6-119）代入，可得：

$$g_i = \frac{(W_i + C_m)^2}{2QT} \tag{6-121}$$

消息帧 m 受到独占时间窗和自由时间窗影响而造成的延迟时间的数学期望值 G_m 为

$$G_m = \sum_{i=1}^{Z} g_i = \sum_{i=1}^{Z} \frac{(W_i + C_m)^2}{2QT} \quad (6-122)$$

式中，Z 表示系统矩阵中独占时间窗和自由时间窗的个数；W 是独占时间窗（或自由时间窗）i 的时间长度。

因而 TTCAN 事件型消息帧 m 队列延迟的数学期望为：

$$t_m = \sum_{\forall j \neq m, j \in E} \frac{C_j^2}{2T_j} + G_m + \sum_{\forall j \in h(m), j \in E} \left(\frac{t_m + J_j + \tau_{\text{bit}}}{T_j} \right) C_j \quad (6-123)$$

6.5.2.5 TTCAN 和 CAN 的实时性试验分析

在试验室条件下，可以方便地实现不同的通信协议和通信参数，从而可以分析 CAN 和 TTCAN 通信协议下网络负载和帧优先级对延迟时间的影响，并且验证前述模型的正确性。图 6-34 为某试验得到的延迟时间，试验结果整理见表 6-4。

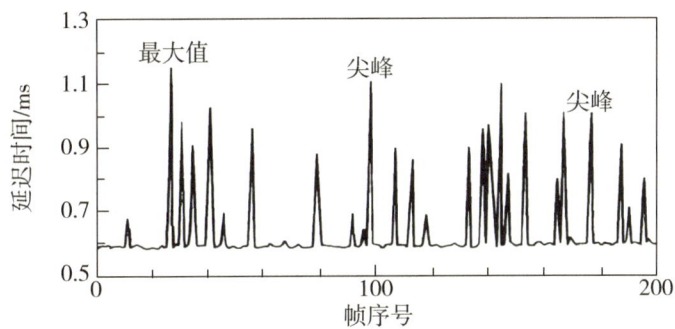

图 6-34　30% 网络负载下的延迟时间

表 1-4　周期型消息延迟时间试验结果

CAN				TTCAN			
网络负载	数学期望/ms	最大值/ms	尖峰数	网络负载	数学期望/ms	最大值/ms	尖峰数
10%	0.614	1.143	7	10%	0.593	0.606	0
20%	0.626	1.165	16	20%	0.590	0.604	0
30%	0.635	1.151	25	30%	0.595	0.613	0
10%	0.623	1.950	15	10%	0.823	2.264	24
20%	0.700	2.721	25	20%	0.877	2.419	44
30%	0.803	3.779	31	30%	1.051	3.241	53

从表中可以发现，随着负载的升高，CAN 消息帧的尖峰越来越多，说明该消息帧与其他消息帧发生碰撞的次数增加，延迟时间数学期望值增加。而 TTCAN 消息帧的延迟时间很稳定，给实时分布系统的设计带来很大方便。

随着网络负载升高，CAN 和 TTCAN 事件型消息帧延迟时间的数学期望值、最大值和尖峰数都会增大。而同样负载下，TTCAN 的尖峰更多，这是由于增加了独占时间窗而使事件型消息帧延迟时间增大。从上述试验结果可以看出，TTCAN 的周期型消息帧没有队列延迟，其延迟时间是确定的且不受网络负载的影响；但是其事件型消息帧延迟时间比 CAN 协议大，并且随负载的增加而明显增加。

6.5.3 FlexRay 总线及其应用

为了满足未来的车内通信需求，各大汽车及半导体公司联合成立了 FlexRay 协会，制定了 FlexRay 通信协议以实现高性能的网络通信。宝马公司在其新一代 X5 系列上已经将 FlexRay 技术用于悬架系统的控制，并将在不久的将来应用于发动机和底盘控制。

FlexRay 网络上一个节点由主控制器、通信控制器、总线监控、总线驱动器（发送/接收驱动器）和电源系统 5 个部分组成，如图 6-35 所示。通信功能主要由通信控制器、总线监控及驱动器以及这些部分与主机的接口实现。

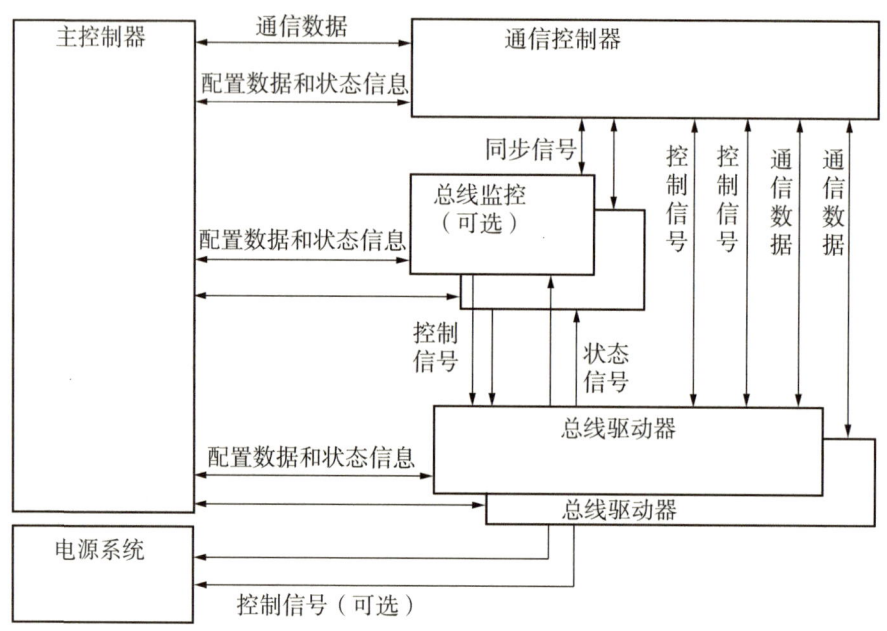

图 6-35 FlexRay 节点示意图

为了保证高数据传输量和高可靠性，FlexRay 在设计上有如下特点：
① 支持静态时间和动态事件驱动的两种通信机制；
② 高的数据传输速率和网络使用效率；
③ 灵活的容错能力，支持单通道和双通道操作；
④ 可靠的错误检测功能，包括时域的总线监测机制和数字 CRC 校验；
⑤ 满足汽车环境要求和质量要求的控制器和物理层；
⑥ 可采用多种网络拓扑结构，包括总线结构、星形结构以及多星形结构。

FlexRay 遵循开放系统互联结构模型 OSI（open system interconnection）。FlexRay 使用了其中 4 层，如图 6-36 所示，分别是物理层、数据链路层、传输层和应用层。

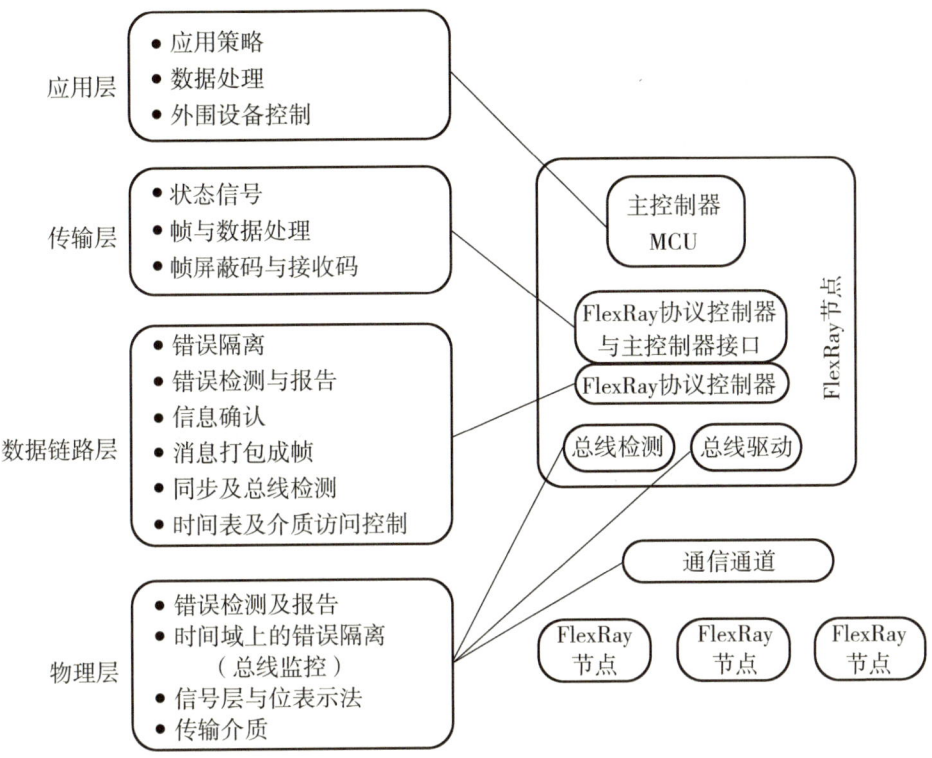

图 6-36 FlexRay 协议各层功能

FlexRay 的通信调度分为 4 层,如图 6-37 所示。分别为通信周期层(communication cycle level)、仲裁网格层(arbitration grid level)、全局时间单元层(macrotick level)和本地时间单元层(microtick level)。每个通信周期由静态段(static segment)、动态段(dynamic segment)、符号窗(symbol window)和网络空闲时间(network idle time)构成。

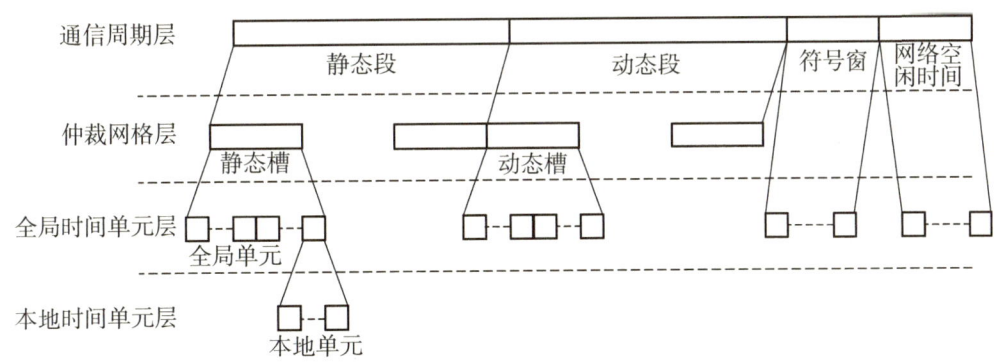

图 6-37 FlexRay 协议通信调度示意图

静态段由静态槽组成,负责传输控制参数等周期性实时信息;动态段由动态槽组成,用于发送事件触发的非实时信息(如诊断数据等);符号窗中可包括系统的状态信息(如正常或报警状态等),为通信控制器调度网络活动提供信息;空闲时间则用于时间同步。其中,静态槽和动态槽都由整数个全局时间单元组成。全局时间单元又由整数个本地时间单元组成。

FlexRay 应用层的协议设计,首先要根据控制需要,将各节点的信息分为周期型的静态消息和事件型的动态消息两类,然后针对静态段和动态段分别优选协议参数,完成消息封装,最后得到具体协议。若以燃料电池城市客车作为应用对象,设计通信协议周期为 0.57 ms,就可以满足整车控制的需要。

下面以最早量产的 MFR4200 为例介绍 FlexRay 协议控制器网络节点的设计原理,如图 6-38 所示,节点采用 XC164 作为主控制器,SN65HVD11 作为网络收发器。XC164 向 MFR4200 输出的信号包括数据、地址、读写使能和片选信号,MFR4200 向 XC164 输出数据和中断信号。MFR4200 需要向网络发送信息时,在发送使能信号的同时,将串行数据传给 SN65HVD11。RS485 收发器的发送使能是高电平有效,而 MFR4200 发送使能是低电平有效,因此中间需要增加一个非门。

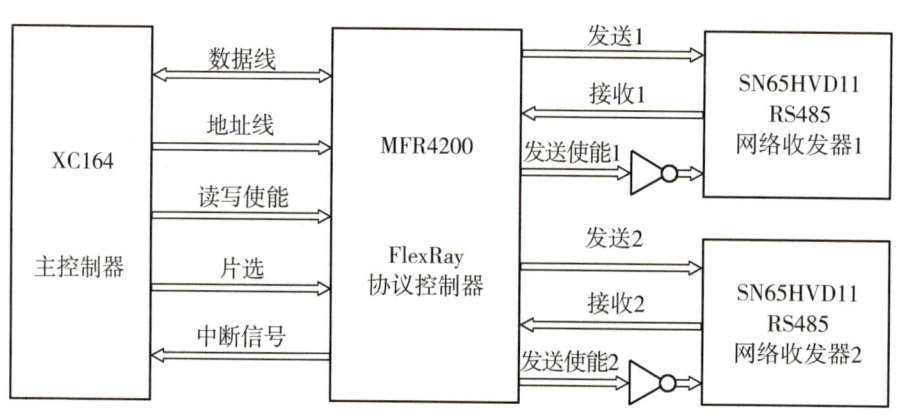

图 6-38 FlexRay 协议控制器网络节点设计原理

6.6 电动汽车的智能网联基本原理

6.6.1 智能网联技术概述

智能网联技术,是车联网技术与智能驾驶技术的有机结合,是结合先进的车载传感器、控制器、执行器等装置,并融合现代通信与网络技术,实现车与人、车、路、后台等智能信息交换共享,实现安全、舒适、节能、高效行驶,并最终可代替人来操作汽车的新一代汽车技术。智能网联汽车与交通系统、能源系统、城市功能和社会生活紧密结合,这是一个国家级别的系统项目,整合了智能城市、交通和服务。智能网联汽车不仅是汽车领域的发展趋势,也是整个行业的发展总趋势。它在技术突破方面也发挥着重要作用,是未来创新社会的基础。

目前，国际汽车业对汽车的智能网联技术及其作用愈加关注，将智能汽车与交通系统的发展紧密结合起来，对提高道路安全、解决交通堵塞、降低二氧化碳排放、产生更好的社会与经济效益等方面均会产生积极作用。在智能车联网技术的发展过程中，美国、欧盟、日本等发达国家或地区，已经经历了近 10 年的技术积累，先后形成了三代车联网系统，由侧重基础设施建设的车联网系统 V1.0 时代和实现应用及相关标准化的 V2.0 时代，发展为目前的大规模集成示范的车联网系统 V3.0 时代。我国自"十一五"末设立首个车联网系统主题项目以来，经过数年发展已具备一定规模的基础设施、产业集群，以及核心科学技术。

针对汽车智能网联化的发展趋势及"互联网＋"的发展潮流，国内相关企业及研究单位均开始将智能网联汽车技术确定为重大技术需求发展方向，确立解决关键零部件和共性技术、形成一批重点产品、建立应用示范工程等发展目标。企业方面，中国第一汽车集团始终瞄准前沿技术，2015 年发布"挚途"战略：在未来十年中，一汽集团将实现由"挚途" 1.0 到"挚途"4.0 的发展跨度，逐步由先进辅助驾驶、基于"互联网＋"的短时自动驾驶发展为智能汽车的长时自动驾驶和基于智慧城市的全自主驾驶。科研单位方面，北京航空航天大学于 2011 年成立了国内车路协同领域首个省级重点实验室"车路协同与安全控制北京市重点实验室"，在车路协同、车联网领域承担了国家自然科学基金重点项目、973 计划、863 计划、科技支撑计划等多项国家重点项目，在车联网"感、传、知、用"环节均取得了重要技术突破。

智能网联汽车的发展构建了新的经济增长趋势。在智能时代，智能网联汽车是人工智能、移动互联网、信息技术、云计算、可再生能源和多种技术的应用平台。这些新技术的应用，一方面打破了汽车产业的传统产业链和技术链，为中国汽车产业提供了巨大的机遇；另一方面，它促进了新技术的创新、突破和产业化，还推动相关行业的升级、迭代和整合。同时，智能网联汽车的发展有助于建设智慧城市和社会。随着车辆智能化水平的不断提高，车辆正从简单的交通工具转变为智能移动终端，成为智能城市的重要组成部分。智能网联汽车加强了车辆、路边基础设施和用户之间的联系和协调，有助于形成安全、高效、节能的智能交通系统。

6.6.2　车辆状态感知

驾驶员准确掌握行驶过程中车辆状态信息是其安全驾驶的基本保障，因此，面对电子化、智能化程度越来越高的新型汽车，整车控制系统对车辆状态的感知是其实现功能的重要基础。随着车联网时代的到来以及车车通信技术的成熟发展，每一辆汽车的状态信息又可以通过车车通信手段得以精确、实时、大范围共享，从而支持面向安全、效率、绿色生态的多样化车联网相关应用，因此准确的车辆状态感知同样也是车联网应用顺利实施的核心基础。本节将介绍常用的车辆状态信息及相应传感器，并阐述智能网联技术中对车辆状态信息的采集和预处理过程。

6.6.2.1　车辆状态信息分类及相应传感器

作为运动物体，车辆在行驶过程中，会产生 6 个自由度的运动：纵向运动、侧向运动、垂向运动、侧倾运动、俯仰运动及横摆运动,如图6-39所示,这六种运动的运动参数及车辆的位置信息可以归类为车辆运动状态信息。而车辆的动力系统底盘、车身等组成部分的运行状态与车辆各方面性能信息则可以归类为车辆运行状态信息。车辆运动状态信息与车辆运行状态信息共同构成车辆状态信息。一般常用的车辆运动状态信息有车速、纵向加速度、侧向加速度、横摆角速度、经纬度、海拔及航向角等,对这些信息的感知也是智能网联系统的功能基础。

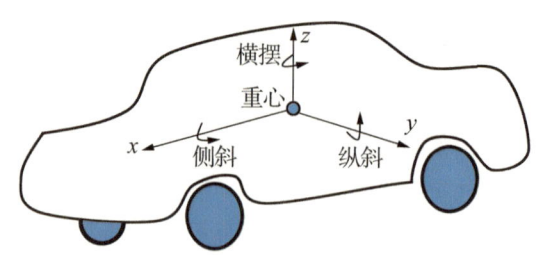

图6-39 车辆运动形式示意图

(1)车速传感器

车速传感器大多利用驱动系统旋转部件转速来推算当前车速,常见的车速传感器可分为电磁感应式、磁阻元件式、霍尔式、光电式四种。

电磁感应式车速传感器由永磁铁、铁芯及线圈组成,一般安装于变速器输出轴附近的壳体内壁上,以输出轴上驻车锁定齿轮为感应转子。该齿轮转动时,齿顶齿根交替经过传感器,导致传感器电磁感应线圈内磁通量周期性变化,产生交变电流,上层控制器根据传感器输出的电压脉冲频率即可计算出当前车速。

磁阻元件式车速传感器由多极磁环与磁阻元件组成。多级磁环安装于变速器输出轴上,磁环旋转引起磁通变化,使磁阻元件的阻值发生变化,该变化即可反映出当前车速。

霍尔式车速传感器基于霍尔效应,其安装方式与电磁感应式车速传感器类似。当驻车锁定齿轮两个齿顶对着霍尔元件时,永磁体传到霍尔元件的磁力分散,输出的霍尔电压小,而单个齿顶对着霍尔元件时,输出的霍尔电压大,通过霍尔电压的周期性变化,即可推算出当前车速。

光电式车速传感器由发光二极管、光敏元件及遮光板构成,如图6-40所示。当遮光板没有遮光时,发光二极管的光射到光敏晶体管上,光敏晶体管集电极中有电流通过,使晶体管导通,从而产生5V电压,电压脉冲的频率也与车速一一对应。

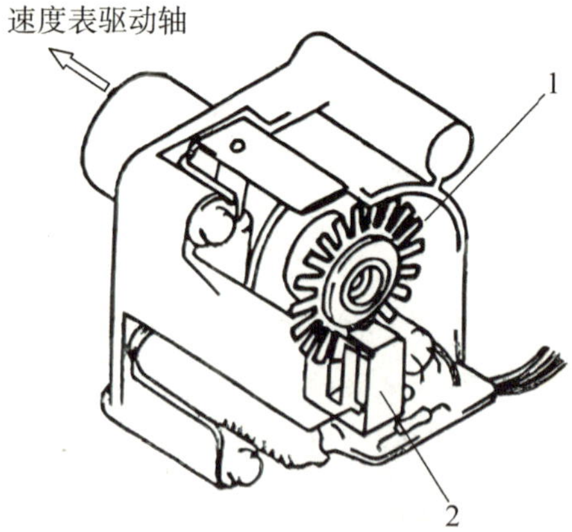

(2)惯性传感器

车辆的纵向加速度、侧向加速度以及横摆角速度一般由惯性传感器采集,惯性传感器可分为线加速度计和角速度陀螺仪,前者可测量各方向加速度,后者可测量绕各轴旋转运动的角速度。为了全面测量车辆的运动状态,一般车辆上会采用惯性测量单元(inertial measurement unit,IMU),IMU一般包含3个单轴的加速度计和3个单轴的陀螺仪,可综合感知车辆的纵向加速度、侧向加速度、垂向加速度、侧倾角速度、俯仰角速度及横摆角速度。

图6-40 光电式车速传感器
1—遮光板;2—光电耦合器

常用的线加速度计一般根据压电效应进行工作。以纵向加速度传感器为例,其安装位置与车辆纵轴重合,测量方向与车辆纵向行驶方向重合。当车辆加速或减速时,压电体受到惯性力作用而变形,内部会产生极化现象,同时在它的两个相对表面上出现正负相反的电荷,即产生电压差,该电压差与车辆加速度直接相关。

角速度陀螺仪是单自由度陀螺仪的一种,由单自由度陀螺、弹性元件、阻尼器和信号传感器组成。在稳态时用弹性约束力矩平衡陀螺力矩,弹性元件用于提供弹性约束,当陀螺仪相对壳体转动一个角度时,弹性元件就会产生和其偏转方向相反的弹性约束力矩。阻尼器用于提供黏性约束,当陀螺仪相对壳体有一个角速度时,阻尼器会产生与其转动方向相反的阻尼力矩,其输出信号与输入角速度成比例关系。

(3)卫星定位系统

车辆在行驶过程中,其位置及航向成为车辆定位、导航、自动驾驶等应用中必不可少的信息,车辆经纬度、海拔、航向及行驶速度等均可以通过卫星定位系统获取。车辆精准定位也是智能交通和智能车辆领域研究的基础问题。目前全世界比较完善的卫星定位系统包括美国全球定位系统(global positioning system,GPS)、中国北斗导航卫星系统(compass navigation satellite system,CNSS)、俄罗斯"格洛纳斯"全球导航卫星系统(global navigation satellite system,GLONASS)以及欧盟"伽利略"定位系统(Galileo positioning system)。日本和印度也在建设自主的卫星定位系统。

卫星定位系统包括地球运行的多颗卫星,各卫星持续发射一定频率的无线电信号,车载端配备相应的接收机及天线接收卫星的特定信号,并选取多颗卫星信号进行分析处理,即可确定接收机所处位置,其基本定位原理如下:根据高速运动的卫星瞬间位置作为已知的起算数据,采用空间距离后方交互的方法,确定待测点的位置。地面上设置有接收机,测出每颗卫星发出的信号到达接收机的时间,将其与电波传输速度相乘,便可以计算出卫星与接收机之间的距离;若同时接收三颗卫星的信号则可以确定出准确的二维信息,如经度和纬度;同时接收四颗卫星的信号就可以实现三维定位,除经度、纬度外,还可获得海拔信息。

(4)位置传感器

以上阐述了与车辆运动状态信息相关的传感器,采集车辆运行状态信息所用的传感器与之不尽相同。在车辆运行状态的测量中,最常用的是位置传感器,比如测量油门踏板位置、节气门开度、制动踏板位置等。位置传感器一般是利用被测对象带动滑动变阻器电刷运动,从而引起电阻变化,并反映在电路电压上,通过电压变动的大小来测算位置的变动量。

(5)制动压力传感器

为了获得车辆的制动强度,需要测量制动系统中制动液的压力。普遍采用压力传感器测量制动液压力,常见的制动压力传感器可以分为应变式、电容式、压电式三类。应变式传感器基于电阻应变效应,即导体在外界作用下产生机械变形时,其电阻值相应发生变化,该变化反映到电路电压上,通过电压值的变化即可得出压力大小。电容式传感器的基本原理为测量电容变化并将其转换为电压信号输出,当压力作用于传感器时,或引起电容两端极距发生改变,或使得电容面积发生变化,或带来电容极片间介质的变动,这都会引起电容值的改变,进而反映在电压上,通过电压变化即可测得压力变化。压阻式传感器则基于压敏元件的压阻效应,当压敏元件受外力作用时,其电阻率变化导致阻值变化,进而引起电压变化,该变化与所受压力一一对应。由此可见,无论哪类压力传感器,均通过获取传感器输出电压并进行转换得到压力值。

6.6.2.2 车辆状态信息采集

上述介绍的仅为一些具有代表性的传感器,车辆各个位置布置了为数众多的各类传感器,据统计,目前一般车辆大约装备有几十个传感器,而中高档车辆会多100～200个传感器。他们采集到的信息为单系统或多个系统复用,但其输出的信号多为电压信号,电压信号无法直接应用于各系统,需要经过各系统处理单元进行 A/D 转换为数字信号后才可以使用。

传感器信息类型繁多且被多系统复用,而车辆各系统需要快速实时获取传感器信息,车辆总线技术很好地解决了该问题,目前应用最广的总线是 CAN 总线,CAN 总线是由德国博世公司开发的一种串行数据通信协议,该协议可完成对数据的成帧处理,每帧 CAN 报文带有 11 bit 或 29 bit 二进制标识符,可传输 8 byte 数据,这 8 byte 数据占用总线时间短,可保证通信实时性。CAN 总线采用多主竞争式总线结构,其特点为多主站运行和分散仲裁的串行总线以及广播通信。CAN 总线上任意节点可在任意时刻主动地向网络上其他节点发送信息而不分主次,从而在各节点之间实现自由通信,同时,CAN 总线结构简单,信息均在两根线上传输,所有节点均由 CANH 和 CANL 两根线挂载。绝大多数车内传感器信号经特定电控系统转换为数字信号后将写入 CAN 报文数据帧中向总线发送。

6.6.3 车辆位姿估计

上节阐述了车辆对自身运动状态信息和运行状态信息的采集及共享,基于这些信息可进行一系列应用研究,比如车辆精确位置的确定、驾驶员意图的分析以及车辆位姿的估计等,对传感器采集到的基本信息进行进一步处理和分析,才能在智能互联的网络中更加精细地刻画一辆汽车。这里将以估计车辆位姿为例介绍基本状态信息的综合应用。

若仅获知车辆的信息而不对车辆的运行状态进行预估,则当车辆即将发生危险时,驾驶员可能就没有足够的时间来采取避险措施,而通过对车辆位姿的预估,可以提前警示驾驶员,因此,准确的车辆位姿及位置预估对于车辆预警系统和冲突消解的可靠性来说是非常重要的。一般通过 GPS 等测得的航位信息来估计车辆位姿,目前,高精度 RTK – GPS 定位精度可以达到厘米级甚至毫米级,但在某些场合当卫星信号因遮挡而丢失的时候,其定位误差将增大,因此这里介绍一种利用 GPS 融合陀螺仪信息的方法来估计车辆位姿,并采用扩展卡尔曼滤波的方法进一步提高预估精度。

20 世纪 60 年代,Kalman 提出卡尔曼滤波方法,该方法基于状态空间模型来解决最优滤波问题,在这里不深究其数学依据,仅简要介绍其原理。卡尔曼滤波方法包括两个阶段:预测和更新。在预测阶段,滤波器应用上一状态的估计做出对当前状态的估计;在更新阶段,首先获得当前阶段的实测值,然后对比在预测阶所得的当前状态的预测值,得到当前状态预测值及实测值之间的差别,接着以该差别为指导来优化下一时刻的预测值,以获得一个更精确的下一时刻的状态估计。其原理可总结如图 6 – 41 所示。

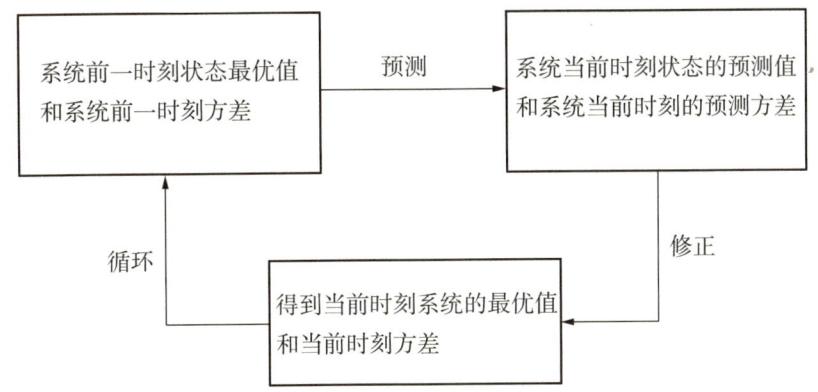

图 6-41 卡尔曼滤波方法的原理

基于上述卡尔曼滤波方法的车辆位姿估计流程图如图 6-42 所示，需要注意的是，卡尔曼滤波方法的应用是基于线性系统之上的，而车辆位姿估计中采用的车辆运动学模型是非线性的，这种情况下需要将非线性关系进行线性化近似，转为线性问题。

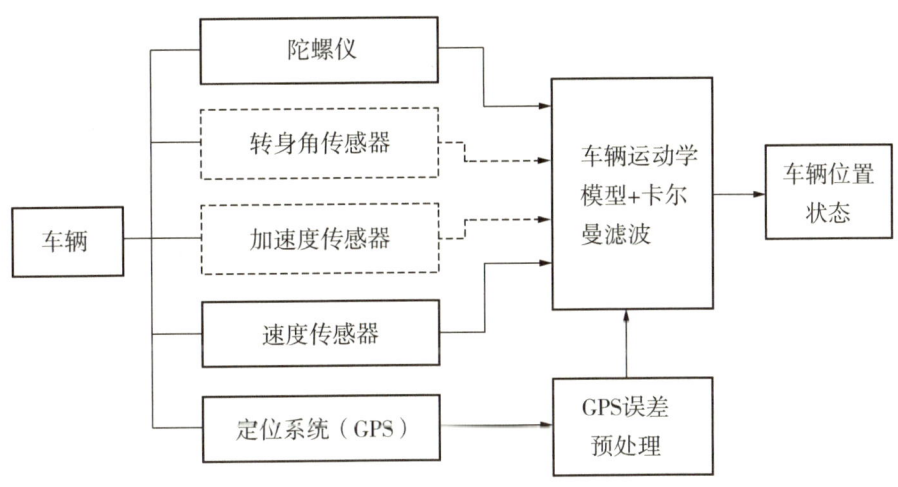

图 6-42 车辆位姿和运行状态估计

6.6.4 车联网交叉口避撞控制

前两节介绍了智能网联系统中车辆状态信息的采集以及对这些信息的初步处理和应用，在车联网环境下，每辆车的状态信息及其初步处理结果是可共享的，也即每辆车都可以获取到附近其他车辆的状态信息，在这样的背景下，以这些信息为基础便可以实现更高级更贴近实际应用的功能，比如车辆自动变换车道、自动超车以及交叉口处合流冲突和交叉冲突的消解等高级应用功能。本节以交叉口处两车冲突为例，介绍合流冲突及交叉冲突的形成，并以合流冲突为例，简要介绍当前的冲突消解策略。

6.6.4.1 两车冲突分析

交叉口车辆交会时，两岔口车辆的未来行驶轨迹会有一部分发生重合，这部分称为冲突区域，如图6-43所示，车辆在交叉口处主要有三种行为意图：左转、直行和右转。每种行为意图产生的冲突区域不同，若两车预测轨迹存在冲突区域，且两者都不采取措施，则会发生碰撞。在交叉口处车与车之间的碰撞关系主要就是合流冲突和交叉口冲突。合流冲突主要包括右转与左侧直行、右转与对向左转、直行与左侧左转、左转与右侧直行等，交叉冲突包括直行与直行、直行与右侧左转、左转与对向直行等。

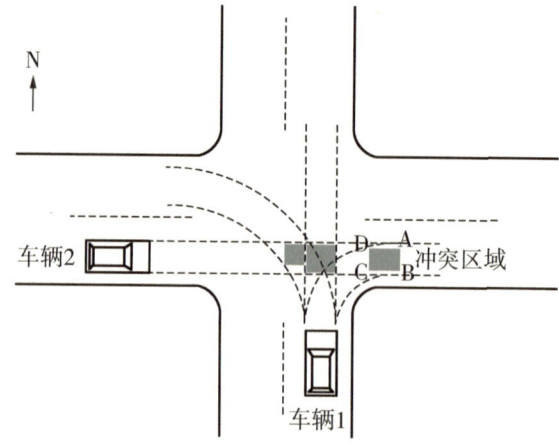

图6-43 交叉口处两车冲突示意图

以车辆1右转，车辆2直行，即合流冲突为例，从时间角度来分析两车发生碰撞的条件，主要有以下三种情况：

①车辆1的左前方角点和车辆2的右前方角点几乎同时到达C点，若两车均不采取措施，则两车车头可能发生斜碰撞。

②车辆1比车辆2先进入冲突区域，而车辆2进入冲突区域时，车辆1还没有驶离冲突区域，且车辆2通过冲突区的时间与车辆1通过冲突区的时间有重叠，两者若不采取措施，则车辆2的车头可能与车辆1的车身左侧或者车尾碰撞。

③当车辆2比车辆1先进入冲突区时，若车辆1通过冲突区的时间与车辆2通过冲突区的时间有重叠，且两车不采取措施，则车辆1的车头可能与车辆2的车身右侧或者车尾相撞。

6.6.4.2 合流冲突消解策略

上文已经分析过合流交汇发生碰撞的条件，可以发现，在发生碰撞前，只需要两车采取制动或减速等措施即可有效避免碰撞，因此，智能网联系统便需要决策出哪辆车采取何种措施以及确定该措施的相关参数，这些决策结果均可以利用传感器得到的基本车辆状态信息和路面状态信息通过一定策略计算得到，这里便简要介绍简单的冲突消减策略的实现过程。

在图6-43中，车辆2正以速度$v_2(0)$由西向东行驶，车辆1正以速度$v_1(0)$由南向东转弯，两车均在接近交叉口，若两车均不采取措施，则会在冲突区域发生碰撞。当两车通过信息交互知道彼此之间的行为意图后，根据交通规则，车辆2直行，具有优先通行权，因此可以初步得到决策目标，即车辆2可保持原速行驶，车辆1减速行驶。在这样的决策目标下，车辆1的目标车速便成了决策的核心，该目标车速主要从以下两方面来衡量：

(1) 车辆1转弯时所需的最大安全车速

车辆1需要由南转向东，其行进路线存在圆周运动过程，因此进入圆周运动之后，能满足地面附着条件的最大车速便是车辆1车速的上限点。车辆在转弯时，受到路面的力可分为纵向力F_x和横向力F_y，车辆行驶过程中所能受到的最大地面附着力为F_{max}，则有

$$\begin{cases} F_{\max} = \mu_{\max} mg = \sqrt{F_x^2 + F_y^2} \\ F_x = m\dfrac{dv}{dt} \\ F_y = mv^2 r_0 \end{cases} \quad (6-124)$$

式中，纵向力忽略了空气阻力、滚动阻力和坡度阻力的影响；横向力忽略了道路横向坡度的影响；R_0 为道路弯道半径；m 为车辆质量；v 为车辆转弯车速。由此可得到，车辆转弯的最大安全速度为 $v_c = \sqrt{\mu_{\max} g r_0}$。

(2) 车辆 1 的减速距离

这里可以假设车辆在进入弯道前为匀减速，于是整个减速过程的行驶距离为

$$S = \frac{v_1^2 - v_c^2}{2a} + \int_{t_1}^{t_2} v_c \, dt \quad (6-125)$$

为防止两辆车发生碰撞，并留有一定裕度，两车在每一个时刻的间隔距离都需有所限制，即大于一定的安全距离，这里给出两车安全间距的经验公式：

$$S_{安全} = 2v_0 + \frac{v_0^2}{2(-a_{\max})} \quad (6-126)$$

由转弯时所需最大安全速度可以测算出车辆 1 减速所需的距离，若该距离小于此刻车辆 1 与冲突区域之间的距离，则该冲突消解策略可行，否则，需要两车同时减速，重新规划相应策略，且当交叉口存在多辆车同时汇入时，相关策略更为复杂，但都是基于两辆车的冲突消解逻辑，这里便不再赘述。

第7章 燃料电池电动汽车

本章要点

❈ 了解燃料电池的定义与分类。
❈ 阐述质子交换膜燃料电池的基本原理。
❈ 了解燃料电池电动汽车的关键技术。

7.1 燃料电池

7.1.1 燃料电池的工作原理

GB/T 24548—2009 中将燃料电池(fuel cell)定义为将外部供应的燃料和氧化剂中的化学能通过电化学反应直接转化为电能的发电装置。燃料电池的反应机理是持续地通过发生在阳极和阴极的氧化还原反应,将燃料电池中的化学能不经燃烧而直接转化为电能。

燃料电池的工作原理和普通的电化学电池类似,都是通过电化学反应将化学能转换成电能,但是二者有本质的区别。普通的电化学电池是一个封闭的系统,封装后它与外界只存在能量交换而没有物质交换。当电池内部的化学物质耗尽时,系统无法持续输出能量。而燃料电池本身并不是一个封闭的系统,它工作时需要连续不断地向电池内输入燃料和氧化剂,只要持续供应,燃料电池就会不断提供电能。其实质是一种电化学能量转换装置,就功能而言,它更像是发电机而非电池。

燃料电池通常由三部分组成,即阳极、阴极和两级中间的电解质,如图 7-1 所示,阳极和阴极上含有电催化剂,用来加速电极上发生的电化学反应。对外部电路来讲,阳极称为负极,阴极称为正极。在阳极处催化燃料(如氢等)的氧化过程中,电子从燃料中释放,并通过外电路做功流向阴极并构成总的电流回路,在将阴阳极分开的电解质内,导电离子发生迁移。阴极处氧化剂(如氧等)的还原过程也类似。燃料电池的燃料和氧化剂要依靠外部不断地供给电池的两个电极,并在电极处进行反应。

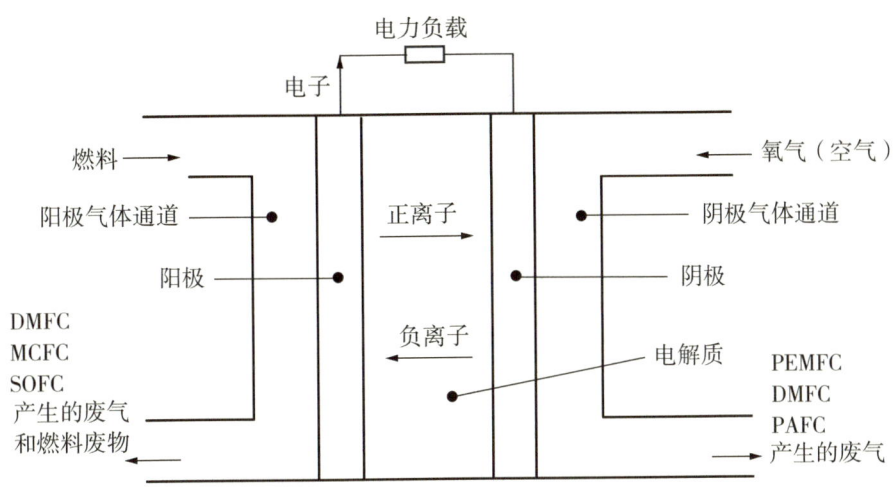

图7-1 燃料电池的工作原理

7.1.2 燃料电池的分类

燃料电池的种类很多,可以依据运行机理、工作温度、所用燃料的种类和电解质类型进行分类。按照燃料电池的运行机理,可分为酸性燃料电池和碱性燃料电池。按照工作温度,可分为低温(<100℃)、中温($100\sim300$℃)、高温($500\sim1000$℃)燃料电池。按照燃料种类,可分为直接式燃料电池(如直接以甲醇为燃料)、间接式燃料电池(如甲醇通过重整器产生氢气,然后以氢气为燃料)和再生式燃料电池。

目前最常用的是按照电解质类型分类,具体可分为以下五类:①碱性燃料电池(alkaline fuel cell,AFC);②磷酸燃料电池(phosphoric acid fuel cell,PAFC);③熔融碳酸盐燃料电池(molten carbonate fuel cell,MCFC);④固体氧化物燃料电池(solid oxide fuel cell,SOFC);⑤质子交换膜燃料电池(proton exchange membrane fuel cell,PEMFC)。

按照电解质分类的这几种燃料电池具有各自的工作特性和使用范围,并且处于不同的发展阶段。各燃料电池的技术状况见表7-1。

表7-1 各燃料电池的技术状况

燃料电池的类型	碱性燃料电池(AFC)	磷酸燃料电池(PAFC)	熔融碳酸盐燃料电池(MCFC)	固体氧化物燃料电池(SOFC)	质子交换膜燃料电池(PEMFC)
比功率/(W/kg)	$35\sim105$	$100\sim220$	$30\sim40$	$15\sim20$	$300\sim1000$
单位面积的功率/(W/cm^2)	0.5	0.1	0.2	0.3	$1\sim2$
燃料电极的燃料种类	H_2	天然气、甲醇、液化石油气	天然气、液化石油气	H_2、CO、HC	H_2
氧电极的氧化物种类	O_2	空气	空气	空气	空气

续表 7-1

燃料电池的类型	碱性燃料电池（AFC）	磷酸燃料电池（PAFC）	熔融碳酸盐燃料电池（MCFC）	固体氧化物燃料电池（SOFC）	质子交换膜燃料电池（PEMFC）
电解质	有腐蚀、液体 氢氧化钾	有腐蚀、液体 磷酸水溶液	有腐蚀、液体 碳酸锂或碳酸钾	无腐蚀 氧化锆系陶瓷系	无腐蚀、固体 稳定氧化锆系
发电效率/%	45～60	35～60	45～60	50～60	40～60
启动时间	几分钟	2～4h	≥10h	≥10h	几分钟
电载荷体	OH^-	H^+	CO_3^-	O^-	H^+
反应温度/℃	50～200	100～200	650～700	800～1000	25～150
优点	• 阴极性能得到改善 • 可以不使用贵金属作为催化剂 • 材料成本低，电解质成本非常低廉	• 电解质价廉，使用酸性的电解液 • 能够直接使用烃类化合物转换的含CO_2的富氢气体作为燃料 • 技术成熟可靠	• 燃料适应性广 • 使用非贵金属催化剂 • 高品位余热可用于热电联供	• 燃料适应性广 • 采用非贵金属作为催化剂 • 高品位余热可用于热电联供 • 固体电解质 • 较高的功率密度	• 所有燃料电池中功率密度最高 • 较好的启停性能 • 低操作温度使其更适应便携式应用
缺点	• 必须使用纯的H_2和O_2 • 需周期性地更换KOH电解质 • 必须从阳极及时除水 • 电解质容易与CO_2发生反应	• 效率只有40% • 启动时间长 • 铂催化剂昂贵 • 对CO和S中毒敏感 • 电解质是有腐蚀性的液体，运行时必须及时补充电解质	• CO_2必须再循环 • 熔融碳酸盐电解质具有腐蚀性 • 存在退化及寿命问题 • 材料昂贵	• 材料在高温下运行会产生一系列问题 • 存在密封问题 • 电池部件制造成本高	• 采用昂贵的铂催化剂 • 聚合物膜和辅助组件昂贵 • 经常需要水管理 • 非常差的CO和S容许度

总体来说，碱性燃料电池效率很高，发展非常成熟，其工作条件要求隔绝CO_2，应用领域主要集中在航空方面。磷酸燃料电池技术也已非常成熟，被称为第一代燃料电池，它是最接近商业化的燃料电池，但磷酸燃料电池需要贵金属作为催化剂，成本较高，且工作温度不够高，余热利用率低。熔融碳酸盐燃料电池被称为第二代燃料电池，固体氧化物燃料电池被称为第三代燃料电池，这两种燃料电池工作效率高，被认为最适合实现热电联

供,性能良好,但由于它们工作温度较高,所以对电池材料的要求也较高。质子交换膜燃料电池技术近期发展迅速,具有效率高、结构紧凑、重量轻、比功率大、无腐蚀性、不受CO_2的影响、燃料来源广泛等优势。其中,最大的优势在于它的工作温度,其最佳工作温度是 80~90℃,但在室温下也可以正常工作,所以特别适合用作交通车辆的移动电源。现今对质子交换膜燃料电池的研究越来越多,无论对电池本身,还是对电池与车辆的匹配,都进行了深入的探索。鉴于质子交换膜燃料电池应用在电动汽车上的巨大潜力,下面将对质子交换膜燃料电池的原理和发展做详细介绍。

7.2 质子交换膜燃料电池

7.2.1 质子交换膜燃料电池的工作原理

质子交换膜燃料电池(PEMFC)在原理上相当于水电解的"逆"装置,通过氢氧的化学反应生成水并释放电能。氢气和氧气分别是燃料电池在电化学反应过程中的燃料和氧化剂。质子交换膜燃料电池(PEMFC)由阳极、阴极和质子交换膜组成,阳极为氢燃料发生氧化的场所,阴极为氧化剂还原的场所,两极都含有加速电极电化学反应的催化剂,一般采用含铂/炭或者铂-钌/炭作为电催化剂,质子交换膜作为电解质。质子交换膜燃料电池反应原理如图 7-2 所示,具体反应过程如下:

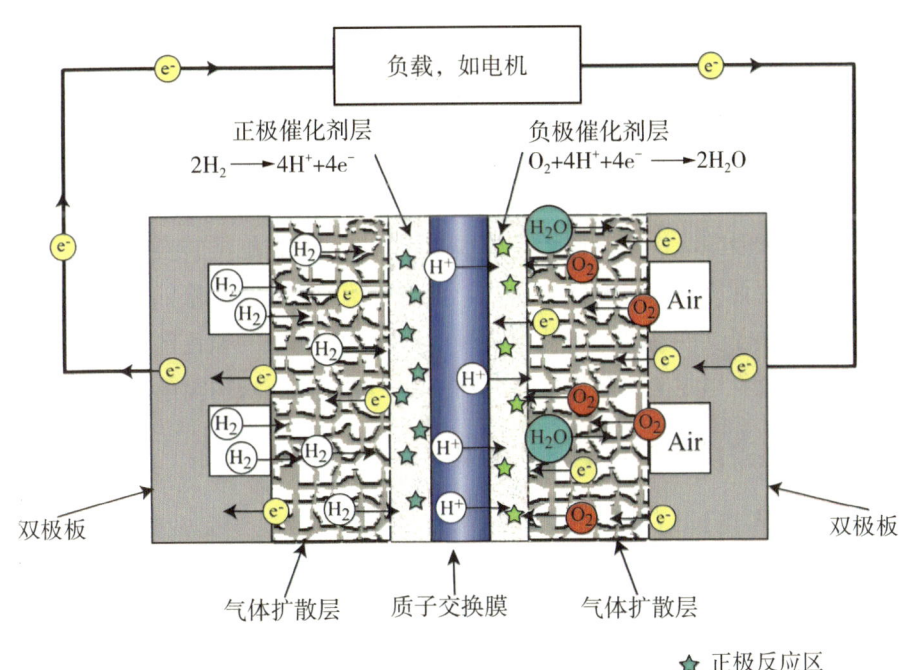

图 7-2 质子交换膜燃料电池原理图

(1)阳极处燃料发生氧化

氢气通过管道或导气板进入电池内部,并通过气体扩散层首先与电极表面的催化剂铂接触，氢分子被分裂并键合在铂表面，形成弱的 H—Pt 键。氢分子分裂后，在阳极开始进行氧化反应，一个氢分子分解为两个氢离子和两个电子，阳极反应为

$$H_2 \longrightarrow 2H^+ + 2e^- \tag{7-1}$$

每个氢原子释放其电子后，该电子沿外电路运动，到达阴极。而剩下的氢离子黏附在膜表面的水分子上，形成水和氢离子。这些水和氢离子离开铂催化剂，穿越交换膜到达阴极，铂催化剂又获得自由，可以接待下一批氢分子。

(2)阴极处氧化剂发生还原

电池的另一端，氧气（或者空气）通过管道并穿过气体扩散层，同样首先与电极表面的催化剂铂接触，氧分子被分裂并键合在铂表面，形成弱的 O—Pt 键。由于质子交换膜只能传导质子，因此氢离子可以穿过交换膜到达阴极，电子只能通过外电路才能到达阴极。氧原子离开铂催化剂，与来自外电路的两个电子和来自交换膜的两个氢离子化合成一个水分子。至此氧化还原反应完成。阴极上的催化剂再一次获得自由，等待下一批氧分子的到来。

阴极反应为

$$\frac{1}{2}O_2 + 2H^+ + 2e^- \longrightarrow H_2O \tag{7-2}$$

总的化学反应为

$$\frac{1}{2}O_2 + H_2 \longrightarrow H_2O \tag{7-3}$$

当电子通过外电路流向阴极时，即产生了直流电，通过适当的连接可以向负载（如电机）输出电能。质子交换膜燃料电池被公认为是电动汽车、固定发电站等的首选能源，具有如下优点：

①发电过程不涉及氢氧燃烧，因而不受卡诺循环的限制，能量转换率高；

②发电时不产生污染，发电单元模块化，可靠性高，组装和维修都很方便，工作时也没有噪声，所以，质子交换膜燃料电池电源是一种清洁、高效的绿色环保电源；

③质子交换膜燃料电池工作温度低、启动快、比功率高、结构简单、操作方便等。

7.2.2 质子交换膜燃料电池的基本结构

质子交换膜燃料电池结构如图 7-3 所示，主要包括质子交换膜（proton exchange membrane，PEM）、催化剂层（catalyst layer，CL）、气体扩散层（gas diffusion layer，GDL）、集流板（flow plate，FP）。聚合物电解质膜被碳基催化剂所覆盖，催化剂直接与扩散层和电解质两者接触以求达到最大的相互作用面。催化剂构成电极，在其上直接为扩散层。电解质、催化剂层和气体扩散层的组合被称为膜片-电极组件。

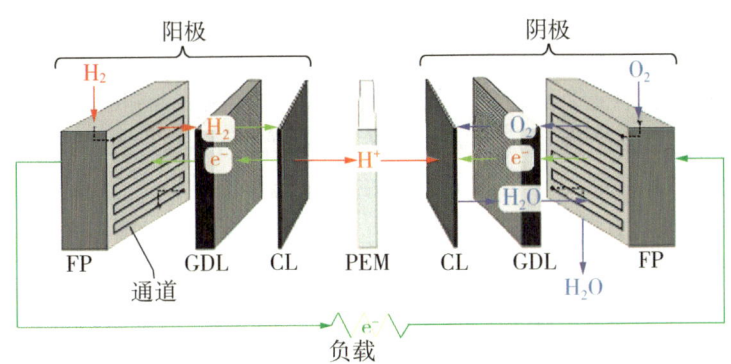

图7-3 质子交换膜燃料电池结构

7.2.2.1 质子交换膜(PEM)

PEM是质子交换膜燃料电池的核心部件,是一种厚度仅为50～180 μm的薄膜片,如图7-4所示,其微观结构非常复杂。它为质子传递提供通道,同时作为隔膜将阳极的燃料与阴极的氧化剂隔开,其性能的好坏直接影响电池的性能和寿命。它与一般化学电源中使用的隔膜有很大的不同,它不只是一种隔离阴阳极反应气体的隔膜材料,还是电解质和电极活性物质(电催化剂)的基底,即兼有隔膜和电解质的作用。另外,PEM还是一种选择透过性膜,在一定的温度和湿度条件下具有可选择的透过性,在质子交换膜的高分子结构中含有多种离子基团,它只容许氢离子透过,不允许氢分子及其他离子透过。

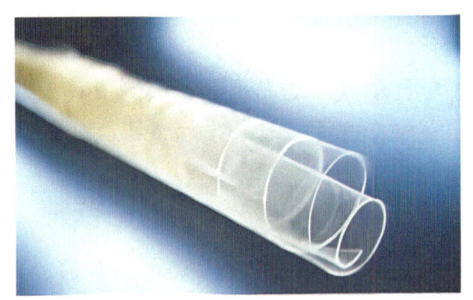

图7-4 质子交换膜(PEM)

质子交换膜燃料电池对于PEM的要求非常高,PEM必须具有良好的质子电导率、良好的热和化学稳定性、较低的气体渗透率,还要有适度的含水率,对电池工作过程中的氧化、还原和水解具有稳定性,同时还要具有足够高的机械强度和结构强度。

PEM的物理、化学性质对燃料电池的性能具有极大的影响,其中,物理性质主要表现在以下几个方面:

(1)膜的厚度和单位面积质量

降低膜的厚度和单位质量可以降低膜的电阻,提高电池的工作电压和能量密度;但是如果厚度过低,会影响膜的抗拉强度,甚至引起氢气的泄漏而导致电池的失效。

(2)膜的抗拉强度

它与膜的厚度成正比,同时也与环境有关。在保证满足膜的抗拉强度要求下,应尽量减小膜的厚度。

(3)含水率

每克干膜的含水量称为膜的含水率,含水率对膜电解质的质子传递能力有很大影响,也会影响到氧在膜中的溶解扩散。含水率高,质子扩散因子和渗透率也大,膜电阻随之下降,但同时膜的强度也有所下降。

(4) 膜的溶胀度

膜的溶胀度是指离子膜在给定的溶液中浸泡后，离子膜的面积或体积变化的百分率。膜的溶胀度标志着反应中交换膜的变形程度。溶胀度高，在水合和脱水时会由于膜的溶胀而造成电极的变形和质子交换膜局部应力的增大，从而造成电池性能的下降。

PEM 的电化学性质主要表现在膜的导电性能和选择通过性能上。膜的导电性可用电阻率（$\Omega \cdot cm$）、面电阻（$\Omega \cdot cm^2$）或电导率（$\Omega^{-1} \cdot cm^{-1}$）来衡量。

7.2.2.2 催化层（CL）

CL 是由催化剂以及催化剂载体形成的薄层，也是燃料电池反应的关键。质子交换膜燃料电池的阳极反应为氢的氧化反应，阴极为氧的还原反应。为了加快电化学反应的速度，气体扩散电极上都含有一定量的催化剂。催化剂包括阴极催化剂和阳极催化剂两类。对阴极催化剂的要求是足够的催化活性和稳定性。阳极催化剂选用原则与阴极催化剂选用原则是相似的。目前主要采用贵金属铂（Pt）作为电催化剂。虽然它对于两个电极反应均具有催化活性，而且可以长期稳定工作，但由于铂的价格昂贵、资源匮乏，使得质子交换膜燃料电池的成本居高不下，限制了其大规模应用。质子交换膜燃料电池催化剂研究的重点主要在两个方面：其一是尽量提高铂的利用率，减少单位面积的使用量；其二是寻找新的价格较低的非贵金属催化剂。

7.2.2.3 气体扩散层（GDL）

GDL 一般以多孔炭纸或炭布为基底，并经聚四氟乙烯（PTFE）和炭黑处理后制成的，厚度约为 0.2~0.3 mm，微观结构如图 7-5 所示。GDL 通常由两个不同的层组成：大孔基底（macroporous substrate，MPS）和微孔层（microporous layer，MPL）。其中，大孔被 PTFE 覆盖，是憎水孔；小孔未被 PTFE 覆盖，是亲水孔。反应气体通过憎水孔传递，而产物水则通过亲水孔排出。制备扩散层的关键是如何实现憎水孔和亲水孔的合理分布。一个好的气体扩散层应同时具备适度的亲水性和憎水性，以保证催化剂发生作用的湿化环境最佳，同时让反应生成的水及时排除，以免电极被淹。

7.2.2.4 集流板（FP）

FP 又称为双极板，如图 7-6 所示，放置在膜电极的两侧，分别称为阳极集流板和阴极集流板。除了导电外，其主要作用还包括导流燃料和氧气以及导流冷却水。双极板的设

图 7-5 多孔炭布微观结构

图 7-6 集流板

计主要考虑导电性能、密封、气体分布,以及水、热的排除等。目前制作双极板的材料主要有石墨、表面改性的金属、炭黑聚合物合成材料等,其制造工艺已经比较成熟。例如对于石墨双极板,可以用精密铣床在石墨板上加工沟槽,也可用石墨-聚合物合成材料直接模压成形。

7.2.3 质子交换膜燃料电池研究现状

7.2.3.1 质子交换膜研究现状

美国杜邦公司研发的 Nafion 117 质子交换膜是应用较早且也是目前应用最广泛的质子交换膜之一,该膜厚度为 118 μm,主要成分为全氟化树脂,由全氟脂肪族主链和醚连接侧链组成,侧链末端位于类似特氟龙膜的磺化阳离子交换位点。这种结构的构建提供了 Nafion 膜在氧化和还原条件下的长期稳定性,且具有良好的机械强度和反应物分隔能力。然而 Nafion 117 质子交换膜制造成本很高,高温稳定性较低,并且需要水化,因此需要加湿来引导质子。

为了解决这个问题,研究人员提出了添加添加剂(即增塑剂和填料)以增强质子交换膜性能方法,并不断寻找其他聚合物材料制备质子交换膜。这些添加剂主要包括:①氧化石墨烯、磷酸氢锆、碳纳米管等,可以增强质子交换膜的热稳定性;②有机蒙脱石、柠檬酸(CA),可以降低甲醇燃料电池的甲醇渗透率;③ZrO_2、TiO_2、$TiSiO_4$ 和 SiO_2 等,具有较高的保水性,降低了水化需求。而新兴的质子交换膜材料则有:①Dow 公司和 Solvay 公司推出的侧链长度较短的膜,其质子导电性、结晶度和玻璃化转变温度均高于 Nafion;② Gore 和 Associates 公司推出的一种用聚四氟乙烯增强的全氟复合膜,有着更高的机械稳定性和尺寸稳定性;③磺化聚醚醚酮(SPEEK)、聚苯并咪唑(PBI)、壳聚糖和聚乙烯醇(PVA)等材料,在质子导电性、吸水率、机械稳定性和热稳定性等不同方面表现出各自的优势。

7.2.3.2 催化剂研究现状

目前,Pt 基催化剂是氧还原反应(oxygen reduction reaction,ORR)最有效的催化剂,然而有限的 Pt 资源和高 Pt 载量严重制约了质子交换膜燃料电池的规模化应用,开发具有低 Pt 含量、高活性的 ORR 催化剂是推动 PEMFC 大规模商业化的有效途径,也是当前 PEMFC 催化剂研究的重点。虽然非贵金属催化剂能够完全不使用 Pt,也具有良好的 ORR 催化性能,但是实际工况下电池严重的衰减和 O_2 不完全氧化带来的毒化问题无法规避,故目前 Pt 基催化剂仍是主要的研究方向。

Pt-M(M 为其他金属元素)合金催化剂与纯 Pt 相比具有更高的 ORR 活性,其中 Pt_3M 系列材料受到最广泛的关注。研究表明,可以在 Pt 催化剂的表面引入其他金属原子(通常是电负性更小的 3d、4d 过渡金属)作为 M,如 Fe、Co、Ni、Cu、Ir、Y、Mn 等,用这些金属元素除了能够降低 Pt 含量之外,还能够通过配体效应和应力效应降低 Pt 的 d 带中心位置,减弱 ·OH(OH 自由基)吸附能,从而达到增强 ORR 性能的目的。而在 Pt-M 合金基础上添加第 3 种金属形成三元合金化合物,则能进一步调控催化剂的 ORR 活性。

Pt-M 合金催化剂具有优异的 ORR 活性,但是在旋转圆盘电极测试过程和全电池测试工况下,过渡金属 M 的溶出会导致无法完整地保持催化剂颗粒的形貌和表面,故科学家又提出了核-壳结构Pt基催化剂。该类催化剂采用了在Pt-M合金、非Pt单金属或合金表面外包裹Pt壳设计策略，从而避免了过渡金属的溶出，其优势在于：一方面，因为Pt原子都在表层，Pt原子的利用率将得到极大提升；另一方面，Pt表层与基底金属的晶格不匹配促使表面Pt层产生晶格应力作用，从而改变其d带中心，进而实现对Pt层活性和稳定性的调控。

7.2.3.3 气体扩散层研究现状

大孔基底（MPS）的输运性能在很大程度上取决于其工程参数，如材料规格和设计。因此，至少20年来，开发具有最佳传输特性的大孔层一直是许多研究的焦点。随着研究和开发的推进，通过简单或彻底地修改大孔层现有的设计和材料，已经实现了性能增强。

理想的MPS材料应该满足：能够同时传输质量、热量和电力，且具有高机械强度、高耐热性和耐化学性，以及高稳定性和耐久性。MPS材料主要包括碳基材料和金属基材料。碳基材料具有高渗透性、高化学稳定性、高电子导电性、高弹性和可控的孔隙结构等优点，是质子交换膜燃料电池应用最频繁的材料。碳基材料主要包括碳纸、碳布、碳泡沫、碳毡等，其中碳纸因良好的性能和较低的成本，应用更加广泛。金属基材料包括烧结不锈钢纤维毡、金属泡沫和微加工金属基板等。金属基材料仍处于发展的早期阶段，需要进一步的研究来证明它们的实际可行性，但它们也被认为具有高电导率和热导率、高机械强度、高可焊性和塑性，且能够通过加工获得高比表面积以及可控的孔隙、渗透性和润湿性特性，有着良好的发展前景。

小孔层（MPL）的设计对GDL的形态、微观结构和物理特性有显著的影响，一种最佳的MPL材料应该具有高的电导率和热导率、均匀的孔隙特性，在严峻的化学和电化学条件下的高流动性、低成本，以及与目前使用的MPS材料的高相容性。到目前为止，大多数MPL都是由碳或碳类材料制成的，如Vulcan、Ketjenblack、Black Pearls和乙炔炭黑，因为这些材料满足了MPL所需的大部分特性。例如，它们具有导电和导热性，可以在商业上从多个供应商以合理的成本获得。其他材料，如球化炭黑、碳纳米管、焦炭衍生物、石墨烯、非晶态石墨或鳞片石墨等，也被研究用作传统MPL材料的替代品。然而，它们中的大多数易受氧化腐蚀。除了碳或碳类材料外，金属颗粒，如钛（Ti）、氧化铱（IrO_2）沉积钛颗粒和氮化铱钛（Ir-TiN）也被考虑，因为它们具有较高的耐腐蚀性能和电子导电性。

7.2.3.4 集流板研究现状

影响双极板商业应用的主要因素之一是成本，双极板的重量约占总质量的70%～80%，成本约占总成本的20%～30%。故寻求价格低廉、重量轻、力学性能好、导电性高、渗透系数低、耐腐蚀、制备成本低的薄板材料是双极板发展的目标。

机械加工石墨双极板具有良好的导电性和耐腐蚀性，但由于石墨化制造工艺复杂、机械强度低、易脆、流场加工成本过高，限制了其在燃料电池市场的应用。而金属双极板具有导电性好、机械强度高、价格低、易于批量生产等优点，在燃料电池领域具有很大的应用潜力。然而，金属双极板面临的最大问题是化学稳定性差，在氢、氧等酸性和氧化还原介质的燃料电池内部环境中容易被腐蚀，表面容易形成钝化膜。目前主要的金属双极板材料主要有：不锈钢加导电涂层（包括金属镀层如Pt、Ti、Co等，含氮涂料如TiN、Cr_2N等，聚合物层如聚对苯二胺、聚吡咯以及Cr-Co、Co-Pd等金属化合物层）、镍合金、钛合金等。

此外，对于双极板的建模和流场分析亦是当前研究的热点。

7.3 燃料电池的相关计算

7.3.1 燃料电池单体的电压及效率的计算

每产生一个分子的水，就要用掉一个氢分子，而且有两个电子从外电路通过，1 mol 氢分子在燃料电池里参与反应时，流过外电路的电荷量为 $2F$。令燃料电池单体的电动势为 E，则推动这些电荷通过外电路所做的电功为 $2FE$。

根据热力学第二定律，氢反应的总能量不可能百分之百都用来做有用功，总有一部分不能被有效地利用。对于一个恒温、恒压的化学过程，可以用来做最大有用功的那部分能量，叫作"吉布斯自由能 G"，因此系统在某一状态时有

$$G = H - TS \tag{7-4}$$

也就是说，系统总能量 H 减去"不能转换为有用功的那部分能 TS"就等于吉布斯自由能 G。TS 又叫作束缚能，代表了不能转换成有用功的那部分能量，T 是绝对温度，S 叫熵，其大小反映了系统内部粒子运动的混乱程度。系统从一个状态变化到另一状态时，吉布斯自由能的变化值 ΔG 由下式给出：

$$\Delta G = H - T\Delta S \tag{7-5}$$

在标准状态下（压力 0.103 MPa 和温度 20 ℃），吉布斯自由能的变化用 ΔG^0 表示。

燃料电池是一种可以把氢和氧化学反应直接转换成电能的能量转换装置，但在燃料电池里，这种能量转换是以电和热两种形式同时出现。根据热力学第二定律，如果整个化学反应都是在标准状态下进行，则通过以下化学反应生成液态水：

$$H_2 + \frac{1}{2}O_2 = H_2O \tag{7-6}$$

此时，吉布斯自由能的变化值 $\Delta G = -237 \text{ kJ/mol}$（生成气态水时其值为 -228.74 kJ/mol）。

假设在等温、等压条件下，氢和氧在燃料电池的环境里，该化学反应的吉布斯自由能的变化值全部做电功，则可以得到的最大电能为

$$W_{el} = -\Delta G^0 = -2FE \tag{7-7}$$

如果在标准状态下，吉布斯自由能的变化值全部转换为电功时，其最大电动势为

$$E^0 = -\Delta G^0/2F = -1.23 \text{ V} \tag{7-8}$$

氢气和氧气生成水的反应是放热反应。在标准状态下，每形成 1 mol 水，可释放 286 kJ 的化学反应热。而氢燃料电池在标准状态下做功时，可得到相当于该反应吉布斯自由能变化的电功为 -237 kJ/mol。该反应的吉布斯自由能变化是温度的减函数。不同温度下，该反应的吉布斯自由能变化数值不同。

氢燃料在氧中完全燃烧所释放的全部能量，通常可用氢的热值来表示：氢氧燃烧生成水蒸气时，其热值 ΔH 为 -241.83 kJ/mol，称低热值（low heat value, LHV）（欧洲常用标准）；氢氧燃烧生成水时，其热值 ΔH 为 -285.84 kJ/mol，称高热值（high heat value,

HHV)(美国常用标准)。

在热力学中,氢燃烧所释放的能量用水的生成热 ΔH^0 表示,为在标准状态下生成 1 mol 气态水所释放的能量,其数值与氢的高热值相当。

如果氢燃烧所释放的热量可全部用来做电功(即效率100%),其相应的电动势为:对 LHV 气态,$E = 1.25 \text{ V}$;对 HHV 液态,$E = 1.48 \text{ V}$。

根据吉布斯自由能理论,氢燃烧所释放的全部能量中,总有一部分能量不能转换成有用功,所以氢所含的能量不可能100%用来做电功,只有相当于吉布斯自由能变化的这一部分有可能转化为电功,可得到燃料电池可能的最大效率为氢燃烧反应的吉布斯自由能变化与水生成热之比,即

$$\text{燃料电池可能的最大效率} = -\Delta G^0/\Delta H^0 = -237.2/-285.84 = 0.83$$

在标准状态下燃料电池的最大效率是83%。当电池的工作温度大约为80℃时,最大电动势为1.18V,最大效率为80%。

燃料电池的电压反映了电池效率,电压越低,效率也越低。除温度外,还有许多因素会使电压进一步降低。主要包括以下几个方面:

①活化损失。这是由于引发反应必须要克服一定的能量壁垒,这也是需要催化剂的原因。催化越好,反应的活化能就越低。Pt 是一种很好的催化剂,但是目前正在研究更好的催化材料。限制燃料电池提高功率密度的因素是反应发生速度,阴极反应(还原反应)大约要比阳极上发生的反应速度慢100倍。因此,阴极反应速度是限制提高功率密度的主要原因。

②燃料穿越与内部泄漏。如果燃料直接穿过电解质,从阳极到阴极,导致内部泄漏没有参与反应,就会减少燃料电池的效率。

③欧姆损失。燃料电池内各个组件的电阻合在一起,产生了欧姆损失。这里包括电极材料的电阻、电解质膜的电阻以及各种内部连接的电阻。

④浓度损失(又称水体转移)。在电极上由氢气和氧气浓度的减少而造成的损失称浓度损失。在反应过程中,必须立即有新的气体不断地扩散到催化剂处,但如果阴极上积有大量的水,特别是在高电流下,氧的扩散速度跟不上氧化速度的需要,使催化剂表面的氧浓度降低,则会限制氧化反应的进行,因此,及时地将水除去非常重要,这就是指水体转移。

7.3.2 空气流量计算

根据燃料电池工作原理中的阴极反应式(7-2)可知,对一个氧分子要配4个电子才能完成反应,故氧分子数目与相应的电子电荷量的关系有

$$Q_q = 4Fn_0 \tag{7-9}$$

式中,Q_q 为燃料电池反应的电荷量,C;F 为法拉第常数,即每摩尔电子电荷量,其值约为 96485 C/mol;n_0 为氧气的物质的量,mol。

由于 $Q_{od} = \dfrac{n_0}{t}$,$I = \dfrac{Q_q}{t}$,式(7-9)被时间 t 除,重新整理得燃料电池单体的氧气摩尔流量,得

$$Q_{od} = \frac{I}{4F} \tag{7-10}$$

式中，Q_{od} 为氧气摩尔流量，mol/s；I 为电流，A。

对于由 n 个燃料电池单体组成的堆而言，所需氧气的摩尔流量 Q_{on}（单位：mol/s）为

$$Q_{on} = \frac{In}{4F} \tag{7-11}$$

另一方面，对于燃料电池堆系统，通常给出的是系统的功率 P 和电压 V，由于燃料电池单体串联连接，$V = V_d n$，故

$$P = V_d n I \tag{7-12}$$

由式(7-11)、式(7-12)得

$$Q_{on} = \frac{P}{4V_d F} \tag{7-13}$$

由于氧气的摩尔质量为 32×10^{-3} kg/mol，氧气的质量流量 Q_{om}（单位：kg/s）为

$$Q_{om} = \frac{32 \times 10^{-3} P}{4V_d F} \tag{7-14}$$

当给出了燃料电池系统的功率后，由式(7-14)得出所需的氧气流量，不过计算时尚需知道燃料电池单体电压 V_d。如果没有给出，可以近似采用 0.65 V 来计算。

为了算出所需的空气流量 Q_{am}（单位：kg/s），则要对式(7-14)进行修正，考虑到氧在空气中只占 21%，以及空气的摩尔质量为 28.97×10^{-3} kg/mol，因此，式(7-14)变为

$$Q_{am} = \frac{28.97 \times 10^{-3} P}{0.21 \times 4 V_d F}$$
$$= \frac{3.57 \times 10^{-7} P}{V_d} \tag{7-15}$$

为了保证化学反应充分进行，实际供应的空气流量是理论所需的空气流量的 λ 倍（λ 称为空气过量系数，通常其值在 1.2～3.0 之间，大多数情况取 2.0），则所需供应的空气流量为

$$Q_{am} = \frac{3.57 \times 10^{-7} \lambda P}{V_d} \tag{7-16}$$

值得一提的是，车辆用燃料电池系统应能根据路况变化调节其输出功率。通过调节输入至燃料电池的空气流量，就可以调节燃料电池输出的功率，为此，燃料电池系统里需设置可调节输出流速的空气压缩机或送风机。如果燃料电池的控制系统能保证单体燃料电池电压恒定，则燃料电池输出功率大小仅取决于输入的空气流量。

7.3.3 氢气流量计算

氢气流量从式(7-1)可以看到，在质子交换膜燃料电池里，为了完成反应，在阳极每个氢分子可以给出两个电子，因此，对于有 n 个单体燃料电池的堆，需要氢气的摩尔流量 Q_h（单位：mol/s）为

$$Q_h = \frac{In}{2F} \tag{7-17}$$

因为氢的摩尔质量是 2.02×10^{-3} kg/mol,故氢气的质量流量 Q_{hm}(单位:kg/s)为

$$Q_{hm} = \frac{2.02 \times 10^{-8} P}{2FV_d} \qquad (7-18)$$

7.3.4 水的生成量计算

对于质子交换膜燃料电池,产生一个水分子要有两个电子,故水的摩尔流量 Q_w(单位:mol/s)为

$$Q_w = \frac{P}{2FV_d} \qquad (7-19)$$

水的摩尔质量是 18.02×10^{-8} kg/mol,故水的质量流量 Q_{wm}(单位:kg/s)为

$$Q_{wm} = \frac{9.34 \times 10^{-8} P}{V_d} \qquad (7-20)$$

7.4 燃料电池系统

7.4.1 燃料电池电动汽车动力系统基本构成

燃料电池电动汽车(fuel cell electric vehicle,FCEV)的结构有多种形式,按照驱动形式,其可分为纯燃料电池驱动和混合驱动两种模式。目前燃料电池电动汽车绝大多数采用的是混合式燃料电池驱动系统,即以燃料电池系统作为主动力源,又增加了蓄电池组或超级电容作为辅助动力源。燃料电池可以只满足持续功率要求,借助辅助动力源提供加速、爬坡等所需的峰值功率,而且在制动时可以将回馈的能量存储在辅助动力源中。

燃料电池电动汽车的动力系统如图 7-7 所示,由燃料电池发动机、辅助动力源、DC/DC 变换器、DC/AC 逆变器、驱动电动机以及各相应的控制器,再加上机械传动与车辆行驶机构等组成。

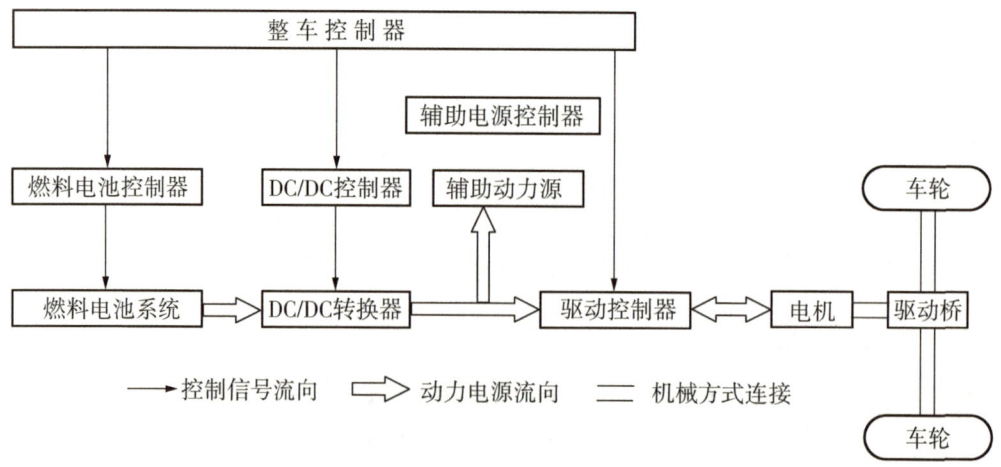

图 7-7 燃料电池电动汽车的动力系统

7.4.2 燃料电池系统的组成及工作原理

燃料电池发电系统，简称燃料电池系统，是燃料电池电动汽车的动力源，也称燃料电池发动机。单独的燃料电池堆是不能完成发电任务并应用于汽车的，通常燃料电池的运行需要一系列辅助设备与之共同构成燃料电池发电系统，即它必须和燃料供给循环系统、氧化剂供给系统、水/热管理系统和一个能使上述各系统协调工作的控制系统组成为燃料电池发电系统，简称为燃料电池系统(fuel cell system，FCS)，这样才能对外输出功率。

质子交换膜燃料电池一般由电池堆、氢气系统、空气系统、水热管理系统和控制系统等构成。电池堆是系统的核心，承担把化学能转化成电能的任务；氢气系统的任务是向燃料电池堆提供正常工作所需的氢气；空气系统提供燃料电池正常工作需要的空气；水热管理系统能够保证燃料电池堆需要空气、氢气的温度和湿度，保证电池堆在正常温度、湿度下工作；控制系统通过传感器检测的信号，利用一定的控制策略保证系统正常工作。

质子交换膜燃料电池系统结构示意图如图7-8所示，其氢气系统提供燃料氢气的同时，循环回收阳极排气中未反应的燃料氢气。目前最成熟的技术是以纯氢为燃料的电池系统，且系统结构相对简单，仅由氢源、稳压阀和循环回路组成，本节主要介绍以纯氢为燃料的燃料电池系统。

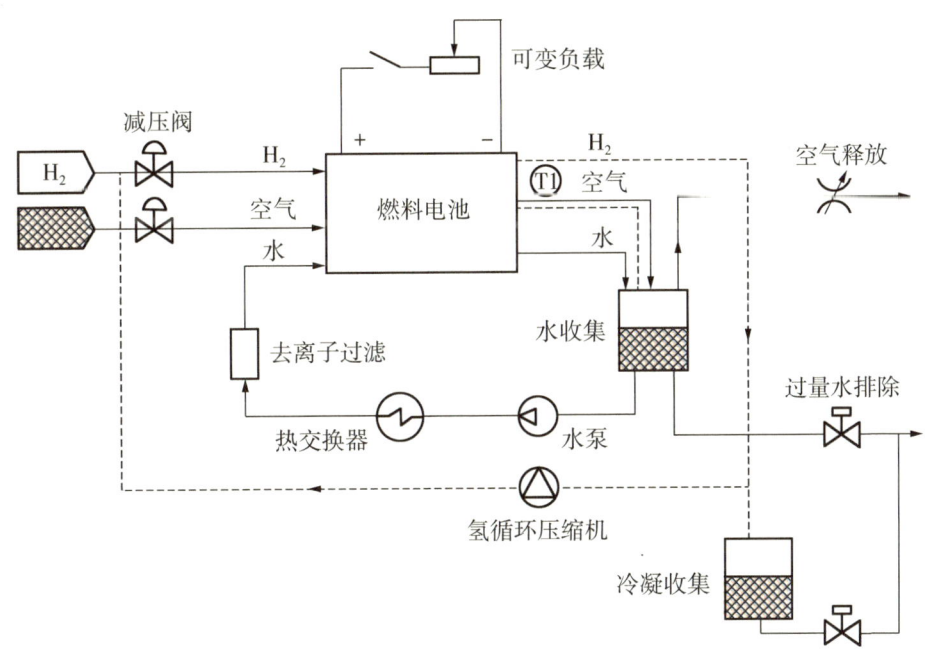

图7-8 质子交换膜燃料电池系统结构示意图
(虚线表示回收利用的气体)

7.4.2.1 燃料供给和循环系统

如图7-9所示，以氢气为燃料的发电系统是以氢气为燃料的氢气供应、管理和回收系统。气态氢通常可直接压缩在高压储氢气瓶来装载，为保证燃料电池电动汽车具有足够的续航里程，需要多个高压瓶来储存气态氢气。氢气也可以以液态的形式或者其他形式存储在高压储气瓶中。氢气由氢气存储罐提供，并经过热交换器加热，将氢气预热到最佳反应温度输送到燃料电池组。

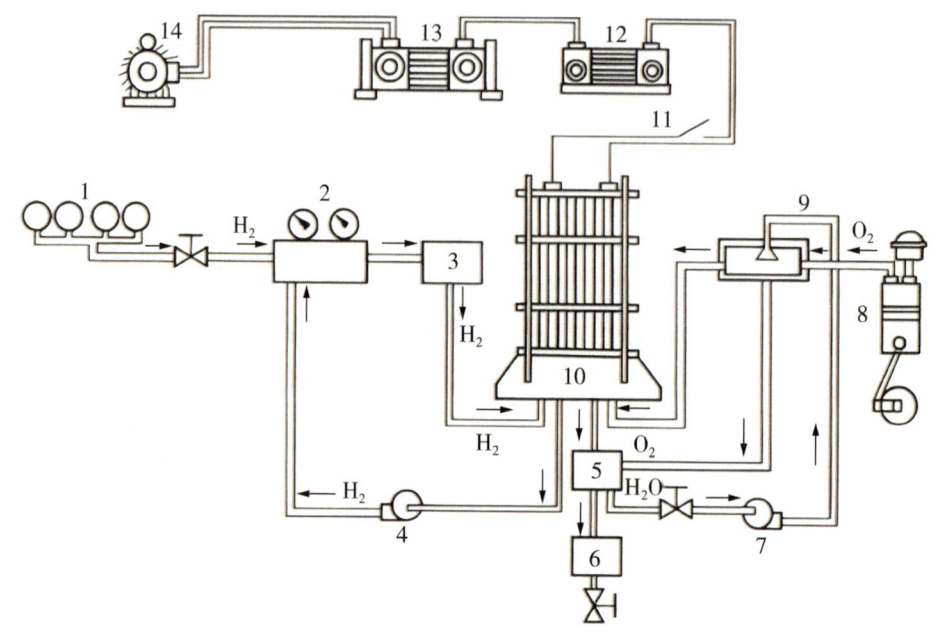

图7-9 以氢气为燃料的发电系统
1—氢气储存罐；2—氢气压力调节仪表；3—热交换器；4—氢气循环泵；5—冷凝及水气分离器；6—水箱；
7—水泵；8—空气压缩机(或氧气罐)；9—加湿器及去离子过滤装置；10—燃料电池组；
11—电源开关；12—DC/DC变换器；13—DC/AC逆变器；14—电动机

7.4.2.2 氧气供应和管理系统

氧气的来源有两种方式，一种是从氧气罐中直接获取氧气，另一种是从空气中获取氧气。当采用从空气中获取氧气这种方式时，空气通常需要用压缩机来提高压力，这一方面是为了增加燃料电池反应的速度，另一方面也是为了提高燃料电池的功率密度。因为燃料电池的功率密度随反应物(氢气和氧气)压力的升高而增大，因此有些燃料电池采用提高空气供给压力的方法来提高燃料电池系统的功率密度，一般提高空气供给压力0.2～0.3 MPa。因压力的提高，空气供应系统的各种阀、压力表、流量表等接头要有对应的防泄漏措施。在燃料电池系统中，配套压缩机的性能有特定的要求，压缩机质量和体积会影响燃料电池发电系统的质量、体积和成本，压缩机所消耗的功率会使燃料电池的效率降低。

在空气供应系统中，为保证空气有一定的湿度，还要对空气进行加湿处理。但是空气在被加湿的情况下，因水蒸气的存在，空气被加压时氧气的分压将会减小，同时空气中大量的氮气也会被加压。若没有从燃料电池排出的空气中回收能量的良好措施，质子交换膜燃料电池的净输出功率和系统效率则会大大降低。

采用空气加压供给系统的另一个问题是不可能提供较大的过量空气。这是由于过量空气供给越大，系统效率越低，而大量的过量空气有助于改善燃料电池的性能。若采用环境压力即常压空气作为氧化剂，取消对空气加湿、加压，通过对膜加湿、加大过量空气供给以及采用先进的冷却方法等一系列措施，则简化了结构，提高了效率，克服了加压空气供给系统燃料电池的一些不足。

还有一类燃料电池采用变压系统，系统中空气和氢气的压力是根据燃料电池的负荷来调节的，虽然也表现出了不错的性能，但结构比较复杂。

7.4.2.3 水/热管理系统

燃料电池发动机中，燃料电池在反应过程中将产生水和热量，电池内部的水/热管理是燃料电池的重点和难点，也是电池性能好坏的关键。在水循环系统中要用冷凝器、气水分离器和水泵等对反应生成的水和热量进行处理。产物水首先通过燃料电池堆的反应区冷却电堆本身，在冷却过程中水蒸气被加热至燃料电池的工作温度，被加热的水再与反应气体接触，起到增湿的效果。在增湿过程中，尽管部分热量被反应气体带走，但还需一个水、空气热交换器，即装置一套冷却系统，将多余的热量带走，防止系统热量积累造成电池温度过高，以保证燃料电池的正常运转。

7.4.2.4 电力管理系统

燃料电池所产生的是直流电，需要经过 DC/DC 变换器进行调压，在采用交流电机的驱动系统中，还需要用 DC/AC 逆变器将直流电转换为三相交流电。

7.4.2.5 控制系统

燃料电池发电系统的运转一般采用计算机进行控制，根据 FCEV 的运行工况，通过 CAN 总线系统进行信息传递和反馈，并经过计算机处理，以保证燃料电池的正常运行。

控制系统由功能不同的传感器、阀件、泵、调节控制装置、管路、控制单元等组成。控制系统能够根据负载对燃料电池功率的要求，或随燃料电池压力、温度、电压等工作条件的变化，对反应气体的流量、压力、水/热循环系统的水流速等进行综合控制，以确保电池正常有效地运行。

随着电堆技术的日趋成熟，控制系统成为决定燃料电池系统性能和制造成本的关键，因此必须对这些零部件进行系统的耐久性和安全性研究，并且制定适合车辆应用的统一标准。

车用燃料电池控制系统还需要攻克许多工程技术壁垒，包括系统启动与关闭时间、系统能量管理与变换操作、电堆水热管理模式以及低成本高性能的辅助设施（包括空气压缩机、传感器和控制系统）等。

7.5 燃料电池汽车与氢能

目前，我国正在开展燃料电池汽车的研究，其中质子交换膜燃料电池是近几年研究最广泛、技术发展最为迅速的燃料电池。由于其电解质采用高分子膜，具有构造简单、启动快、工作温度较低等优势，因此最适宜为汽车等交通工具提供动力。而且由于 PEMFC 具有很高的比能量和比功率，可以实现零排放，具有低温启动能力等优点，因此是未来电动汽车最理想的动力源。在 PEMFC 中，氧是燃料电池中常用的氧化剂，它能很方便地从空气中获取。氢气是燃料电池常用的燃料，而在地球周围单质氢是极少的，在地壳中的某些特定条件下虽然也有氢气存在，但都难于开采与收集。因此正如福特公司的一名高级技术研究人员指出的,解决氢源的问题比解决燃料电池本身更有意义,未来大规模推广使用燃料电池必须要解决氢源问题。

7.5.1 氢气的制备

7.5.1.1 化石燃料的转化

(1) 从天然气或石油气制氢

从天然气或石油气裂解制取氢气是现在大规模工业制氢的主要方法。虽然上述两种原料都可以通过热分解而产生氢气,但最常用的是将它们与水蒸气反应,这类反应可以在 1100℃ 下进行,反应方程式如下:

$$CH_4(g) + H_2O(g) \longrightarrow 3H_2(g) + CO(g) \tag{7-21}$$

式中,(g)表示气体。气体中的产物 CO 可以通过与水蒸气的变换反应转化为 H_2 和 CO_2,反应方程式如下:

$$CO(g) + H_2O(g) \longrightarrow H_2(g) + CO_2(g) \tag{7-22}$$

最终产物中的 CO_2 可通过高压水洗除去(用于制纯碱或尿素的原料气),所得氢气可直接用为工业原料气。如果要作为燃料电池的用气,还需要对其中的 CO 等杂质进行进一步的处理。

(2) 从焦炭制氢(水煤气法)

过热水蒸气在高于 1000℃ 的温度下通过赤热的焦炭,即发生水煤气反应:

$$H_2O(g) + C(s) \longrightarrow CO(g) + H_2(g) \tag{7-23}$$

式中,(g)代表气体;(s)代表固体。气体中的产物 CO 可以通过式(7-22)变换反应转化为 H_2 和 CO_2。在加压下用水洗除 CO_2,然后经过铜洗塔用氯化亚铜的氨水溶液洗除剩余的 CO 和 CO_2。这样得到的氢气中含有氮气,所以主要在合成氨工业中作为原料气。

(3) 从甲醇制氢

甲醇制氢的反应方程式为

$$CH_3OH \longrightarrow CO + 2H_2 \tag{7-24}$$

分解产物混合气中的 CO 可以通过式(7-22)变换反应转化为 H_2 和 CO_2。

7.5.1.2 电解水制氢

纯水是电的不良导体,所以电解水制氢时要在水中加入电解质来增大水的导电性。一般电解水操作都用 15% 氢氧化钾溶液作电解质,电极反应为

阴极:

$$2K^+ + 2H_2O + 2e^- \longrightarrow 2KOH + H_2 \tag{7-25}$$

阳极:

$$2OH^- \longrightarrow H_2O + \frac{1}{2}O_2 + 2e^- \tag{7-26}$$

电解水工艺所制取的氢气浓度通常高于 99.5%,其余的为氮气及少量的氧气,生产 $1m^3$ 的氢气能耗约为 4.5~5.5 kWh。水电解所产生的氢气,不需要精制,可直接供 PEMFC 使用。

需要注意的是,如果电解水采用的是不可再生能源生产的电力,如用煤发电等,有温室气体排放问题,则要在价格、能量效率和对环境的影响上进行综合评估。

7.5.1.3 来自焦化厂、氯碱工厂或石油精炼厂的副产品氢

即采用焦化厂、氯碱厂、石油精炼厂的氯气或者乙烯的生产过程中,作为副产品生产出来的氢气。这对于氢气的小规模应用来说是一种比较好的办法。

7.5.1.4 可再生资源制氢技术

发展中的可再生资源制氢技术主要包括生物质制氢、太阳能光解制氢、城市固体废物气化制氢等技术,从可再生资源获取能源被认为是人类解决化石能源日益枯竭问题的有效途径之一。

7.5.2 氢气的储存

一般而言,无论是采用哪种储氢方式,储氢装置应满足以下基本要求:
① 储氢密度大(包括质量储氢密度和体积储氢密度);
② 满足使用要求的吸氢、放氢压力和温度;
③ 良好的动力学特性,能较迅速并可控地吸氢、放氢,满足使用装置的功率输出特性要求;
④ 寿命长,在吸氢、放氢的反复循环中保持稳定的性能;
⑤ 经济环保,在成本上与现有的能源装置相比具有经济竞争力。

目前储氢技术主要包括高压气态储氢技术、低温液态储氢技术、固态储氢技术,液态有机化合物储氢技术,各类储氢技术特点对比见表7-2。

表7-2 各类储氢技术特点对比一览表

储存方法	单位质量储氢密度/%	优点	缺陷	技术突破	备注
高压气态储氢	1.0~5.7	技术成熟,充放氢速度快,成本低	体积储氢密度低	提高体积储氢密度	目前车用储氢主要采用的方法
低温液态储氢	5.7	体积储氢密度高,液态氢纯度高	液化过程耗能大,易挥发,成本高	降低能耗、成本、挥发量	液氢主要用于航空航天领域,民用很少
固态储氢	1.0~4.5	体积储氢密度高,安全,操作条件易实现,不需要高压容器;具备纯化功能,可得到高纯度氢	质量储氢密度低,成本高,吸放氢有温度要求	提高质量储氢密度,降低成本和吸放氢温度	未来重要发展方向
液态有机化合物储氢	5.0~7.2	储氢密度高,储存、运输、维护保养安全方便,可多次循环使用	成本高,操作条件苛刻,有发生副反应的可能	降低成本、操作条件	可以利用传统石油基础设施进行运输和加注,很有前景

下面首先介绍当前应用广泛的高压气态储氢技术及装置,然后简要介绍低温液态储氢技术及装置。

7.5.2.1 高压气态储氢技术及装置

高压气态储氢是指在氢气临界温度($-239.97℃$)以上通过高压压缩的方式存储气态氢,是一种目前应用广泛的储氢方式。气态氢通常直接压缩在高压储气瓶来装载,对高压储气瓶的品质要求很高。为了保证燃料电池电动汽车一次充气有足够的续航里程,需要多个高压储气瓶来储存气态氢气。高压气态储氢的优点是储存方式简单、存储能耗低、充放气速度快,在常温下就可以进行放氢,而且可以根据需要调节放气速度或者结束放气;缺点是存储的体积和质量密度低。

高压储氢系统包括高压储氢罐、安全阀、氢气高压阀、氢气减压阀、氢气温度传感器、氢气压力传感器、氢气管路、高压接头等。

某型号高压储氢罐结构图如图 7-10、图 7-11 所示,采用三层结构,最内层为塑料内衬,用于密封氢气。内衬外为碳纤维增强塑料层(carbon fiber reinforced plastic, CFRP),用以承受高气压。碳纤维增强塑料层之外是玻璃纤维强化塑料层(glass fiber reinforced plastic, GFRP),用以承受冲击。最外层是含有膨胀石墨的耐火聚氨酯保护层和防跌落的耐冲击聚氨酯保护层。塑料内存的两侧为铝制凸台,其中一个凸台安装了氢气高压阀。碳纤维增强塑料层为叠层结构,如图 7-12 所示,一般包含三种缠绕方式:环向缠绕加强储罐的中央区域,小角度螺旋缠绕在轴向增强圆顶区域,大角度螺旋缠绕加强上述两个区域的边界。

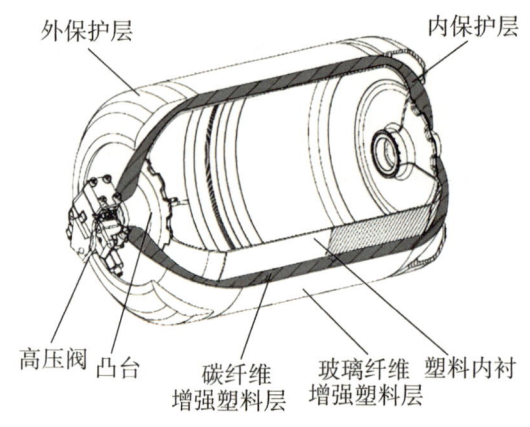

图 7-10 某型号高压储氢罐结构图

图 7-11 某型号高压储氢罐样机

氢气高压阀和减压阀采用铝制阀体和不锈钢阀芯,以防止发生氢脆。但由于铝合金的硬度较低,与不锈钢接触时容易发生黏附和密封不良,因此在铝制阀体中嵌入不锈钢阀套,使不锈钢阀芯与不锈钢阀套接触形成摩擦副,以规避该问题。

车载高压氢气储存技术是目前最简

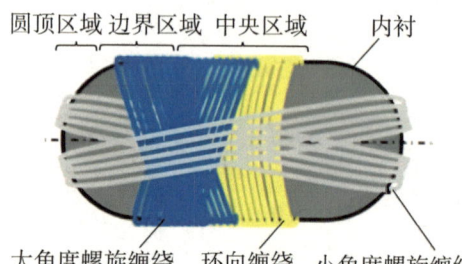

图 7-12 叠层结构

单和最常用的方法，但也存在安全和实施方面的问题：

①在安全性方面：高压容器本身就需要特殊的照顾与维护，况且容器中装的是易燃、易爆、易渗漏的氢气，车祸时可能有严重的后果。

②在实施方面：容器压力越高，充氢站的建设、压缩运行所花的代价越高。

7.5.2.2 低温液态储氢技术及装置

液态氢是一种能量密度很高的无色透明的低温液体燃料，沸点为 -252.7℃，冰点为 -259.1℃，密度为 0.07077 g/cm^3，是重要的高能火箭燃料。低温液态储氢需要将气态氢气降温到20K的低温，变为液态氢后存储在一个液体氢储存箱中。相对于高压气态储氢来说，液氢的密度很高，但是由于必须装备冷却装置，其质量储氢密度受到限制，而且仅仅把气态氢气冷却成为液态氢就要用掉所储存能量的33%左右。另外，为了维持低温还将消耗更多的能量，需要极好的保温绝热保护层以防止液氢蒸发或者沸腾，成本很高。除此之外，液氢储存箱体积也较大，质量储氢密度不太高。目前减少液态储氢的漏热现象的措施主要有被动技术和主动技术。被动技术就是做好绝热措施，增加真空绝热层的层数，已有将绝热层增加到70层甚至100层。主动技术则是除了增加绝热层数之外，用制冷机液化蒸发的氢气和优化储槽结构。无论是哪一种方式，都要增加额外的装置，进一步降低了储氢密度。目前在一些燃料电池电动大客车和燃料电池轿车中，已经采用了车载液氢储存方法。某汽车公司以氢能为动力的轿车上配备的液态储氢装置如图7-13所示。

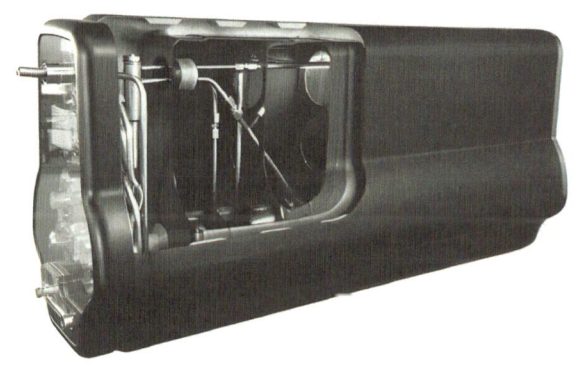

图7-13 液态储氢装置

7.6 燃料电池电动汽车的构造与原理

7.6.1 燃料电池电动汽车的种类

按照燃料电池电动汽车的车载能源形式，可以分为纯燃料电池驱动的FCEV和混合驱动的FCEV。燃料电池电动汽车的结构形式如图7-14所示。纯燃料电池驱动的FCEV只有燃料电池系统一个能量源，车辆所有的功率负荷都由燃料电池承担，燃料电池系统将化学能转化为电能，电能通过控制器传至电机驱动车辆行驶。纯燃料电池驱动的FCEV的系统结构如图7-15所示。

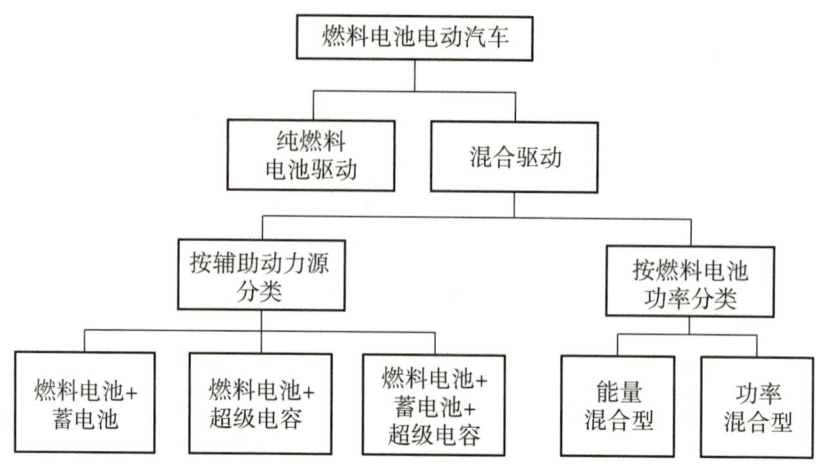

图 7-14 燃料电池电动汽车的结构形式

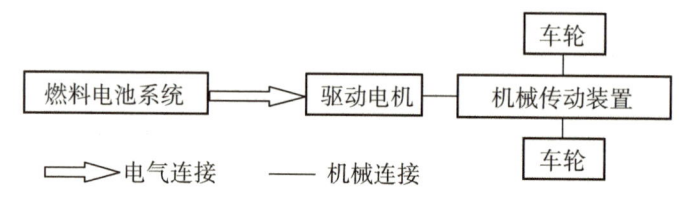

图 7-15 纯燃料电池驱动 FCEV 系统结构

纯燃料电池驱动的 FCEV 结构简单，便于实现轻量化和系统布置，但需要较大功率与容量的燃料电池，且对燃料电池系统的动态性能要求很高，因此 FCEV 很少采用这种纯燃料电池驱动的结构形式。

混合驱动的 FCEV 按照燃料电池系统所提供的功率占整车总需求功率的比例，又分为能量混合型和功率混合型。混合驱动的 FCEV 按辅助动力源又分为以下三类：燃料电池与辅助电池混合驱动、燃料电池与超级电容混合驱动、燃料电池与辅助电池和超级电容混合驱动。

能量混合型 FCEV 的特点是燃料电池所提供的功率占整车总需求功率比例小，动力电池是主要的能量源，燃料电池只能提供一部分车辆行驶需求功率，不足部分还需其他动力源如动力电池或超级电容提供。能量混合型的优点是燃料电池功率小，成本与技术门槛低；缺点是仍需要配备较大容量的动力电池，除了要补充氢气，还要为动力电池充电，因此能量混合型也称作电量消耗型 FCEV。

功率混合型 FCEV 的特点是燃料电池所提供的功率占整车总功率需求比例比较大，燃料电池为主动力源；电池或超级电容为辅助动力源；车辆行驶需求功率主要由燃料电池提供，因此燃料电池工况变化很大，对动态性能有很高的要求；辅助动力源仅在起步、加速、爬坡等特殊工况参与驱动，在制动能量回收时回收制动能量，因此在行驶过程中电池组 SOC 基本保持在一个合理的范围，因此也称作电量维持型 FCEV。目前国外大部分 FCEV 及国内全部 FCEV 都采用功率混合型 FCEV。

7.6.2 燃料电池电动汽车基本组成

目前常见的燃料电池电动汽车多为燃料电池与辅助电池混合驱动，主要由燃料电池系统、辅助动力源、DC/DC 变换器、驱动电机以及相应控制器组成，如图 7-16 所示。

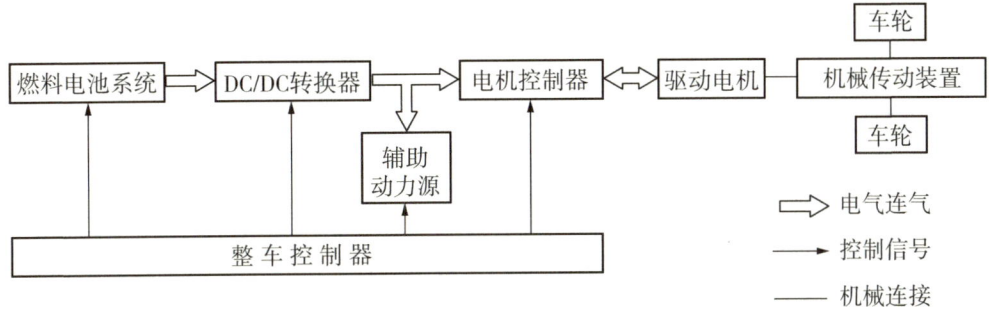

图 7-16 燃料电池驱动系统结构

燃料电池系统，也称燃料电池内燃机，是燃料电池电动汽车的主要能量源，主要由燃料电池堆、燃料供给与循环系统、氧化剂供给系统、水/热管理系统以及相应的控制器组成，作用是将化学能转化为电能，提供给驱动电机。辅助动力源主要由电池、超级电容或两者组合而成，辅助动力源主要参与以下行驶工况：

①在燃料电池电动汽车启动时，空压机或鼓风机需要供电，电堆（一组燃料电池的堆积）需要预加热，氢气和空气需要预加湿等，这些过程都需要提前向燃料电池系统供电。此时，由辅助动力源提供电能，带动燃料电池发电系统工作，即带动燃料电池内燃机启动，或带动车辆起步。

②在汽车怠速、低速等低负荷工况中，由燃料电池发电系统提供驱动所需的全部电能，若此时燃料电池的功率大于驱动功率，则可把富余的电能储存到辅助动力源内。

③在汽车启动、加速、爬坡等工况下，若 FCEV 驱动功率大于燃料电池发电系统提供的功率，则由辅助动力源提供额外的电能，从而降低燃料电池的峰值功率需求，使燃料电池工作在一个较稳定的工况下。同时使驱动电动机的功率或转矩达到最大，形成燃料电池内燃机与辅助动力源同时供电的双电源供电模式。

④在滑行、下坡及减速制动时，由辅助动力源储存通过电机发电回馈来吸收的动能，以及向车辆的各种电子、电气设备提供所需要的电能，从而提高了整个动力系统的能量效率。

辅助动力源和燃料电池系统组合起来的动力驱动系统不仅降低了对燃料电池功率和动态特性的要求，同时也降低了燃料电池系统的成本。

燃料电池提供的是直流电，电压和电流随输出电流的变化而变化。因制造工艺和对其使用安全性的考虑，燃料电池输出电压一般比电动汽车动力电源所要求的电压要低，且特性较软，也就是随输出电流的增加，电压下降幅度较大。燃料电池不能够接受外电源的充电，其电流的方向是单向流动的。FCEV 的辅助电源（电池和超级电容器）也是以直流电的形式充电和放电的，但电流的方向是双向可逆的。

FCEV 上各种电源的电压和电流受工况变化的影响呈不稳定状态。为了实现燃料电池系统输出电压与电动机驱动电压相匹配,满足驱动电动机对电压和电流的要求及对多电源电力系统的控制,也因混合动力系统中需与其辅助动力源中的电池等工作电压相匹配,在电源与驱动电动机之间,需要通过DC/DC转换器,即经过DC/DC转换起到升压和稳压的调节作用。DC/DC转换器也能够对燃料电池的最大输出电流和功率进行控制,起到保护燃料电池系统的作用。通常需要进行多电源的综合协调控制,以保证FCEV的正常运行。FCEV的燃料电池需要装置单向DC/DC变换器,电池和超级电容器需要装置双向DC/DC变换器。

燃料电池电动汽车中的DC/DC变换器的主要能够实现以下功能:

①调节燃料电池的输出电压,稳定整车直流母线电压。因燃料电池的输出特性较软,输出电压随负载的变化而变化,轻载时输出电压偏高,重载时输出电压偏低,难以满足驱动电动机控制器的需求,因此需借助DC/DC变换器对燃料电池的输出电压进行调节,燃料电池的输出电压经过DC/DC变换器后能稳定整车直流母线电压。

②调节整车能量分配。燃料电池电动汽车属于混合能源汽车,搭载燃料电池和动力电池,控制燃料电池的输出能量就可以控制整车能量的分配。若燃料电池的输出能量不足以驱动电动机,就由动力电池来补充能量;当燃料电池输出的能量超出电动机的需求时,多余的能量能够进入电池中,实现对电池能量的补充。因此DC/DC变换器能够用于控制燃料电池的能量输出。

因DC/DC变换器在燃料电池电动汽车中起着重要的作用,车载DC/DC变换器作为能量传递部件转换效率必须要高。因燃料电池存在输出不稳定的问题,为了给驱动器以稳定的输入,要求DC/DC变换器闭环运行进行稳压,以便变换器有较好的动态调节能力。此外,DC/DC变换器还应具体积小、重量轻的特点。

目前,燃料电池与动力电池混合驱动系统主要有燃料电池直接混合系统和动力电池直接混合系统两种形式。燃料电池直接混合系统是将燃料电池接入直流母线,因此驱动系统的电压必须设计在燃料电池可以调节的范围内;而动力电池一方面需要向驱动系统传输能量,另一方面需从燃料电池与车辆系统取得能量,所以必须安装双向DC/DC,并应具有响应速度快的特点,由DC/DC和燃料电池管理系统共同实现燃料电池和动力电池之间的功率平衡。这种结构形式对于燃料电池的输出电压而言是最优化设计,但对燃料电池的要求比较高,且DC/DC要实现双向快速控制,成本较高,整个系统的控制也比较复杂。

动力电池直接混合系统是用DC/DC转换器将燃料电池的输出电压和系统电压分开,为了充分满足动力电池的需要,驱动系统电压可以设计得比较高,高的系统电压又可以降低驱动系统的电流值,有利于延长各电器元件的寿命。燃料电池和动力电池之间的功率平衡由DC/DC负责,但燃料电池的能量输出需要通过DC/DC才能进入直流母线,导致系统的效率比较低,尤其是对于连续负载来说这不是最优化设计。例如匀速工况下系统功率需求较小,只需由燃料电池单独提供车辆行驶所需的功率。

燃料电池直接混合系统和动力电池直接混合系统的主要差别在于DC/DC变换器的使用位置上。动力系统的构型由DC/DC的位置和结构决定,DC/DC的位置主要取决于电动机及其控制器特性以及燃料电池的特性。另外一个重要的差别是混合度,即燃料电池额定输出功率与驱动电动机的额定功率之比。

7.6.3 燃料电池的电控系统

FCEV 的动力电控系统主要由四部分构成：燃料电池管理系统（fuel cell engine-electronic control unit，FCE – ECU）、动力电池管理系统（battery management system，BMS）、动力控制系统（power control unit，PCU）及整车控制系统（vehicle management system，VMS），各系统都通过高速控制器局域网络总线（controller area network-BUS，CAN – BUS）进行信息交换，如图 7 – 17 所示。

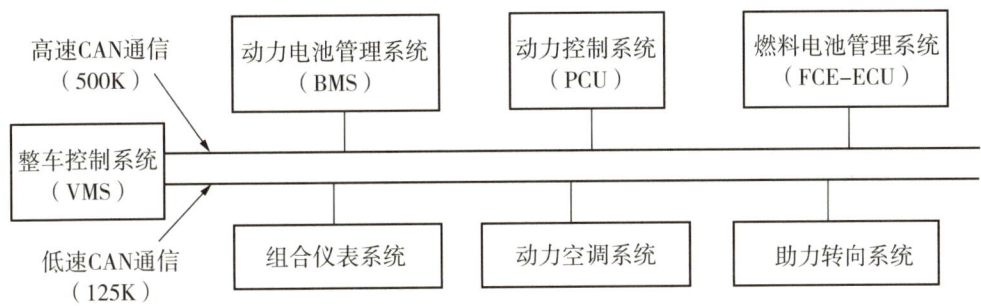

图 7 – 17　燃料电池电动汽车电控系统网络结构

燃料电池管理系统（FCE – ECU）主要包括供氢系统、供氧系统、水循环及冷却系统等，其功用是能够按整车控制器的功率设定值控制燃料电池内燃机的功率输出，监测燃料电池电堆的工作状态，进行故障诊断及管理，保证燃料电池内燃机稳定可靠地运行。动力电池管理系统（BMS）分为上级 CECU（central electric control unit）和下级 LECU（local electric control unit）两级，上级的功能是负责动力电池组的电流检测及 SOC 估算，以及相关的故障诊断，同时运行高压漏电保护策略；下级的功能是负责电池组电压、温度等物理参数的测量，进行过充过放保护及组内组间均衡。

动力控制系统（PCU）主要由 DC/DC 变换器、DC/AC 逆变器、DCL 和空调控制器及空调压缩机变频器、电动机冷却系统控制器等组成。DC/DC 变换器的作用如前所述，DC/AC 逆变器负责将直流电源转换为交流电源，DCL 的作用是将高压电源转换为系统零部件所需的 12 V/24 V 低压电源，电动机冷却系统控制器负责电动机及 PCU 的水冷却系统控制。

整车控制系统（VMS）的核心是使用多能源控制策略，包括制动能量回馈功能。VMS 主要负责接收来自驾驶员的需求信息，如点火开关、油门踏板、制动踏板、挡位信息等，实现整车工况控制；VMS 也能够基于诸如车速、制动、电动机转速等的实际工况反馈以及燃料电池及动力电池的电压、电流等动力系统状况反馈，根据预先匹配好的多能源控制策略进行能量分配调节控制；另外，整车的故障诊断及管理也由 VMS 负责。

7.7　燃料电池电动汽车关键技术

7.7.1　燃料电池系统

燃料电池是燃料电池电动汽车发展的最关键技术之一，车用燃料电池系统的核心是燃料电池堆。燃料电池堆可用耐久性、低温启动温度、净输出比功率以及制造成本四个要素来评判。燃料电池堆技术研究正在向高性能、高效率和更高耐久性方向努力。

降低成本也是燃料电池堆研究的目标，控制成本的有效手段是减少材料（电催化剂、电解质膜、双极板等）的费用，降低（膜电极制作、双极板加工和系统装配等）的加工费。但是如何在材料价格与系统性能之间做一个平衡，依然需要继续研究。以电催化剂为例，非铂催化剂体系虽然在降低成本上有潜力，但是其性能却远远无法达到车用燃料电池系统的要求。人们一直在努力降低铂的使用量，但即便是膜电极中有高负载量（如铂负载量为 $1\ mg/cm^2$），其性能也不能满足车用的功率需求。如何更有效地利用电催化剂的活性组分使其长期保持活性状态，延长催化剂使用寿命，是催化剂研究应该考虑的重点。

另外，车用燃料电池系统还需要攻克许多工程技术壁垒，包括：系统启动与关闭时间、系统能量管理与交换操作、电堆水热管理模式以及低成本高性能的辅助设施（包括空气压缩机、传播器和控制系统）等。

7.7.2 车载储氢系统

储氢技术是氢能利用走向规模化的关键。目前常用的车载储氢系统有高压储氢、低温储存液氢和金属氢化物储氢三种基本方法。对于车载储氢系统，美国能源部提出了在续驶里程与标准汽油车相当的燃料电池电动汽车车载储氢目标：质量储氢密度 6 wt%、体积储氢密度 $60\ kg/m^2$。纵观现有储氢方法，除了低温储存液氢技术，其他技术都不能达到以上指标。而低温储存氢气的成本与能耗都很大，作为车载储氢并不是最佳选择。

如何有效减小储氢系统的重量与体积，是车载储氢技术研发的重点，一个比较理想的方案是采用储氢材料与高压储氢复合的车载储氢新模式，即在高压储氢容器中装填质量较轻的储氢材料，这种装置与纯高压（>40 MPa）储氢方式相比，既可以降低储氢压力（约 10 MPa），又可以提高储氢能力。复合式储氢模式的技术难点是如何开发吸氢和放氢性能好、成型加工性良好、质量轻的储氢材料。

7.7.3 车载蓄电系统

车载蓄电系统包括铅酸电池、镍氢蓄电池、锂离子电池等蓄电池及电化学超级电容器。铅酸电池作为汽车起动电源已经十分成熟，但由于其功率密度低，充电时间长，作为未来电动汽车动力系统的可能性很小；镍氢蓄电池具有高比能、大功率、快速充放电、耐用性优异等特性，是目前混合动力汽车和电动汽车中应用最广的绿色动力蓄电系统；锂离子电池具有比能量大、比功率高、自放电小、无记忆效应、循环特性好、可快速充放电等优点，已进入电动汽车动力电源行列。

超级电容器能在短时间内提供或吸收大的功率（为蓄电池数十倍），效率高，具有上万次的循环寿命和极长的储存寿命，工作温度范围宽，能使用的基础材料价格便宜，可以作为混合型动力汽车的有效蓄电系统。但其能量密度低，能否作为独立的车用动力系统大规模推广，还有待更多的运行数据佐证。

7.7.4 电动机及其控制技术

驱动电动机是燃料电池电动汽车的心脏，它正向大功率、高转速和小型化方向发展。

当前驱动电动机主要有感应电动机和永磁无刷电动机。永磁无刷电动机具有较高的功率密度和效率，体积小，惯性低和响应快，在电动汽车领域有着广阔的应用前景。由感应电动机驱动的电动汽车几乎都采用了矢量控制和直接转矩控制。矢量控制又分为最大效率控制和无速度传感器控制。前者是使励磁电流随着电动机参数和负载条件的变化而变化，从而使电动机的损耗最小、效率最大；后者是利用电动机电压、电流和电动机参数来估算出速度，不用速度传感器，从而达到简化系统、降低成本、提高可靠性的目的。直接转矩控制克服了矢量控制中需要解耦的不足，把转子磁通定向变换为定子磁通定向，通过控制定子磁通的幅值以及该矢量相对于转子磁通的夹角，从而达到控制转矩的目的。由于直接转矩控制手段直接、结构简单、控制性能优良和动态响应迅速，因此非常适合用于电动汽车的控制。

7.7.5 整车布置

燃料电池电动汽车在整车布置上存在以下关键点：燃料电池发动机及电动机的相关布置、动力电池组的车身布置、氢气瓶的安全布置以及高压电安全系统的车身布置等。这些核心部件的布置，不仅要考虑布置方案的优化及零部件性能实现的便利，还要求必须考虑传统汽车不具备的安全性问题。目前通过国内外几轮样车试制的过程来看，燃料电池发动机及电动机同时进前舱是一种技术趋势，动力电池组沿车身主轴纵向布置好于电池组零星布置，氢气瓶的布置更多地要考虑碰撞安全性。

7.7.6 整车热管理

燃料电池电动汽车整车热管理有两个方面特性需要关注：

①燃料电池发动机的运行温度为 60～70℃，实际的散热系统工作温度大致可以控制在 60℃。这与整车运行环境温度相比温差不大，造成燃料电池电动汽车无法像传统汽车一样依赖环境温差散热，而必须依赖整车动力系统提供额外的冷却动力为系统散热。这样从动力系统效率角度出发是不经济的，二者之间的平衡将是热管理开发方面必须关注的。

②目前整车各零部件的体积留给整车布置的回旋余地很小，造成散热系统设计的改良空间不大，无法采用通用的解决方案应对，必须开发专用的零部件（如特殊构造或布置的冷凝器、高功率的冷却风扇等）。这就要求有丰富的整车散热系统的基础数据以支持相关开发设计，而这点正好是目前国内整车企业欠缺的。

另外，与整车散热系统密切相关的车用空调系统开发也是整车企业必须关注的。由于燃料电池电动汽车没有传统的汽油发动机，传统空调的压缩机动力源发生了颠覆性变化，改用纯电动压缩机作为空调系统的动力源。因此在整车散热系统需求分析时，空调系统性能需求作为整车散热系统的"负载"因素也成为散热系统开发的技术难点。

7.7.7 整车与动力系统的参数选择与优化设计

燃料电池电动汽车整车性能参数是整个燃料电池动力系统开发的信息来源，而虚拟配置的动力系统的特性参数也影响整车性能。两者之间的参数选择是一个多变量多目标的优化设计过程，而且参数选择与行驶工况和控制策略紧密相关，只有在建立准确的仿真模型的基础上，经过反复寻优计算才能达到较好的设计结果。目前参数设计主要借助于通用的或专用的仿真软件进行离线仿真，如 ADVISOR、EASY5、PSCAD、V2ELPH、FAHRSIM等，其优点是方便快捷，适合于在设计初期对系统性能进行宏观的预估和评价，但难以对动力系统进行深入仔细的分析和设计。随着系统开发的不断深入，某些已经存在的部件或环节将会集成仿真回路来进行测试与研究，这些部件包括难建模部件、整车控制器及驾驶员等。为了实现虚拟模型与真实部件的联系，必须建立实时的仿真开发环境。目前实时仿真在燃料电池电动汽车领域主要用于整车控制器的在环仿真，例如，采用 dSPACE 建立整车控制的硬件在环仿真环境。而集成真实部件的动力系统实时仿真测试环境，将是整车与动力系统的参数选择与优化设计的技术升级方向。

7.7.8　多能源动力系统的能量管理策略

能量管理策略对燃料经济性的影响很大，且受到动力系统参数和行驶工况的双重影响。目前的开发方式一般是借助仿真技术建立一个虚拟开发环境，对动力系统模型进行合理简化，从理论分析的角度得到最优功率分配策略以及能量源参数和工况特征之间的解析关系，并从该关系出发定量地分析功率缓冲器特性参数对最优功率分配策略的影响，为功率缓冲器的参数选择提供理论依据。最终目的是定量分析工况特征参数与最优功率分配策略之间的映射关系，完成功率分配策略的工况适应性研究。

完成能量管理策略的工况适应性开发后，其核心问题转变为功率分配优化，当然还必须考虑一些限制条件，如蓄电池容量的限制和各部件额定值的限制等。可用作功率分配的决策输入量很多，如 SOC 值、总线电压、车速、驾驶员功率需求等。按照是否考虑这些变量的历史状态，可以把功率分配策略分为瞬时策略与非瞬时策略两大类。

作为能量管理策略中的一部分，制动能量回馈是提高燃料经济性的重要措施，也是一个难点问题，必须综合考虑制动稳定性、制动效能、驾驶员感觉、蓄电池充电接受能力等限制条件。制动系统关乎生命安全，而且制动过程通常很短暂，在研究初期一般不直接进行道路试验，而是在建立系统动态模型的基础上再进行细致的仿真研究。

第8章 新能源汽车热管理系统

本章要点

* 了解新能源汽车热管理系统的基本结构及原理。
* 了解新能源汽车热管理系统的技术及应用现状。
* 了解新能源汽车热管理系统发展趋势。

热管理系统在传统燃油车中大量应用，负责发动机的散热、车室内的采暖、空调系统制冷等，以提高燃油利用率。在新能源汽车中，由于动力电池系统的引入，热管理系统变得更加重要，动力电池低温加热、高温散热的热需求与乘员舱的温度需求保持一致，然而没有了内燃机的电动汽车又缺少充足的余热为车室内及动力电池供暖，这均加剧了电动汽车低温工况下的热管理难度，且热管理过程中电耗较高，严重影响车辆续驶里程。如何高效地对整车进行热管理，提高各部件的热利用率，降低热管理电耗，提高电动汽车低温适用性是整车热管理的重点问题。本章主要介绍电动汽车热管理系统的结构、原理，以及典型应用。

8.1 热管理系统概述

电动汽车热管理系统是电动汽车的核心部分之一，包含动力电池热管理、驱动电机及功率电子热管理、空调（暖风、制冷）等子系统。对于动力电池系统，要时刻监测电芯的实时温度，并对其进行调整，使电芯运行在最佳工作温度范围内，一般为 15~35℃，要满足低温快速加热、高温快速散热的要求；对于驱动电机及功率电子器件（电机、电机控制器、DC/DC、车载充电机等），热管理系统要满足其散热的需求，以防止过热烧坏，确保各部件功能性，冷却温度约 60~80℃；针对车室内环境热管理，同传统内燃机汽车一样，电动汽车也要满足乘客对车内环境的舒适度要求，即配备夏季制冷、冬季制热系统，提高车内环境的热舒适性。下面依次对各部件的热管理需求进行详细描述。图 8-1 所示的为某车型的热管理系统示意图。

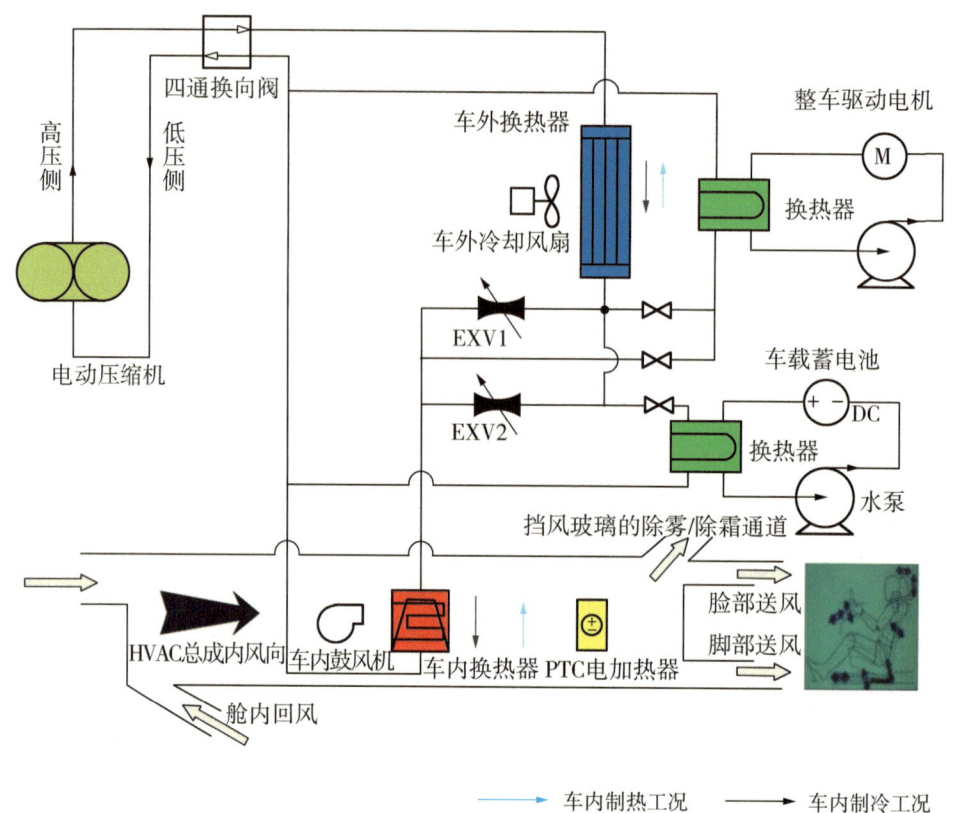

图 8-1 热管理系统示意图

8.1.1 动力电池热管理子系统

　　动力电池作为电动汽车的主要储能部件，其性能的发挥直接制约了电动汽车动力性、经济性和安全性。锂离子电池相比其他类型电池，在能量密度、功率密度和使用寿命等方面具有较强优势，成为目前车用动力电池的主流，但其性能、寿命和安全性均与环境温度密切相关。温度过高，会加快电池副反应的进行和性能的衰减，甚至引发安全事故；热失控是一种严重的安全问题，电池组分材料遵循链式反应机制，会一个接一个发生分解反应，可能引发烟雾、火灾甚至爆炸，威胁驾驶员和乘客的生命。温度过低，电池释放的功率和容量会显著降低，甚至引起电池容量不可逆衰减，并埋下安全隐患。因此，锂离子电池对温度的适应性成为制约其在电动汽车中规模应用的关键因素之一，同时也使电池热管理技术成为保证电池性能、使用寿命和安全性的关键技术。评估动力电池热管理系统性能有两个主要标准：电池组的最大温升和最大温差。为了保持最佳性能并延长动力电池的使用寿命，所有电池的温度需要保持在 20～45℃ 的小范围内，在大的温度范围内，电池之间的最大温差应小于 5℃。

8.1.2 驱动电机及功率模块热管理子系统

　　驱动电机及电机控制器、DC/DC、车载充电机等功率电子模块共同构成了电动汽车电驱单元，由于电子器件的能效转化率达不到100%，所以在车辆运行的过程中一定会产生能量损失，并转化成热量。在长时间大功率运行工况下，电驱系统产生大量的热并积聚，电机过热就会引起永磁体热退磁，电机控制器、DC/DC、车载充电机等部件过热会引起板载 IGBT 模块烧毁等故障。

该部分的热管理系统工作原理如下：当电驱系统各模块温度高于设计阈值时，启动电驱系统冷却循环回路，对各模块进行散热，确保各模块工作在合理温度范围内；另外在车室内冬季制热过程中，可以利用电驱系统的余热为车室内加热。

8.1.3 空调子系统

目前传统燃油汽车的空调装置仅具有夏季制冷的功能，冬季则采用发动机余热，通过暖水阀芯构成的 HVAC 暖风系统进行车内制热。对于电动汽车来说，没有发动机，也就没有发动机余热可供使用，且由于早期的电动汽车设计水平及集成水平较低，动力电池及电驱系统的热管理彼此孤立分开，没有形成有效统一的综合热管理系统，无法合理利用电池及电驱系统的热量进行车室内采暖，所以往往采用 PTC 加热系统，其能源转换效率约90%，在低温车室内加热工况下电耗量较高，影响电动汽车低温续驶里程。部分高端车型采用热泵型冷暖空调，具有高效、节能的优越特性，但成本较高。

8.2 PTC 加热器

车用 PTC(positive temperature coefficient)加热器是目前电动汽车主流的制热方式，主要有直接空气加热、间接液体加热两种方式，其中直接空气加热器布置在车内空调风道中，直接与空气进行热交换，加热乘员舱；间接液体加热器布置在水暖回路中，用于加热管路中的冷却液，加热后的冷却液可进入车室内对车内进行加热，或流入动力电池回路进行电池加热或保温。

PTC 加热器中的发热元件是由以 $BaTiO_3$ 为基础的 PTC 陶瓷材料制造而成，由于其特有的电阻特性——温度敏感性，早已广泛应用在工业电热电器和家用电器中。随着高科技的迅速发展，这种材料的应用范围日益扩大，许多新型的 PTC 加热器不断出现，发热型 PTC 热敏电阻材料获得了广泛的应用。

PTC 加热器主体部件的 PTC 特性及加热器的热设计极其重要，尤其对于大功率 PTC 加热器，在一定范围内，同一 PTC 元件发热功率及加热器表面温度的高低，极大程度取决于加热器的热阻。加热器的热阻可依下式计算：

$$\theta = \frac{\Delta T}{P} = \frac{T_1 - T_2}{P} \tag{8-1}$$

式中，T_1 为 PTC 元件中心的温度；T_2 为加热器传热板的表面温度；P 为加热器发热功率。依式(8-1)可见，低 θ 值意味获得低 ΔT 值及高的发热功率。对于 PTC 元件，低 T_1 与高 P 值是相对应的。

加热器的热阻取决于加热器本身的结构，主要在于以下两方面：①选取的部件材料的热阻（或导热率）；②部件之间的热耦合程度。

图 8-2 所示为一只普通单面导热 PTC 加热器的简单结构。实用化的加热器结构较图 8-2 所示更为复杂。

加热器的热阻是热传导方向分布的热阻的叠加，见下式：

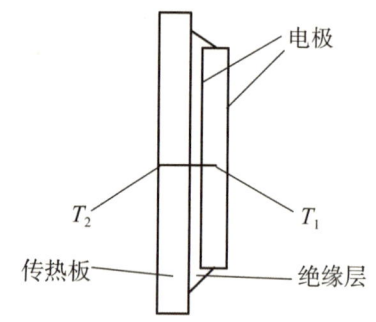

图 8-2　单面导热 PTC 加热器示意图

$$\theta_{总} = \theta_{PTC} + \theta_{PTC-绝缘层} + \theta_{绝缘层} + \theta_{绝缘层-传热板} + \theta_{传热板} \qquad (8-2)$$

PTC 大功率或高温加热器相较传统电热丝式加热器而言难以实现，这是由 PTC 本身具有的能够限温、恒温的强烈的非线性正温度系数的特性所决定的。

另外，实用化的 PTC 元件的居里点、工作温度不可能很高，不易克服一些加热器的热阻。因此，PTC 大功率高温加热器可以在一定范围内通过采用高居里点材料，增大应用 PTC 元件的面积，以及降低热阻及强化传热来实现，热负载愈弱，加热器的表面温度愈高。

基于上述原因，大功率、高温加热器的安全性、可靠性及制造成本决定了其是否具有实用的意义。因此，PTC 加热器成为许多小型电热电器的最佳选择，并在一些应用场合呈现其显著的优点，如用于暖气机、干衣机等的大功率热空气加热器及一些小热负载电器（如保温板、旅行式电熨斗、美容器、恒温电烙铁等）的高温加热器。

8.3　燃油加热器

燃油加热器是可独立运行的车载加热装置，有其自己的燃油管路、电路、燃烧加热装置和控制装置等，以柴油或汽油为燃料，可对冬季低温寒冷环境中停放的汽车发动机、驾驶室、动力电池进行预热升温，目前多用于工程车、重型卡车、客车乘员舱取暖，也因电动汽车低温取暖电耗量过高而应用在部分电动汽车上。

使用燃油加热器的电动汽车，动力电池的预热、保温和乘员舱暖风所需的热能等均由燃油加热器产生，在低温工况下完全不需要消耗电能来进行整车热管理，提高低温续航里程。一般的燃油加热器按照介质分为水暖加热器和空气加热器两种，市面上也有冷却液、空气加热一体机等产品。按照燃油的种类分为汽油加热器和柴油加热器两种，也有以天然气为燃料的燃气加热器。

燃油加热器工作时，由主电机带动油泵、助燃风扇及雾化器转动。油泵将吸入的燃油经输油管路送到雾化器，雾化器通过离心力的作用将燃油雾化后与助燃风扇吸入的空气在主燃烧室内混合，被炽热的电热塞点燃，在燃烧室内充分燃烧后折返，经水套内壁及上面的散热片，将热量传递给水套夹层中的介质——冷却液。加热后的冷却液在循环水的作用下在整个管路系统中循环，以达到加热的目的。加热器燃烧的废气由排烟管排出。图 8-3 所示为某型号燃油加热器的基本结构图。

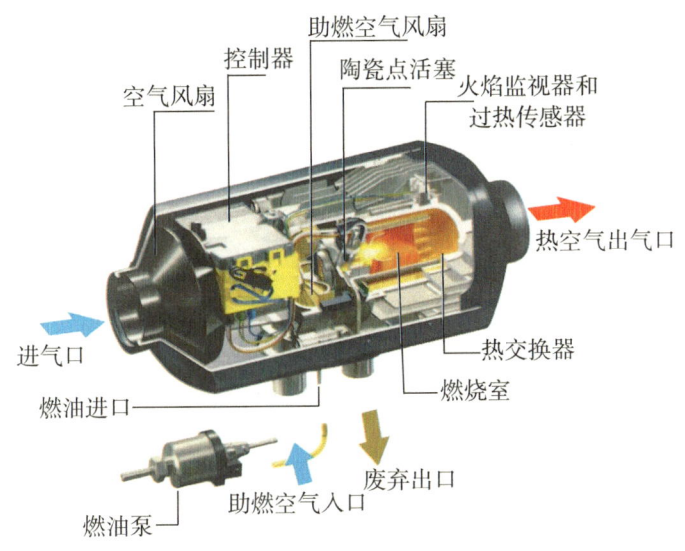

图 8-3 某型号燃油加热器基本结构图

8.4 热泵空调

家用热泵空调系统已经得到了广泛的应用，其高效节能的制热效果也同样符合电动汽车的需求，部分空调厂商已经推出了自己的车用热泵空调系统。由于电动汽车和传统汽车的空调系统有很大的区别，即电动汽车没有用于给车内加热的发动机冷却液余热可供使用，其空调系统自身必须具有供暖的功能，因此可以制冷制热且能耗较优的热泵型空调系统非常适合电动汽车使用，也被普遍认为是未来电动汽车空调的主流解决方案。热泵系统可以实现电动汽车车内的夏季制冷和冬季制热一体化调节；同时，压缩机采用电动压缩机，而传统汽车的压缩机一般是由发动机驱动的。表 8-1 给出了热泵系统的优缺点。

表 8-1 热泵系统的优缺点

优 点	缺 点
能耗低	有运动部件
性能稳定及工作可靠	需要制冷剂作为工作介质
实现制热、制冷两种功能且满足大部分工况的需求	零部件多且结构复杂

8.4.1 热泵系统的工作原理

热力学第二定律表明，热量的自发传递具有方向性，强制改变热量的转移方向需外界的干预，应向系统做功，即消耗一定的能量。热泵系统通常由五个部分组成：压缩机、冷凝器、膨胀阀、蒸发器，以及对应的控制系统。热泵系统循环的压焓图如图 8-4 所示，下面以制热循环为例，简述其工作原理。

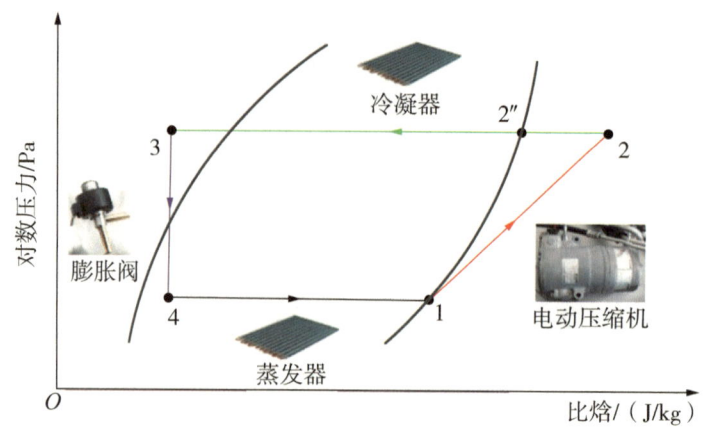

图 8-4　热泵系统运行压焓图

(1) 吸气压缩过程

即图 8-4 中 1-2 过程，液态制冷工质经蒸发器汽化后，变成低温低压过热蒸汽，经电动压缩机的近似绝热压缩，转化成高温高压的过热蒸汽。电动压缩机消耗电能，对制冷工质做功，将低温低压的过热蒸汽变成高温高压的过热蒸汽。

(2) 冷凝放热过程

即图 8-4 中 2-3 过程，高温高压的过热蒸汽高于环境温度，制冷工质经冷凝器(车内换热器)，高温高压的过热蒸汽放热后变成高压中温的饱和液体，并将自身携带的热量以及压缩机的机械功转化而来的热量向车内释放，在 HVAC 内的鼓风机的推动作用下，车内空气与制冷工质进行热量交换，加热车内空气，起到暖风的效果。

(3) 节流降压过程

即图 8-4 中 3-4 过程，为了能吸收低温物体的热量，制冷工质的饱和温度必须低于低温物体的温度。同时应对冷凝器出来的高温高压过冷液体进一步地降温降压，才能使其饱和温度低于低温物体。压降越大，过冷度越大，获得的汽化潜热也就越多，节流过程可近似看作绝热膨胀过程。

(4) 蒸发吸热过程

即图 8-4 中 4-1 过程，液态制冷工质经膨胀阀节流降压后，成低温低压的饱和液体，流至蒸发器(车外换热器)。在蒸发器内部流动的过程中，制冷工质发生汽化，吸收大量的汽化潜热，使蒸发器表面温度迅速下降。在车外轴流风扇的作用下，周围环境的空气流过蒸发器进行换热，从而实现了热量从车外空气到制冷工质的转移。

以上的四个过程是热泵制热所必须经历的四个阶段，制冷过程与制热类似，即蒸发器与冷凝器的工作过程互换，车外换热器作冷凝器，车内换热器作蒸发器，并通过四通换向阀调整制冷工质的流向，并利用电子膨胀阀进行节流降压。热泵制热、制冷工作示意图如图 8-5 所示。

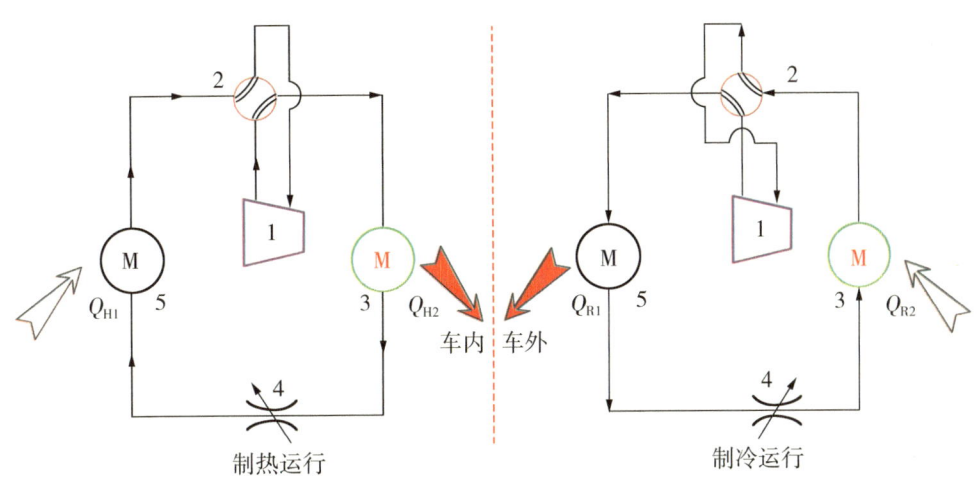

图 8-5 热泵制热、制冷工作示意图

1—电动压缩机；2—四通换向阀；3—车内换热器；4—电子膨胀阀；5—车外换热器；

Q_{H1}—制热模式从外界吸收的热量；Q_{H2}—制热模式向车内释放的热量；

Q_{R1}—制冷模式向车外释放的热量；Q_{R2}—制冷模式从车内吸收的热量

8.4.2 热泵空调目前存在的问题

热泵空调系统的综合性能受制冷剂性能限制，而且室外侧换热器结霜等问题也会导致系统的制热性能下降。实验发现，制冷剂为 R134a 的汽车热泵空调只有在温和的气候条件下才能保证向车室内提供足够的热量，一旦气候条件恶劣，系统的蒸发温度急剧下降，系统的制热量和制热 COP 均随之大幅度下降，无法满足汽车空调系统制热的要求。传统热泵空调在高寒环境下制热效率低、制热量不足，制约了电动汽车的应用场景。因此，一系列提升热泵空调低温工况下性能的方法得以开发应用。其中一种方法是通过合理增加二次换热回路，在对动力电池与电机系统进行冷却的同时，对其余热进行回收利用，以提高电动汽车在低温工况下的制热量。实验结果表明，与传统热泵空调相比，余热回收式热泵空调制热量显著提升。各热管理子系统耦合程度更深的余热回收式热泵以及集成化程度更高的整车热管理系统在特斯拉 Model Y、大众 ID4. CROZZ 等车型上已得到应用。当前，热泵空调存在以下问题：

（1）室外换热器冷表面结霜

室外换热器结霜是影响热泵空调制热效果的最大问题。有学者认为：在低温制热工况下，系统运行一段时间后，车外换热器的表面会产生冷凝水，并存于翅片间隙，阻碍翅片间通风风道内的空气流通，进而发生结冰和结霜现象。而换热器结霜的诱因也归咎于冷凝水阻碍空气流通，其根本原因是冷凝水的排放问题。有一种方案提出在换热器表面添加疏水涂层，抑制换热器结霜。但在换热器表面添加涂层会增加换热器扁管和翅片的厚度，进而增大了换热器的换热热阻，影响换热器的换热效果，系统则需要更大的换热器面积。该方法短期内抑霜效果明显，使用一段时间后，涂层的疏水性能或者亲水性能会大幅度下降，抑霜效果也下降，还会产生涂层脱落问题。

关于纯电动汽车热泵空调的除霜解决方案，目前以热气融霜为主，有热气旁通融霜、逆循环除霜两种方式，还有利用整车冷却液预热来除霜的方式（整车热管理）。所有的除霜过程均增加空调系统的电耗。

热气旁通融霜是利用制冷系统压缩机排气管和车外换热器入口之间的旁通回路，将压缩机的高温排气直接引入车外换热器中，将换热器表面的霜层融化。

逆循环除霜是通过切换四通换向阀，将车外换热器由蒸发器切换为冷凝器（改为制冷模式逆循环），利用高温高压的压缩机排气直接进入车外换热器对其表面进行融霜。但由于吸收了车内的热量，车外换热器自身也发热，除霜过程中车内温度会降低，无法稳定车内温度。因此，往往在原有热泵系统的基础上添加一个小功率的PTC，以弥补系统在除霜时对车内温度的影响，保证车舱的热舒适性，从而确保驾乘人员的舒适性和安全性。相比热气旁通融霜，逆循环除霜的时间要缩短65%，除霜时间约3 min。

（2）换热器技术的限制

热泵空调室内外侧换热器不单要满足蒸发器的设计要求，还要满足冷凝器的设计要求。传统单冷空调室外换热器翅片结构为百叶窗式，在冬季作为蒸发器使用时，会面临冷凝水难以排除以及结霜化霜的困难。如果借鉴家用冷暖空调的设计，采用管翅式换热器，会比较重，不符合轻量化需求。如果采用微通道换热器，车外换热器体积能减小，但性能会降低约5%，而且低温制热工况更容易结霜。换热器表面温度不均衡也是加剧车外换热器结霜的问题之一。

（3）室外温度的影响

系统制热性能随着环境温度的升高而得到提高的原因是，热泵系统运行制热模式时从外界环境中取热，室外环境温度越高，蒸发器换热效率越高，蒸发温度和蒸发压力升高，系统的冷凝温度和冷凝压力也随之升高。

当室外侧换热器没有结霜时，系统的制热性能随着环境温度的升高而得到提升；而当室外侧换热器开始结霜后，系统的制热性能完全取决于换热器的结霜程度，换热器结霜越严重，系统性能越差。

8.5 典型应用

本节选取特斯拉和吉利汽车的热管理方案进行分析，介绍目前主流应用的整车热管理方案，并与其他国内外主流厂家的解决方案进行对比。

8.5.1 特斯拉（Tesla）

Tesla在电动汽车整车热管理方面积累了很多经验，其综合热管理水平是目前世界一流水平。该公司申请的一项专利如图8-6所示，可实现电池冷却回路与电力链冷却回路串联、并联模式切换，并可利用空调系统对动力电池系统进行冷却，也可以利用电力链冷却液余热进行车内取暖。图8-6仅为其中一种模式，该模式为电池、电力链并联模式，通过切换四通阀可实现回路切换。

第8章 新能源汽车热管理系统

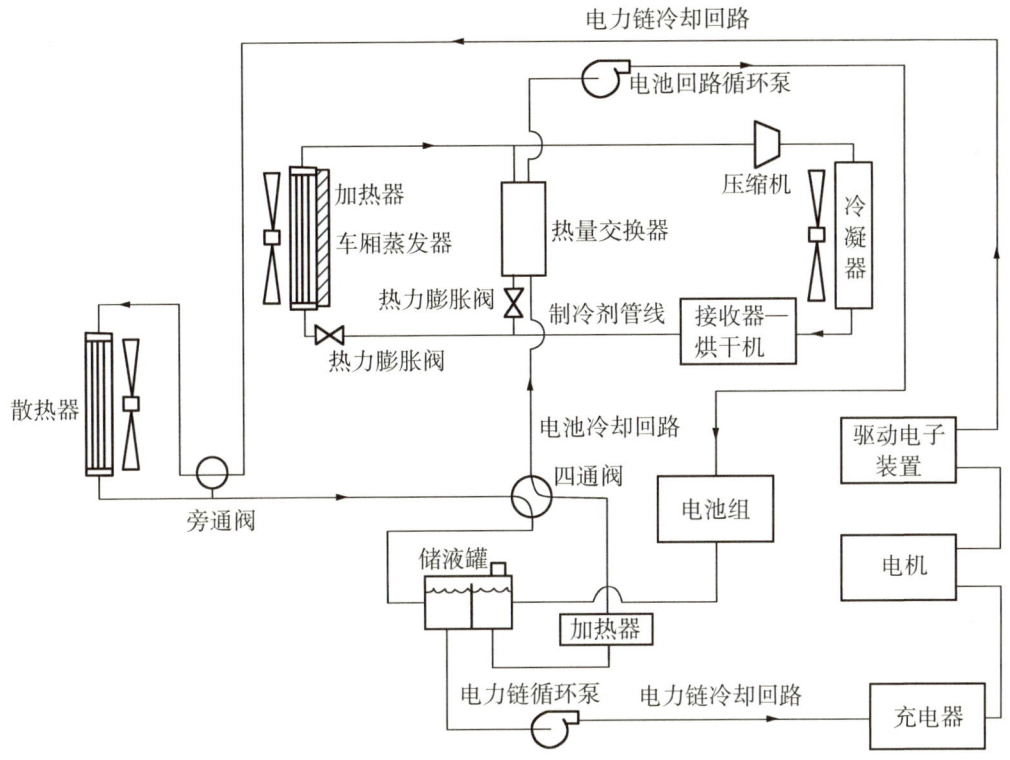

图 8-6 Tesla 整车热管理专利示意图

8.5.2 吉利

如图 8-7 所示,吉利汽车研究院通过一台三路热交换器将电驱动部分、空调制冷部分、电加热部分(PTC)、电池热管理部分的热能耦合管理,并通过多个电磁阀来控制不同模式的切换。可以利用电力链余热对电池以及车室内加热,单冷空调可对电池及车室内进行冷却,车室内低温采暖主要依赖 PTC 水暖加热器。这是目前比较主流的低成本电动汽车热管理方案,缺点是热交换器换热效率较低,不能实现电池与电力链串并联切换等状态。

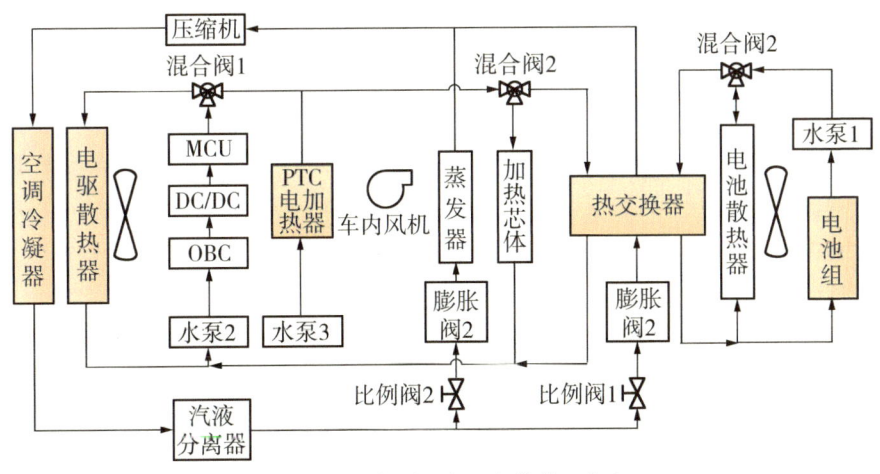

图 8-7 吉利汽车整车热管理方案

8.5.3 综合对比

国内外部分汽车厂商电动汽车热管理系统对比见表8-2。从结构形式上看，吉利、北汽、比亚迪、Tesla、BMW等汽车厂商的热管理方案均考虑了整车各系统之间的热传递及余热利用，但仍未最大化利用余热，部分器件如变速器、差速器、减速器等均未纳入热管理系统中。空调系统方面，国内外目前仍以PTC采暖、暖通空调制冷方案为主，采暖效率较低，仅BMW、比亚迪采用了能效比较高的热泵冷暖空调系统。在热调度灵活性方面，仅Tesla采用了较为灵活的方案，即回路串并联切换。但随着电车整车热管理集成程度的逐渐提升，可以通过合理地增大电机发热量的方式来增加余热的回收量，从而提高热泵系统的制热量与COP，避免PTC加热器的使用，在进一步降低热管理系统空间占用率的同时满足电动汽车在低温环境下的制热需求。

表8-2 国内外部分汽车厂商电动汽车热管理系统对比

厂商		方案特点	优点	缺点
国内	吉利	利用中央热交换器与动力电池系统、空调系统、电驱冷却系统进行换热	部分余热用于电池加热及车室内加热	PTC采暖方式效率低；未利用电机及变速器的余热，余热利用率较低
	北汽	通过补液装置连接电池和乘员舱加热、制动盘散热、保温装置回路	保温装置可存储部分余热，利用制动盘余热	仅考虑动力电池及附属部件，未考虑电机等大功率发热器件，余热利用率低
	比亚迪	采用热泵空调系统对电池及乘员舱制冷或制热，余热加热动力电池	利用部分余热，热泵空调系统制冷制热效率较高	电池回路仍然独立闭环，无法与其他回路构成闭环连接，灵活性较差；余热利用率较低
国外	Tesla	采用可串联、并联切换的动力电池冷却回路与电驱动系统冷却回路	低温条件下利用电驱系统余热使动力电池快速升温，余热利用率较高	PTC采暖方式效率低；差减余热仍未被充分利用
	BMW	采用热泵空调系统对电池及乘员舱制冷或制热，余热加热动力电池	利用余热，热泵空调系统高效，乘客舱多温区控制	电池独立闭环，余热利用有待提高

从控制算法上看，目前国内外整车热管理控制多采用开关式闭环算法，系统热响应速度较慢。北汽新能源提出了一种基于固定阈值的热管理控制策略，奇瑞新能源提出了一种温度跟随式整车热管理控制策略。吉林大学针对电机控制器、电机、电池冷却系统提出了以总电耗最低为目标的，寻找某一温度下的电机、控制器最优冷却液温度的思想，并基于实时变化的最优目标温度进行热管理控制；该系统优点是降低热管理电耗，可在基础结构不变的前提下节省5%的电耗量。中国一汽提出了一种基于动力总成的热特征，根据动力总成的功率及功率变化率预测动力总成的温度变化趋势，或根据温度变化率预测其温度变化趋势并进行调节的控制策略，从而使动力总成温度精确控制在理想范围内。

参考文献

[1] BP 世界能源统计年鉴：2017 版[EB/OL]. https：//www.bp.com/zh_cn/china/reports-and-publications/_bp_2017_.html.

[2] CO_2 emissions from fuel combustion 2017 overview[EB/OL]. https：//webstore.iea.org/co2-emissions-from-fuel-combustion.

[3] 中国电力行业年度发展报告 2018[EB/OL]. http：//www.cec.org.cn/yaowenkuaidi/2018-06-14/181765.html.

[4] PNGV program plan[R]. The Government PNGV Secretariat, US Department of Commerce, Washington, DC, 1995.

[5] 中华人民共和国国家发展和改革委员会. 新能源汽车生产准入管理规则[EB/OL]. http：//www.mofcom.gov.cn/aarticle/b/g/200712/20071205290556.html.

[6] IEA. EVoutlook 2018[EB/OL]. https：//webstore.iea.org/global-ev-outlook-2018.

[7] 节能与新能源汽车技术路线图战略咨询委员会，中国汽车工程学会. 节能与新能源汽车技术路线图[M]. 北京：机械工业出版社，2016.

[8] MILLER F P, VANDOME A F, MCBREWSTER J. General motors Hy-wire[M]. Saarbriicken：Alphascript Publishing, 2010.

[9] 陈慧岩，熊光明. 无人驾驶汽车概论[M]. 北京：北京理工大学出版社，2014.

[10] 欧阳明高. 中国新能源汽车的研发及展望[J]. 科技导报，2016，34(6)：8.

[11] 《中国公路学报》编辑部. 中国汽车工程学术研究综述：2017[J]. 中国公路学报，2017.

[12] 周华英，陈晓宝. 纯电动汽车结构与原理[M]. 北京：北京理工大学出版社，2016.

[13] 吴兴敏，于运涛，刘映凯. 新能源汽车[M]. 北京：北京理工大学出版社，2015.

[14] 麻友良，严运兵. 电动汽车概论[M]. 北京：机械工业出版社，2012.

[15] 汤蕴璆. 电机学[M]. 北京：机械工业出版社，2015.

[16] UMANS S. 电机学[M]. 刘新正，等，译. 北京：电子工业出版社，2014.

[17] 陈世坤. 电机设计[M]. 北京：机械工业出版社，2004.

[18] 李涵武. 电动汽车技术[M]. 北京：化学工业出版社，2014.

[19] 王震坡. 电动汽车原理与应用技术[M]. 北京：机械工业出版社，2016.

[20] 陈全世. 先进电动汽车技术[M]. 北京：化学工业出版社，2013.

[21] 袁登科. 交流永磁电机变频调速系统[M]. 北京：机械工业出版社，2015.

[22] 袁雷. 现代永磁同步电机控制原理及 MATLAB 仿真[M]. 北京：北京航空航天大学出版社，2013.

[23] 王志福，等. 电动汽车电驱动理论与设计[M]. 北京：科学出版社，2006.

[24] LUTZ J, SCHLANGENOTTO H, SCHOUERMANN U, et al. 功率半导体器件：原理、特性和可靠性[M]. 卞抗，杨莺，刘静，译. 北京：机械工业出版社，2013.

[25] 管良勇，徐国卿，袁登科. 永磁同步电机矢量控制系统设计与仿真[J]. 机电一体化，2008，14(12)：51-53.

[26] 王成元，夏加宽，孙宜标. 现代电机控制技术[M]. 北京：机械工业出版社，2009.

[27] VAZQUEZ S, RODRIGUEZ J, RIVERA M, et al. Model predictive control for power converters and drives：advances and trends[J]. IEEE Transactions on Industrial Electronics, 2017, 64(2)：935-947.

[28] GARCIA C F, RIVERA M E, RODRIGUEZ J R, et al. Predictive current control with instantaneous reactive power minimization for a four-leg indirect matrix converter[J]. IEEE Transactions on Industrial

Electronics, 2017, 64(2): 922－929.

[29] GARCIA C, SILVA C, RODRIGUEZ J, et al. Cascaded model predictive speed control of a permanent magnet synchronous machine[C]. IEEE, 2016.

[30] KOURO S, PEREZ M A, RODRIGUEZ J, et al. Model predictive control：MPC's role in the evolution of power electronics[J]. IEEE Industrial Electronics Magazine, 2015, 9(4)：8－21.

[31] VAZQUEZ S, LEON J I, FRANQUELO L G, et al. Model predictive control：A review of its applications in power electronics[J]. IEEE Industrial Electronics Magazine, 2014, 8(1)：16－31.

[32] RODRIGUEZ J, KAZMIERKOWSKI M P, ESPINOZA J R, et al. State of the art of finite control set model predictive control in power electronics[J]. IEEE Transactions on Industrial Informatics, 2013, 9(2)：1003－1016.

[33] CHI S, ZHANG Z, XU L. Sliding-Mode Sensorless Control of direct-drive PM synchronous motors for washing machine applications[J]. IEEE Transactions on Industry Applications, 2009, 45(2)：582－590.

[34] ELBULUK M, LI C. Sliding mode observer for wide-speed sensorless control of PMSM drives[C]. IEEE, 2003.

[35] LIN F, SUN I, YANG K, et al. Recurrent fuzzy neural cerebellar model articulation network fault-tolerant control of Six-Phase permanent magnet synchronous motor position servo drive[J]. IEEE Transactions on Fuzzy Systems, 2016, 24(1)：153－167.

[36] WANG H, YANG X, YU Z, et al. Fuzzy－approximation-based decentralized adaptive control for pure-feedback large-scale nonlinear systems with time-delay[J]. Neural Computing & Applications, 2015, 26(1)：151－160.

[37] PAJCHROWSKI T. Application of neural networks for compensation of torque ripple in high performance PMSM motor[C]. Jointly owned IEEE－PELS and EPE Association, 2017.

[38] YI Y, VILATHGAMUWA D M, RAHMAN M A. Implementation of an artificial-neural-network-based real-time adaptive controller for an interior permanent-magnet motor drive[J]. IEEE Transactions on Industry Applications, 2003, 39(1)：96－104.

[39] POPOV N Z, VUKOSAVIC S N, LEVI E. Motor temperature monitoring based on impedance estimation at PWM Frequencies[J]. IEEE Transactions on Energy Conversion, 2014, 29(1)：215－223.

[40] 史宇超，孙凯，马鸿雁，等. 内埋式永磁同步电机永磁磁链的在线辨识[J]. 电工技术学报，2011，26(9)：48－53.

[41] SHI Y, SUN K, HUANG L, et al. Online identification of permanent magnet flux based on extended Kalman filter for IPMSM drive with position sensorless control[J]. IEEE Transactions on Industrial Electronics, 2012, 59(11)：4169－4178.

[42] 强明辉，张京娥. 基于MATLAB的递推最小二乘法辨识与仿真[J]. 自动化与仪器仪表，2008(6)：4－5.

[43] 潘观海，杨俊华. 同步电机参数的测量与辨识[J]. 华南理工大学学报(自然科学版)，1996(1)：23－28.

[44] WANG W, WONG Y K, CHAN T F, et al. Sensorless permanent-magnet synchronous motor drive using a reduced-order rotor flux observer[J]. IET Electric Power Applications, 2008, 2(2)：88－98.

[45] HAMIDA M A, DE L J, GLUMINEAU A, et al. An adaptive interconnected observer for sensorless control of PM synchronous motors with online parameter identification[J]. IEEE Transactions on Industrial Electronics, 2013, 60(2)：739－748.

[46] AZZOLIN R Z, GRUNDLING H A. A MRAC parameter identification algorithm for three－phase induction motors[C]. IEEE, 2009.

[47] CARTES D A, LIU L. Synchronisation based adaptive parameter identification for permanent magnet

synchronous motors[J]. IET Control Theory & Applications, 2007, 1(4): 1015-1022.

[48] 姜晓亮. 基于扩展卡尔曼滤波器的交流永磁同步电机参数辨识[D]. 南京：南京师范大学, 2011.

[49] KIM H, SUL S. A new motor speed estimator using Kalman filter in low-speed range[J]. IEEE Transactions on Industrial Electronics, 1996, 43: 498-504.

[50] 夏长亮, 祁温雅, 杨荣, 等. 基于RBF神经网络的超声波电机参数辨识与模型参考自适应控制[J]. 中国电机工程学报, 2004(7): 121-125.

[51] LIU K, ZHANG Q, CHEN J, et al. Online multiparameter estimation of nonsalient-pole PM synchronous machines with temperature variation tracking[J]. IEEE Transactions on Industrial Electronics, 2011, 58(5): 1776-1788.

[52] 肖曦, 许青松, 王雅婷, 等. 基于遗传算法的内埋式永磁同步电机参数辨识方法[J]. 电工技术学报, 2014, 29(3): 21-26.

[53] 沈蛟骁, 余海涛, 王亚鲁, 等. 标准粒子群算法在永磁同步电机参数辨识中的应用研究[J]. 微电机, 2015, 48(12): 32-35.

[54] 全亚威, 田娜, 纪志成, 等. 基于珊瑚礁算法的永磁同步电机参数辨识[J]. 系统仿真学报, 2016, 28(4): 927-939.

[55] EHSANI M. 现代电动汽车、混合动力电动汽车和燃料电池车：基本原理、理论和设计[M]. 倪光正, 倪培宏, 熊素铭, 译. 北京：机械工业出版社, 2008.

[56] PARK J K. 锂二次电池原理与应用[M]. 张治安, 杜柯, 任秀, 译. 北京：机械工业出版社, 2014.

[57] 王震坡, 孙逢春, 刘鹏. 电动汽车原理与应用技术[M]. 北京：机械工业出版社, 2015.

[58] HUSAIN I, 林程. 纯电动及混合动力汽车设计基础[M]. 2版. 北京：机械工业出版社, 2012.

[59] 威廉森. 插电式混合动力与纯电动汽车的能量管理策略[M]. 王黄, 等, 译. 北京：机械工业出版社, 2016.

[60] HEMAVATHI S, SHINISHA A. A study on trends and developments in electric vehicle charging technologies[J]. Journal of Energy Storage, 2002, 52: 105013.

[61] TU H, FENG H, SRDIC S, et al. Extreme fast charging of electric vehicles: a technology overview[J]. IEEE Transactions on Transportation Electrification, 2019, 5(4): 861-878.

[62] SUAREZ C, MARTINEZ W. Fast and ultra-fast charging for battery electric vehicles A review[A]. 2019: 569-575.

[63] S-PATIL N, SHUKLA A. Review and comparison of MV grid-connected extreme fast charging converters for electric vehicles[A]. 2021: 1-6.

[64] BHARATH G V, KIRAN VORUGANTI S, NGUYEN V T, et al. Performance evaluation of 10kV SiC-based extreme fast charger for electric vehicles with direct MV AC grid interconnection[R]. IEEE, 2020.

[65] PATIL N S, SHUKLA A. Review and comparison of MV grid-connected extreme fast charging converters for electric vehicles[R]. IEEE, 2021.

[66] BRENNA M, FOIADELLI F, LEONE C, et al. Electric vehicles charging technology review and optimal size estimation[J]. Journal of Electrical Engineering & Technology, 2020, 15(6): 2539-2552.

[67] 窦国伟, 刘奋, 程浩, 等. 纯电动轿车整车驱动控制策略开发实践[J]. 上海汽车, 2010(5): 8-11.

[68] 郭温文. 纯电动客车整车控制系统设计及控制策略研究[D]. 长春：吉林大学, 2011.

[69] 华梦新. 纯电动车整车控制策略的研究[D]. 哈尔滨：哈尔滨工业大学, 2010.

[70] 姜海斌. 纯电动车整车控制策略及控制器的研究[D]. 上海：上海交通大学, 2010.

[71] 彭庆丰. 基于双离合耦合机构的四驱混合动力整车控制策略研究[D]. 合肥：合肥工业大学, 2015.

[72] 薛国森. 基于 MotoTron 的电动汽车整车控制策略的研究[D]. 南宁：广西大学，2017.

[73] 张劲博. 纯电动客车整车控制器研究[D]. 长春：吉林大学，2008.

[74] 周飞鲲. 纯电动汽车动力系统参数匹配及整车控制策略研究[D]. 长春：吉林大学，2013.

[75] 周孟喜. 电动汽车驱动工况下的整车控制策略研究[D]. 重庆：重庆大学，2012.

[76] 朱元，孙鸿航，田光宇，等. 燃料电池客车整车控制系统的研究[J]. 汽车工程，2005，27(2)：136－140.

[77] 邹积勇. 电动汽车控制策略研究[D]. 天津：天津大学，2007.

[78] ALAM N, KEALY A, DEMPSTER A G. Cooperative inertial navigation for GNSS-challenged vehicular environments[J]. IEEE Transactions on Intelligent Transportation Systems, 2013, 14(3)：1370－1379.

[79] JI S, DUNSON D, CARIN L. Multitask compressive sensing[M]. IEEE Press, 2009：92－106.

[80] LIU X, ZHENG S. Study of vehicle－cross action model for unsignalized intersection based on dynamic game[C]. International Conference on Mechanic Automation and Control Engineering, 2010.

[81] WYMEERSCH H, LIEN J, WIN M Z. Cooperative localization in wireless networks[J]. Proceedings of the IEEE, 2009, 97(2)：427－450.

[82] 高海龙，王炜，常玉林，等. 无信号交叉口临界间隙的理论计算模型[J]. 中国公路学报，2001，14(2)：78－80.

[83] 胡佳. 交叉口汽车冲突及避撞方式有效性分析[D]. 长沙：湖南大学，2005.

[84] 孔志宏. 全球卫星定位系统原理及应用[J]. 山西科技，2006(1)：27－28.

[85] 肖永剑，杨建国，王兆安. 基于占先度的驾驶员冲突避碰决策模型[J]. 交通运输工程学报，2009(5)：116－120.

[86] 叶俊，叶晓伟，吴宏熊. 现代工程车辆常用传感器的应用分析[J]. 通讯世界，2017(6)：259－260.

[87] 李超超，武恪，方菱. 基于 AUTOSAR 的 CAN 通信栈设计[J]. 电子测量技术，2021，44(23)：139－145.

[88] HAMADA A T, ORHAN M F. An overview of regenerative braking systems[J]. Journal of Energy Storage, 2022, 52：105033.

[89] TIAN Z, GAN W, ZHANG X, et al. Investigation on an integrated thermal management system with battery cooling and motor waste heat recovery for electric vehicle[J]. Applied Thermal Engineering, 2018, 136：16－27.

[90] XU Q, LI K, WANG J, et al. The status, challenges, and trends: an interpretation of technology roadmap of intelligent and connected vehicles in China (2020)[J]. Journal of Intelligent and Connected Vehicles, 2022, 5(1)：1－7.

[91] 方川，徐梁飞，李建秋，等. 典型燃料电池轿车动力系统的关键技术[J]. 汽车安全与节能学报，2016，7(2)：8.

[92] 黄明宇，冯小保，厉丹彤，等. 车载储氢技术的发展现状及展望[J]. 现代化工，2013，33(7)：5.

[93] 刘建国，孙公权. 燃料电池概述[J]. 物理，2004，33(2)：79－84.

[94] 李仲来. 氢气的制取及化工应用[R]. 全国化工合成氨设计技术中心站2005年技术交流会，2005.

[95] 何洪文. 电动汽车原理与构造[M]. 北京：机械工业出版社，2018.

[96] 陈海清，王金全，薛洪熙，等. 氢能与质子交换膜燃料电池[J]. 兵工自动化，2005，24(1)：7.

[97] WONG C Y, WONG W Y, RAMYA K, et al. Additives in proton exchange membranes for low-and high-temperature fuel cell applications: A review[J]. International Journal of Hydrogen Energy, 2019, 44(12)：6116－6135.

[98] WANG Y, RUIZ DIAZ D F, CHEN K S, et al. Materials, technological status, and fundamentals of PEM

fuel cells – A review[J]. Materials Today, 2020, 32: 178-203.

[99] 赵路甜, 程晓静, 罗柳轩, 等. 低铂质子交换膜燃料电池氧还原催化剂的研究进展与展望[J]. 科学通报, 2022, 67(19): 2212-2225.

[100] OZDEN A, SHAHGALDI S, LI X, et al. A review of gas diffusion layers for proton exchange membrane fuel cells—With a focus on characteristics, characterization techniques, materials and designs[J]. Progress in Energy and Combustion Science, 2019, 74: 50-102.

[101] XIONG K, WU W, WANG S, et al. Modeling, design, materials and fabrication of bipolar plates for proton exchange membrane fuel cell: A review[J]. Applied Energy, 2021, 301: 117443.

[102] 李军求, 吴朴恩, 张承宁. 电动汽车动力电池热管理技术的研究与实现[J]. 汽车工程, 2016, 38(1): 22-27.

[103] LIN J, LIU X, LI S, et al. A review on recent progress, challenges and perspective of battery thermal management system[J]. International Journal of Heat and Mass Transfer, 2021, 167: 120834.

[104] 邹慧明, 唐坐航, 杨天阳, 等. 电动汽车热管理技术研究进展[J]. 制冷学报, 2022, 43(3): 15-27.

[105] 徐胡友, 芮富林, 王健, 等. 一种汽车热管理系统和纯电动汽车: 201810103494.4[P]. 2018-08-17.

[106] 崔天祥, 张兆龙, 易迪华. 一种热管理系统及电动汽车: CN108099658A[P]. 2018-06-01.

[107] 黄健, 叶梅娇, 陈雪峰, 等. 汽车热管理系统和电动汽车: 201610307097.X[P]. 2017-11-17.

[108] JOHNSTON V G, BALINO A D, COHEN S L, et al. Thermal management system with dual mode coolant loops: 11004550.7[P]. 2014-09-10.

[109] 徐俊芳, 牟连嵩, 刘双喜. 国内外典型纯电动汽车空调系统方案解析[J]. 汽车与配件. 2017(32): 73-75.

[110] RUGH J P. Integrated vehicle thermal management – combining fluid loops in electric drive vehicles (presentation)[R]. Office of Scientific & Technical Information Technical Reports, 2013.

[111] 廉玉波, 凌和平, 丘国维, 等. 集成式热管理系统和车辆: CN113059980B[P]. 2022-01-07.

[112] 刘斌. 电动车辆动力电池包热管理控制策略研究[D]. 北京: 北京理工大学, 2015.

[113] 肖岩, 张国华, 王换换. 一种纯电动汽车整车热管理控制系统及其控制方法: 201310396841.4[P]. 2014-03-05.

[114] 王庆年, 韩彪, 王鹏宇, 等. 电动汽车冷却系统设计及电机最优冷却温度控制[J]. 吉林大学学报(工学版), 2015(1): 1-6.

[115] 李川, 于长虹, 刘元治, 等. 一种热管理控制方法、装置、整车控制器及介质: 202210641460.7[P]. 2022-08-05.

[116] 牛永超, 姜立标. 双绕组扁线永磁同步电机不同运行模式下电磁性能研究[J]. 微电机, 2023, 56(6): 1-6.